CUADERNO DE EJERCICIOS

STECK-VAUGHN *Segunda edición*

CIENCIAS

PREPARACIÓN para la prueba de GED®

▶ Ciencias de la vida
▶ Ciencias físicas
▶ Ciencias de la Tierra y del espacio
▶ Prácticas de Ciencias

CONTENT
GED
TESTING SERVICE®
ALIGNED

Aztec ▶ Paxen Publishing

Reconocimientos

For each of the selections and images listed below, grateful acknowledgment is made for permission to excerpt and/or reprint original or copyrighted material, as follows:

Text

19 Handwashing data to inform the COVID-19 response - UNICEF.

Images

Cover (l) iStock.com/PARETO, **Cover (r)** iStock.com/Kkolosov, **49** iStock.com/EEI_Tony, **65 (l)** iStock.com/GlobalP, **65 (m)** iStock.com/GlobalP, **65 (r)** iStock.com/GlobalP, **161** U.S. Geological Survey, **165 (l)** W. C. Alden, U.S. Geological Survey (USGS) Photographic Library, **165 (r)** Blase Reardon, U.S. Geological Survey (USGS) Photographic Library LLC.

Ciencias

Contenido

UNIDAD 1 *Ciencias de la vida*
LECCIÓN

UNIDAD 2 *Ciencias físicas*
LECCIÓN

UNIDAD 3 *Ciencias de la Tierra y del espacio*
LECCIÓN

Acerca de la prueba de GED®

En la actualidad, la prueba de GED® es muy diferente de la que tal vez hicieron tus abuelos. La prueba de GED® de hoy se ajusta a los Estándares Estatales Comunes y otros rigurosos estándares de contenido. La prueba de GED® es tanto una credencial de equivalencia de educación secundaria como un indicador del nivel de preparación para la universidad y las carreras profesionales. La prueba de GED® incluye cuatro asignaturas: Razonamiento a través de las Artes del Lenguaje (RAL), Razonamiento Matemático, Ciencias y Estudios Sociales.

Cada asignatura se presenta en formato electrónico y ofrece, como indica la tabla, ejercicios de opción múltiple y una serie de ejercicios reforzados por tecnología.

Prueba de	Áreas de contenido	Ejercicios	Tiempo
Razonamiento a través de las Artes del Lenguaje	Textos informativos: 75% Textos literarios: 25%	opción múltiple, menú desplegable, arrastrar y soltar, respuesta extensa	150 minutos
Razonamiento Matemático	Resolución de problemas algebraicos: 55% Resolución de problemas cuantitativos: 45%	opción múltiple, menú desplegable, completar los espacios, arrastrar y soltar, punto clave	115 minutos
Ciencias	Ciencias de la vida: 40% Ciencias físicas: 40% Ciencias de la Tierra y del espacio: 20%	opción múltiple, menú despegable, completar los espacios, arrastrar y soltar, punto clave, respuesta breve	90 minutos
Estudios Sociales	Educación cívica y gobierno: 50% Historia de los Estados Unidos: 20% Economía: 15% La geografía y el mundo: 15%	opción múltiple, menú despegable, completar los espacios, arrastrar y soltar, punto clave	70 minutos

Los ejercicios de cada asignatura se relacionan con tres factores:

- **Temas/Objetivos de evaluación:** Los temas y los objetivos describen y detallan el contenido de la prueba de GED®.
- **Prácticas de contenido:** Las prácticas describen los tipos y métodos de razonamiento necesarios para resolver ejercicios específicos de la prueba de GED®.
- **Niveles de conocimiento (NDC):** El modelo de los Niveles de conocimiento detalla el nivel de complejidad cognitiva y los pasos necesarios para llegar a una respuesta correcta en la prueba. La prueba de GED® aborda tres Niveles de conocimiento:
  - **Nivel 1:** Debes recordar, observar, representar y hacer preguntas sobre datos, y aplicar destrezas simples. Por lo general, solo debes mostrar un conocimiento superficial del texto.
  - **Nivel 2:** El procesamiento de información no consiste simplemente en recordar y observar sino también en resumir, ordenar, clasificar, identificar patrones y relaciones, y conectar ideas. Necesitarás examinar detenidamente el texto.
  - **Nivel 3:** Debes inferir, elaborar y predecir para explicar, generalizar y conectar ideas. Por ejemplo, es posible que necesites resumir información de varias fuentes, sintetizar información o expresar tus pensamientos de manera escrita.

Aproximadamente el 80 por ciento de los ejercicios de todas las áreas de contenido pertenecen a los Niveles de conocimiento 2 y 3, mientras que los ejercicios restantes forman parte del Nivel 1. El ejercicio de respuesta extensa de Razonamiento a través de las Artes del Lenguaje (45 minutos) forma parte del Nivel de conocimiento 3.

Acerca de la prueba de Ciencias de GED®

La prueba de ciencias de GED® es algo más que un conjunto de investigaciones y procedimientos. De hecho, refleja el intento de incrementar el rigor de la prueba de GED® a fin de satisfacer con mayor eficacia las demandas propias de una economía del siglo XXI. Con ese propósito, la prueba de Ciencias de GED® ofrece una serie de ejercicios reforzados por tecnología, a los que se puede acceder a través de un sistema de evaluación por computadora. Estos ejercicios reflejan el conocimiento, las destrezas y las aptitudes que un estudiante desarrollaría en una experiencia equivalente, dentro de un marco de educación secundaria.

Las preguntas de opción múltiple continúan siendo la mayor parte de los ejercicios que conforman la prueba de Ciencias de GED®. Sin embargo, una serie de ejercicios reforzados por tecnología que incluye elegir la respuesta correcta a partir de un menú desplegable; completar los espacios en blanco; arrastrar y soltar elementos; y marcar el punto clave en una gráfica te desafiarán a desarrollar y transmitir conocimiento de maneras más profundas y completas.

- Los ejercicios que incluyen preguntas de opción múltiple evalúan virtualmente cada estándar de contenido, ya sea de manera individual o conjunta. Las preguntas de opción múltiple ofrecerán cuatro opciones de respuesta con el siguiente formato: A./B./C./D.
- El menú desplegable ofrece una serie de opciones de respuesta, lo que te permite completar enunciados en la prueba de Ciencias de GED®.
- Los ejercicios que incluyen espacios para completar te permiten ingresar respuestas breves, o de una sola palabra. Por ejemplo, es posible que te pidan que ingreses una cantidad específica de una gráfica o que demuestres si comprendiste una idea o un término de vocabulario de un pasaje de texto.
- Los ejercicios de arrastrar y soltar consisten en actividades interactivas en las que se deben arrastrar pequeñas imágenes, palabras o expresiones numéricas para luego soltarlas en zonas designadas de la pantalla. En la prueba de Ciencias de GED®, es posible que te pidan que juntes datos, que hagas comparaciones entre conceptos o datos, o que clasifiques u ordenes información. Por ejemplo, te pueden pedir que coloques organismos en puntos específicos de una red alimenticia o que ordenes los pasos de una investigación científica.
- Los ejercicios de punto clave consisten en una gráfica que contiene sensores virtuales estratégicamente colocados en su interior. Te permiten demostrar tu comprensión de información presentada de manera visual o en un texto, o de relaciones entre puntos de un pasaje o gráfica. Por ejemplo, para demostrar tu conocimiento de la herencia, una pregunta de punto clave puede pedir que elijas las crías de un ser vivo con una característica en particular.
- Las preguntas de respuesta corta en la prueba de Ciencias de GED® incluyen dos actividades de 10 minutos en los cuales debes escribir respuestas cortas a un contenido científico. Estas respuestas incluyen resúmenes válidos de un pasaje o modelo, sacar y comunicar conclusiones o hipótesis válidas, o derivar evidencia de un pasaje o gráfica que respalde una conclusión particular.

Tendrás un total de 90 minutos para resolver aproximadamente 34 ejercicios. La prueba de Ciencias de GED® se organiza en función de tres áreas de contenido principales: ciencias de la vida (40 por ciento), ciencias físicas (40 por ciento) y ciencias de la Tierra y el espacio (20 por ciento). En total, el 80 por ciento de los ejercicios de la prueba de Ciencias de GED® formarán parte de los Niveles de conocimiento 2 ó 3.

Prueba de GED® en la computadora

La prueba de GED® está disponible en formato electrónico, y solo se podrá acceder a ella a través de los Centros Autorizados de Evaluación de Pearson VUE. Además de conocer el contenido y poder leer, pensar y escribir de manera crítica, debes poder realizar funciones básicas de computación –hacer clic, hacer avanzar o retroceder el texto de la pantalla y escribir con el teclado– para aprobar la prueba. La pantalla que se muestra a continuación es muy parecida a una de las pantallas que te aparecerán en la prueba de GED®.

El botón de **RESALTAR** te permite resaltar texto en la pantalla Aquí, al hacer clic en el botón de resaltar aparecerán los colores que puedes usar para resaltar el texto. En la prueba de Ciencias, los botones **HOJA DE FÓRMULAS** y **REFERENCIAS DE CALCULADORA** proporcionan información que te servirá para resolver ejercicios que requieren el uso de fórmulas o de la calculadora TI-30XS.

Ciencias   Pregunta 1 de 10

Resaltar

INSTRUCCIONES: Lee el pasaje y la pregunta y elige la mejor respuesta.

SISTEMA ESQUELÉTICO

Los huesos trabajan en conjunto con los músculos para mover el cuerpo. También protegen los órganos internos como el corazón y los pulmones. Los huesos acumulan calcio y otros minerales para que el cuerpo los use. Además, la médula del interior de los huesos produce glóbulos blancos y glóbulos rojos.

1. ¿Qué oración funcionaría mejor como idea principal en este texto?

- A. Algunas células óseas liberan calcio a la sangre.
- B. Los huesos pueden ser compactos o esponjosos.
- C. Los huesos cambian de forma a lo largo de la vida de una persona.
- D. El sistema óseo tiene diversas funciones.

← Anterior | Siguiente →

Para seleccionar una respuesta, haz clic en el botón que está junto a la respuesta. Si deseas cambiar tu respuesta, haz clic en otro botón. La selección anterior desaparecerá.

Cuando no puedas ver la totalidad de un pasaje o de una gráfica en una ventana, debes hacer clic en la barra de desplazamiento y moverla hacia abajo hasta mostrar la parte del texto o de la gráfica que deseas ver. La parte de la barra de color gris claro muestra la parte del texto o de la gráfica que no puedes ver en ese momento.

Para volver a la pantalla anterior, haz clic en **ANTERIOR**. Para avanzar a la pantalla siguiente, haz clic en **SIGUIENTE**.

En algunos ejercicios de la prueba de GED®, tales como los que te piden completar los espacios o ingresar respuestas breves o extensas, deberás escribir las respuestas en un recuadro. En algunos casos, es posible que las instrucciones especifiquen la extensión de texto que el sistema aceptará. Por ejemplo, es posible que en el espacio en blanco de un ejercicio solo puedas ingresar un número del 0 al 9, junto con un punto decimal o una barra, pero nada más. El sistema también te dirá qué teclas no debes presionar en determinadas situaciones. La pantalla y el teclado con comentarios que aparecen abajo proporcionan estrategias para ingresar texto y datos en aquellos ejercicios en los que se te pide completar los espacios en blanco e ingresar respuestas breves o extensas.

Ciencias

Pregunta 1 de 10

Casi todos los anfibios deben pasar parte de su vida en un hábitat acuático para sobrevivir. Una de las razones es que deben poder reponer el agua que pierden a través de su piel delgada y porosa. Asimismo, ponen sus huevos en el agua, y estos se secarían y morirían si no permanecieran sumergidos. Los reptiles no pierden mucha agua a través de su piel y ponen sus huevos en la tierra, a veces en hoyos que cavan. A pesar de estas diferencias, los científicos piensan que los reptiles comparten un ancestro anfibio común. Este ancestro probablemente vivió hace más de 300 millones años. Surgieron varias adaptaciones en las generaciones de los ancestros de los reptiles que, con el tiempo, les permitieron trasladarse a medio ambientes más secos. La tabla contrasta los caracteres de los anfibios y de los reptiles.

Saca una conclusión sobre cómo la adaptación dio como resultado la habilidad de los reptiles para vivir en medio ambientes diferentes a los de los anfibios. Incluye fundamentos del pasaje y de la tabla en tu respuesta.

✂Cortar 📋Copiar 📄Pegar Deshacer Rehacer

← Anterior | Siguiente →

Para escribir una respuesta breve o extensa, es posible que necesites mover palabras de un lugar a otro. Si es así, primero selecciona las palabras relevantes y, luego, haz clic en **CORTAR**. Luego, mueve el cursor hacia la parte correspondiente de la ventana de texto y haz clic en **PEGAR**. Si no estás convencido de mover el texto, puedes seleccionar **COPIAR**, lo que te permitirá conservar el texto en su posición original mientras pruebas cómo queda en otra parte del documento. Si haces una edición y luego cambias de opinión, puedes hacer clic en **DESHACER** para revertirla. Si decides conservar la edición que has hecho, haz clic en **REHACER** para mantenerla. Para completar un espacio en blanco, coloca el cursor en el recuadro y usa el teclado para escribir tu respuesta.

Los **NÚMEROS DEL 0 AL 9** están ubicados aquí. Si lo necesitas, puedes combinarlos para formar números más grandes.

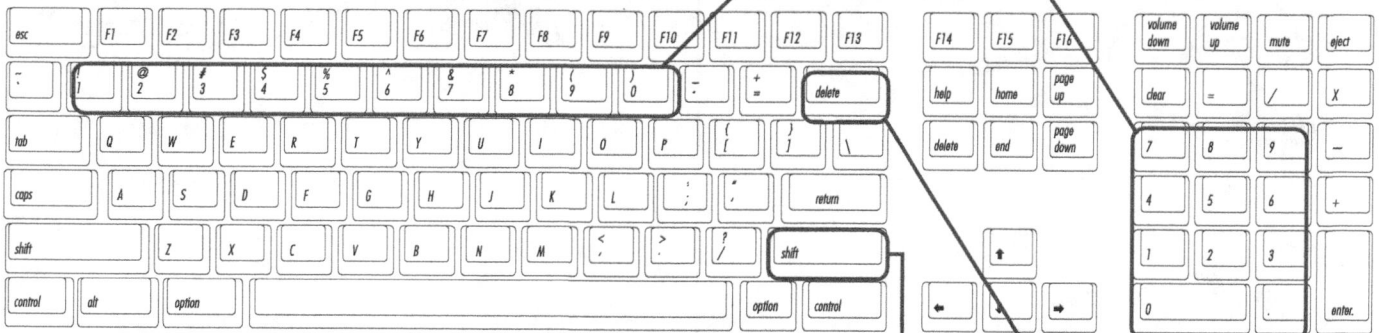

Es posible que necesites usar los caracteres secundarios de algunas de las teclas. Si es así, mantén presionada la tecla **SHIFT** y presiona la tecla que representa el carácter secundario que deseas usar, por ejemplo, el signo de pregunta.

Usa la tecla **DELETE** para eliminar lo que escribiste y, luego, escribe una nueva respuesta.

Acerca de la *Preparación para la prueba de GED® de Steck-Vaughn*, Segunda edición

La *Preparación para la prueba de GED® de Steck-Vaughn* se centra en la adquisición de conceptos clave de lectura y razonamiento que te proporcionan las destrezas y estrategias necesarias para tener éxito en la prueba de GED®.

La Preparación para la prueba de GED® de Steck-Vaughn consiste en un Libro del estudiante y un Cuaderno de ejercicios para cada área temática. Para ayudar a los estudiantes a desarrollar una comprensión más profunda del contenido, las lecciones del Cuaderno de ejercicios explican conceptos de manera diferente y ofrecen el doble de práctica. Al igual que los Libros del Estudiante, cada Cuaderno de ejercicios brinda ejercicios de práctica guiada, recuadros informativos y consejos para la prueba, que ayudan a desarrollar destrezas críticas. Además, las *Lecciones de alto impacto* de dos páginas abordan Indicadores de alto impacto identificados por el Servicio de Pruebas de GED como destrezas de razonamiento críticas que pueden ayudar a los estudiantes a mejorar su desempeño en la prueba de GED®. A lo largo de las unidades, es posible hallar secciones llamadas *Ítem en foco*, que corresponden a uno de los tipos de ejercicios reforzados por tecnología que aparecen en la prueba de GED®.

La sección **REPASA LA DESTREZA** enseña nuevamente la destreza.

Cada lección incluye correlaciones con los **TEMAS** y las **PRÁCTICAS**, lo que te ayudará a centrarte en tus estudios.

1 LECCIÓN — Interpretar ilustraciones

Usar con el *Libro del estudiante*, págs. 2–3.

TEMAS DE CIENCIAS: L.a.1, L.d.1, L.d.2, L.d.3
PRÁCTICAS DE CIENCIAS: SP.1.a, SP.1.b, SP.1.c, SP.7.a

1 Repasa la destreza

Las **ilustraciones** son herramientas importantes para explicar las partes de un todo y cómo esas partes encajan entre sí. Algunas ilustraciones muestran cosas que normalmente no son visibles, como las partes de una célula. Otras pueden ayudarte a visualizar lo que ocurre en un proceso complejo. Cuando *interpretas ilustraciones*, usas los elementos visuales y los rótulos u otros textos relacionados para entender la estructura de un objeto, cómo funciona algo o cómo ocurre algo.

Dado que gran parte de la ciencia tiene que ver con objetos o procesos que no pueden verse directamente, las ilustraciones son una parte importante de las presentaciones científicas. Ver e interpretar ilustraciones te ayudará a mejorar la comprensión de los temas de ciencias.

2 Perfecciona la destreza

Al perfeccionar la destreza de interpretar ilustraciones, mejorarás tus capacidades de estudio y evaluación, especialmente en relación con la prueba de Ciencias de GED®. Estudia la ilustración que aparece a continuación. Luego, responde las preguntas.

(a) Lee el título y los rótulos para comenzar a interpretar la ilustración. Esos elementos te ayudan a saber que la ilustración muestra el interior de una célula y que los lisosomas son estructuras que están dentro de las células.

LOS LISOSOMAS DIGIEREN ALIMENTOS

(b) Las flechas y los números indican que esta es una ilustración de un proceso que ocurre por etapas. Sigue los números por orden.

CONSEJOS PARA EL USO DE COMPUTADORA

La prueba de GED® se hace con una computadora. Antes de hacer la prueba, asegúrate de que estés familiarizado con las destrezas del uso de una computadora, como manejar un ratón, desplazar el cursor por la pantalla, hacer clic o y escribir con el teclado.

1. ¿Qué contiene un lisosoma para digerir los alimentos?

A. una membrana celular
B. enzimas
C. vacuolas
D. partículas de alimento

2. A partir de la ilustración, ¿cuál es el propósito de una vacuola digestiva?

A. romper las partículas de alimento
B. elaborar enzimas digestivas
C. transportar los alimentos a los lisosomas
D. entrar a través de la membrana celular

3 Domina la destreza

INSTRUCCIONES: Estudia la información y la ilustración, lee cada pregunta y elige la **mejor** respuesta.

MEIOSIS

Mediante la mitosis, una célula se divide para formar dos células hijas que son iguales a la célula progenitora. Las células también se dividen mediante la meiosis. Del mismo modo que con la mitosis, el núcleo de la célula se divide después de que el material genético, o hereditario, se haya replicado. Durante la meiosis, sin embargo, las dos células hijas se dividen sin duplicar su material genético. El resultado son cuatro células que se llaman gametos. Los óvulos y los espermatozoides son gametos. Los gametos se unen durante la reproducción sexual para formar una única célula que tiene el mismo número de cromosomas que tenía la célula original antes de la meiosis. En la ilustración se muestra lo que ocurre al material genético del núcleo celular antes y durante la meiosis.

La célula progenitora contiene material genético en cromosomas.

Los cromosomas se replican.

Las versiones de cromosomas relacionados se emparejan.

Los cromosomas emparejados intercambian secciones de material genético.

Se forman dos células hijas.

Las dos células hijas se dividen para formar cuatro nuevas células (gametos).

3. La célula progenitora de la ilustración tiene cuatro cromosomas. ¿Cuántos cromosomas tiene cada gameto al finalizar la meiosis?

A. dos
B. cuatro
C. seis
D. ocho

4. De los siguientes sucesos, ¿cuál ocurre en último lugar durante la meiosis?

A. La célula se divide en dos células hijas iguales.
B. Los cromosomas intercambian secciones de material genético.
C. Las dos células hijas se dividen para formar gametos.
D. Los cromosomas se replican.

5. A partir de la ilustración, ¿qué se produce cuando los cromosomas intercambian secciones de material genético?

A. gametos que no pueden dañarse
B. gametos que tienen distinto número de cromosomas
C. gametos que se dividen para formar nuevas células
D. gametos que tienen combinaciones de material genético único

INSTRUCCIONES: Estudia la información y la ilustración, lee la pregunta y elige la **mejor** respuesta.

MEMBRANA CELULAR

La membrana celular que contiene a la célula está compuesta principalmente por lípidos (grasas) y proteínas. Permite que únicamente las sustancias que se disuelven en los lípidos se muevan libremente hacia dentro y hacia fuera de la célula. El oxígeno es un ejemplo de sustancia soluble en lípidos. El agua y las sustancias solubles en agua, como la glucosa, necesitan proteínas para poder pasar a través de la membrana celular.

Proteínas globulares
Capa de lípidos
Canal proteico

6. ¿Qué se muestra en la ilustración?

A. cómo se reproducen las células
B. el núcleo de una célula
C. el contenido de una célula típica
D. las estructuras de la membrana celular

2 — Lección 1 | Interpretar ilustraciones

Unidad 1 | Ciencias de la vida — 3

Los **RECUADROS** proporcionan estrategias e información que puedes usar para entender e interpretar diferentes pasajes o gráficas.

Los **CONSEJOS PARA REALIZAR LA PRUEBA** y otros tipos de notas, tales como **USAR LA LÓGICA**, ofrecen apoyo específico para tener éxito en la prueba de GED®.

Los **MAPAS Y ELEMENTOS VISUALES DE COLORES** te ofrecen una experiencia similar a la que puedes experimentar en la prueba de GED®.

Las secciones de *En acción* al final de cada unidad incluyen ejercicios de práctica que reflejan las destrezas de la unidad en contextos laborales. Las actividades de *En acción* están dirigidas a grupos de carreras relevantes para el área de ciencias.

Una sección muy detallada de respuestas proporciona la respuesta correcta y su justificación para que los estudiantes sepan exactamente por qué una respuesta es correcta.

Los ítems de **EN ACCIÓN** se enfocan en el contenido que cubre cada unidad.

Al estar presentadas por grupos de carreras, las actividades de **EN ACCIÓN** ofrecen contextos y aplicaciones reales para las destrezas aprendidas.

UNIDAD 1

Ciencias de la vida en acción

CIENCIAS DE LA SALUD

INSTRUCCIONES: Estudia la información y la tabla. Luego lee cada pregunta y elige la **mejor** respuesta.

Eres asistente médico y trabajas en la oficina de un pediatra. Una de tus tareas consiste en aplicar vacunas a los pacientes.

Este calendario de vacunación recomendado para los niños de entre 7 y 18 años es de los Centros para el Control y Prevención de Enfermedades (CDC, en inglés). Las vacunas resaltadas en amarillo se recomiendan ser administradas a edades más tempranas para la mayoría de los niños y por esto son denominadas "de ponerse al día". Las vacunas resaltadas en morado se administran a edades menores o mayores para ciertos grupos de alto riesgo.

CALENDARIO DE VACUNACIÓN RECOMENDADO PARA NIÑOS DE 7 A 18 AÑOS

Vacuna	7–8 años	9–10 años	11–12 años	13–15 años	16 años	17 años	18 años
Gripe Influenza			Anual				
Tdap tétanos, difteria, tos ferina							
Virus del papiloma humano VPH							
Meningocócica — MenACWY							
Meningocócica — MenB							
Neumococo							
Hepatitis A							
Hepatitis B							
Polio							
MMR Sarampión, Paperas, Rubéola							
Varicela							

CLAVE
- Recomendada a menos que el médico indique lo contrario
- Recomendada si el niño se está poniendo al día con sus vacunas
- Recomendada para ciertos grupos de alto riesgo

Fuente: CDC.gov

1. Según las directrices de los CDC, ¿qué vacuna no debes administrar a ningún paciente menor de 9 años?

A. VPH
B. MenACWY
C. Hepatitis B
D. MMR

2. ¿Qué vacuna debería administrarse cada año?

A. VPH
B. gripe
C. Hepatitis A
D. Varicela

3. ¿Qué vacuna se recomienda administrar a una edad más temprana a ciertos grupos de alto riesgo?

A. Tdap
B. MenACWY
C. Polio
D. MMR

4. Una paciente de 14 años nunca se ha puesto la vacuna contra el Tdap. ¿Qué haces?

A. Le administras la vacuna contra el Tdap.
B. La mandas a casa sin haberle dado ninguna vacuna.
C. Le dices que vuelva a los 15 años.
D. En su lugar le aplicas la vacuna contra el VPH.

5. ¿Cuál es la edad recomendada para ponerse la vacuna contra el VPH?

A. 9 años
B. 11 años
C. 13 años
D. 18 años

6. Un paciente de 7 años nunca se ha puesto la vacuna contra el Polio. ¿Qué haces?

A. Le administras la vacuna contra la polio.
B. Lo mandas a casa sin haberle dado ninguna vacuna.
C. Le dices que vuelva a los 18 años.
D. En su lugar le administras la vacuna contra la varicela.

AGRICULTURA, ALIMENTOS Y CIENCIAS NATURALES

INSTRUCCIONES: Lee el pasaje y estudia la tabla. Luego lee cada pregunta y elige la **mejor** respuesta.

Eres criador de conejos. Tu trabajo consiste en criar conejos para que produzcan crías con ciertos patrones de pelaje muy solicitado. Sabes que los patrones de pelaje en los conejos son controlados por tres alelos, o versiones, de un gen llamado gen de la serie A: A (Agouti), a¹ (Fuego), and a (Sólido). El patrón agouti es grisáceo con apariencia de "sal y pimienta".

El sólido (a) es el alelo más recesivo. Cuando este gen se expresa, el conejo tiene poco o ningún patrón agouti. El agouti (A) es el alelo dominante más común. Produce el patrón del pelaje agouti de la mayor parte de los conejos salvajes. El fuego (a¹) produce una expresión parcial del patrón agouti en algunas partes del conejo, normalmente, en el estómago y el pecho, dentro de las orejas, alrededor de los ojos y la nariz, y en las patas.

ALELOS DEL GEN DE LA SERIE A PARA EL PATRÓN DE PELAJE

Agouti (A)   Fuego (a¹)   Sólido (a)

Cada conejo lleva dos de los tres alelos posibles. El alelo A es dominante tanto para a¹ como para a. El alelo a¹ es dominante para a.

7. ¿Cuál de las siguientes opciones muestra las combinaciones de alelos posibles para los conejos de pelaje agouti?

A. A/A, a/a, a/a¹
B. A/A, A/a¹, A/a
C. A/a¹, a¹/a¹
D. solo A/A

8. ¿Cuál de las siguientes opciones muestra las combinaciones de alelos posibles para los conejos de pelaje fuego?

A. A/A, a/a
B. a¹/a¹, A/a¹
C. a¹/a¹, a¹/a
D. solo a¹/a¹

9. ¿Cuál de las siguientes opciones muestra las combinaciones de alelos posibles para los conejos de pelaje sólido?

A. A/a¹, a/a
B. a¹/a¹, a¹/a
C. solo a¹/a
D. solo a/a

10. Si dos conejos agouti (A/A) se cruzan, ¿qué porcentaje de las crías tendría el pelaje sólido?

A. 100%
B. 75%
C. 50%
D. 0%

11. Si dos conejos agouti (A/a) se cruzan, ¿qué porcentaje de las crías tendría el pelaje sólido?

A. 75%
B. 50%
C. 25%
D. 0%

12. Si dos conejos de pelaje fuego (a¹/a¹) se cruzan, ¿qué porcentaje de las crías también tendría el pelaje fuego?

A. 100%
B. 75%
C. 50%
D. 0%

13. Tienes un conejo de pelaje fuego pero no sabes qué combinación de alelos tiene. ¿Cuál de los siguientes cruces/resultados te daría la evidencia de que la combinación de alelos es a¹/a?

A. Si se cruza con un conejo de pelaje fuego (a¹/a¹), se obtienen conejos de pelaje fuego.
B. Si se cruza con un conejo de pelaje sólido (a/a), se obtienen conejos de pelaje fuego.
C. Si se cruza con un conejo de pelaje sólido (a/a), se obtiene un 50% de conejos de pelaje fuego y un 50% de conejos de pelaje sólido.
D. Si se cruza con un conejo de pelaje agouti (A/A), se obtiene un 100% de conejos de pelaje agouti.

14. La mayoría de tus clientes quieren conejos de pelaje sólido. ¿Qué dos conejos cruzarías para obtener una camada de crías con una **mayoría** de conejos de pelaje sólido?

A. sólido (a/a) y sólido (a/a)
B. sólido (a/a) y fuego (a¹/a)
C. sólido (a/a) y agouti (A/a)
D. sólido (a/a) y agouti (A/A)

UNIDAD 1

---

8. C; Nivel de conocimiento: 2; **Tema**: L.e.2; **Prácticas**: SP.1.a, SP.1.b, SP.1.c, SP.3.b La combinación de los dos alelos (at) producirá un conejo de patrón fuego. Como el alelo fuego (at) es recesivo respecto al patrón agouti (A), todo conejo que tenga un alelo agouti (A/at) expresará un pelaje de patrón agouti. Así se descartan todas las combinaciones de alelos que incluyan siquiera un alelo agouti (A). Como el alelo fuego (at) es dominante respecto al alelo sólido (a), at/a también expresará el patrón de pelaje fuego. Por lo tanto, at/at y at/a expresarán el patrón fuego.

Para expresar el significado y facilitar la comprensión, las **RESPUESTAS EXTENSAS ANOTADAS** de la sección de respuestas te proporcionan la respuesta correcta con su respectiva justificación. En muchos casos, la clave también explica por qué las respuestas incorrectas están mal.

La calculadora

Algunos ejercicios de la prueba de Ciencias de GED® te permiten usar una calculadora como ayuda para responder las preguntas. Esa calculadora, la TI-30XS, está integrada en la interfaz de la prueba. Los estudiantes también pueden traer su propia calculadora TI-30XS MultiView para usarla en la prueba. La calculadora TI-30XS estará disponible para la mayoría de los ejercicios de la prueba de Razonamiento Matemático de GED® y para algunos ejercicios de la prueba de Ciencias de GED® y la prueba de Estudios Sociales de GED®. La calculadora TI-30XS se muestra a continuación, junto con algunos recuadros que detallan algunas de sus teclas más importantes. En la esquina superior derecha de la pantalla hay un botón que permite acceder a la hoja de referencia para la calculadora.

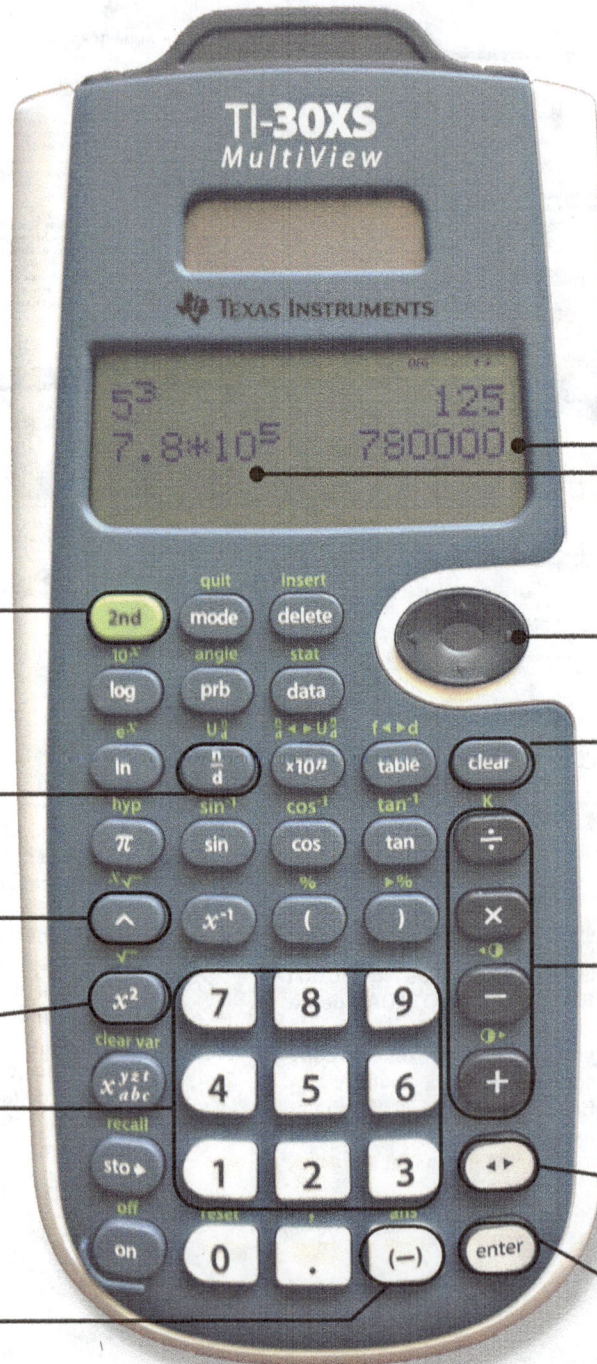

La tecla **2nd** te permite acceder a las funciones de color verde que aparecen arriba de las distintas teclas.

La tecla $\frac{n}{d}$ (**NUMERADOR/ DENOMINADOR**) te permite escribir fracciones en la calculadora.

La tecla **EXPONENTE** te permite elevar un número a cualquier potencia.

La tecla **CUADRADO** te permite elevar números al cuadrado.

Usa las teclas correspondientes a los **NÚMEROS** para escribir valores numéricos.

La tecla **SIGNO** te permite cambiar el signo de positivo a negativo para los números enteros negativos. Recuerda que las teclas de signo negativo y de la función de resta son diferentes.

Los problemas aparecen en el lado izquierdo de la pantalla y las respuestas, en el lado derecho.

Gracias a las teclas de **DESPLAZAMIENTO** te puedes desplazar hacia la izquierda, hacia la derecha, hacia arriba o hacia abajo dentro de la pantalla.

La tecla **CLEAR** te permite borrar números, signos y ecuaciones. Úsala después de completar un problema y antes de comenzar uno nuevo.

Las teclas de las cuatro funciones matemáticas básicas —**DIVISIÓN, MULTIPLICACIÓN, RESTA** y **SUMA**— están en el lado derecho, justo debajo de la tecla *clear*.

La tecla de **CONMUTACIÓN** te permite convertir de fracciones a decimales y viceversa.

La tecla **ENTER** funciona como el signo de igual. Una vez que completes tus cálculos, presiona esta tecla para hallar el resultado.

Cómo empezar

Para habilitar la calculadora en una pregunta que lo permite, haz clic en la parte superior izquierda de la pantalla de la prueba. Si la calculadora aparece sobre un problema, puedes hacer clic en ella para arrastrarla y moverla hacia otra parte de la pantalla. Una vez habilitada, la calculadora estará lista para usarse (no es necesario presionar la tecla **on**). Las siguientes indicaciones son para usar la calculadora en modo *mathprint*. Presiona la tecla **mode** y selecciona **classic** para utilizar la calculadora en modo clásico.

- Usa la tecla **clear** para borrar todos los números y las operaciones de la pantalla.
- Usa la tecla **enter** para completar todos los cálculos.

Tecla 2nd

La tecla verde **2nd** se encuentra en la esquina superior izquierda de la calculadora TI-30XS. La tecla **2nd** habilita las funciones secundarias, representadas con color verde y ubicadas arriba de las teclas de función primaria. Para usar una función secundaria, haz clic en la tecla **2nd** y luego haz clic en la tecla que representa la función secundaria que deseas implementar.

Fracciones y números mixtos

Para ingresar una fracción, por ejemplo $\frac{3}{4}$, haz clic en la tecla $\frac{n}{d}$ **(numerador/denominador)** y luego en el número que representará el numerador [3]. Ahora haz clic en la **flecha hacia abajo** (en la esquina superior derecha de la calculadora) y luego en el número que representará el denominador [4]. Para hacer cálculos con fracciones, haz clic en la **flecha hacia la derecha** y luego en la tecla de la función correspondiente y en los otros números de la ecuación.

Para ingresar números mixtos, como por ejemplo $1\frac{3}{8}$, primero ingresa el número entero [1]. Luego, haz clic en la tecla **2nd** y en la tecla cuya función secundaria permite ingresar **números mixtos** $\left(\text{la tecla } \frac{n}{d}\right)$. Ahora ingresa el numerador de la fracción [3] y luego haz clic en el botón de la **flecha hacia abajo** y en el número que representará el denominador [8]. Si haces clic en **enter**, el número mixto se convertirá en una fracción impropia. Para hacer cálculos con números mixtos, haz clic en la **flecha hacia la derecha** y luego en la tecla de la función correspondiente y en los otros números de la ecuación.

Números negativos

Para ingresar un número negativo, haz clic en la tecla del **signo negativo** (ubicada justo debajo del número **3** en la calculadora). Recuerda que la tecla del **signo negativo** es diferente de la tecla de **resta**, que se encuentra en la columna de teclas ubicada en el extremo derecho, justo encima de la tecla de **suma** (+).

Cuadrados y exponentes, raíces cuadradas y cúbicas y notación científica

- **Cuadrados:** La tecla x^2 permite elevar números al cuadrado. La tecla **exponente** (^) eleva los números a potencias mayores que dos, por ejemplo, al cubo. Por ejemplo, para hallar el resultado de 5^3 en la calculadora, primero ingresa la base [5], haz clic en la tecla **exponente** (^) y luego en el número que funcionará como exponente [3], y por último en la tecla **enter**.
- **Raíces cuadradas:** Para hallar la raíz cuadrada de un número, como por ejemplo 36, primero haz clic en la tecla **2nd** y luego en la tecla cuya función secundaria permite calcular una **raíz cuadrada** (la tecla x^2). Ahora ingresa el número [36] y por último haz clic en la tecla **enter**.
- **Raíces cúbicas:** Para hallar la raíz cúbica de un número, como por ejemplo **125**, primero ingresa el cubo en formato de número [3] y luego haz clic en la tecla **2nd** y en la tecla **^**. Por último, ingresa el número para el que quieres hallar el cubo [125], y haz clic en **enter**.
- **Notación científica:** Para hacer cálculos con números expresados en notación científica, como 7.8×10^9, primero ingresa la base [7.8]. Luego presiona la tecla de **multiplicar por 10 a la enésima potencia** $(\times 10^n)$, ubicada debajo de la tecla **data**, y finalmente el exponente [9]. Entonces, obtienes el resultado de 7.8×10^9.

Consejos para realizar la prueba

La prueba de GED® incluye más de 160 ejercicios distribuidos en los exámenes de las cuatro asignaturas: Razonamiento a través de las Artes del Lenguaje, Razonamiento Matemático, Ciencias y Estudios Sociales. Los exámenes de las cuatro asignaturas requieren un tiempo total de evaluación de un poco más de siete horas. Si bien la mayoría de los ejercicios consisten en preguntas de opción múltiple, hay una serie de ejercicios reforzados por tecnología. Se trata de ejercicios en los que los estudiantes deben: elegir la respuesta correcta a partir de un menú desplegable; completar los espacios en blanco; arrastrar y soltar elementos; marcar un punto clave en una gráfica; ingresar una respuesta breve e ingresar una respuesta extensa.

A través de este libro y los que lo acompañan, te ayudamos a elaborar, desarrollar y aplicar destrezas de comprensión de lectura y razonamiento indispensables para tener éxito en la prueba de GED®. Como parte de una estrategia global, te sugerimos que uses los consejos para realizar la prueba que se detallan aquí, y en todo el libro, para mejorar tu desempeño en la prueba de GED®.

> **Siempre lee atentamente las instrucciones para saber exactamente lo que debes hacer.** Como ya hemos mencionado, la prueba de GED® tiene un formato electrónico que incluye diversos ejercicios reforzados por tecnología. Si no sabes qué hacer o cómo proceder, pide al examinador que te explique las instrucciones.

> **Lee cada pregunta con detenimiento para entender completamente lo que se te pide.** Por ejemplo, algunos ejercicios pueden presentar más información de la que se necesita para responder correctamente una pregunta específica. Otras preguntas pueden contener palabras en negrita para enfatizarlas (por ejemplo, "¿Cuál de las siguientes opciones describe **mejor** la función de la membrana celular?").

> **Administra bien tu tiempo para llegar a responder todas las preguntas.** Debido a que la prueba de GED® consiste en una serie de exámenes cronometrados, debes dedicar el tiempo suficiente a cada pregunta, pero no *demasiado* tiempo. Por ejemplo, en la prueba de Ciencias de GED®, tienes 90 minutos para responder aproximadamente 34 preguntas, algunas de las cuales son ejercicios de respuesta corta en los que deberás escribir una respuesta breve. Eso resulta en un promedio de 2 minutos por ejercicio de respuesta múltiple y aproximadamente 10 minutos por cada ejercicio de respuesta corta. Obviamente, algunos ejercicios requerirán más tiempo y otros menos, pero siempre debes tener presente el número total de ejercicios y el tiempo total de evaluación. La interfaz de la prueba de GED® te ayuda a administrar el tiempo. En la esquina superior derecha de la pantalla hay un reloj que te indica el tiempo restante para completar la prueba. Además, puedes controlar tu progreso a través de la línea de **Pregunta**, que muestra el número de pregunta actual, seguido por el número total de preguntas del examen de esa asignatura.

> **Responde todas las preguntas, ya sea que sepas la respuesta o tengas dudas.** No es conveniente dejar preguntas sin responder en la prueba de GED®. Recuerda el tiempo que tienes para completar cada prueba y adminístralo en consecuencia. Si deseas revisar un ejercicio específico al final de una prueba, haz clic en **Marcar para revisar** para señalar la pregunta. Al hacerlo, aparece una bandera amarilla. Es posible que, al final de la prueba, tengas tiempo para revisar las preguntas que has marcado.

> **Haz una lectura rápida.** Puedes ahorrar tiempo si lees cada pregunta y las opciones de respuesta antes de leer o estudiar el pasaje o la gráfica que las acompañan. Una vez que entiendes qué pide la pregunta, repasa el pasaje o el elemento visual para obtener la información adecuada.

> **Presta atención a cualquier palabra desconocida que haya en las preguntas.** Primero, intenta volver a leer la pregunta sin incluir la palabra desconocida. Luego intenta reemplazarla por otra palabra.

> **Vuelve a leer cada pregunta y vuelve a examinar el texto o la gráfica que la acompaña para descartar opciones de respuesta.** Si bien las cuatro respuestas son *posibles* en los ejercicios de opción múltiple, recuerda que solo una es *correcta*. Aunque es posible que puedas descartar una respuesta de inmediato, seguramente necesites más tiempo, o debas usar la lógica o hacer suposiciones, para descartar otras opciones. En algunos casos, quizás necesites sacar la mejor conclusión para decidirte por una de dos opciones.

> **Hazle caso a tu intuición al momento de responder.** Si tu primera reacción es elegir la opción *A* como respuesta a una pregunta, lo mejor es que te quedes con esa respuesta, a menos que determines que es incorrecta. Generalmente, la primera respuesta que alguien elige es la correcta.

Destrezas de estudio

A 4 semanas...

➤ **Establece un cronograma de estudio para la prueba de GED®.** Elige horarios en los que estés más despierto y lugares, como una biblioteca, que te brinden el mejor ambiente para estudiar.

➤ **Repasa en detalle todo el material de la *Preparación para la prueba de GED® de Steck-Vaughn: Ciencias.*** Usa el *Cuaderno de ejercicios de Ciencias* para ampliar la comprensión de los conceptos del *Libro del estudiante de Ciencias.*

➤ **Usa un cuaderno para cada asignatura que estés estudiando.** Las carpetas con bolsillos son útiles para guardar hojas sueltas.

➤ **Al tomar notas, expresa tus pensamientos o ideas con tus propias palabras en lugar de copiarlos directamente de un libro.** Puedes expresar estas notas como oraciones completas, como preguntas (con respuestas) o como fragmentos, siempre y cuando los entiendas.

A 2 semanas...

➤ **Estudia tus resultados en los repasos de las unidades en el Libro del estudiante y presta atención a las áreas que te generaron inconvenientes.** Dedica el tiempo de estudio restante a esas áreas. Para práctica adicional, puedes tomar los exámenes GED Ready™.

Los días previos...

➤ **Traza la ruta para llegar al centro de evaluación, y visítalo uno o dos días antes de la prueba.** Si manejas, busca un lugar para estacionar en el centro.

➤ **Duerme una buena cantidad de horas la noche anterior a la prueba de GED®.** Los estudios demuestran que los estudiantes que descansan lo suficiente se desempeñan mejor en las pruebas.

El día de la prueba...

➤ **Toma un desayuno abundante con alto contenido en proteínas.** Al igual que el resto de tu cuerpo, tu cerebro necesita mucha energía para funcionar bien.

➤ **Llega al centro de evaluación 30 minutos antes.** Si llegas temprano, tendrás suficiente tiempo en caso de que haya un cambio de salón.

➤ **Empaca un almuerzo abundante y nutritivo,** especialmente si planeas quedarte en el centro de evaluación la mayor parte del día.

➤ **Relájate.** Has llegado muy lejos y te has preparado durante varias semanas para la prueba de GED®. ¡Ahora es tu momento de brillar!

1

Interpretar ilustraciones

Usar con el *Libro del estudiante,* págs. 2–3.

TEMAS DE CIENCIAS: L.b.1, L.d.1, L.d.2, L.d.3
PRÁCTICAS DE CIENCIAS: SP.1.a, SP.1.b, SP.1.c, SP.7.a

UNIDAD 1

1 Repasa la destreza

Las **ilustraciones** son herramientas importantes para explicar las partes de un todo y cómo esas partes encajan entre sí. Algunas ilustraciones muestran cosas que normalmente no son visibles, como las partes de una célula. Otras pueden ayudarte a visualizar lo que ocurre en un proceso complejo. Cuando **interpretas ilustraciones**, usas los elementos visuales y los rótulos u otros textos relacionados para entender la estructura de un objeto, cómo funciona algo o cómo ocurre algo.

Dado que gran parte de la ciencia tiene que ver con objetos o procesos que no pueden verse directamente, las ilustraciones son una parte importante de las presentaciones científicas. Ver e interpretar ilustraciones te ayudará a mejorar la comprensión de los temas de ciencias.

2 Perfecciona la destreza

Al perfeccionar la destreza de interpretar ilustraciones, mejorarás tus capacidades de estudio y evaluación, especialmente en relación con la prueba de Ciencias de GED®. Estudia la ilustración que aparece a continuación. Luego, responde las preguntas.

a Lee el título y los rótulos para comenzar a interpretar la ilustración. Esos elementos te ayudan a saber que la ilustración muestra el interior de una célula y que los lisosomas son estructuras que están dentro de las células.

b Las flechas y los números indican que esta es una ilustración de un proceso que ocurre por etapas. Sigue los números por orden.

LOS LISOSOMAS DIGIEREN ALIMENTOS

3 Las enzimas digieren los alimentos.

Lisosomas que contienen enzimas digestivas

Membrana celular

2 Se forman vacuolas digestivas y se fusionan con los lisosomas.

1 Las partículas de alimento entran a la célula.

b

CONSEJOS PARA EL USO DE COMPUTADORA

La prueba de GED® se hace con una computadora. Antes de hacer la prueba, asegúrate de que estás familiarizado con las destrezas del uso de una computadora, como manejar un ratón, desplazar el cursor por la pantalla, hacer clic o y escribir con el teclado.

1. ¿Qué contiene un lisosoma para digerir los alimentos?

   A. una membrana celular   C. vacuolas
   B. enzimas   D. partículas de alimento

2. A partir de la ilustración, ¿cuál es el propósito de una vacuola digestiva?

   A. romper las partículas de alimento
   B. elaborar enzimas digestivas
   C. transportar los alimentos a los lisosomas
   D. entrar a través de la membrana celular

INSTRUCCIONES: Estudia la información y la ilustración, lee cada pregunta y elige la **mejor** respuesta.

MEIOSIS

Mediante la mitosis, una célula se divide para formar dos células hijas que son iguales a la célula progenitora. Las células también se dividen mediante la meiosis. Del mismo modo que con la mitosis, el núcleo de la célula se divide después de que el material genético, o hereditario, se haya replicado. Durante la meiosis, sin embargo, las dos células hijas se dividen sin duplicar su material genético. El resultado son cuatro células que se llaman gametos. Los óvulos y los espermatozoides son gametos. Los gametos se unen durante la reproducción sexual para formar una única célula que tiene el mismo número de cromosomas que tenía la célula original antes de la meiosis. En la ilustración se muestra lo que ocurre al material genético del núcleo celular antes y durante la meiosis.

La célula progenitora contiene material genético en cromosomas.

Los cromosomas se replican.

Las versiones de cromosomas relacionados se emparejan.

Los cromosomas emparejados intercambian secciones de material genético.

Se forman dos células hijas.

Las dos células hijas se dividen para formar cuatro nuevas células (gametos).

3. La célula progenitora de la ilustración tiene cuatro cromosomas. ¿Cuántos cromosomas tiene cada gameto al finalizar la meiosis?

   A. dos
   B. cuatro
   C. seis
   D. ocho

4. De los siguientes sucesos, ¿cuál ocurre en último lugar durante la meiosis?

   A. La célula se divide en dos células hijas iguales.
   B. Los cromosomas intercambian secciones de material genético.
   C. Las dos células hijas se dividen para formar gametos.
   D. Los cromosomas se replican.

5. A partir de la ilustración, ¿qué se produce cuando los cromosomas intercambian secciones de material genético?

   A. gametos que no pueden dañarse
   B. gametos que tienen distinto número de cromosomas
   C. gametos que se dividen para formar nuevas células
   D. gametos que tienen combinaciones de material genético único

INSTRUCCIONES: Estudia la información y la ilustración, lee la pregunta y elige la **mejor** respuesta.

MEMBRANA CELULAR

La membrana celular que contiene a la célula está compuesta principalmente por lípidos (grasas) y proteínas. Permite que únicamente las sustancias que se disuelven en los lípidos se muevan libremente hacia dentro y hacia fuera de la célula. El oxígeno es un ejemplo de sustancia soluble en lípidos. El agua y las sustancias solubles en agua, como la glucosa, necesitan proteínas para poder pasar a través de la membrana celular.

Proteínas globulares

Capa de lípidos

Canal proteico

6. ¿Qué se muestra en la ilustración?

   A. cómo se reproducen las células
   B. el núcleo de una célula
   C. el contenido de una célula típica
   D. las estructuras de la membrana celular

INSTRUCCIONES: Estudia la información y la ilustración, lee cada pregunta y elige la **mejor** respuesta.

FOTOSÍNTESIS

Las plantas usan la energía de la luz solar para producir su propio alimento mediante el proceso de la fotosíntesis. Durante la fotosíntesis, la planta convierte el gas dióxido de carbono (CO_2) que hay en el aire y el agua del suelo en glucosa. La glucosa es un azúcar simple que se almacena en los tejidos de la planta. El gas oxígeno (O_2) se libera durante el proceso. La fotosíntesis tiene lugar en unas estructuras diminutas que se denominan cloroplastos. Los cloroplastos contienen clorofila, una sustancia que absorbe energía de la luz solar y que es necesaria para convertir la energía lumínica en energía química que la planta almacena en sus tejidos.

Hoja   Cutícula

Cloroplastos localizados en todas las células del mesófilo, excepto en el xilema y el floema)

Epidermis superior

Mesófilo

Xilema
Floema

Epidermis inferior

CO_2 O_2 Estoma

7. ¿Qué son la epidermis superior, el mesófilo y la epidermis inferior?

    A. zonas donde tiene lugar la fotosíntesis
    B. capas de la estructura de la hoja
    C. células individuales de la hoja
    D. lugares donde se intercambian los gases

8. ¿Dónde tiene lugar la fotosíntesis?

    A. en el xilema
    B. en el estoma
    C. en la cutícula
    D. en el mesófilo

9. ¿Cuál sería el **mejor** título para esta ilustración?

    A. Estructura de la hoja y fotosíntesis
    B. Cómo funciona la fotosíntesis
    C. Composición de la clorofila
    D. Entender los cloroplastos

INSTRUCCIONES: Estudia la ilustración, lee la pregunta y elige la **mejor** respuesta.

CÉLULA BACTERIANA Y CÉLULA ANIMAL

Pared celular
Ribosoma
Cromosoma
Mitocondria
Retículo endoplásmico rugoso
Citoplasma
Membrana celular
Flagelo (para moverse)
Retículo endoplásmico liso
Complejo de Golgi
Bacteria
Célula animal

Una bacteria es un organismo unicelular. Un animal es un organismo pluricelular.

10. ¿En qué se diferencian una célula bacteriana y una célula animal?

    A. Una bacteria tiene núcleo, mientras que una célula animal no lo tiene.
    B. La estructura de la célula animal es más compleja que la estructura de la bacteria.
    C. Una bacteria tiene más citoplasma que una célula animal.
    D. Una célula animal puede moverse con más facilidad que una bacteria.

INSTRUCCIONES: Estudia la ilustración, lee la pregunta y elige la **mejor** respuesta.

NÚCLEO CELULAR

Nucléolo
Cuerpo que ayuda a producir proteínas necesarias para formar las estructuras de la célula

Envoltura nuclear
Membrana que contiene al núcleo

Poro
Apertura en la envoltura nuclear

El núcleo de una célula controla las funciones de la célula y contiene su material genético.

11. ¿Cuál es la **principal** función de los poros?

    A. permitir que entren y salgan materiales del núcleo
    B. contener el material genético dentro del núcleo
    C. sellar la envoltura nuclear
    D. ayudar a formar proteínas

RESPIRACIÓN CELULAR

La respiración celular es el proceso por el cual la energía de los alimentos se libera y se convierte en energía que las células pueden usar. La glucosa es la principal fuente de alimento para las células. Durante la respiración celular, la glucosa se convierte en trifosfato de adenosina o ATP. El ATP almacenado en las células es la fuente de energía para muchos procesos celulares. La respiración celular puede ser aeróbica, con oxígeno, o anaeróbica, sin oxígeno. La respiración anaeróbica, en ocasiones conocida como fermentación, produce menos ATP que el ciclo del ácido cítrico de la respiración aeróbica. Sin embargo, la respiración anaeróbica es importante dado que permite que el ATP se produzca sin usar oxígeno.

12. ¿Qué paso de la respiración celular produce la mayor cantidad de ATP?

A. el reabastecimiento
B. la fermentación
C. el ciclo del ácido cítrico
D. la glicólisis

13. ¿Qué sustancia es un producto de la fermentación?

A. lactato
B. agua
C. dióxido de carbono
D. piruvato

14. A partir de la ilustración, ¿cómo influye la fermentación en la producción de ATP?

A. Proporciona NADH para permitir que ocurra el ciclo del ácido cítrico.
B. Permite que la célula absorba glucosa a través de la membrana celular.
C. Proporciona piruvato para su uso en el ciclo del ácido cítrico.
D. Produce el compuesto químico NAD^+, que se usa en la glicólisis.

INSTRUCCIONES: Estudia la ilustración, lee cada pregunta y elige la mejor respuesta.

MITOCONDRIA DE LA CÉLULA ANIMAL

La mitocondria en las células animales libera la energía acumulada en los compuestos, como los azúcares.

15. ¿Cuál es el propósito de esta ilustración de una mitocondria de una célula animal?

A. mostrar cómo cambia una mitocondria a lo largo del tiempo
B. mostrar las partes de una mitocondria completa
C. mostrar cómo se mueven los materiales a través de las células
D. mostrar el proceso de producción de energía

16. A partir de la ilustración, ¿cuál de las siguientes oraciones describe a la mitocondria?

A. Es la estructura más grande en el interior de una célula.
B. Tiene dos membranas.
C. Forma parte del núcleo.
D. Puede moverse con facilidad hacia dentro y hacia fuera de la célula.

17. ¿Qué información proporciona la leyenda?

A. la localización de la matriz
B. un propósito del espacio intermembrana
C. el tamaño de la membrana externa
D. una función de la mitocondria

2 LECCIÓN

Identificar idea principal y detalles

Usar con el *Libro del estudiante*, págs. 4–5.

TEMAS DE CIENCIAS: L.a.1, L.d.2
PRÁCTICAS DE CIENCIAS: SP.1.a, SP.1.b, SP.1.c, SP.7.a

1 Repasa la destreza

La **idea principal** es la parte más importante de un texto informativo, un artículo, un párrafo o incluso de una información que se presente de forma visual. Puedes **identificar la idea principal** si buscas la oración o la idea que esté respaldada por otras informaciones. Esta otra información se transmite a través de los **detalles de apoyo**. Los detalles de apoyo pueden ser hechos, estadísticas, datos, descripciones y explicaciones.

Una idea principal puede estar expresada de forma obvia en una oración o puede ser implícita. Si la idea principal está implícita, necesitarás usar la lógica y el razonamiento para determinar cuál es la idea principal, basándote en los detalles de apoyo.

2 Perfecciona la destreza

Al perfeccionar la destreza de identificar idea principal y detalles, mejorarás tus capacidades de estudio y evaluación, especialmente en relación con la prueba de Ciencias de GED®. Estudia la información que aparece a continuación. Luego responde las preguntas.

a Del mismo modo que la información presentada en un texto, la información que se presenta en elementos visuales, o gráficas, tiene también una idea principal. Los títulos, los encabezados y otros textos de las gráficas pueden indicarte cuál es esa idea principal.

b La idea principal en una gráfica puede estar implícita. Para identificar una idea principal implícita, analiza la gráfica completa y toda la información para decidir qué idea principal está respaldada.

NIVELES DE ORGANIZACIÓN

Célula especializada
Célula sanguínea, célula ósea, célula muscular, célula de la piel y muchas otras

↓

Tejido
Grupos de células que son similares en su estructura y función

↓

Órgano
Grupo de tejidos que funcionan juntos para desarrollar funciones

↓

Sistema de órganos
Órganos que trabajan juntos para desarrollar procesos

↓

Organismo

TEMAS

El cuerpo humano tiene muchos órganos, pero su órgano más grande es la piel. La piel está compuesta por tres capas. Cada una de estas capas contiene diversos tejidos y células. La piel forma parte del sistema tegumentario.

1. ¿Qué oración expresa **mejor** la idea principal de la gráfica?

   A. En un organismo pluricelular, las células se organizan según su función.
   B. Las células de un organismo pluricelular se organizan según su tamaño.
   C. Los órganos de un organismo pluricelular tienen distintas funciones.
   D. Un organismo pluricelular tiene más sistemas que órganos.

2. ¿Qué oración expresa uno de los detalles de apoyo de la gráfica?

   A. La piel está compuesta por tres capas.
   B. Las células tienen distintas formas y tamaños.
   C. Los grupos de células similares forman tejidos.
   D. Los músculos pueden ser lisos, cardíacos o esqueléticos.

INSTRUCCIONES: Estudia la infomación, lee la pregunta y elige la **mejor** respuesta.

EL FLUJO DE OXÍGENO A TRAVÉS DEL CUERPO

El sistema circulatorio transporta oxígeno a todas las células del cuerpo a través de la sangre. Para hacer esto, el sistema circulatorio actúa en conjunto con el sistema respiratorio. El oxígeno entra en la sangre y llega al resto del cuerpo mediante un ciclo en el que colaboran el corazón, los pulmones y los vasos sanguíneos. La sangre fluye de las células del cuerpo al corazón a través de los vasos sanguíneos. Esta sangre contiene muy poco oxígeno porque las células ya han usado la mayor parte del oxígeno disponible. El corazón bombea la sangre con deficiencia de oxígeno a los pulmones, donde esta fluye a través de diminutos vasos sanguíneos. Después, el oxígeno del aire en los pulmones atraviesa las paredes de los vasos sanguíneos y entra a la sangre. Unas células especiales de la sangre absorben el oxígeno. Entonces la sangre pasa a unos vasos sanguíneos más grandes y regresa al corazón. El corazón bombea la sangre rica en oxígeno a través de los vasos sanguíneos hacia el resto del cuerpo. A medida que la sangre fluye por el cuerpo, las células absorben el oxígeno de ella. Finalmente, la sangre con deficiencia de oxígeno vuelve al corazón y el ciclo se repite de nuevo.

3. ¿Qué oración expresa la idea principal del pasaje?

   A. El sistema circulatorio y el sistema respiratorio trabajan en conjunto para llevar oxígeno a las células.
   B. La sangre que va desde las células al corazón contiene muy poco oxígeno.
   C. El corazón aporta la energía para bombear la sangre a través del cuerpo.
   D. El oxígeno entra a través de los pulmones y pasa a la sangre.

INSTRUCCIONES: Estudia la infomación, lee la pregunta y elige la **mejor** respuesta.

LOS SISTEMAS DEL CUERPO QUE TRABAJAN EN CONJUNTO

Algunos sistemas del cuerpo trabajan conjuntamente. Por ejemplo, cuando los nutrientes son absorbidos a través de la pared del intestino delgado, las partes del alimento que no pueden digerirse se convierten en desechos. Estos desechos pasan al intestino grueso y lo recorren. Allí se absorbe la mayor parte del agua de los desechos y los hace compactos. Los materiales de desecho compactos, que se denominan heces, pasan al recto. Las heces se almacenan en el recto hasta que se eliminan del cuerpo a través del ano. De este modo, el intestino grueso forma parte tanto del sistema digestivo como del sistema excretor.

4. ¿Cuál de los siguientes detalles respalda **mejor** la idea principal del pasaje?

   A. El agua se absorbe en el intestino grueso.
   B. Los materiales de desecho compactos se denominan heces.
   C. Los nutrientes se absorben a través de las paredes del intestino delgado.
   D. El intestino grueso forma parte del tracto digestivo, pero también ayuda a eliminar los desechos.

INSTRUCCIONES: Estudia la información, lee cada pregunta y elige la **mejor** respuesta.

EL SISTEMA MUSCULAR

Hay tres tipos principales de músculos. Los músculos esqueléticos son los músculos que están adheridos a los huesos. Este tipo de músculo controla los movimientos corporales contrayéndose y relajándose. Cada fibra de un músculo esquelético es una célula muscular individual. Los músculos cardíacos, otro tipo de músculo, se conocen como músculos del corazón porque solamente se encuentran en este órgano. Los músculos cardíacos trabajan con el sistema circulatorio para hacer circular la sangre a través del cuerpo. El tercer tipo de músculo recibe el nombre de músculos lisos y compone las paredes de los órganos internos. Por ejemplo, las paredes del estómago y los intestinos están compuestas por músculos lisos. Este músculo empuja la comida a través del tracto digestivo. Los músculos lisos actúan de manera involuntaria, es decir, se contraen y se relajan por sí solos.

5. ¿Qué oración expresa la idea principal del pasaje?

   A. Las fibras de los músculos esqueléticos están compuestas por células musculares individuales.
   B. Los músculos cardíacos trabajan en conjunto con el sistema circulatorio para hacer circular la sangre.
   C. Los tres tipos de músculo desempeñan papeles distintos en el sistema muscular.
   D. Los órganos internos están revestidos por músculo liso.

6. ¿Cómo respaldan los detalles la idea principal del pasaje?

   A. Identifican los datos recopilados en una investigación sobre cómo se mueven los músculos.
   B. Enumeran todas las maneras en que los músculos esqueléticos mueven el cuerpo.
   C. Explican cómo los músculos lisos empujan los alimentos a través del tracto digestivo.
   D. Describen cada uno de los tres tipos de músculos.

INSTRUCCIONES: Estudia la ilustración y la información, lee cada pregunta y elige la **mejor** respuesta.

NEURONAS

Mensaje →

Instrucciones →

Neurona sensitiva

Neurona motora

Neurona efectora
Lleva a cabo instrucciones del cerebro.

Neurona receptora
Traduce lo que el cuerpo siente a impulsos nerviosos

Neurona asociativa
Se localizan en el cerebro y la médula espinal; determinan el significado del mensaje.

UNIDAD 1

El sistema nervioso incluye muchos tipos de células nerviosas, o neuronas. Todas ellas tienen funciones distintas. Cuando una persona ve un apetitoso trozo de pastel de chocolate, las neuronas receptoras de los ojos reconocen el pastel. Envían la imagen del pastel mediante las neuronas sensitivas a las neuronas asociativas del cerebro y la médula espinal. En una fracción de segundo, el cerebro decide cómo debe responder el cuerpo. El cerebro puede decidir que la respuesta correcta es alcanzar el pastel. Como resultado, el cerebro envía esta señal a través de las neuronas motoras a las neuronas efectoras de la mano. Los músculos de la mano de la persona se mueven y toman el plato que contiene el trozo de pastel.

7. ¿Qué oración expresa la idea principal de la ilustración y del pasaje?

   A. Los impulsos nerviosos siguen un camino específico a través de distintas neuronas para determinar significados y hacer que el cuerpo reaccione.
   B. Las neuronas efectoras llevan a cabo instrucciones del cerebro.
   C. El cerebro y la médula espinal son responsables de hallar el sentido de los mensajes de las neuronas sensitivas.
   D. Las neuronas motoras y las neuronas sensitivas envían mensajes.

8. ¿Qué oración proporciona un detalle de apoyo del pasaje?

   A. El cerebro envía mensajes al cuerpo a través de las neuronas receptoras.
   B. El sistema nervioso incluye las neuronas receptoras, sensoriales, asociativas, motoras y efectoras.
   C. Los músculos se mueven cuando se estimulan las neuronas asociativas.
   D. El pastel de chocolate estimula las neuronas efectoras.

9. ¿Qué afirmación expresa **mejor** la idea principal de la ilustración?

   A. Las neuronas motoras transmiten instrucciones a las neuronas efectoras.
   B. El cerebro contiene la mayor cantidad de neuronas.
   C. Las neuronas receptoras generan impulsos nerviosos.
   D. Las señales recorren una vía neural definida desde las neuronas receptoras al cerebro/espina dorsal hasta los músculos.

10. ¿Qué detalle proporciona la ilustración que respalda **más directamente** la idea principal de la ilustración y el pasaje?

   A. ejemplos de las formas de los distintos tipos de neuronas
   B. una explicación del papel del cerebro y de la médula espinal
   C. descripciones de las funciones específicas de los tres tipos de neuronas
   D. un ejemplo de algo que el cuerpo siente

11. ¿Qué detalle podría añadirse al pasaje para respaldar la idea principal de la ilustración y el pasaje?

   A. Las neuronas tienen núcleo y material genético al igual que otras células.
   B. Hay tres clases de células nerviosas y cada una de ellas incluye cientos de tipos distintos de neuronas.
   C. Las neuronas son las células más largas del cuerpo humano.
   D. Algunas enfermedades cerebrales están causadas por la muerte de neuronas por causas no naturales.

INSTRUCCIONES: Estudia la infomación y la ilustración, lee cada pregunta y elige la **mejor** respuesta.

EL SISTEMA ENDOCRINO

El sistema endocrino está compuesto principalmente por glándulas que segregan hormonas, como la testosterona y el estrógeno. Las hormonas que segrega el sistema endocrino controlan el crecimiento, el metabolismo, el desarrollo sexual y otras funciones corporales.

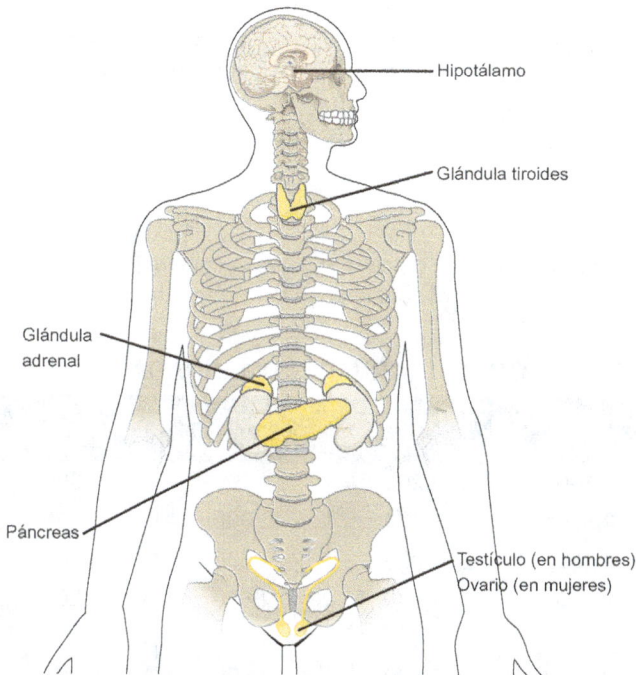

- Hipotálamo
- Glándula tiroides
- Glándula adrenal
- Páncreas
- Testículo (en hombres)
- Ovario (en mujeres)

12. ¿Qué oración expresa la idea principal del pasaje?

A. El sistema endocrino tiene una localización central en el cuerpo humano.
B. El sistema endocrino comprende las glándulas que fabrican hormonas para regular los sistemas del cuerpo.
C. El sistema endocrino mantiene el cuerpo en un estado de equilibrio.
D. El sistema endocrino controla la maduración sexual.

13. ¿Qué detalle podría añadirse al pasaje para respaldar la idea principal?

A. La glándula pituitaria, una parte principal del sistema endocrino, produce siete tipos de hormonas.
B. La glándula pituitaria tiene un lóbulo anterior y un lóbulo posterior.
C. La glándula pituitaria se localiza en el cerebro, cerca del hipotálamo.
D. La glándula pituitaria es diminuta, del tamaño de un guisante aproximadamente.

14. ¿Qué oración expresa **mejor** la idea principal de la ilustración?

A. El páncreas es la glándula endocrina de mayor tamaño.
B. La glándula tiroides se localiza en el cuello.
C. Las glándulas endocrinas afectan al desarrollo sexual.
D. Hay glándulas por todo el cuerpo que forman parte del sistema endocrino.

INSTRUCCIONES: Estudia la infomación y la ilustración, lee la pregunta y elige la **mejor** respuesta.

EQUILIBRIO HORMONAL

El sistema endocrino usa hormonas, que son mensajeras químicas, para regular las actividades del cuerpo. El cuerpo necesita la cantidad exacta de cada tipo de hormona para mantenerse saludable y equilibrado. Para proveer la cantidad adecuada de cada hormona, el sistema endocrino sigue bucles de retroalimentación. Estos bucles dan la indicación a ciertas partes del sistema endocrino de que produzcan más o menos cantidad de un tipo determinado de hormona. La ilustración muestra uno de estos mecanismos relacionado con la producción de la hormona del crecimiento.

Hipotálamo
Recibe información del cuerpo respecto de las necesidades de hormona del crecimiento. Crea y libera hormonas de señalización.

Hormona de señalización para estimular la liberación de hormona del crecimiento

Hormona de señalización para frenar la liberación de hormona del crecimiento

Glándula pituitaria
Produce y libera hormona del crecimiento.

15. El título de la ilustración a menudo nos indica cuál es su idea principal. ¿Qué título expresa **mejor** la idea principal de esta ilustración?

A. Cómo se inhibe la hormona del crecimiento
B. Ciclo de retroalimentación endocrino
C. Regulación de la hormona del crecimiento en el cuerpo
D. Control del crecimiento en el cuerpo humano

3 Interpretar tablas

LECCIÓN

Usar con el *Libro del estudiante,* págs. 6–7.

TEMA DE CIENCIAS: L.a.3
PRÁCTICAS DE CIENCIAS: SP.1.a, SP.1.b, SP.1.c, SP.3.b, SP.8.b

1 Repasa la destreza

Una **tabla** nos ofrece una manera de organizar la información de modo tal que pueda representarse con claridad. Las columnas y las filas de una tabla presentan información distinta aunque relacionada y muestran, dependiendo de su posición, cómo se relaciona esta información. Cuando **interpretas tablas**, puedes identificar la información rápidamente sin tener que leer largos pasajes de texto.

Incluso una tabla simple puede contener varias partes. Por ejemplo, una tabla típica tiene un título y encabezados de columnas. Una tabla también puede tener una leyenda que te ayude a entender la información presentada en la tabla, o un apartado de fuentes que te indique el origen de la información. Para interpretar una tabla correctamente, debes analizar todas sus partes.

2 Perfecciona la destreza

Al perfeccionar la destreza de interpretar tablas, mejorarás tus capacidades de estudio y evaluación, especialmente en relación con la prueba de Ciencias de GED®. Estudia la siguiente tabla y después responde las preguntas que aparecen a continuación.

a La información de las columnas de algunas tablas puede parecer similar. Lee atentamente los encabezados. Aquí tenemos cuatro categorías relacionadas con hombres y mujeres sedentarios y activos.

INGESTA CALÓRICA DIARIA RECOMENDADA

Edad (Años)	*Hombre sedentario	**Hombre activo	*Mujer sedentaria	**Mujer activa
10-19	1,600	2,200	1,400	2,000
20-29	2,600	3,000	2,000	2,400
30-39	2,400	3,000	1,800	2,400
40-49	2,400	2,800	1,800	2,200
50-59	2,200	2,800	1,800	2,200
60-69	2,200	2,600	1,600	2,200
70-79	2,000	2,600	1,600	2,000

b Esta tabla tiene una leyenda. Lee la leyenda para saber más sobre la información presentada en la tabla.

b *Sedentario: que tiene una actividad física ligera en la vida diaria
**Activo: que es físicamente activo

Fuente: Centro de Regulación y Promoción de la Nutrición del Departamento de Agricultura de los Estados Unidos

c Esta tabla te permite comparar distintos tipos de datos. Por ejemplo, puedes comparar las calorías que necesitan los hombres y las mujeres de una determinada edad o las calorías que necesitan los hombres de distintas edades.

1. ¿Qué descripción identifica **mejor** la información de la tabla?

   A. las calorías que se necesitan según la edad, el sexo y el nivel de actividad
   B. las calorías que se necesitan después de períodos de actividad física ligera o fuerte
   C. la edad promedio de hombres y mujeres en relación con la ingesta calórica
   D. diferencias en las necesidades calóricas de hombres y mujeres a distintas edades

2. Según la tabla, ¿a qué edad comienza a disminuir el número de calorías recomendado para un hombre activo?

   A. 20   C. 40
   B. 30   D. 50

HACER SUPOSICIONES

Evita hacer suposiciones basadas en datos limitados de tablas. A partir de la información facilitada en esta tabla, no puedes suponer que alguien que tiene 80 años necesita menos calorías que alguien que tiene 70.

INSTRUCCIONES: Estudia la información y la tabla, lee cada pregunta y elige la **mejor** respuesta.

LA IMPORTANCIA DE LAS VITAMINAS Y LOS MINERALES

Las vitaminas y los minerales son vitales para la salud humana. El cuerpo usa estos nutrientes para fortalecer los huesos y los dientes, producir sangre, construir células y transportar oxígeno, entre otras funciones. Sin suficientes vitaminas y minerales, el cuerpo no puede funcionar correctamente. La historia del descubrimiento de las vitaminas apoya este argumento. En el siglo XVIII, una enfermedad conocida como escorbuto llevaba siglos siendo detectada, pero no se sabía cuál era la causa. El escorbuto era un problema durante los meses de invierno, cuando las frutas y los vegetales escaseaban. Fue entonces cuando se descubrió una conexión entre la dieta y el escorbuto. Los pacientes con escorbuto se curaban cuando les proporcionaban grandes dosis de jugo de limón. Más tarde, los investigadores se dieron cuenta de que la causa del escorbuto era la falta de vitamina C.

Vitamina o mineral	¿Por qué lo necesitamos?	¿Qué podemos comer para conseguirlo?
Hierro	Transporta oxígeno de los pulmones a las células de todo el cuerpo para mantener energía.	Carne, pescado, aves, soja, lentejas, frijoles
Calcio	Construye huesos y dientes fuertes; mantiene en funcionamiento al corazón, los nervios y los músculos.	Leche, queso, yogur
Sodio	Mantiene en equilibrio la presión dentro y fuera de las células.	Leche, verduras frescas, sal
Ácido fólico	Produce glóbulos rojos y células.	Verduras de hoja oscura, granos integrales, huevos, hígado, frutos secos, queso

3. ¿Qué dieta sería beneficiosa para alguien que tenga deficiencia de calcio?

   A. una rica en carne y frijoles
   B. una rica en productos lácteos
   C. una rica en frutos secos
   D. una con gran cantidad de sal

4. Si una persona se siente débil y cansada, ¿qué vitamina o mineral es **más probable** que le falte?

   A. hierro
   B. calcio
   C. sodio
   D. ácido fólico

INSTRUCCIONES: Estudia la tabla, lee la pregunta y elige la **mejor** respuesta.

VALORES DIARIOS RECOMENDADOS

Nutriente	Cantidad
Sodio	2,400 mg
Potasio	3,500 mg
Carbohidratos totales	300 g
Fibra alimenticia	25 g
Proteínas	50 g
Vitamina A	5,000 UI
Vitamina C	60 mg
Calcio	1,000 mg
Hierro	18 mg
Vitamina D	400 UI
Vitamina E	30 UI
Vitamina K	80 µg
Tiamina	1.5 mg
Riboflavina	1.7 mg
Niacina	20 mg
Vitamina B6	2 mg
Folato	400 µg
Vitamina B12	6 µg
Biotina	300 µg
Ácido pantoténico	10 mg
Fósforo	1,000 mg
Yodo	150 µg
Magnesio	400 mg
Cinc	15 mg
Selenio	70 µg
Cobre	2 mg
Manganeso	2 mg
Cromo	120 µg
Molibdeno	75 µg
Cloruro	3,400 mg

g: gramos
UI: unidades internacionales
mg: miligramos
µg: microgramos

Fuente: Administración de Alimentos y Medicamentos de los Estados Unidos

5. ¿Quién estaría obteniendo al menos la cantidad diaria recomendada de los nutrientes identificados?

   A. una persona que obtiene 350 g de carbohidratos, 80 µg de vitamina K y 500 mg de fósforo
   B. una persona que obtiene 300 g de carbohidratos, 100 µg de vitamina K y 1,200 mg de fósforo
   C. una persona que obtiene 400 g de carbohidratos, 50 µg de vitamina K y 900 mg de fósforo
   D. una persona que obtiene 500 g de carbohidratos, 40 µg de vitamina K y 1,300 mg de fósforo

UNIDAD 1

INSTRUCCIONES: Estudia la información y la tabla, lee cada pregunta y elige la **mejor** respuesta.

¿QUÉ ES UNA CALORÍA?

Es probable que hayas escuchado la palabra *caloría* en referencia a cuántas calorías tiene una cantidad de alimento, pero ¿qué es exactamente una caloría? Es una unidad de energía. En relación con el cuerpo humano, las calorías son la energía que necesitan nuestros cuerpos. El cuerpo descompone las partículas de alimento para liberar la energía acumulada en ellas. Después usa la energía que necesita inmediatamente y almacena la energía sobrante en forma de células de grasa. Cuando pensamos en calorías, es importante saber qué cantidad de alimento tiene un cierto número de calorías. Por ejemplo, una taza de yogur tiene menos calorías que dos tazas de yogur. La tabla muestra las cantidades de calorías que tienen algunos alimentos comunes.

Alimento	Número de calorías
1 mitad de manzana	72
1 taza de uvas	104
1 mitad de filete de salmón	403
1 huevo grande	77
1 rebanada de pan integral	69
1 taza de brócoli	30
1 rebanada de queso Colby	112
1 una galleta de avena	60
1 una taza de leche descremada	102
1 batido de 10 onzas de chocolate	366
1 mazorca de maíz	96

6. Según la tabla, ¿cuántas calorías tiene una rebanada de queso Colby?

    A. 30
    B. 112
    C. 60
    D. 102

7. ¿Cuáles dos alimentos de la lista tienen más de 200 calorías si se combinan?

    A. una mitad de manzana y una taza de leche descremada
    B. una rebanada de pan integral y una taza de brócoli
    C. una rebanada de queso Colby y una mazorca de maíz
    D. un huevo grande y una galleta de avena

8. ¿Cuál es el **principal** propósito de la tabla?

    A. animar a la gente a que consuma alimentos con menos calorías
    B. proporcionar información para planificar un menú semanal
    C. comparar y contrastar el número de calorías de distintas porciones del mismo alimento
    D. identificar el número de calorías por porción de ciertos alimentos

INSTRUCCIONES: Estudia la tabla y la información, lee cada pregunta y elige la **mejor** respuesta.

CANTIDAD DIARIA RECOMENDADA

Grupo de alimentos	Cantidad
Granos	7 onzas
Verduras	3 tazas
Frutas	2 tazas
Productos lácteos	3 tazas
Proteínas	6 onzas

Fuente: Departamento de Agricultura de los Estados Unidos

CDR quiere decir "cantidad diaria recomendada". El Departamento de Agricultura de los Estados Unidos emite pautas sobre la CDR de alimentos de los principales grupos. La CDR para un adulto que consume 2,200 calorías por día se muestra en la tabla de arriba.

9. ¿Cuántas tazas más de verduras que de frutas debería ingerir alguien que siga los consejos de la tabla?

    A. $\frac{1}{2}$ taza
    B. 1 taza
    C. $1\frac{1}{2}$ tazas
    D. 2 tazas

10. ¿Cuál es la manera **más probable** en que alguien usaría la información de la tabla?

    A. para determinar qué comer en el desayuno
    B. para calcular su ingesta calórica diaria
    C. para planificar una dieta saludable
    D. para averiguar cuántas proteínas tiene un alimento en particular

MACRONUTRIENTES Y MICRONUTRIENTES

Como todo en el universo, el cuerpo humano está compuesto por diversos elementos. Únicamente cuatro elementos (oxígeno, carbono, hidrógeno y nitrógeno) componen un 99 por ciento del cuerpo humano. El 1 por ciento restante está compuesto por macronutrientes y micronutrientes. Tanto los macronutrientes como los micronutrientes son necesarios para la salud, pero los macronutrientes son necesarios en cantidades mucho mayores. Incluso algunos elementos que pueden ser perjudiciales a niveles altos, como el sodio, son necesarios en pequeñas cantidades para tener una buena salud. La tabla proporciona ejemplos de macronutrientes y micronutrientes que necesita el cuerpo humano.

Elemento	Tipo de nutriente	Principal función en el cuerpo
Calcio	Macronutriente	Fortalecimiento de huesos y dientes; contracción muscular
Potasio	Macronutriente	Funciones nerviosas
Sodio	Macronutriente	Funciones nerviosas y musculares
Cinc	Micronutriente	Funciones del sistema inmunológico
Cobre	Micronutriente	Desarrollo del sistema nervioso
Yodo	Micronutriente	Función correcta de tiroides; metabolismo

11. ¿Qué idea acerca del sodio está respaldada por el pasaje y por la tabla?

   A. En la cantidad adecuada, el sodio ayuda al correcto funcionamiento de los músculos.
   B. Una ingesta ilimitada de sodio es beneficiosa para el cuerpo.
   C. El sodio ayuda en más funciones del cuerpo que el yodo.
   D. El sodio es el principal macronutriente que necesita el cuerpo.

12. A partir de la tabla, ¿la falta de qué elemento en la dieta afecta directamente a los músculos?

   A. cinc
   B. yodo
   C. potasio
   D. calcio

13. A partir de la tabla, ¿qué oración describe con precisión una relación entre los macronutrientes y los micronutrientes del cuerpo humano?

   A. Todos los macronutrientes y los micronutrientes ayudan a las funciones del sistema inmunológico.
   B. La falta de macronutrientes o micronutrientes puede afectar a varios sistemas del cuerpo.
   C. El sistema nervioso depende de los macronutrientes pero no de los micronutrientes para su correcto desarrollo.
   D. El cuerpo necesita cantidades mucho menores de macronutrientes que de micronutrientes.

PLANIFICACIÓN DE COMIDAS

Cuando planificamos una comida, es importante considerar el número de calorías y que la comida nos aporte alimentos de distintos grupos. No necesitamos cumplir todas nuestras necesidades alimenticias en cada comida, pero debemos esforzarnos por consumir todos los grupos de alimentos a lo largo del día. La tabla proporciona información nutricional sobre algunos ejemplos de alimentos.

	1 porción de lasaña de verdura	1 taza de sopa de tomate	2 rebanadas de pan con semillas y plátano	1 sándwich de ensalada de atún
Granos (onzas)	$1\frac{1}{2}$	$\frac{1}{2}$	$2\frac{1}{2}$	2
Verduras (tazas)	$\frac{3}{4}$	1	0	$\frac{1}{4}$
Frutas (tazas)	0	0	$\frac{1}{4}$	0
Productos lácteos (tazas)	$\frac{3}{4}$	$\frac{1}{2}$	0	0
Proteínas (onzas)	0	0	$\frac{1}{2}$	2
Calorías totales	320	135	430	290

14. A partir de la tabla, ¿qué alimento proporciona la mayor cantidad de proteínas con la **menor** cantidad de calorías?

   A. lasaña de verdura
   B. sopa de tomate
   C. pan con semillas y plátano
   D. sándwich de ensalada de atún

Identificar causa y efecto

Usar con el *Libro del estudiante,* págs. 8–9.

TEMA DE CIENCIAS: L.a.2
PRÁCTICAS DE CIENCIAS: SP.1.a, SP.1.b, SP.1.c, SP.3.b, SP.7.a

UNIDAD 1

1 Repasa la destreza

Identificar la causa y el efecto puede ayudarte a entender cómo y por qué suceden las cosas. Una **causa** es una acción o un objeto que hace que algo ocurra. El suceso que resulta es el **efecto**. Si un virus del resfriado entra en tu cuerpo, puedes sentir la nariz congestionada. El virus del resfriado es la causa y la nariz congestionada es el efecto. Una causa puede producir más de un efecto y un efecto puede ser resultado de más de una causa. Por ejemplo, el virus de un resfriado también puede producir dolor de garganta.

2 Perfecciona la destreza

Al perfeccionar la destreza de interpretar tablas, mejorarás tus capacidades de estudio y evaluación, especialmente en relación con la prueba de Ciencias de GED®. Estudia la siguiente tabla y después responde las preguntas que aparecen a continuación.

MANTENER UNA TEMPERATURA CORPORAL ADECUADA

Los humanos son animales de sangre caliente, lo cual quiere decir que mantenemos una temperatura corporal casi constante entre los 97.7 y 99.5 grados Fahrenheit. La temperatura corporal está regulada por la región del cerebro llamada hipotálamo.

El hipotálamo es como un centro de control para la temperatura. Hay diversos receptores de temperatura por todo el cuerpo. Algunos receptores de temperatura envían señales al hipotálamo cuando el cuerpo está demasiado caliente o demasiado frío. Cuando el hipotálamo recibe señales de que el cuerpo está caliente, comienza una serie de sucesos que conduce a la transpiración para enfriar el cuerpo. Cuando el hipotálamo recibe información de que el cuerpo está demasiado frío, indica al cuerpo que conserve el calor. Este tipo de ciclo de sucesos se conoce como círculo de retroalimentación.

El cuerpo mantiene el equilibrio reaccionando constantemente ante esta información. Sin embargo, el cuerpo solo puede reaccionar hasta cierto punto. Algunas condiciones externas son demasiado extremas para los mecanismos de respuesta corporales. Por ejemplo, la temperatura corporal de una persona puede bajar demasiado como para que los mecanismos normales puedan ser capaces de subirla. Como resultado, la persona puede morir de hipotermia.

b

a Cuando trates de identificar causa y efecto, busca las secuencias de sucesos. En muchas ocasiones, un suceso de la secuencia está causado por un suceso anterior.

b Busca palabras que te indiquen y te ayuden a identificar causa y efecto. Entre estas se incluyen palabras como *afecta*, *como resultado*, *por*, *causa*, *efecto*, *conduce a*, *dado que*, *así* y *por lo tanto*.

1. ¿Qué hace el hipotálamo para regular la temperatura corporal?

   A. Hace que las glándulas sudoríparas segreguen sudor.
   B. Hace que los receptores de temperatura envíen señales.
   C. Hace que se inicie el ciclo de retroalimentación.
   D. Hace que la transpiración se evapore de la piel.

2. ¿Cuál es el propósito **principal** de los ciclos de retroalimentación del cuerpo?

   A. mantener el equilibrio
   B. controlar el hipotálamo
   C. recibir señales
   D. regular la digestión

USAR LA LÓGICA

Una causa siempre debe haber ocurrido o existido antes de su efecto resultante. En una secuencia de sucesos, la causa debe ocurrir en una etapa anterior al efecto.

⭐ Ítem en foco: **MENÚ DESPLEGABLE**

INSTRUCCIONES: Lee el pasaje titulado "Homeostasis: mecanismo de equilibrio del cuerpo" y estudia la ilustración. Luego lee el pasaje incompleto a continuación. Usa la información de la ilustración para completar el pasaje. En cada ejercicio con menú desplegable, elige la opción que **mejor** complete la oración.

HOMEOSTASIS: MECANISMO DE EQUILIBRIO DEL CUERPO

La homeostasis es la habilidad de mantener el equilibrio en un medio interno mientras se responde a los cambios del medio externo. La ilustración muestra cómo la homeostasis regula la presión sanguínea.

Estímulo: incremento de la temperatura externa

Respuesta: disminución de la presión sanguínea

Receptor

Integrador

Efector

3. La homeostasis incluye la regulación de la presión sanguínea. Los cambios externos causan fluctuaciones en la presión sanguínea. Uno de esos cambios externos, o estímulos, puede ser [3. Menú desplegable 1] . Este cambio externo inicialmente ocasiona un incremento en la presión sanguínea. Sin embargo, tienen lugar ciertos sucesos para que el cuerpo recupere un estado de equilibrio. Los receptores captan un cambio en la presión sanguínea y envían señales [3. Menú desplegable 2] . Como resultado, procesa la información y [3. Menú desplegable 3] al efector. El efector, o el corazón en este caso, actúa entonces para provocar una respuesta en el cuerpo. Es decir, el corazón se ralentiza, lo que provoca que la presión sanguínea [3. Menú desplegable 4] .

Opciones de respuesta del menú desplegable

3.1 A. un latido irregular
B. una temperatura más alta
C. una disminución de la presión sanguínea
D. un desequilibrio de actividades

3.2 A. al integrador
B. a la respuesta
C. al estímulo
D. al medio ambiente

3.3 A. desactiva
B. evita
C. inhibe
D. estimula

3.4 A. siga igual
B. baje totalmente
C. disminuya
D. se incremente

⭐ Ítem en foco: **MENÚ DESPLEGABLE**

INSTRUCCIONES: Lee el pasaje titulado "Papel de los anticuerpos en el sistema inmunológico" y estudia la ilustración. Luego lee el pasaje incompleto a continuación. Usa la información del primer pasaje y la ilustración para completar el segundo pasaje. En cada ejercicio con menú desplegable, elige la opción que **mejor** complete la oración.

PAPEL DE LOS ANTICUERPOS EN EL SISTEMA INMUNOLÓGICO

Un antígeno es cualquier sustancia extraña que entra al cuerpo. Los anticuerpos son proteínas que hay en la sangre y que se unen a los antígenos. Los anticuerpos ayudan a las células del sistema inmunológico a reconocer y a destruir a los antígenos dañinos. Cuando partículas antígenas penetran en el cuerpo, los anticuerpos se unen a ellas. Esta unión es específica. Los anticuerpos se producen para antígenos específicos y, por lo tanto, se unen solo a esos antígenos. La unión forma grandes racimos de antígenos y anticuerpos. Estas agrupaciones permiten a otras células del sistema inmunológico encontrar y destruir a los antígenos con más facilidad.

Anticuerpo

Antígeno

4. Cuando una sustancia extraña, como un virus del resfriado, entra al cuerpo, el sistema inmunológico entra en acción para eliminarlo. La presencia de un virus o de cualquier otra sustancia extraña hace que el sistema inmunológico [4. Menú desplegable 1] . Pronto, estos luchadores contra el resfriado están fluyendo en la sangre con el objetivo de [4. Menú desplegable 2] los antígenos. La estructura de un anticuerpo es especialmente útil para conseguir esto. Cada anticuerpo tiene [4. Menú desplegable 3] puntos de unión para los antígenos. Esta configuración hace que los anticuerpos y los antígenos unidos [4. Menú desplegable 4] , lo que hace que sea más fácil encontrarlos para las células del sistema inmunológico.

Opciones de respuesta del menú desplegable

4.1 A. forme uniones con los antígenos
B. envíe anticuerpos
C. envíe antígenos
D. produzca racimos

4.2 A. unirse a
B. recolectar
C. atacar a
D. destruir

4.3 A. cero
B. dos
C. cuatro
D. cinco

4.4 A. se aceleren
B. incrementen su tamaño
C. creen largas cadenas
D. formen grandes racimos

INSTRUCCIONES: Lee el pasaje titulado "Alergia: producto de un sistema inmunológico hiperactivo" y estudia la ilustración. Luego lee el pasaje incompleto a continuación. Usa la información del primer pasaje y la ilustración para completar el segundo pasaje. En cada ejercicio con menú desplegable, elige la opción que **mejor** complete la oración.

ALERGIA: PRODUCTO DE UN SISTEMA INMUNOLÓGICO HIPERACTIVO

Normalmente, el sistema inmunológico humano responde únicamente ante las sustancias nocivas. Sin embargo, en ocasiones el sistema inmunológico reacciona de forma exagerada ante sustancias relativamente inofensivas como el polen, el moho, el polvo o el pelaje de las mascotas. Estas reacciones se denominan alergias. Algunas reacciones alérgicas son leves. Otras reacciones alérgicas son más graves. En las personas que padecen asma (una enfermedad de los pulmones), las reacciones alérgicas pueden ocasionar problemas respiratorios graves.

Vía respiratoria normal   Vía respiratoria durante reacción alérgica

Músculo

Paso de aire

Capa de mucosidad

5. Una persona que padece asma puede tener una dificultad extrema para respirar durante un ataque de asma. Una de las causas típicas para un ataque de asma es [5. Menú desplegable 1] .

Cuando una persona que padece asma se expone a ciertas sustancias, esas sustancias pueden hacer que sus vías respiratorias [5. Menú desplegable 2] . La exposición a las sustancias desencadenantes también puede resultar en [5. Menú desplegable 3] . Esta serie de sucesos provoca [5. Menú desplegable 4] como principal síntoma del ataque de asma.

Opciones de respuesta del menú desplegable

5.1 A. el polvo o el polen
B. deshidratación
C. estornudos y moqueo nasal
D. anticuerpos en la sangre

5.2 A. se hinchen de aire
B. se cierren y bloqueen todo el aire
C. se estrechen al contraerse los músculos
D. se llenen por completo de fluido

5.3 A. un incremento de la mucosidad
B. una expansión de las vías respiratorias
C. calambres musculares
D. respiración relajada

5.4 A. dolor de cabeza
B. dolor articular
C. malestar estomacal
D. falta de aliento

Interpretar gráficas y mapas

Usar con el *Libro del estudiante,* págs. 10–11.

TEMA DE CIENCIAS: L.a.4
PRÁCTICAS DE CIENCIAS: SP.1.a, SP.1.b, SP.1.c, SP.3.a, SP.3.b

1 *Repasa la destreza*

Las **gráficas** y los **mapas** temáticos presentan datos de forma visual. Para **interpretar una gráfica o un mapa**, debes estudiar el título, los rótulos, la leyenda y el formato. Las gráficas circulares muestran partes de un todo. Las gráficas de barras pueden usarse para comparar datos. Tanto las gráficas de barras como las gráficas lineales pueden mostrar cambios a lo largo del tiempo. Un mapa temático presenta datos de una zona geográfica concreta.

2 *Perfecciona la destreza*

Al perfeccionar la destreza de interpretar gráficas y mapas, mejorarás tus capacidades de estudio y evaluación, especialmente en relación con la prueba de Ciencias de GED®. Estudia la información y la gráfica que aparecen a continuación. Luego responde las preguntas.

VACUNACIÓN CONTRA LA GRIPE

Las vacunas contra la gripe están disponibles cada año. Sin embargo, las vacunas contra la gripe no son obligatorias, de modo que el número de personas que las reciben varía.

a Identificar los valores exactos de una gráfica puede ser complicado. Para determinar un valor aproximado, estudia los valores de los ejes. Después estima el valor de un punto de datos en particular basándote en esos valores.

b La leyenda te da información sobre lo que muestran las líneas. Aquí, la línea amarilla representa a los niños entre 6 meses y 17 años de edad, y la línea verde representa a los adultos.

a COBERTURA DE LA VACUNACIÓN CONTRA LA GRIPE ESTACIONAL POR AÑO Y TEMPORADA, ESTADOS UNIDOS

Fuente: Centros para el control y la prevención de enfermedades

HACER SUPOSICIONES

Las rótulos de los ejes de una gráfica te dan información acerca del tipo de datos que se muestran en la gráfica. Aquí, puedes suponer que los números del eje de la *y* son porcentajes del total de la población.

1. A partir de la gráfica, ¿aproximadamente qué porcentaje de niños fueron vacunados durante la temporada 2014-2015?

A. 40 por ciento
B. 50 por ciento
C. 60 por ciento
D. 70 por ciento

2. ¿Qué oración está respaldada por la gráfica?

A. Más o menos el mismo porcentaje de adultos se vacunó contra la gripe cada año.
B. La temporada 2014-2015 tuvo el porcentaje más alto de niños que se vacunaron.
C. Es más alto el porcentaje de niños que de adultos que se vacunan contra la gripe.
D. Más del 60 por ciento de los niños recibió vacunas en la temporada 2014-2015.

INSTRUCCIONES: Estudia la información y la gráfica, lee cada pregunta y elige la **mejor** respuesta.

IMPACTO DE LAS PLAGAS

Durante el siglo XIV, una plaga conocida como la peste negra mató a un tercio de la población de Europa. Esta epidemia es causada por la bacteria *Yersinia pestis*. Las ratas que portaban pulgas infectadas con la bacteria viajaban en los barcos, lo que extendió la enfermedad por todo el mundo. La bacteria no afectaba ni a las ratas ni a las pulgas, pero cuando una pulga mordía a un humano, el resultado era mortal. La bacteria podía entonces transmitirse entre seres humanos. En algunas ciudades europeas murió casi todo el mundo, a menudo en el mismo día de la infección.

Una de las formas en que los científicos han investigado acerca de epidemias como la peste negra ha consistido en excavar los llamados "cementerios de la catástrofe". Mediante el estudio de los restos, los investigadores pueden producir datos como los que se muestran en la siguiente gráfica. La gráfica representa la distribución entre hombres y mujeres en el cementerio East Smithfield de Londres.

DISTRIBUCIÓN SEGÚN EDAD Y SEXO EN CASOS DE PESTE NEGRA EN ADULTOS

Fuente: Museo de Londres

3. Según la gráfica, la mayoría de los adultos que murieron a causa de la peste negra en esta comunidad eran

   A. hombres entre 18 y 25 años de edad.
   B. hombres entre 26 y 35 años de edad.
   C. mujeres entre 36 y 45 años de edad.
   D. mujeres de más de 46 años de edad.

4. En esta comunidad, ¿aproximadamente cuántas mujeres mayores de 46 años murieron a causa de la peste negra?

   A. menos de 20
   B. entre 20 y 40
   C. entre 40 y 60
   D. entre 60 y 80

INSTRUCCIONES: Estudia la gráfica y la información, lee cada pregunta y elige la **mejor** respuesta.

ACCESO A SERVICIOS DE AGUA E HIGIENE DE MANOS

Lavarse las manos frecuentemente y de manera correcta con agua y jabón es una medida crítica para la prevención de enfermedades. Sin embargo, en 2017 se estimaba que a nivel global más de 3 mil millones de personas carecían de jabón y agua en casa, 900 millones de niños carecían de jabón y agua en la escuela y 40% de las instalaciones sanitarias no estaban equipadas para realizar higiene de manos. Contar con servicios sanitarios, de higiene y de agua es esencial para prevenir enfermedades infecciosas.

La gráfica de barras muestra la manera en que las tasas de higiene de manos se comparan con la disponibilidad de servicios básicos de agua en diferentes regiones del mundo en 2017.

RELACIÓN ENTRE SERVICIOS BÁSICOS DE AGUA Y LAVADO DE MANOS EN EL HOGAR

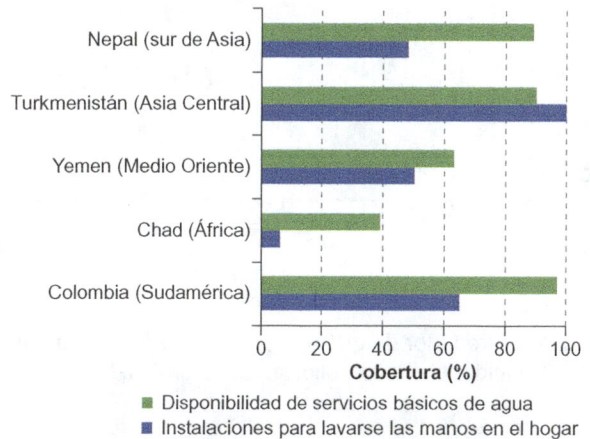

■ Disponibilidad de servicios básicos de agua
■ Instalaciones para lavarse las manos en el hogar

Fuente: WHO/UNICEF Joint Programme for Water Supply, Sanitation and Hygiene Pre-COVID-19 Hygiene Baselines Regional Profiles, 2017

5. Según la gráfica, ¿qué país contaba con la mayor disponibilidad de servicios básicos de agua en 2017?

   A. Chad   C. Colombia
   B. Yemen   D. Turkmenistán

6. ¿Qué afirmación es respaldada por la gráfica?

   A. Yemen tuvo el mejor registro de higiene en comparación con su disponibilidad de servicios básicos de agua.
   B. Turkmenistán tuvo el mejor registro de higiene en comparación con su disponibilidad de servicios básicos de agua.
   C. Colombia tuvo el peor registro de higiene en comparación con su disponibilidad de servicios básicos de agua.
   D. Nepal tuvo el peor registro de higiene en comparación con su disponibilidad de servicios básicos de agua.

INSTRUCCIONES: Estudia la información y la gráfica, lee cada pregunta y elige la **mejor** respuesta.

INSTRUCCIONES: Estudia la información y la gráfica, lee cada pregunta y elige la **mejor** respuesta.

ÉXITO DE LA VACUNA CONTRA LA POLIOMIELITIS

Hasta la década de 1950, la polio era una enfermedad común que dejaba paralizadas a muchas personas. Jonas Salk y otros trabajaron durante muchos años para desarrollar una vacuna contra el virus de la poliomielitis. En 1955, el gobierno aprobó la vacuna de Salk. Desde entonces, el número de vacunaciones contra la polio creció. Hoy en día, la mayoría de los niños de los Estados Unidos se vacunan contra la polio a edades muy tempranas.

INCIDENCIA DE LA POLIOMIELITIS EN LOS ESTADOS UNIDOS, 1912–1970

HEPATITIS C

La hepatitis C es una de las infecciones sanguíneas más importantes en los Estados Unidos. La hepatitis C se descubrió en 1989. Muchas de las personas que la padecen pueden no saberlo porque no presentan síntomas. Sin embargo, la principal preocupación es la enfermedad hepática crónica que puede producirse de 10 a 20 años después de la infección.

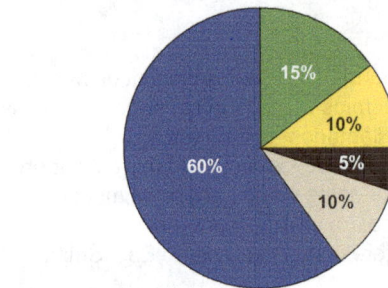

VÍAS DE CONTAGIO DE LA HEPATITIS C

- Uso de drogas inyectables
- Transmisión sexual
- Transfusión (antes del análisis)
- Otras (hemodiálisis, labores médicas, transmisión perinatal)
- Causas desconocidas

Fuente: Centros para el control y la prevención de enfermedades

7. ¿Alrededor de qué año alcanzó su punto máximo la incidencia de la polio, según la gráfica?

A. 1912
B. 1916
C. 1952
D. 1963

8. La gráfica respalda la oración del pasaje que afirma que la tasa de vacunación contra la poliomielitis se incrementó una vez que el gobierno aprobó la vacuna porque muestra

A. un incremento en el número de casos de polio entre los niños vacunados.
B. una disminución en el número de casos de polio a principios de la década de 1950.
C. un incremento en el número de niños pequeños de los Estados Unidos.
D. una disminución en el número de nuevos casos de polio a partir de 1955.

9. ¿Qué oración está respaldada por la gráfica?

A. Solo un pequeño porcentaje de los casos de hepatitis C están relacionados con la hemodiálisis.
B. Se producen más casos de hepatitis C por transfusiones que por transmisión sexual.
C. La causa de la mayoría de casos de hepatitis C es desconocida.
D. El porcentaje más pequeño de los casos de hepatitis C se producen por el uso de drogas inyectables.

10. ¿Cuál de los siguientes grupos tiene **más probabilidades** de contraer el virus de la hepatitis C?

A. aquellos que trabajan en la industria sanitaria
B. aquellos que practican sexo sin protección
C. aquellos que comparten las agujas al inyectarse drogas
D. aquellos que donan sangre

INSTRUCCIONES: Lee el pasaje titulado "VIH y SIDA" y estudia el mapa. Luego lee el pasaje incompleto a continuación. Usa la información del mapa para completar el pasaje. En cada ejercicio con menú desplegable elige la opción que **mejor** complete la oración.

VIH Y SIDA

El VIH es un virus que puede hacer que el cuerpo desarrolle el síndrome de inmunodeficiencia adquirida (SIDA). El SIDA es una enfermedad que provoca que el sistema inmunológico deje de funcionar como debería. Como resultado, el cuerpo se hace vulnerable ante diversas enfermedades e infecciones. Muchas de estas infecciones tendrían un efecto mínimo o inexistente en individuos con sistemas inmunológicos sanos. Sin embargo, los pacientes de SIDA normalmente mueren de infecciones contra las que sus sistemas inmunológicos no pueden defenderse.

DIAGNÓSTICOS DE VIH EN 2018

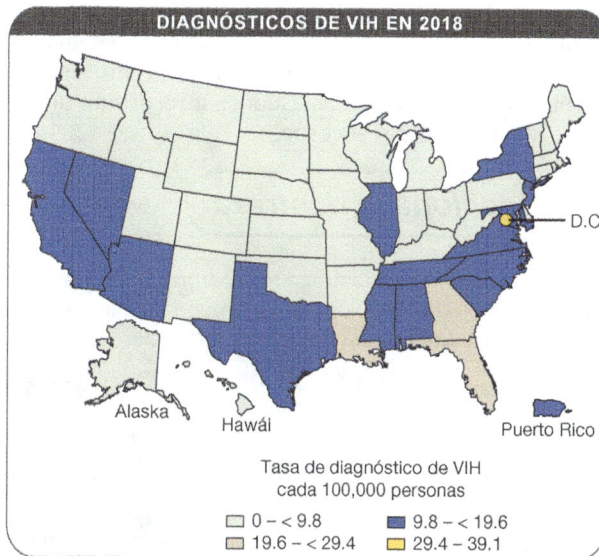

Alaska   Hawái   Puerto Rico   D.C.

Tasa de diagnóstico de VIH
cada 100,000 personas

☐ 0 – < 9.8   ■ 9.8 – < 19.6
☐ 19.6 – < 29.4   ☐ 29.4 – 39.1

Fuente: Centros para el control y la prevención de enfermedades

11. Incluso con la educación que se da en los Estados Unidos con respecto a la transmisión del VIH, siguen diagnosticándose nuevos casos cada año. El índice más alto de estos diagnósticos aparece en la zona [11. Menú desplegable 1] . Allí, el índice de casos por cada 100,000 personas es de 29.4-39.1. En los estados con índices de diagnóstico [11. Menú desplegable 2] , el índice de diagnósticos es de 9.8 o menor por cada 100,000 personas. Según datos externos, el índice de diagnósticos por cada 100,000 personas en Texas en el 2010 fue de 24.2. Esta estadística indica que el número de diagnósticos en Texas, que en el mapa se muestra en color azul, [11. Menú desplegable 3] . Los trabajadores de la salud pueden usar los datos disponibles para argumentar que aún hace falta más [11. Menú desplegable 4] en ciertas zonas de los Estados Unidos.

Opciones de respuesta de menú desplegable

11.1 A. Washington D.C.
      B. el Oeste
      C. Texas
      D. el Noreste

11.2 A. más altos
      B. más bajos
      C. que cambian más rápido
      D. que cambian más lento

11.3 A. se ha incrementado
      B. se ha duplicado
      C. ha disminuido
      D. ha permanecido igual

11.4 A. acceso a las medicinas
      B. educación sobre la transmisión del VIH
      C. asistencia médica disponible
      D. cobertura de seguros médicos

6
LECCIÓN

Interpretar diagramas

Usar con el *Libro del estudiante,* págs. 12–13.

TEMAS DE CIENCIAS: L.c.1, L.c.2
PRÁCTICAS DE CIENCIAS: SP.1.a, SP.1.b, SP.1.c, SP.3.b, SP.3.d, SP.7.a

1 Repasa la destreza

Un **diagrama** usa elementos visuales para mostrar cómo unas cosas se relacionan con otras. A menudo, un diagrama puede mostrar relaciones de una forma más simple que un texto. Algunos diagramas muestran las partes de algo y cómo esas partes interactúan. Algunos diagramas muestran un orden de sucesos. Otros diagramas muestran cómo las cosas se parecen o se diferencian. Cuando **interpretas diagramas**, usas sus elementos visuales para entender las relaciones entre ideas, objetos o sucesos.

2 Perfecciona la destreza

Al perfeccionar la destreza de interpretar diagramas, mejorarás tus capacidades de estudio y evaluación, especialmente en relación con la prueba de Ciencias de GED®. Estudia la información y el diagrama que aparecen a continuación. Luego responde las preguntas.

RELACIONES ALIMENTICIAS EN LOS ECOSISTEMAS

Del mismo modo que una cadena alimenticia, una red alimenticia muestra las relaciones alimenticias en un ecosistema. Sin embargo, una red alimenticia muestra más que un solo grupo de relaciones alimenticias. Muestra las relaciones alimenticias entre varios organismos de un ecosistema. El diagrama muestra una red alimenticia de un ecosistema de pradera.

a Los diagramas pueden mostrar relaciones simples o más complejas. Para interpretar un diagrama que muestra relaciones complejas, observa cuidadosamente las partes del diagrama y el propio diagrama como un todo.

b Observa las relaciones de los elementos del diagrama. Las flechas muestran la dirección en la que se mueve el alimento de un organismo a otro organismo. Además, cada organismo está conectado por varias flechas a otros organismos.

1. A partir de la información del diagrama, ¿qué comen los gorriones?

   A. hierba
   B. dientes de león y saltamontes
   C. saltamontes, orugas, arañas y escarabajos
   D. halcones y serpientes

2. ¿Qué oración describe las relaciones alimenticias en el ecosistema de pradera representado en el diagrama?

   A. Las serpientes tienen menos fuentes de alimento que las arañas.
   B. Cada animal se alimenta únicamente de un tipo de animal o planta.
   C. Los halcones comen tanto plantas como animales.
   D. La mayoría de los seres vivos de un ecosistema de pradera comen insectos.

USAR LA LÓGICA

Los diagramas representan algo real. Cuando interpretes un diagrama, considera lo que ya sabes. Si tu interpretación no corresponde con lo que ya sabías, puede que estés malinterpretando el diagrama.

INSTRUCCIONES: Estudia la información y el diagrama, lee cada pregunta y elige la **mejor** respuesta.

NIVELES TRÓFICOS

Los científicos agrupan a los seres vivos de un ecosistema según de dónde obtienen la energía. Estos grupos se denominan niveles tróficos. Los productores componen el primer nivel trófico y obtienen energía convirtiendo la energía luminosa proveniente del sol en azúcares simples. Las plantas son los productores en la mayor parte de los ecosistemas terrestres. Los consumidores primarios componen el segundo nivel trófico y obtienen energía alimentándose de los productores. Los consumidores secundarios, que componen el tercer nivel trófico, se alimentan de los consumidores primarios. Esta agrupación prosigue hasta el nivel más alto del ecosistema. El diagrama muestra ejemplos de niveles tróficos en un ecosistema de desierto.

Consumidores terciarios Halcones Zorros	Cuarto nivel trófico
↑	
Consumidores secundarios Serpientes Lagartos Escorpiones	Tercer nivel trófico
↑	
Consumidores primarios Ratones Hormigas Escarabajos	Segundo nivel trófico
↑	
Productores Cactus Arbustos Flores	Primer nivel trófico

3. A partir del diagrama, ¿qué oración identifica el nivel trófico de ciertos organismos en un ecosistema de desierto?

   A. Los lagartos y las serpientes son los consumidores secundarios.
   B. Las hormigas y los escarabajos están en el primer nivel trófico.
   C. Los halcones y los zorros están en el tercer nivel trófico.
   D. Las flores y los arbustos en ocasiones son consumidores.

4. ¿Qué oración describe cómo cierto organismo obtiene alimento en el ecosistema de desierto representado en el diagrama?

   A. Las plantas obtienen alimento unas de otras.
   B. Los escorpiones comen otros animales.
   C. Las hormigas comen tanto plantas como animales.
   D. Las serpientes se alimentan de los consumidores terciarios.

INSTRUCCIONES: Estudia la información y el diagrama, lee cada pregunta y elige la **mejor** respuesta.

TRANSFERENCIA DE ENERGÍA EN UN ECOSISTEMA

En promedio, un organismo almacena alrededor del 10 por ciento de la energía que obtiene del alimento. El resto de la energía se pierde en el ambiente. Por tanto, la cantidad de energía disponible en un nivel trófico es menor que la cantidad que había disponible en el nivel trófico anterior. El diagrama muestra un ejemplo de esta transferencia de energía.

Consumidores terciarios (1,000 unidades de energía)
↑
Consumidores secundarios (10,000 unidades de energía)
↑
Consumidores primarios (100,000 unidades de energía)
↑
Productores (1,000,000 unidades de energía)

5. ¿Cuánta energía se pierde durante la transferencia de energía de los consumidores primarios a los consumidores secundarios en el ecosistema representado en el diagrama?

   A. 900,000 unidades
   B. 100,000 unidades
   C. 10,000 unidades
   D. 90,000 unidades

6. ¿Cómo respalda el diagrama la idea de que un ecosistema tiene menos organismos en el cuarto nivel trófico que en el primer nivel trófico?

   A. El diagrama muestra que los consumidores terciarios están en el cuarto nivel trófico y los productores están en el primer nivel trófico.
   B. Los tamaños de las cajas del diagrama indican que un ecosistema tiene menos organismos en el cuarto nivel trófico que en el primer nivel trófico.
   C. El diagrama muestra que hay menos energía disponible para mantener a los seres vivos en el cuarto nivel trófico que en el primer nivel trófico.
   D. La forma del diagrama indica que el número de organismos en el cuarto nivel trófico es menor que el número de organismos del primer nivel trófico.

★ Ítem en foco: **MENÚ DESPLEGABLE**

INSTRUCCIONES: Estudia el diagrama. Luego lee el pasaje incompleto a continuación. Usa la información del diagrama para completar el pasaje. En cada ejercicio con menú desplegable, elige la opción que **mejor** complete la oración.

FLUJO DE ENERGÍA EN UN ECOSISTEMA DE PRADERA

Halcón
Gorrión
Serpiente

Sapo   Araña

Escarabajo   Oruga   Saltamontes

Diente de león   Hierba

7. Como sucede en cualquier ecosistema, la energía fluye entre los niveles tróficos de un ecosistema de pradera. Las plantas y los animales de este ecosistema obtienen energía del alimento y cada organismo traspasa esa energía a cualquier organismo que se alimente de ellos. El flujo de energía comienza con los productores. Los productores en un ecosistema de pradera incluyen a [7. Menú desplegable 1]. Los escarabajos, las orugas y los saltamontes comen a los productores y pasan la energía a [7. Menú desplegable 2]. Los halcones están en la cima de la pirámide de energía del ecosistema de pradera. Su alimentación consiste en [7. Menú desplegable 3]. Los seres vivos usan parte de la energía que consumen para moverse, crecer y recuperarse. Sin embargo, la mayor parte se pierde en el ambiente. Como consecuencia, los organismos en un nivel trófico tienen menos energía disponible que los organismos del nivel trófico inferior a ellos. Por ejemplo, en el ecosistema de pradera hay más energía disponible para [7. Menú desplegable 4] que para las arañas.

Opciones de respuesta del menú desplegable

7.1 A. las orugas y los escarabajos
B. los dientes de león y la hierba
C. las arañas y los sapos
D. los gorriones y las serpientes

7.2 A. los dientes de león y la hierba
B. las arañas y los sapos
C. las serpientes y los gorriones
D. los halcones

7.3 A. los escarabajos y los saltamontes
B. los dientes de león y la hierba
C. las arañas y los sapos
D. los gorriones y las serpientes

7.4 A. los escarabajos
B. los halcones
C. las serpientes
D. los sapos

INSTRUCCIONES: Estudia el diagrama, lee la pregunta y elige la **mejor** respuesta.

DIETA DE TRES ANIMALES DE BOSQUE

Ciervo de cola blanca
Arbustos, brotes y ramitas

Nueces, maíz

Ardilla gris
Semillas, piñas de pino y hongos

Frutas

Hierba

Insectos, huevos, ranas

Ratones, conejos y pájaros
Zorro rojo

8. ¿Qué oración describe las relaciones alimenticias de los animales que se nombran en el diagrama?

A. El ciervo de cola blanca, las ardillas grises y los zorros rojos están en tres niveles tróficos distintos.
B. Los zorros rojos solo se alimentan de ratones, conejos y pájaros.
C. El ciervo de cola blanca y la ardilla gris se alimentan ambos de maíz y nueces.
D. Las ardillas grises y los zorros rojos compiten por el mismo alimento.

INSTRUCCIONES: Estudia la información y el diagrama, lee cada pregunta y elige la **mejor** respuesta.

ECOSISTEMA DEL FONDO DEL OCÉANO

En la década de 1970, los científicos viajaron al fondo del océano para estudiar las rocas y los minerales que hay allí. No esperaban encontrar vida alguna a tal profundidad. Sorprendentemente, descubrieron un ecosistema entero muy por debajo de la superficie del océano. La base del ecosistema está formada por bacterias diminutas. Estas bacterias usan sustancias químicas del interior de la Tierra para obtener su alimento. El diagrama muestra las relaciones entre algunos seres vivos del ecosistema que los científicos descubrieron.

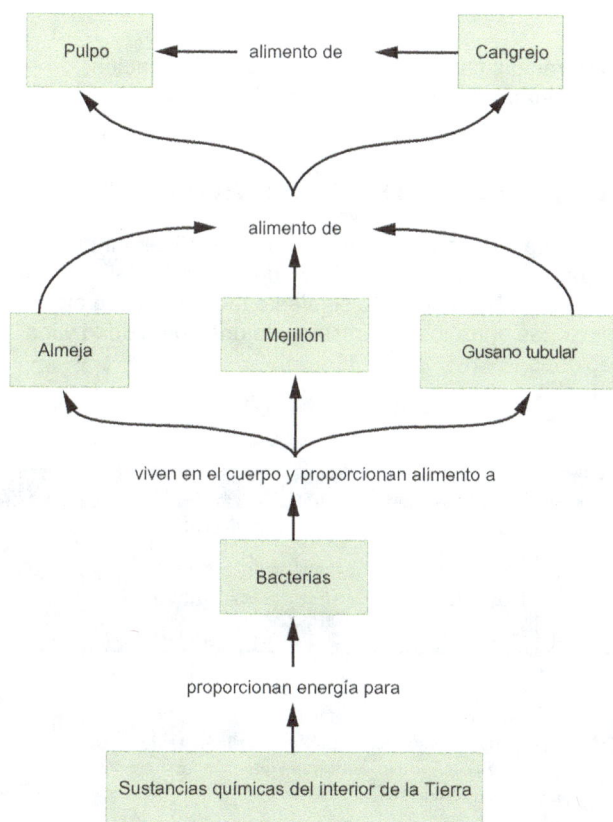

9. ¿Cuál es la fuente de energía fundamental para todos los seres vivos del diagrama?

    A. los pulpos
    B. las bacterias
    C. las sustancias químicas de la Tierra
    D. la luz del sol

10. Hay una especie de pez de gran tamaño que también habita en este ecosistema. Se alimenta de gusanos tubulares, almejas, mejillones y cangrejos. ¿A la posición de qué animal **se asemeja más** su posición en la red alimenticia?

    A. a la del cangrejo
    B. a la del mejillón
    C. a la del gusano tubular
    D. a la del pulpo

INSTRUCCIONES: Estudia la información y el diagrama, lee la pregunta y elige la **mejor** respuesta.

EL PAPEL DE LOS DESCOMPONEDORES Y LOS DETRITÓFAGOS

Los descomponedores y los detritófagos son organismos que descomponen las plantas y los animales muertos. Al hacer esto, devuelven los nutrientes al suelo. Algunos hongos y bacterias son descomponedores. Los milpiés y las lombrices de tierra son ejemplos de detritófagos. El diagrama muestra la ubicación de los descomponedores y los detritófagos en el ciclo de los nutrientes de un ecosistema.

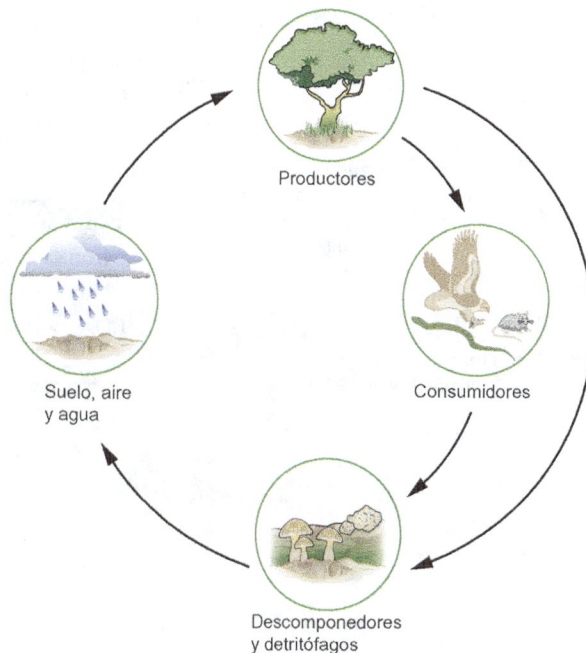

11. ¿Qué oración describe la importancia de los descomponedores y los detritófagos en el ciclo de los nutrientes que se muestra en el diagrama?

    A. Las plantas los usan como alimento.
    B. Tanto los productores como los consumidores dependen de ellos en el ciclo de los nutrientes.
    C. La materia animal muerta no puede existir sin ellos.
    D. Los animales que se alimentan de plantas también se alimentan de ellos.

7 Categorizar y clasificar

LECCIÓN

Usar con el *Libro del estudiante*, págs. 14–15.

TEMA DE CIENCIAS: L.c.4
PRÁCTICAS DE CIENCIAS: SP.1.a, SP.1.b, SP.1.c, SP.3.a, SP.3.b, SP.6.c

1 Repasa la destreza

Cuando **categorizas**, identificas grupos que puedes usar para organizar elementos como organismos, objetos o procesos. Cada categoría debe basarse en relaciones entre los elementos que quieres organizar o en características compartidas por tales elementos. Cuando **clasificas**, ubicas elementos específicos en categorías que ya existen.

Los científicos usan la categorización y la clasificación para organizar aspectos del mundo natural. Al categorizar y clasificar, los científicos y otras personas que estudian la ciencia mejoran su capacidad de entendimiento de las relaciones entre objetos, procesos, sistemas, etcétera.

2 Perfecciona la destreza

Al perfeccionar la destreza de categorizar y clasificar, mejorarás tus capacidades de estudio y evaluación, especialmente en relación con la prueba de Ciencias de GED®. Estudia la información y la tabla que aparecen a continuación. Luego responde las preguntas.

RELACIONES ENTRE SERES VIVOS

Una comunidad contiene muchos tipos de organismos. Viven juntos y forman distintas relaciones. Para cada especie en una relación, tal relación puede ser beneficiosa, neutral o dañina. La siguiente tabla identifica algunas de las principales relaciones entre los organismos de una comunidad y los efectos de estas relaciones.

a A menudo usamos las tablas para categorizar y clasificar. En esta tabla, las categorías de relaciones se enumeran en la primera columna.

b Las columnas segunda y tercera de la tabla describen los efectos de distintos tipos de relaciones. Puedes usar la información de la tabla para determinar cómo las relaciones deberían clasificarse.

Relación	Efecto en la especie A	Efecto en la especie B
Comensalismo	Positivo	No hay efecto.
Mutualismo	Positivo	Positivo
Depredación	Positivo	Negativo
Parasitismo	Positivo	Negativo

c Cuando consideres una relación entre organismos, decide si el efecto en cada especie es positivo o negativo. Entonces clasifica la relación según corresponda.

1. ¿Qué relación podría clasificarse como mutualismo?

   A. una pulga que vive en un perro
   B. un mosquito que pica a un ser humano
   C. una abeja que obtiene néctar de una flor y transporta el polen
   D. un murciélago que captura una polilla mientras vuela para comerla

HACER SUPOSICIONES

La tabla no describe cada tipo de relación. Solo dice cuáles son sus efectos. A partir de tu propia experiencia, sin embargo, puede que conozcas ejemplos de cómo funciona cada tipo de relación.

2. Un animal transporta sin saberlo semillas de bardana en su pelaje y las disemina a medida que se mueve de un lugar a otro. ¿Qué tipo de relación tienen el animal y la bardana?

   A. comensalismo
   B. mutualismo
   C. depredación
   D. parasitismo

⭐ Ítem en foco: **COMPLETAR LOS ESPACIOS**

INSTRUCCIONES: Estudia la tabla. Luego escribe en el recuadro para completar cada enunciado.

DOS CATEGORÍAS DE RELACIONES SIMBIÓTICAS

Tipo de Relación	Ejemplos
Parásito–huésped	Tenias–seres humanos, lombriz de cuajo–ovejas, gusanos de ancla–peces, piojo rojo–palomas
Depredador–presa	Nutrias marinas–peces, salamandras–renacuajos, búhos–mapaches, guepardos–antílopes

3. A partir de la información de la tabla, una nutria marina, una salamandra, un búho cornudo y un guepardo pueden clasificarse como

4. En una relación de parasitismo hay un organismo que se beneficia, el parásito, y un organismo que resulta dañado, el huésped. Ejemplos de parásitos pueden ser los gusanos y los piojos. Ejemplos de huéspedes mencionados en la tabla son

INSTRUCCIONES: Lee el escenario. Luego lee cada pregunta y escribe tu respuesta en el recuadro.

CLASIFICAR RELACIONES

Un investigador se está preparando para clasificar relaciones simbióticas entre organismos en las categorías de comensalismo, mutualismo y parasitismo. El investigador toma las siguientes notas:

Palomas de alas blancas y cactus saguaro La paloma de alas blancas come el fruto del cactus saguaro, incluyendo las semillas. El pájaro se va volando y deposita las semillas en otro lugar.

Cangrejos araña y algas Los cangrejos araña que viven en el fondo del océano tienen unas algas marrones verdosas que viven en sus espaldas, lo que permite que los cangrejos puedan camuflarse en su medio ambiente.

Bacterias y seres humanos Las bacterias que viven en los intestinos de los seres humanos digieren parcialmente y usan el alimento que los seres humanos no son capaces de digerir. Una vez que el alimento está parcialmente digerido, los seres humanos pueden proseguir con el proceso digestivo.

5. ¿En qué categoría situará el investigador estas tres relaciones?

6. ¿Por qué encajan todos los ejemplos que anotó el investigador en esta categoría?

⭐ Ítem en foco: COMPLETAR LOS ESPACIOS

INSTRUCCIONES: Lee el pasaje y estudia la ilustración. Luego escribe en el recuadro para completar cada enunciado.

LOS RINOCERONTES Y LOS PICABUEYES

Los organismos pueden mantener distintas relaciones unos con otros. Un tipo de relación es el mutualismo. En una relación mutualista, ambos organismos se benefician. La ilustración muestra un ejemplo de relación mutualista entre un rinoceronte y unos picabueyes. En esta relación, los picabueyes comen los insectos de la espalda del rinoceronte. Los pájaros obtienen alimento y el rinoceronte se libera de los insectos que lo pican.

7. Si los picabueyes dañasen a los rinocerontes al comer los insectos de sus cuerpos, entonces la relación se clasificaría como

8. La relación entre los picabueyes y los insectos entra en la categoría

INSTRUCCIONES: Lee el pasaje y estudia la ilustración. Después lee cada elemento y escribe tu respuesta en el recuadro.

BARRACUDA Y PECES LIMPIADORES

Hay unos organismos diminutos que viven en la parte externa de la barracuda. La barracuda es una especie de pez que se considera depredadora. Sin embargo, las barracudas modifican su comportamiento dependiendo de sus necesidades. A veces, una barracuda adopta una postura extraña con la cabeza hacia arriba para señalarle a un pez limpiador más pequeño que no lo comerá. Cuando el pez limpiador ve esta señal, sabe que no corre peligro al aproximarse a la barracuda. El pez limpiador entonces come los diminutos organismos que viven sobre la barracuda.

9. Clasifica la relación entre la barracuda y el pez limpiador.

10. Clasifica la relación entre los organismos que viven sobre la barracuda y la barracuda.

11. ¿Cómo podría clasificarse la relación entre la barracuda y el pez limpiador en caso de que la barracuda no hubiese adoptado esa postura con la cabeza hacia arriba?

★ Ítem en foco: **COMPLETAR LOS ESPACIOS**

INSTRUCCIONES: Estudia la tabla. Luego lee cada pregunta y escribe tu respuesta en el recuadro.

MUTUALISMO Y COMENSALISMO

Mutualismo (ambos organismos se benefician)	Comensalismo (un organismo se beneficia; el otro no resulta afectado)
abejas–flores	orquídeas–árboles
hormigas cortadoras de hojas–hongos	percebes–ballenas jorobadas
pez payaso–anémonas marinas	oxalis oregana–secoyas
seres humanos–mascotas	perlero–pepinos de mar

12. ¿Qué característica debe tener una relación para que pueda considerarse como relación de comensalismo?

13. Supongamos que los percebes de una ballena jorobada fuesen tan numerosos que le provocaran una infección. ¿Qué categoría podríamos añadir a la tabla para clasificar esta relación?

14. Las águilas comen pescado. ¿Qué categoría podríamos añadir a la tabla para clasificar esta relación?

INSTRUCCIONES: Lee el pasaje. Luego lee cada pregunta y escribe tu respuesta en el recuadro.

LOS POZOS DE CAIMANES

Algunos científicos consideran los pozos de caimanes como un ejemplo de mutualismo. Los caimanes usan sus patas y hocicos para limpiar el lodo y el fango del lecho de roca caliza y así crear pozos que usan para refugiarse. Estos pozos pueden ser bastante grandes, incluso del tamaño de una piscina pequeña. Los pozos son importantes en los ecosistemas de pantanos porque retienen agua durante las épocas de sequía y muchos animales pueden beber de ellos. Dado que son tantos los animales que usan los pozos para beber, estos pozos también son útiles para que otros animales encuentren su alimento.

15. ¿Qué tipo de relación es **más probable** que exista entre los animales que acuden a los pozos de los caimanes buscando alimento y los animales que acuden en busca de agua?

16. ¿En qué categoría, aparte del mutualismo, podrían clasificar los científicos la relación entre los caimanes y los animales que usan sus pozos? ¿Por qué elegirían los científicos esta categoría?

8 Generalizar

Usar con el *Libro del estudiante,* págs. 16–17.

UNIDAD 1

1 Repasa la destreza

TEMAS DE CIENCIAS: L.c.3, L.c.4, L.c.5
PRÁCTICAS DE CIENCIAS: SP.1.a, SP.1.b, SP.1.c, SP.3.a, SP.3.b, SP.3.d

Una **generalización** es una afirmación amplia que se aplica a un grupo entero. **Generalizas** basándote en información sobre objetos, organismos, lugares o sucesos. Una generalización puede ser válida o inválida. Si está respaldada por varios hechos y ejemplos, será válida. Si está respaldada por pocos o por ningún hecho, será inválida.

Cuando generalices, debes considerar la información de textos, tablas, gráficas y diagramas. Todos pueden contener información que te ayude a elaborar una generalización válida.

2 Perfecciona la destreza

Al perfeccionar la destreza de generalizar, mejorarás tus capacidades de estudio y evaluación, especialmente en relación con la prueba de Ciencias de GED®. Estudia la información y la gráfica siguientes. Luego responde las preguntas.

LOS RENOS DE LA ISLA DE SAN MATEO

a Recuerda: las generalizaciones pueden ser válidas o inválidas. Busca los hechos que respalden una generalización para determinar su validez.

La isla de San Mateo es una pequeña isla (de unas 125 millas cuadradas) ubicada en el mar de Bering. En 1944, la Guardia Costera de los Estados Unidos estableció una población de 29 renos en la isla de San Mateo. La isla tenía mucha vegetación para alimentar a los renos y no había depredadores. Los expertos estimaron que la isla podría sustentar a 15 renos por milla cuadrada. Así, calcularon que la máxima población que la isla podría soportar durante un largo período de tiempo sería de unos 2,000 renos. La gráfica muestra la población de renos de la isla de San Mateo desde 1944 hasta 1966.

b Cuando uses la información de una tabla o gráfica para generalizar, piensa en una afirmación amplia que puedas hacer que exprese una idea global extraída de los datos.

POBLACIÓN DE RENOS EN LA ISLA DE SAN MATEO, 1944–1966

1. A partir de la información, ¿qué oración sería una generalización válida acerca de la población de un ecosistema?

   A. Las fluctuaciones de población se deben principalmente a la depredación.
   B. El tamaño de una población puede variar notablemente en un período de tiempo relativamente corto.
   C. Todas las poblaciones permanecen estables durante al menos cien años.
   D. El tamaño de una población no deja de incrementarse cuando los recursos abundan.

2. Una generalización inválida sobre la población de renos sería que esta

   A. se incrementó antes de disminuir.
   B. nunca superó los 6,000 individuos.
   C. generalmente permaneció estable hasta 1958.
   D. disminuyó debido a la introducción de un nuevo depredador.

CONSEJOS PARA EL USO DE COMPUTADORA

La prueba de GED® tiene una función de resaltado electrónico. Para confirmar que una generalización es válida, usa esta función para resaltar los hechos, ejemplos o datos que la respalden.

INSTRUCCIONES: Estudia la información, lee cada pregunta y elige la **mejor** respuesta.

LOS EFECTOS DE LOS DERRAMES DE PETRÓLEO EN LA NATURALEZA Y HÁBITATS

Los derrames de petróleo afectan a la naturaleza y sus hábitats de muchas maneras. Causan daños por contacto físico, ingestión, inhalación y absorción. El petróleo flotante contamina al plancton, el cual incluye algas, huevos de pescado y larvas de diversos invertebrados. A su vez, los peces que se alimentan de estos organismos se contaminan por ingestión de presas contaminadas o por los efectos tóxicos directos del petróleo. Los animales más grandes de la cadena alimenticia, incluyendo a los humanos, consumen organismos contaminados al alimentarse de estos peces.

Si bien el petróleo causa efectos inmediatos a lo largo de toda el área del derrame, los efectos extremos del petróleo sobre las especies más grandes suelen ser las más inmediatamente aparentes.

Queda mucho por conocer sobre los efectos a largo plazo del petróleo en mamíferos marinos y aves, pero se ha demostrado que la ingestión de petróleo suprime el sistema inmunológico y causa daños a órganos, irritación y úlceras en la piel, así como cambios en el comportamiento. El daño al sistema inmunológico conduce a infecciones secundarias que causan la muerte, y los cambios en el comportamiento afectan la capacidad de los animales para encontrar alimento y evitar depredadores. Los efectos a largo plazo incluyen problemas de reproducción que potencialmente impactan los niveles de población.

El petróleo puede permanecer en el medio ambiente muchos años después de un derrame y ha sido detectado en el sedimento 30 años después. En las playas de arena, el petróleo se hunde profundamente en los sedimentos. En las marismas, el petróleo se filtra hasta los fondos fangosos. Los efectos del petróleo en estos sistemas tienen el potencial de impactar a largo plazo a las poblaciones de peces y la naturaleza.

Fuente: "Efectos del petróleo en la naturaleza y hábitats", de www.fws.gov

3. ¿Qué afirmación es la **mejor** generalización que se puede hacer después de leer el primer párrafo?

   A. Los humanos siempre se enferman al comer pescado contaminado.
   B. El petróleo flotante causa daños a todas las especies de vida silvestre de la Tierra.
   C. La contaminación del petróleo se propaga por la cadena alimenticia.
   D. Los huevos de los peces y las larvas de los invertebrados resultan más contaminados por el petróleo flotante que otros animales

4. ¿Qué afirmación es la **mejor** generalización que se puede hacer después de leer el tercer párrafo?

   A. Los derrames de petróleo pueden causar efectos a largo plazo sobre los animales.
   B. Los científicos necesitan más tiempo para estudiar los efectos a largo plazo del petróleo.
   C. Los efectos a largo plazo no son tan graves como los de corto plazo.
   D. Las poblaciones disminuyen en la generación posterior a aquella que estuvo expuesta al petróleo.

INSTRUCCIONES: Estudia la información. Luego lee cada pregunta y elige la **mejor** respuesta.

LOBOS GRISES EN NORTEAMÉRICA

Hubo un tiempo en el que los lobos grises eran comunes en toda Norteamérica. Sin embargo, para evitar que los lobos atacasen al ganado, los colonos mataron a muchos de ellos. En la década de 1920, los lobos grises habían desaparecido de la mayor parte de las Montañas Rocosas. En 1950, quedaban pocos lobos en los Estados Unidos. En 1973, la Ley de Especies en Peligro de Extinción protegió a las poblaciones de lobos que quedaban. En los años siguientes, los científicos hicieron planes de reintroducción de lobos en ciertas zonas. En 1995, se puso en práctica un nuevo plan para devolver a los lobos al Parque Nacional de Yellowstone y sus alrededores. En 2007, más de 1,500 lobos vivían en la zona que rodea a las Montañas Rocosas.

5. ¿Cuál de las siguientes ideas respalda la generalización de que la actividad humana puede afectar negativamente a una población de organismos?

   A. Hubo un tiempo en el que Norteamérica tenía un gran número de lobos grises.
   B. La matanza de lobos grises por parte de los colonos redujo su número drásticamente.
   C. La Ley de Especies en Peligro de Extinción de 1973 ayudó a proteger a los lobos.
   D. Los científicos reintrodujeron lobos en ciertas zonas.

6. ¿Cuál de las siguientes es una generalización válida basada en la información del pasaje?

   A. Pueden recuperarse las poblaciones de especies amenazadas si se llevan a cabo las acciones adecuadas.
   B. Los cambios en un ecosistema generalmente modifican la capacidad de carga de este.
   C. La supervivencia de los organismos generalmente depende de las relaciones entre depredador y presa.
   D. La competencia por los recursos siempre conduce a un brusco descenso de una población.

INSTRUCCIONES: Estudia la información y la gráfica, lee cada pregunta y elige la **mejor** respuesta.

DEPREDACIÓN EN ECOSISTEMAS

En un ecosistema hay multitud de relaciones entre especies. Entre algunos animales se da la relación depredador–presa. La siguiente gráfica muestra la relación entre las poblaciones de linces y liebres en un ecosistema a lo largo del tiempo. En este ecosistema, el lince es un depredador y la liebre es su presa.

POBLACIONES DE LIEBRES Y LINCES, 1845–1935

7. ¿Qué oración es una generalización válida a partir de la gráfica?

   A. Las poblaciones de depredadores y presas generalmente siguen las mismas tendencias.
   B. Cuando la población de la presa aumenta, la población del depredador normalmente disminuye.
   C. Un gran número de depredadores conduce a un incremento en el número de presas.
   D. En las poblaciones de los depredadores y sus presas, el número de presas siempre es mayor que el número de depredadores.

8. ¿Qué oración es una generalización inválida a partir de la gráfica?

   A. El número total de presas normalmente es superior al número total de depredadores en una comunidad.
   B. Un incremento en la población de presas normalmente está seguido por un aumento en la población de depredadores.
   C. Los cambios en la población de las presas se deben únicamente a los cambios en la población de los depredadores.
   D. Las poblaciones de presas fluctúan de manera más drástica que las de depredadores.

INSTRUCCIONES: Estudia la información. Luego lee cada pregunta y elige la **mejor** respuesta.

CARACTERÍSTICAS NO BIOLÓGICAS DE ECOSISTEMAS

Los ecosistemas no solo cuentan con organismos vivos, sino que también tienen características no biológicas, como el agua. Todos los seres vivos necesitan agua para sobrevivir, pero los distintos seres vivos necesitan distintas cantidades de agua. De este modo, la cantidad de lluvia que recibe un ecosistema ayuda a determinar qué organismos pueden vivir en el ecosistema y cuán grandes podrán ser las poblaciones que el ecosistema sustente. La capacidad de carga es el número máximo de individuos de una especie determinada que pueden valerse de los recursos de una zona. La capacidad de carga de una zona puede cambiar dependiendo de factores como la lluvia. Además, la cantidad de luz solar y la temperatura también limitan los organismos que pueden vivir allí. La mayor parte de organismos sobreviven mejor en un rango de condiciones limitado. Solo algunos tipos de organismos pueden vivir en ambientes muy cálidos, muy fríos, muy secos o muy oscuros.

9. ¿Qué oración expresa una generalización válida hecha en el texto?

   A. Los seres vivos dependen de las características no biológicas para sobrevivir.
   B. Todos los organismos pueden vivir en todo tipo de condiciones.
   C. La cantidad de sol que recibe un ecosistema afecta a los organismos que viven en él.
   D. La mayoría de los organismos necesitan condiciones ambientales específicas para sobrevivir.

10. ¿Qué oración es una generalización válida basada en el pasaje?

   A. Los organismos necesitan diferentes cantidades de luz solar para sobrevivir.
   B. El rango de temperaturas de un ecosistema afecta a los organismos que viven en él.
   C. Todos los seres vivos necesitan agua para sobrevivir.
   D. Las características no biológicas normalmente tienen un impacto importante en un ecosistema.

11. Una generalización inválida basada en el pasaje sería que las características no biológicas de un ecosistema

   A. afectan a los seres vivos del ecosistema.
   B. incluyen solamente a la lluvia y a la luz solar.
   C. pueden tener un impacto importante sobre una población.
   D. contribuyen al rango de condiciones presentes en el ecosistema.

EFECTOS DE LA ACTIVIDAD HUMANA

Los seres humanos tienen un enorme impacto sobre otras poblaciones. Por ejemplo, hace cientos de años, 30 millones de bisontes deambulaban por las Grandes Llanuras. Como resultado de la actividad humana, los bisontes casi desaparecieron. Las siguientes líneas de tiempo muestran algunos sucesos importantes en la interacción entre seres humanos y otras poblaciones en los Estados Unidos.

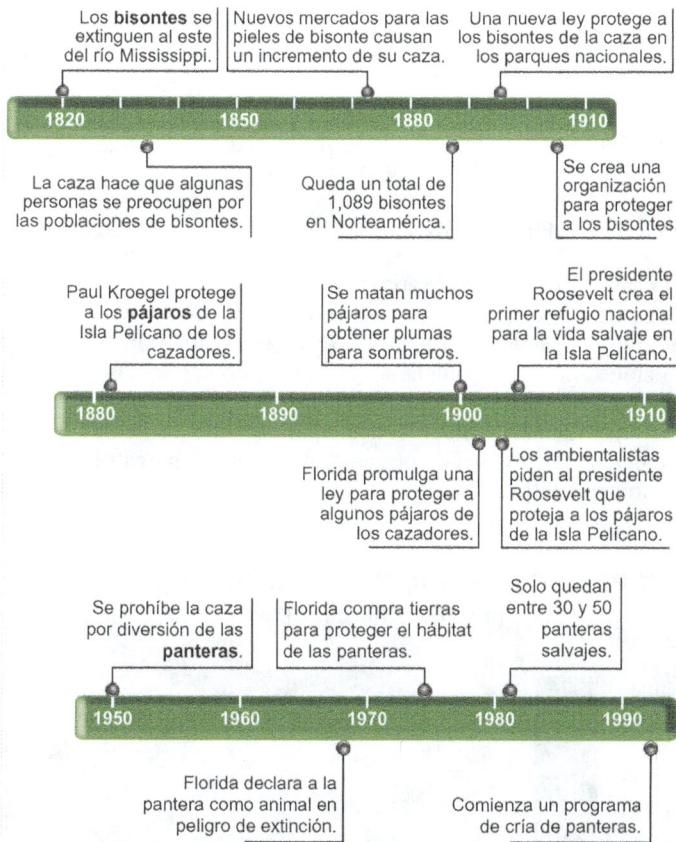

Los **bisontes** se extinguen al este del río Mississippi. | Nuevos mercados para las pieles de bisonte causan un incremento de su caza. | Una nueva ley protege a los bisontes de la caza en los parques nacionales.

1820 | **1850** | **1880** | **1910**

La caza hace que algunas personas se preocupen por las poblaciones de bisontes. | Queda un total de 1,089 bisontes en Norteamérica. | Se crea una organización para proteger a los bisontes.

Paul Kroegel protege a los **pájaros** de la Isla Pelícano de los cazadores. | Se matan muchos pájaros para obtener plumas para sombreros. | El presidente Roosevelt crea el primer refugio nacional para la vida salvaje en la Isla Pelícano.

1880 | **1890** | **1900** | **1910**

Florida promulga una ley para proteger a algunos pájaros de los cazadores. | Los ambientalistas piden al presidente Roosevelt que proteja a los pájaros de la Isla Pelícano.

Se prohíbe la caza por diversión de las **panteras**. | Florida compra tierras para proteger el hábitat de las panteras. | Solo quedan entre 30 y 50 panteras salvajes.

1950 | **1960** | **1970** | **1980** | **1990**

Florida declara a la pantera como animal en peligro de extinción. | Comienza un programa de cría de panteras.

12. ¿Qué oración es una generalización válida sobre la relación entre los seres humanos y otras poblaciones en los Estados Unidos?

A. Con el tiempo, normalmente las personas se han hecho más conscientes de su efecto sobre otras poblaciones.
B. En los Estados Unidos, el tamaño de una población normalmente no varía por la interacción con los seres humanos.
C. Las personas perciben cualquier relación con otra población como una competencia por los recursos.
D. Los cambios físicos en los ecosistemas de los Estados Unidos son tan importantes como el impacto humano.

CRECIMIENTO POBLACIONAL

La gráfica muestra un crecimiento exponencial de una población. En presencia de recursos ilimitados, una población que experimente un crecimiento exponencial se incrementará de forma continua.

13. De acuerdo con la forma de la curva de la gráfica, ¿qué afirmación general se puede hacer sobre el tamaño de la población si esta atraviesa un periodo de crecimiento exponencial?

A. La tasa de crecimiento poblacional es la misma a lo largo del tiempo.
B. El tamaño de la población aumenta más rápidamente con el tiempo.
C. El tamaño de la población disminuye más rápidamente con el tiempo.
D. El tamaño de la población crece y luego disminuye.

14. A partir de la información, ¿qué generalización válida podría hacerse acerca del crecimiento exponencial de una población?

A. Normalmente, el crecimiento exponencial continuará más allá de la capacidad de carga.
B. El crecimiento exponencial rápido de una población siempre se debe a una disminución de la depredación.
C. Durante períodos de crecimiento exponencial, las poblaciones siempre se ven obstaculizadas por factores como los recursos limitados y la competencia.
D. En poblaciones que experimentan un crecimiento exponencial, la reproducción normalmente ocurre de manera constante.

15. El crecimiento exponencial de la población no puede ser indefinido porque generalmente

A. los recursos ilimitados no son una realidad.
B. todas las especies dejan de reproducirse en algún momento.
C. una especie con un crecimiento exponencial de su población se convertirá en presa de sí misma.
D. tendrá lugar un suceso catastrófico que eliminará la población.

Comparar y contrastar

Usar con el *Libro del estudiante,* págs. 18–19.

TEMAS DE CIENCIAS: L.c.2, L.c.5
PRÁCTICAS DE CIENCIAS: SP.1.a, SP.1.b, SP.1.c, SP.3.a, SP.6.a, SP.6.c

UNIDAD 1

1 Repasa la destreza

Considerar en qué se asemejan y se diferencian las cosas puede ayudarte a organizar, analizar y entender mejor la información escrita y visual. Cuando **comparas**, identificas las formas en que se asemejan los organismos, objetos, datos, comportamientos, sucesos o procesos. Cuando **contrastas**, buscas las formas en que se diferencian tales elementos.

Puedes usar las semejanzas y las diferencias para agrupar lo que aprendes cuando estudias temas de ciencias. Los organizadores gráficos como las tablas o los diagramas de Venn pueden ayudarte a comparar y contrastar.

2 Perfecciona la destreza

Al perfeccionar la destreza de comparar y contrastar, mejorarás tus capacidades de estudio y evaluación, especialmente en relación con la prueba de Ciencias de GED®. Estudia la información y la gráfica que aparecen a continuación. Luego responde las preguntas.

CAMBIOS EN LA POBLACIÓN DE GRANDES FELINOS

Las poblaciones de varias especies de grandes felinos, como por ejemplo los guepardos, los leopardos, los leones y los linces han alcanzado niveles excesivamente bajos. Hubo un tiempo, por ejemplo, en que casi 100,000 guepardos vivían en estado salvaje. Actualmente, el número no supera los 12,000 ejemplares, dado que la destrucción de su hábitat, la competencia con depredadores de mayor tamaño y la persecución por parte de los seres humanos han hecho mella en la cantidad de guepardos. La gráfica muestra cómo ha cambiado la población de guepardos a lo largo de los años.

a Una gráfica de barras expone datos de una forma que te ayuda a compararlos y contrastarlos. La escala en el eje de la *y* aumenta, de modo que puedes comparar y contrastar las alturas de las barras para comparar y contrastar información.

b Las categorías de los datos que se comparan y se contrastan en una gráfica de barras se muestran en el eje de la *x*.

POBLACIÓN DE GUEPARDOS AFRICANOS, (1900, 1980, 2020)

USAR LA LÓGICA

La primera pregunta te pide que compares, así que analiza el pasaje para encontrar las semejanzas entre los felinos. La segunda pregunta te pide que contrastes, así que analiza los datos para encontrar las diferencias entre ellos.

1. Compara los felinos de los que se habla en el pasaje. ¿Qué tienen en común?

   A. Sus poblaciones han estado disminuyendo con el paso del tiempo.
   B. Todos tienen poblaciones de 12,000 ejemplares o menos.
   C. Sus poblaciones alcanzaron su número máximo en el año 1900.
   D. Todos son nativos de África.

2. Contrasta los datos sobre las poblaciones de guepardos que se muestran en la gráfica. ¿Qué oración describe correctamente una diferencia en los datos?

   A. La población incrementó entre los años 1900 y 1980.
   B. Había más guepardos en 2020 que en 1980.
   C. En el año 1900 vivía el mayor número de guepardos.
   D. Había menos guepardos en 1900 que en 2020.

★ Ítem en foco: **ARRASTRAR Y SOLTAR**

INSTRUCCIONES: Estudia la información y lee la pregunta. Luego usa las opciones de arrastrar y soltar para completar la tabla.

EFECTOS DE LA DESERTIFICACIÓN

Los trastornos en un ecosistema pueden estar causados por sucesos naturales o por actividades humanas. Piensa en el ejemplo de la desertificación, que está causada principalmente por la actividad humana. La desertificación es la transformación de tierras productivas en desierto. Irónicamente, las principales actividades humanas que conducen a la desertificación son aquellas que intentan hacer que la tierra sea más productiva. Por ejemplo, los árboles y los bosques se talan para obtener tierras cultivables. En ese momento, resulta más productivo para los seres humanos emplear la tierra para la agricultura. Sin embargo, al final, la tierra termina tan dañada que puede resultar irrecuperable. Cuanto más expuesta queda la tierra, más probable es que se erosione.

La desertificación no ocurre de un día para otro. En realidad, progresa de formas muy distintas dependiendo del ambiente y de las actividades que la provoquen. Un concepto erróneo común es que la desertificación es producida por la sequía. Sin lugar a dudas, una zona que ha sido sobreexplotada por animales deja de ser productiva más rápidamente si tiene lugar una sequía. Sin embargo, la realidad es que, aunque la sequía puede acelerar la desertificación, la sequía no es la causa. Un ecosistema saludable y equilibrado tiene la habilidad de recuperarse de las sequías. Puede tardar años, pero puede recuperarse de forma natural. Por otro lado, después de la desertificación, hay poca esperanza de recuperación a menos que se produzca una intervención humana.

Se están llevando a cabo intervenciones humanas para reducir e incluso revertir la desertificación. Se están probando nuevas técnicas para manejar los rebaños de pastoreo. La conservación del suelo y del agua son otros factores que pueden ayudar a cambiar la situación antes de que sea demasiado tarde.

3. A partir del pasaje, determina qué opción de arrastrar y soltar es característica de un área antes o después de la desertificación. Luego escribe cada característica en la columna adecuada de la tabla.

Antes de la desertificación	Después de la desertificación

Opciones de arrastrar y soltar

Tiene bosques.
Se usa para cultivar.
Tiene una biodiversidad mayor.
Tiene un riesgo mayor de erosión del suelo.
Tiene una biodiversidad menor.
Tiene la capacidad de recuperarse de la sequía.

★ Ítem en foco: **ARRASTRAR Y SOLTAR**

INSTRUCCIONES: Estudia la información y lee la pregunta. Luego usa las opciones de arrastrar y soltar para completar el diagrama.

ALTERACIONES EN LAS REDES ALIMENTICIAS

Las redes alimenticias son frágiles. Cambios pequeños en la población de un organismo pueden tener efectos significativos sobre las poblaciones de otros organismos. La red alimenticia de las nutrias marinas es un perfecto ejemplo de la fragilidad de las redes alimenticias. Normalmente se considera a la nutria marina como una especie clave, o como una que desempeña un papel crucial en el funcionamiento del ecosistema. La reducción del número de ejemplares de una especie clave puede iniciar un efecto dominó que conduzca a la desaparición de otras especies en el ecosistema e incluso a la extinción de ciertas especies.

En la década de 1990, las poblaciones de nutrias marinas de los ecosistemas de la costa oeste de Alaska se redujeron alrededor de un 25 por ciento por año. Los investigadores atribuyeron esta disminución a una cadena de sucesos. Descubrieron que el factor principal de esta disminución era que las orcas habían comenzado a cazar nutrias marinas en grandes cantidades. Pensaron que este cambio se debía a una disminución en la población de la principal presa de las orcas, las focas y los leones marinos. Las poblaciones de focas y leones marinos se habían reducido porque las poblaciones de los peces que comían también habían disminuido. Los científicos piensan que la sobreexplotación pesquera o tal vez el incremento de la temperatura del océano pueden haber provocado el cambio en las poblaciones de peces.

Si examinamos la situación de las nutrias marinas, no será difícil entender que las poblaciones que integran una red alimenticia dependen unas de otras. Además, toda la red alimenticia depende de fuerzas externas, como el cambio climático y la actividad humana.

4. A partir del pasaje, identifica formas en las que **más probablemente** la red alimenticia cambiaría o se mantendría igual después de una reducción drástica en la población de las nutrias marinas. Usa las opciones de arrastrar y soltar para indicar un crecimiento (signo más), una disminución (signo menos) o ningún cambio (signo igual) en las poblaciones que se muestran en esta red alimenticia. Escribe el símbolo adecuado en el lugar correcto para señalar el efecto sobre las algas pardas, las algas, los erizos de mar, los mejillones, las almejas y los leones marinos.

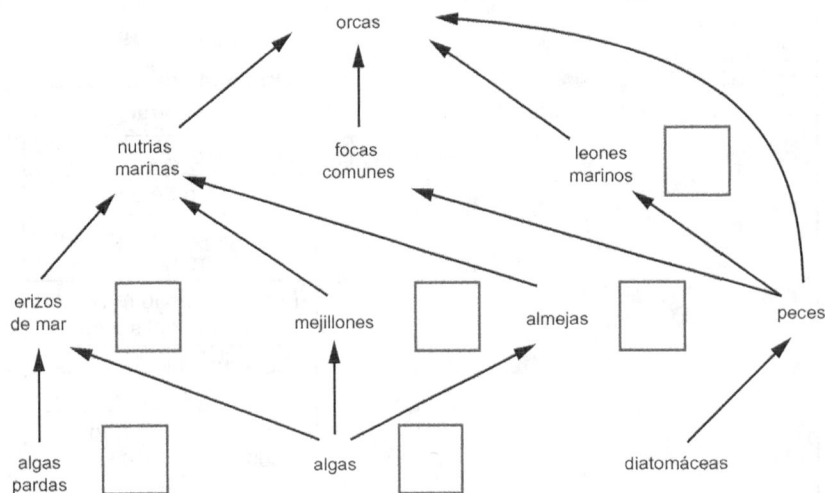

Opciones de arrastrar y soltar

+
−
=

INSTRUCCIONES: Estudia la información y lee la pregunta. Luego usa las opciones de arrastrar y soltar para completar el diagrama.

PLANTAS INVASORAS CONTRA PLANTAS NATIVAS

Hay veces en que las personas introducen organismos de un ecosistema en otro. Las especies introducidas pueden ser problemáticas para el nuevo ecosistema. Un ejemplo de especie problemática es la enredadera kudzu. La enredadera kudzu es nativa de Japón. La gente comenzó a plantarla en el sur de los Estados Unidos para intentar frenar la erosión del suelo. Aunque esta enredadera ayudó a frenar la erosión, no tenía restricción alguna para multiplicarse en su nuevo ambiente. Comenzó a crecer fuera de control. Las enredaderas kudzu pueden crecer hasta un pie cada día y es difícil matarlas. En solo unas pocas semanas o meses, puede cubrir por completo edificios u otras estructuras y pueden incluso matar árboles. Aunque los herbicidas pueden matar a la kudzu, estas sustancias químicas también dañan a otras plantas. Hoy en día, este tipo de enredadera crece de forma natural en todos los estados del sureste de los Estados Unidos. Se ha extendido hasta Nueva York y Massachusetts en el norte y hasta Texas y Nebraska en el oeste.

Por otro lado, las plantas nativas son aquellas que crecen de forma natural en una región en particular. En los Estados Unidos, las plantas que se consideran nativas de zonas concretas son aquellas que ya estaban aquí cuando llegaron los europeos. Las plantas nativas están bien adaptadas para crecer en el ambiente en el que viven. Normalmente crecen sin problemas y requieren pocos cuidados. En contraste con las especies invasoras, como las kudzu, no crecen fuera de control. Las plantas nativas son parte importante de un ecosistema. Brindan cobijo y alimento en forma de semillas y frutos a los animales. Las poblaciones de plantas nativas también son beneficiosas para el suelo. Previenen la erosión y contribuyen a que el suelo esté saludable.

5. Compara y contrasta las plantas nativas y las plantas invasoras. A partir del pasaje, determina qué opciones de arrastrar y soltar corresponden a una planta nativa, una planta invasora o a ambas. Luego escribe cada característica en la parte adecuada del diagrama de Venn.

Plantas nativas   **Ambas**   **Plantas invasoras**

Opciones de arrastrar y soltar

Crecen sin control.
Históricamente forman parte del ecosistema.
Se extienden rápidamente.
Contribuyen positivamente al hábitat.
Previenen la erosión.
Sofocan a otras plantas.

Relacionar texto y elementos visuales

Usar con el *Libro del estudiante,* págs. 20–21.

TEMAS DE CIENCIAS: L.d.2, L.d.3, L.e.1, L.e.3
PRÁCTICAS DE CIENCIAS: SP.1.a, SP.1.b, SP.1.c, SP.6.a, SP.6.c, SP.7.a, SP.8.b

UNIDAD 1

1 Repasa la destreza

A menudo, el texto está acompañado por elementos visuales, como ilustraciones, tablas y diagramas. Saber cómo **se relacionan el texto y los elementos visuales** te ayudará a entender por completo la información que se presenta. El texto normalmente contiene información que no está incluida en los elementos visuales. Del mismo modo, los elementos visuales pueden presentar información que no esté incluida en el texto. Lee el texto y examina los elementos visuales con cuidado para entender cómo se combina la información.

2 Perfecciona la destreza

Al perfeccionar la destreza de relacionar texto y elementos visuales, mejorarás tus capacidades de estudio y evaluación, especialmente en relación con la prueba de Ciencias GED®. Estudia la información y la ilustración que aparecen a continuación. Luego responde las preguntas.

PAQUETES DE ADN EN LAS CÉLULAS

El ácido desoxirribonucleico o ADN de una célula es bastante largo (de hasta dos metros en una célula humana). Todo este ADN y su información genética (hereditaria) deben empaquetarse juntos para que quepan dentro de cada célula. En organismos como plantas y animales, el ADN está enrollado alrededor de unas proteínas especiales llamadas histonas. Juntos, el ADN y las histonas forman la cromatina. La cromatina es el material que compone los cromosomas. Los cromosomas se replican justo antes de que la célula inicie la mitosis, la parte del proceso en que el núcleo de la célula se divide. La replicación de un cromosoma crea dos partes iguales llamadas cromátidas. **a**

a Cuando veas rótulos en una ilustración, busca esas palabras también en el texto. El texto puede ofrecerte explicaciones adicionales que pueden ayudarte a aclarar los rótulos.

b Cuando aparecen un texto y un elemento visual juntos, normalmente hacen falta ambos para responder la pregunta. El texto te explica qué son las cromátidas, pero necesitas examinar la ilustración para ver cómo se unen.

Célula

Cromosoma

Cromátida | Cromátida **a**

Telómero

Centrómero

Telómero

PRÁCTICAS DE CONTENIDO

Comprender las presentaciones científicas no textuales es una importante práctica de contenido para la prueba de Ciencias de GED®. Relacionar el texto con los elementos visuales te ayudará en esta tarea.

1. Según la información del pasaje y la ilustración, ¿qué oración describe la célula de la ilustración?

   A. Es una célula humana.
   B. Está empaquetando ADN.
   C. Está comenzando la división celular.
   D. Está completando la división celular.

2. Las dos partes de un cromosoma creado durante la replicación están unidas por

   A. un centrómero.
   B. un telómero.
   C. otro cromosoma.
   D. histonas.

INSTRUCCIONES: Estudia la información y el diagrama, lee cada pregunta y elige la **mejor** respuesta.

DIFERENCIACIÓN CELULAR

Los organismos pluricelulares complejos están compuestos por una amplia variedad de tipos de células. Por ejemplo, los seres humanos tienen células musculares, células de la piel, células óseas, células hepáticas y así sucesivamente. La división celular en los seres humanos, a partir de la división del óvulo fecundado, produce células embrionarias tempranas que son todas iguales. A medida que continúa el desarrollo humano, la división celular resulta en la formación de células especializadas. La diferenciación es el proceso por el cual una célula se divide para producir células especializadas que realicen funciones distintas.

Aunque las células de un organismo contienen el mismo ADN, los distintos tipos de células difieren en estructura y función debido a la expresión génica. Como se muestra en el diagrama, la expresión génica es el proceso por el cual la información de ciertos genes se utiliza para hacer ciertas proteínas. Solo una parte de los genes del ADN de una célula se expresan, o se activan. Los otros genes están reprimidos, o se dejan inactivos. Durante el desarrollo de un organismo, los genes se expresan y se reprimen en patrones diferentes para hacer que las células se desarrollen de formas especializadas. Por ejemplo, los genes que se codifican o proporcionan instrucciones para fabricar proteínas que trabajen en la desintoxicación se expresan en células hepáticas, lo que hace que el hígado sea el órgano capaz de eliminar las sustancias perjudiciales de la sangre.

Célula única

División celular

Dos células hijas que contienen copias idénticas de ADN

Expresión de un gen neuronal específico

Expresión de un gen de una célula epitelial específico

La célula se convierte en

La célula se convierte en

Neurona

Célula epitelial

3. Las neuronas son las células del sistema nervioso. A partir del pasaje y del diagrama, ¿qué situación debe presentarse para que la división celular produzca neuronas?

A. Deben activarse los genes correctos en las células que se producen.
B. Deben estar presentes los genes correctos en las neuronas existentes.
C. Los genes deben codificarse para las proteínas involucradas en la fabricación de huesos.
D. Los genes neuronales específicos de las células deben reprimirse en el momento adecuado.

4. A partir de la explicación de la diferenciación celular que se da en el pasaje y el diagrama, ¿qué acción puede ocurrir?

A. Las células del estómago pueden diferenciarse para formar células de la piel.
B. Una célula embrionaria puede diferenciarse para formar células hepáticas.
C. Las células musculares pueden diferenciarse para formar glóbulos blancos.
D. Los glóbulos blancos pueden diferenciarse para formar glóbulos rojos.

INSTRUCCIONES: Estudia la información y la tabla, lee la pregunta y elige la **mejor** respuesta.

EUCARIOTAS Y PROCARIOTAS

Los organismos pueden ser eucariotas o procariotas, lo cual quiere decir que pueden estar formados por células eucariotas, más grandes y complejas; o por células procariotas, más pequeñas y menos complejas. En los eucariotas, la mayor parte del material genético se encuentra en el núcleo de la célula. Encerrar el material genético de una célula en su núcleo hace que la división celular sea más eficiente.

Tipo de organismo	Tipo de célula
Animal, planta, hongo	Eucariota
Bacteria	Procariota

5. A partir de la información del pasaje y de la tabla, el ADN no está encerrado en el núcleo de la célula en

A. los animales.
B. las plantas.
C. los hongos.
D. las bacterias.

★ Ítem en foco: **ARRASTRAR Y SOLTAR**

INSTRUCCIONES: Lee el pasaje y la pregunta. Luego usa las opciones de arrastrar y soltar para completar el diagrama.

REPLICACIÓN DEL ADN EN LA MITOSIS

La mitosis es una de las formas en que los núcleos de las células se dividen durante la división celular. El desarrollo de las células y la replicación a través de la mitosis es un ciclo continuo que consta de distintas etapas. La interfase es el período anterior a la mitosis. La profase, la metafase, la anafase y la telofase son las fases activas de la mitosis. La citocinesis, que tiene lugar al finalizar la mitosis, es la fase en que el citoplasma se divide para completar el proceso de división celular.

Cuando una célula se divide por mitosis, traspasa una información genética idéntica a sus dos células hijas. ¿Cómo ocurre esto? Los cromosomas del núcleo de la célula progenitora contienen la mayor parte del ADN del organismo. El ADN contiene genes que proporcionan instrucciones para la producción de los rasgos del organismo. Antes de que una célula comience la mitosis, los cromosomas se replican y cada uno de ellos crea dos partes idénticas que se llaman cromátidas. Los cromosomas replicados son visibles en la primera fase de la mitosis. Durante la mitosis, las cromátidas se separan para que cada célula hija tenga una copia de cada cromosoma.

6. A partir del pasaje y de las partes completas del diagrama, determina a qué momento del ciclo de desarrollo y replicación de la célula pertenece cada opción de arrastrar y soltar. Después escribe cada descripción en el lugar adecuado del diagrama.

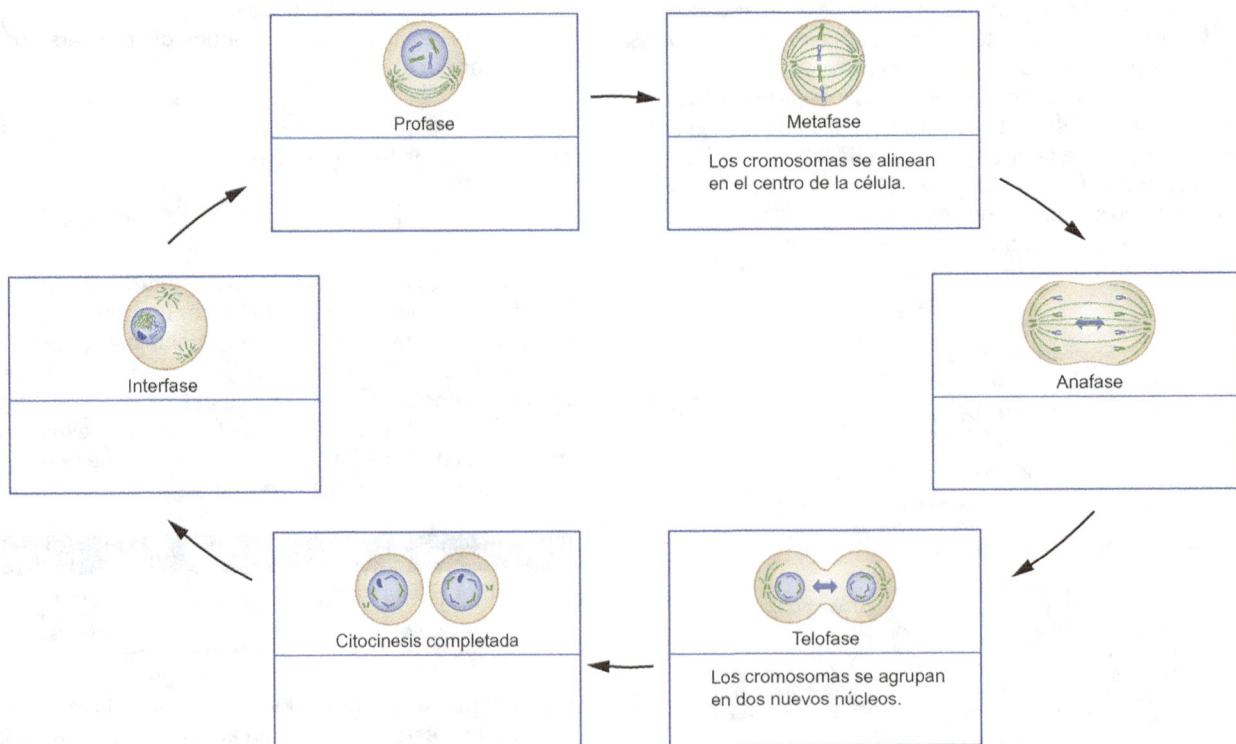

Profase

Metafase

Los cromosomas se alinean en el centro de la célula.

Interfase

Anafase

Citocinesis completada

Telofase

Los cromosomas se agrupan en dos nuevos núcleos.

Opciones de arrastrar y soltar

Las cromátidas se separan.	Se forman dos células hijas individuales.
Los cromosomas son visibles.	El ADN se replica.

INSTRUCCIONES: Estudia la información y el diagrama, lee la pregunta y elige la **mejor** respuesta.

GAMETOS

El cuerpo humano está compuesto por células somáticas, o células del cuerpo, y gametos, o células sexuales. En los seres humanos y en muchos otros animales, los gametos son los espermatozoides de seres masculinos y los óvulos de seres femeninos. Las células somáticas son todas las demás células del cuerpo. Los gametos se forman como resultado de la meiosis. A través de este proceso, cada célula hija recibe solo un cromosoma de cada par de cromosomas de la célula progenitora. El diagrama ilustra la formación de gametos. Después de la primera división, las células hijas reciben la mitad de los cromosomas de la célula progenitora. Después de la segunda división, las células hijas mantienen el mismo número de cromosomas.

Masculino

46

Primera división

23   23

Segunda división

Espermatozoides

Femenino

46

Primera división

23   23

Segunda división

Cuerpos polares
(no funcionales)

Óvulo

7. A partir del pasaje y del diagrama, ¿cuántos cromosomas tiene cada espermatozoide u óvulo?

A. 46
B. 23

C. 92
D. 12

INSTRUCCIONES: Estudia la información y el diagrama, lee la pregunta y elige la **mejor** respuesta.

RECOMBINACIÓN GENÉTICA

La división celular mediante la mitosis produce dos células somáticas que son idénticas a la célula progenitora. La división celular mediante la meiosis produce cuatro gametos que son genéticamente distintos, o no homólogos, de la célula progenitora y también son distintos entre sí. Las diferencias genéticas se producen porque los genes se combinan de nuevas formas durante la meiosis. ¿Cómo se produce esta recombinación genética? Los genes se emparejan porque están contenidos en cromosomas que, a su vez, están en parejas. Los cromosomas homólogos, que contienen genes de la madre y del padre de un organismo, se alinean unos al lado de los otros durante la meiosis. Cuando los cromosomas están juntos, las cromátidas pasan de uno a otro. Este cruce es la causa de que haya un intercambio de información genética.

Cromátidas hermanas

Cromátidas hermanas

Cruce entre cromátidas

Cromátidas tras el intercambio

Cromosomas de cuatro gametos distintos

8. ¿Qué sugieren el pasaje y el diagrama acerca de la recombinación genética?

A. Los dos cromosomas que realizan el cruce no son homólogos.
B. Los cruces tienen lugar después de que la división celular haya producido gametos.
C. El intercambio de material genético tiene lugar entre cromátidas no hermanas.
D. Después de que se produce el intercambio, dos de los cromosomas resultantes son idénticos.

Comprender las herramientas basadas en el contenido

Usar con el *Libro del estudiante,* págs. 22–23.

TEMA DE CIENCIAS: L.e.2
PRÁCTICAS DE CIENCIAS: SP.1.a, SP.1.b, SP.1.c, SP.3.d, SP.8.b, SP.8.c

UNIDAD 1

1 Repasa la destreza

Algunas herramientas están específicamente relacionadas con ciertas materias. Por ejemplo, los cuadros de Punnett y las tablas de pedigrí son fundamentales para entender temas de genética pero no se usan en otras áreas de la ciencia. **Comprender las herramientas basadas en el contenido** te ayudará a entender temas de ciencias específicos con más claridad.

2 Perfecciona la destreza

Al perfeccionar la destreza de comprender las herramientas basadas en el contenido, mejorarás tus capacidades de estudio y evaluación, especialmente en relación con la prueba de Ciencias de GED®. Estudia la información y el cuadro de Punnett que aparecen a continuación. Luego responde las preguntas.

COLOR DE LA SEMILLA DE LAS PLANTAS DE CHÍCHAROS

Los dos alelos que componen un par genético pueden diferir. Cuando los alelos de un gen difieren, el rasgo producido por el gen puede variar. Si hay un alelo dominante presente en un organismo, el organismo tiene el rasgo asociado con ese alelo. En los cuadros de Punnet, el genotipo, o la conformación de los alelos de un par genético, está representado por símbolos, como *YY*, *Yy* o *yy*. Una letra mayúscula indica un alelo dominante. El cuadro de Punnett muestra los genotipos potenciales del color de la semilla en la descendencia de dos plantas de chícharos en particular.

a Los cuadros de Punnett son útiles para predecir los rasgos que heredará la descendencia. Ellos muestran todos los genotipos potenciales y la probabilidad de cada uno. Aquí, el 50 por ciento de la descendencia tendrá el genotipo *Yy*.

b Los cuadros de Punnett más grandes muestran los genotipos para dos rasgos. Por ejemplo, uno de esos cuadros de Punnett puede mostrar descendencia con el genotipo *YyRr* para los rasgos de color de la semilla (*Yy*) y la textura de la semilla *(Rr)*.

Y = alelo de la semilla amarilla
y = alelo de la semilla verde

PRÁCTICAS DE CONTENIDO

En la prueba de Ciencias de GED® te pueden pedir que determines la probabilidad de sucesos, como en la pregunta 2. Un cuadro de Punnett puede ser considerado como un modelo de probabilidad.

1. El cuadro de Punnett sugiere que el color de la semilla de las plantas de chícharos

   A. es verde amarillento en algunas plantas.
   B. está determinado por más de un gen.
   C. no pasa a la descendencia.
   D. está controlado por un gen con alelos que pueden diferir.

2. A partir del cuadro de Punnett, ¿cuál es la probabilidad de producir una planta con semillas amarillas?

   A. 25 por ciento
   B. 50 por ciento
   C. 75 por ciento
   D. 100 por ciento

⭐ Ítem en foco: **PUNTO CLAVE**

INSTRUCCIONES: Estudia la información y lee la pregunta. Luego marca el lugar o los lugares adecuados.

INSTRUCCIONES: Estudia la información y la tabla. Luego lee la pregunta y marca el lugar adecuado.

GENOTIPO, FENOTIPO Y PECAS

El genotipo es la composición genética de un individuo. Se puede referir a la composición genética total de un organismo o, más comúnmente, a la composición de los alelos de un gen en particular. Un genotipo que tiene dos alelos idénticos, como *YY*, es homocigoto. Un genotipo que tiene dos alelos diferentes, como *Yy*, es heterocigoto.

Un fenotipo es la expresión observable de un genotipo, es decir, el rasgo observable. El fenotipo está controlado por el alelo dominante de un gen. Por ejemplo, en los seres humanos, la piel con pecas es un rasgo dominante y la piel sin pecas es un rasgo recesivo.

3. El cuadro de Punnett incompleto representa la posible descendencia de dos individuos y muestra sus genotipos para el rasgo de las pecas. Marca con una *X* cualquier descendiente cuyo tipo de genes para las pecas es homocigoto.

TEXTURA DE LA SEMILLA DE LAS PLANTAS DE CHÍCHAROS

A mediados del siglo XIX, Gregor Mendel usó plantas de chícharos para investigar la herencia. Un rasgo que Mendel estudió fue la textura de las semillas de las plantas de chícharos. Algunas plantas de chícharos tienen semillas lisas y otras tienen semillas rugosas. El fenotipo de las semillas lisas está expresado por el alelo dominante. La tabla identifica los fenotipos y genotipos de las plantas progenitoras en tres investigaciones.

Investigación 1	Investigación 2	Investigación 3
Lisa (RR) × Lisa (Rr)	Rugosa (rr) × Rugosa (rr)	Lisa (RR) × Rugosa (rr)

4. Los cuadros de Punnett se pueden usar para mostrar los genotipos potenciales de la descendencia de las investigaciones de Mendel. De lo cuadros de Punnet que aparecen a continuación, marca con una *X* el que representa la Investigación 2.

★ Ítem en foco: **PUNTO CLAVE**

INSTRUCCIONES: Estudia la información y lee la pregunta. Luego marca el lugar o los lugares adecuados.

INSTRUCCIONES: Estudia la información y lee la pregunta. Luego marca el lugar o los lugares adecuados.

RASTREAR RASGOS EN FAMILIAS

Como las tablas de pedigrí son útiles para rastrear rasgos a través de múltiples generaciones, una tabla de pedigrí puede mostrar la herencia de un rasgo en particular en la historia de una familia. También, los científicos y otras personas usan las tablas de pedigrí para estudiar los patrones de herencia de los seres humanos.

Para desarrollar las tablas de pedigrí se utilizan varios formatos. En muchas tablas de pedigrí, los hombres están representados por cuadrados y las mujeres están representadas por círculos. En algunas tablas de pedigrí se usa el color para dar información. Por ejemplo, las figuras coloreadas representan individuos que tienen un rasgo en particular y las figuras blancas representan individuos que no tienen ese rasgo.

5. Imagina que el rasgo rastreado en esta tabla de pedigrí está controlado por el alelo dominante. Marca con una *X* la figura de cada individuo que definitivamente tiene un genotipo homocigoto.

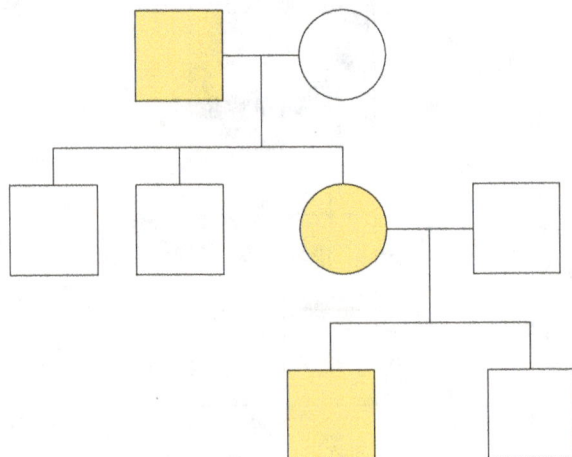

RASTREAR ENFERMEDADES HEREDITARIAS

Muchos trastornos y enfermedades son causados por genes recesivos, es decir, genes que tienen dos alelos recesivos. La fibrosis quística es un ejemplo de esas enfermedades.

Las personas que tienen el gen de la fibrosis quística tienen la enfermedad. Las personas que tienen un gen con un alelo dominante y un alelo recesivo no tienen la enfermedad pero son portadores. Entonces, un niño puede heredar la fibrosis quística de sus padres si cada uno de ellos porta un alelo recesivo, aun si ninguno de los padres tiene la enfermedad. Un niño no heredará la enfermedad si uno de los padres es portador y el otro no. Además, un niño será portador de la enfermedad si uno de los padres tiene la enfermedad, aun si el otro padre no tiene la enfermedad ni es portador.

6. Las tablas de pedigrí muestran genotipos que se pueden usar para rastrear enfermedades hereditarias. Esta tabla de pedigrí muestra la historia familiar de una enfermedad causada por un gen recesivo. Marca con una X la figura de cada individuo que tiene esta enfermedad.

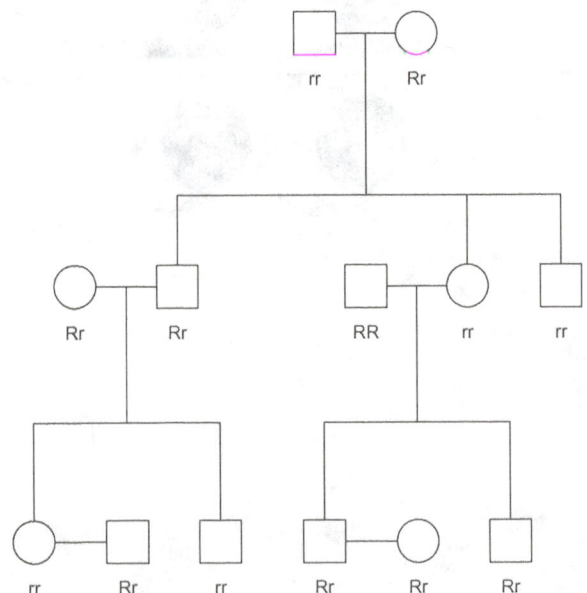

INSTRUCCIONES: Estudia la información y lee la pregunta. Luego marca el lugar o los lugares adecuados.

IDENTIFICAR RAZONES GENOTÍPICAS Y FENOTÍPICAS

A menudo, los cuadros de Punnett se usan para determinar el porcentaje de descendencia que probablemente tendrá un rasgo particular. También se pueden usar para predecir razones de genotipos y fenotipos en la descendencia.

Una razón genotípica expresa el número de descendientes que tiene genotipos dominantes homocigotos, luego el número de descendientes que tiene genotipos dominantes heterocigotos y, por último, el número de descendientes que tiene genotipos recesivos homocigotos. Por ejemplo, para un cuadro de Punnett que muestra descendientes que tienen un genotipo *GG*, dos *Gg* y uno *gg*, la razón genotípica es 1:2:1.

Una razón fenotípica expresa el número de descendientes que muestran el rasgo dominante y luego el número de descendientes que muestran el rasgo recesivo. Para el ejemplo anterior, un genotipo *GG* y dos *Gg* producen tres descendientes que muestran el rasgo dominante y un genotipo *gg* produce un descendiente que muestra el rasgo recesivo. Entonces, la razón fenotípica es 3:1.

7. Marca con una *X* cada cuadro de Punnett que represente una cruza que produce descendencia con una razón genotípica de 0:4:0.

8. Marca con una *X* cada cuadro de Punnett que represente una cruza que produce descendencia con una razón fenotípica de 3:1.

TEMA DE CIENCIAS: L.e.3
PRÁCTICAS DE CIENCIAS: SP.1.a, SP.1.b, SP.1.c, SP.3.b, SP.7.a

UNIDAD 1

1 Repasa la destreza

Si te estás esforzando por entender una palabra, una frase o una idea, busca las **claves del contexto** como ayuda. Cuando **usas las claves del contexto**, encuentras palabras y oraciones que rodean una parte no conocida de un texto y te dan pistas sobre su significado. A veces, otras partes de un texto repiten o definen una palabra en particular o explican cómo una idea compleja se relaciona con una más simple. Los elementos visuales también te pueden ayudar a entender algo desconocido.

2 Perfecciona la destreza

Al perfeccionar la destreza de usar las claves del contexto, mejorarás tus capacidades de estudio y evaluación, especialmente en relación con la prueba de Ciencias de GED®. Estudia la información y el diagrama que aparecen a continuación. Luego responde las preguntas.

PAPEL DE LA RECOMBINACIÓN GENÉTICA EN LA VARIACIÓN GENÉTICA

a A menudo, las palabras u oraciones que preceden un texto no conocido dan contexto para el mismo. Esta oración da claves del significado del término *Profase I*, que aparece en la siguiente oración.

Un niño no luce exactamente igual a ninguno de sus padres porque hereda los genes de ambos padres. Los seres humanos, como otros organismos que se reproducen sexualmente, difieren genéticamente entre sí. Una razón para esta variación genética es el hecho de que se produzca una recombinación genética durante la meiosis. Con la meiosis, una célula progenitora se divide y luego sus células descendientes se dividen para formar gametos. Durante la Profase I de la meiosis, los cromosomas homólogos replicados se juntan y sus partes pueden entrecruzarse. En este punto, los cromosomas se pueden romper y volver a unirse para formar nuevas combinaciones de genes, lo que produce mayores variaciones genéticas en los gametos resultantes. Este diagrama representa el entrecruzamiento y la recombinación genética que puede ocurrir durante la meiosis.

b Un diagrama puede dar claves del contexto. Este diagrama muestra que los cromosomas se entrecruzan e intercambian material durante la recombinación genética.

CONSEJOS PARA REALIZAR LA PRUEBA

Las claves del contexto toman diferentes formas en relación con la palabra, frase o idea pertinentes. Una clave del contexto puede ser una explicación, un ejemplo, una repetición, un sinónimo o un antónimo.

1. Las claves del contexto indican que el **I** de la **Profase I** está relacionado con

   A. la primera división celular en la meiosis.
   B. un cromosoma en un par de cromosomas.
   C. una sola célula progenitora.
   D. el período anterior a la meiosis.

2. ¿Qué frase del pasaje ayuda a explicar el proceso de **recombinación genética**?

   A. hereda los genes de ambos padres
   B. los cromosomas homólogos replicados se juntan
   C. se pueden romper y volver a unirse para formar nuevas combinaciones
   D. lo que produce mayores variaciones genéticas

3 Domina la destreza

INSTRUCCIONES: Estudia la información y la tabla, lee cada pregunta y elige la **mejor** respuesta.

MUTACIONES GENÉTICAS

Los errores en la replicación del ADN pueden producir cambios en la secuencia de bases nucleotídicas del ADN de un organismo que se reproduce sexualmente. Estas mutaciones se pueden clasificar de varias formas, algunas de las cuales se muestran en la tabla que aparece a continuación. A veces, estos cambios se producen en los genes y otras veces no. Un cambio en un gen puede alterar su capacidad para dar instrucciones correctas para la síntesis de proteínas. Que una mutación genética tenga un impacto negativo depende de dónde ocurra la mutación y si influye de forma significativa en la producción de proteínas. Por ejemplo, en algunos casos, una mutación puede llevar a la producción de una proteína incompleta. Esa mutación puede tener efectos devastadores. En otros casos, una mutación genética puede pasar completamente desapercibida.

Tipo de mutación	Ejemplo	
Sustitución	CGATGC	CGAGGC
Inserción	CGATGC	CGAGCGTGC
Deleción	CGATGC	CGGC
Desplazamiento del marco de lectura	CGA TGC TAG	C GAT GCT AG

3. ¿Qué es una **mutación genética**?

    A. cualquier cambio en el ADN
    B. un cambio que tiene un efecto negativo
    C. cualquier cambio que pasa desapercibido
    D. un cambio en un gen

4. ¿Qué significa el término **síntesis de proteínas**?

    A. entender lo que hacen las proteínas
    B. la producción de proteínas
    C. las instrucciones de un gen
    D. una mutación que afecta a una proteína

5. Según la información de la tabla, ¿qué palabras describen una **mutación por inserción**?

    A. la adición de bases nucleotídicas extras
    B. la sustracción de bases nucleotídicas
    C. la reestructuración de bases nucleotídicas
    D. el intercambio de una base nucleotídica por otra

INSTRUCCIONES: Estudia la información, lee cada pregunta y elige la **mejor** respuesta.

TERAPIA GÉNICA PARA FIBROSIS QUÍSTICA

La fibrosis quística (FQ) es la enfermedad genética mortal más común en los Estados Unidos. La FQ causa que el cuerpo produzca una mucosidad espesa y pegajosa que obstruye los pulmones, provoca infecciones y bloquea el páncreas de tal manera que no libera las enzimas digestivas necesarias para digerir los alimentos.

Las mutaciones en el gen regulador de la conductancia transmembrana de la fibrosis quística (RCTFQ), causan la FQ. Los investigadores están buscando formas de curar la enfermedad mediante la corrección del gen defectuoso. La terapia génica ha dado señales prometedoras de conducir a un tratamiento que salve vidas, ya que se enfoca en la causa de la FQ en lugar de solo tratar sus síntomas.

La terapia génica para la FQ comenzó en 1990, cuando los científicos corrigieron con éxito genes RCTFQ defectuosos agregando copias normales del gen a cultivos celulares en un laboratorio. En 1993, se administró el primer tratamiento de terapia génica experimental a un paciente con FQ. Los investigadores modificaron un virus de la gripa común para que actuara como vehículo de distribución, llevando los genes normales a las células con el gen defectuoso ubicados en las vías respiratorias de los pulmones de la persona.

Los primeros experimentos de terapia génica de la fibrosis quística implicaron a células pulmonares porque estas células son fácilmente accesibles y porque el daño pulmonar es el problema más común y potencialmente mortal en los pacientes con FQ. No obstante, los científicos esperan que las tecnologías que se están desarrollando para las células pulmonares puedan ser adaptadas para tratar otros órganos afectados por la FQ.

Fuente: www.genome.gov

6. ¿Qué significa el término **enfermedad genética**?

    A. una enfermedad que afecta los pulmones
    B. una enfermedad que se contrae de otra persona a través del contacto
    C. una enfermedad que afecta los genes
    D. una enfermedad causada por los genes

7. El autor sostiene que "la terapia génica ha dado señales prometedoras de llevar a cabo un tratamiento [de fibrosis quística] que salve vidas". En este contexto, ¿qué significa **terapia génica**?

    A. remover células pulmonares
    B. acciones para corregir un gen defectuoso
    C. técnicas de masaje del pecho que mejoran la respiración
    D. contraer un virus de gripa común

UNIDAD 1

INSTRUCCIONES: Estudia la información, lee la pregunta y elige la **mejor** respuesta.

MUTACIONES DE LOS INTERRUPTORES GENÉTICOS

Las mutaciones del ADN pueden ocurrir en los genes o en otros lugares, como los interruptores genéticos. Las mutaciones de los interruptores genéticos no influyen en *cómo* se producen las proteínas porque la instrucción para producir proteínas proviene de los genes. Sin embargo, una mutación de un interruptor genético puede provocar cambios en dónde, cuándo y cuánta proteína se produce. Una mutación puede agregar, romper o modificar un interruptor genético. Cuando se agrega un interruptor, este puede activar un gen en un nuevo lugar. Cuando se rompe un interruptor, es posible que no se exprese un gen. Cuando se modifica un interruptor, puede hacer que un gen sea más o menos activo que lo normal, resultando en mayor o menor producción de proteínas. Así como con ciertas mutaciones de los genes, las mutaciones de los interruptores genéticos pueden producir resultados drásticos.

8. ¿Cuál es el papel de un interruptor genético en la producción de proteínas?

   A. Regula la ubicación, tiempo y alcance de la producción de proteínas.
   B. Da instrucciones de cómo se produce una proteína.
   C. Puede agregar, romper o modificar una proteína durante su producción.
   D. Tiene poco o ningún efecto sobre la producción de proteínas.

INSTRUCCIONES: Estudia la información, lee la pregunta y elige la **mejor** respuesta.

MUTACIONES EN CÉLULAS DE LÍNEA GERMINAL

Las mutaciones pueden ocurrir tanto en las células somáticas como en las células de línea germinal. Cuando ocurre una mutación en una célula somática, influye solo en el organismo en el que ocurre. Cuando ocurre una mutación en una célula de línea germinal, esta puede transmitirse a la descendencia.

9. A partir de las claves del contexto del pasaje, ¿qué son las células de **línea germinal**?

   A. células enfermas
   B. células del cerebro que controlan la expresión genética
   C. células relacionadas con la reproducción sexual
   D. células del organismo usadas en el crecimiento

INSTRUCCIONES: Estudia la información, lee cada pregunta y elige la **mejor** respuesta.

DESARROLLO DE NUEVOS ALELOS

El ADN de una célula humana contiene aproximadamente seis mil millones de pares de base nucleotídica. Cuando una célula se divide, debe copiar este código de ADN. Si ocurre un error, la célula tiene la capacidad de corregirlo. Un error que no es corregido provoca una mutación. La mayoría de las mutaciones no tienen efecto en un individuo. Una mutación puede tener un efecto solo si está relacionada con el 3 por ciento del ADN que conforma los genes. El otro 97 por ciento del ADN de las células humanas es ADN no codificante.

Algunas mutaciones tienen un impacto que va más allá del individuo. Estas mutaciones ocurren en una célula de línea germinal. Después de que se produce la fertilización, la mutación se puede copiar en toda nueva célula del embrión en crecimiento. Si la mutación afecta un gen, el resultado es un nuevo alelo, o nueva versión de ese gen. El nuevo alelo luego puede ser transmitido a futuras generaciones.

10. A partir de las claves del contexto del pasaje, ¿qué significa **ADN no codificante**?

    A. una cadena de ADN que no está relacionada con la replicación
    B. una porción de ADN que no tiene instrucciones para producir proteínas
    C. una sección de ADN que no produce mutaciones
    D. un tramo de ADN que no puede corregir errores

11. El pasaje establece que una mutación puede tener "un impacto que va más allá del individuo". En el contexto del pasaje, esto significa que la mutación afecta a

    A. los ancestros del individuo.
    B. los hermanos y hermanas del individuo.
    C. otros miembros de la población.
    D. generaciones futuras.

12. La palabra *desarrollo* tiene múltiples significados. ¿Cuál es el significado de **desarrollo** en el título del pasaje?

    A. crecimiento
    B. formación
    C. progreso
    D. mejoramiento

EL AMBIENTE Y LA EXPRESIÓN GENÉTICA

El papel que juega el ambiente en la expresión genética se está volviendo cada vez más claro para los investigadores. Hay un campo completo, la epigenética, dedicado a estudiar la relación entre el ambiente de un organismo y sus genes.

El epigenoma está constituido por los compuestos químicos que no son parte del ADN pero influyen en el ADN del organismo. Algunas formas en que el epigenoma influye directamente sobre los organismos se ven fácilmente. Por ejemplo, los gatos siameses tienen un patrón de color específico, como se muestra en la fotografía.

Los gatos siameses tienen este color debido a un gen específico del pigmento. Este gen se ve afectado por la temperatura, que es un factor ambiental, no un factor genético. El gen está expresado en mayor grado a temperaturas bajas. Cuando observas la fotografía, puedes ver que el gato tiene pelaje más oscuro en sus orejas, hocico, patas y cola. Estas áreas de pelaje más oscuro se denominan puntos de color y esta coloración es producida por el gen de la sensibilidad a la temperatura. Las orejas, el hocico, las patas y la cola del gato son más fríos que el resto de su cuerpo y, entonces, son de color más oscuro.

13. A partir de las claves del contexto del pasaje y la fotografía, ¿qué es un **pigmento**?

    A. una sustancia que da color a un organismo
    B. un gen que controla la temperatura del cuerpo
    C. un alelo para un color particular de pelaje
    D. un factor ambiental que afecta la coloración

ESTUDIAR EL EPIGENOMA

La epigenética, o estudio del epigenoma, da motivos tanto para la preocupación como para el optimismo. Primero, la epigenética ha mostrado que la elección de un estilo de vida insalubre, como comer en exceso o fumar, pueden alterar los marcadores genéticos al final del ADN de la persona, y así afectar los genes relacionados. Por ejemplo, estos marcadores epigenéticos pueden hacer que los genes de la obesidad se expresen con mayor fuerza o que los genes de la longevidad se expresen más débilmente. Entonces, además de las consecuencias inmediatas que tiene la elección de un estilo de vida insalubre en la salud, esas conductas pueden poner en mayor riesgo de enfermedad y corta vida a los hijos.

Ahora, los científicos pueden manipular los marcadores epigenéticos en el laboratorio. Los científicos aprendieron a combatir enfermedades creando fármacos que activan los genes buenos y suprimen a los malos. La Administración de Medicamentos y Alimentos (FDA, por sus siglas en inglés) aprobó el primer fármaco epigenético en 2004.

Desde entonces, la FDA ha aprobado un grupo de fármacos epigenéticos que parecieran trabajar, en parte, para activar genes supresores de tumores, desactivados por la enfermedad. La activación y la desactivación de ciertos marcadores epigenéticos permite a los científicos producir genes inactivos que juegan un papel en las enfermedades. Los científicos esperan que un día la epigenética ayude a combatir muchas enfermedades importantes. Las primeras pruebas clínicas de la terapia epigenética han mostrado resultados alentadores para los pacientes con ciertas enfermedades de la sangre. Esos desarrollos sugieren que nuestros epigenomas y su impacto en nuestros hijos pueden realmente ser cambiados de forma positiva.

14. ¿Cuál de las siguientes opciones es un ejemplo que puede explicar la idea de que los científicos están "aprendiendo a manipular los marcadores epigenéticos"?

    A. una conducta que puede cambiar los marcadores epigenéticos
    B. un gen que juega un papel en la enfermedad
    C. un marcador epigenético que puede ser heredado
    D. un fármaco que estimula los genes supresores de tumores

15. ¿Qué significa la frase **permanecer inactivo** como está usada en el último párrafo del pasaje?

    A. empezar a atacarse a sí mismo
    B. usar más cantidades de energía
    C. permanecer pasivo y no expresado
    D. activar genes supresores de tumores

13
LECCIÓN

Comprender la evidencia científica

TEMA DE CIENCIAS: L.f.1
PRÁCTICAS DE CIENCIAS: SP.1.a, SP.1.b, SP.1.c, SP.3.a, SP.3.b, SP.4.a, SP.6.a, SP.6.c, SP.7.a, SP.8.b

UNIDAD 1

1 Repasa la destreza

La **evidencia científica** debe desarrollar ideas que respondan preguntas de ciencias. Por ejemplo, cuando un científico observa algo sobre un objeto o un proceso, esa observación debe respaldar o refutar las ideas científicas actuales. Constantemente se reúne nueva evidencia que arroja luz sobre el modo en que funciona el mundo. Cuando **comprendes la evidencia científica**, aumentas tu conocimiento de la ciencia.

2 Perfecciona la destreza

Al perfeccionar la destreza de comprender la evidencia científica, mejorarás tus capacidades de estudio y evaluación, especialmente en relación con la prueba de Ciencias de GED®. Estudia la información y el diagrama que aparecen a continuación. Luego responde las preguntas.

CLADOGRAMAS

Los científicos usan cladogramas para organizar evidencia reunida a través del examen de ejemplares de organismos. Un cladograma puede mostrar las relaciones evolutivas entre grupos de organismos u organismos individuales. Un rasgo, la característica original, está presente en todos los organismos incluidos en un cladograma. Otros rasgos, características derivadas, están presentes solo en algunos. Por ejemplo, todos los animales que se muestran en el cladograma que aparece a continuación tienen vértebras, pero solo las salamandras, las tortugas y los leopardos tienen cuatro patas. Los científicos pueden rastrear la historia de la evolución combinando varios cladogramas para hacer un árbol genealógico.

a El organismo que tiene solo las características originales ocupa el nivel más bajo en un cladograma. A medida que el nivel es más alto, cada organismo tiene un número mayor de características derivadas que el organismo anterior.

b No necesitas saber qué es un rasgo para interpretar un cladograma. Por ejemplo, es posible que no sepas qué es un huevo amniótico, pero sabes que de todos los animales que se muestran, solo las tortugas y los leopardos tienen este rasgo.

Lamprea Atún Salamandra Tortuga Leopardo

Pelo

Huevo amniótico **b**

Cuatro patas

Mandíbulas

Columna vertebral

USAR LA LÓGICA

Cuando entiendes el formato del cladograma, sabes que los organismos de las ramas más altas tienen más características derivadas. Usa la lógica para decidir qué animal tiene más características derivadas.

1. A partir de la evidencia representada en el cladograma, ¿qué rasgo tienen todos los animales?

   A. huevo amniótico
   B. cuatro patas
   C. mandíbulas
   D. columna vertebral

2. ¿Qué animal tiene el mayor número de características derivadas?

   A. leopardo
   B. atún
   C. tortuga
   D. lamprea

INSTRUCCIONES: Estudia la ilustración y la información, lee cada pregunta y elige la **mejor** respuesta.

LA EVOLUCIÓN DE LA BALLENA

Esqueleto de *Pakicetus*

Los científicos comparan los animales que viven en la actualidad con los restos fósiles de animales que se extinguieron. Al hacerlo, pueden obtener evidencia que respalde la idea del ancestro común. Los estudios de las ballenas son un ejemplo de la idea del ancestro común.

La evidencia muestra que los mamíferos evolucionaron a partir de los reptiles. En la actualidad, la mayoría de los mamíferos son animales terrestres. Sin embargo, las ballenas son mamíferos adaptados a vivir enteramente en el mar. Es por esta razón que siempre han intrigado a los científicos.

Los fósiles dan claves de la historia de la evolución de la ballena. Los científicos han hallado restos fosilizados de una serie de animales que son parientes de las ballenas de la actualidad. Los hallazgos fósiles incluyen un cráneo de un animal terrestre, el *Pakicetus*, que es semejante tanto a animales terrestres extintos del tamaño de un lobo como a las ballenas de la actualidad. Es de gran importancia el hecho de que la región de la oreja del cráneo representa una transición entre la oreja de un mamífero terrestre y la de un mamífero acuático. Esta estructura y otras características de transición dan a los científicos evidencia del trayecto evolutivo de las ballenas desde la tierra hasta el mar.

3. ¿Qué afirmación describe la manera en que los científicos hallan ancestros comunes?

   A. Los científicos estudian los animales que viven en la actualidad.
   B. Los científicos estudian los fósiles de animales que se extinguieron hace mucho tiempo.
   C. Los científicos comparan los fósiles de animales que viven en la actualidad.
   D. Los científicos comparan los animales que viven en la actualidad con los restos fósiles de animales que se extinguieron.

4. ¿Qué enunciado respalda la evidencia fósil?

   A. Hace tiempo, las ballenas vivían en tierra.
   B. Las ballenas descienden de los lobos.
   C. Los animales relacionados con las ballenas vivieron, alguna vez, en tierra.
   D. Los cráneos de las ballenas tienen características de transición.

INSTRUCCIONES: Estudia la información, lee cada pregunta y elige la **mejor** respuesta.

ESTRUCTURAS VESTIGIALES

Una estructura vestigial es una característica que se hereda de un ancestro pero que es menos funcional o ya no es funcional en el organismo que existe en la actualidad. Por ejemplo, los peces que viven en la mayoría de las masas de agua tienen ojos funcionales que fueron modificados a lo largo del tiempo para hacer un mejor uso de la luz. Estos peces usan los ojos para evitar a sus depredadores y para encontrar comida. Los peces que viven en cavernas oscuras no necesitan ojos. Aun así, tienen ojos vestigiales no funcionales. Los ojos vestigiales son evidencia de que estos peces provienen de otros organismos videntes. Otros ejemplos de estructuras vestigiales son el coxis en los seres humanos y los huesos de patas no existentes en las serpientes.

5. ¿Qué enunciado describe estructuras vestigiales?

   A. Un organismo que vive en la actualidad tiene las mismas estructuras vestigiales que sus ancestros.
   B. Las estructuras vestigiales son menos importantes para los organismos que las tienen en la actualidad que lo que fueron para los organismos de sus ancestros.
   C. Las estructuras vestigiales influyen solo en la visión de los organismos de la actualidad.
   D. Las características que han evolucionado para permitir a los organismos sobrevivir en ciertos lugares son estructuras vestigiales.

6. ¿Qué teoría sobre la manera en que ciertas estructuras se vuelven vestigiales está respaldada con evidencia?

   A. Las estructuras no son tan útiles para el organismo en su medio ambiente actual.
   B. Las estructuras son más útiles para el organismo en su ambiente actual.
   C. Las estructuras se vuelven más pequeñas y menos útiles con cada generación.
   D. La evolución selecciona las estructuras vestigiales.

7. A menudo, una estructura vestigial de una especie es similar en cuanto a su forma y posición relativa a una estructura en pleno funcionamiento de otra especie. ¿De qué manera respalda esta evidencia a la teoría de la evolución?

   A. Es probable que la especie con la estructura vestigial no exista en la actualidad.
   B. Es probable que las dos especies compartan un ancestro común.
   C. Es probable que los embriones de las dos especies se desarrollen de la misma forma.
   D. Es probable que, en el futuro, los fósiles de las dos especies parezcan semejantes.

⭐ Ítem en foco: **ARRASTRAR Y SOLTAR**

INSTRUCCIONES: Estudia la información y lee la pregunta. Luego usa las opciones de arrastrar y soltar para completar el cladograma.

HACER CLADOGRAMAS

Los científicos pueden usar un cladograma para organizar varios animales a partir de la evidencia característica de cada animal. Para desarrollar tal cladograma, los científicos observan ciertos rasgos de un grupo de animales. Identifican la característica original, o el rasgo común a todos los animales, y anotan ese rasgo en la parte más baja del tronco del cladograma. Luego, determinan qué animal tiene solo la característica original y ninguna de las características derivadas, u otros rasgos. Anotan el nombre de ese animal en la rama más baja del cladograma. Continúan anotando rasgos y nombres de animales en el cladograma hasta haber anotado el nombre del animal que tiene todos los rasgos en la parte superior del cladograma.

8. Haz un cladograma a partir de la observación de ciertos rasgos de un grupo de animales. Determina la **mejor** ubicación en el cladograma para cada opción de arrastrar y soltar. Luego anota el nombre de cada animal en el recuadro adecuado.

Lagartija · Camina erguido. · Sin cola · Pelo · Pulmones

Opciones de arrastrar y soltar

Gorila · Ser humano · Tigre

INSTRUCCIONES: Estudia la información, lee la pregunta y elige la **mejor** respuesta.

EL VALOR DEL REGISTRO DE FÓSILES

Charles Darwin advirtió que los seres vivos evolucionan lentamente en su forma a partir de organismos del pasado. Sin embargo, no tenía ninguna evidencia directa porque el registro de fósiles era incompleto. Sugirió que si los científicos pudieran encontrar fósiles que cubrieran todos los períodos de tiempo, verían la evolución gradual en las formas de los organismos. Aunque aún falta mucho para que el registro fósil esté completo, los nuevos hallazgos fósiles ayudan a los científicos a darle sentido a la historia de cómo las estructuras de los organismos han cambiado con el paso del tiempo.

9. A partir de la información, ¿qué tipo de evidencia respalda **mejor** las ideas de Darwin?

A. animales vivos de la misma especie con características diferentes
B. animales vivos de la misma especie con las mismas características
C. fósiles de diferentes períodos de tiempo con características que se vuelven más semejantes a aquellas de los animales vivos
D. fósiles de animales de la misma especie del mismo período de tiempo pero con diferentes características

COMPARACIÓN DE SECUENCIAS DE ADN

Gen de la mosca

GTATCAAATGGATGTGTGAGCAAAATTCTCGGGAGGTATTATGAAACAGGAAGCATACGA

Gen del ratón

GTATCCAACGGTTGTGTGAGTAAAATTCTGGGCAGGTATTACGAGACTGGCTCCATCAGA

El ADN tiene genes que llevan códigos con instrucciones para la producción de proteínas. Estas proteínas forman bloques de organismos. Por ejemplo, el ADN contiene no solo genes que hacen que una persona tenga un color particular de ojos, sino que también incluye la ubicación de los ojos de esa persona en el lugar correcto del cuerpo. Como el ADN se relaciona con la manera en que se forman los organismos, las semejanzas en el ADN de diferentes organismos sugieren que esos organismos tienen un ancestro común.

Los científicos usan el ADN para obtener evidencia de ancestros comunes comparando los genomas de diferentes especies. Un genoma es un conjunto completo de genes de una especie. Cuanto más semejantes sean las secuencias de ADN, más íntimamente relacionados están los diferentes organismos. Un aspecto de la investigación científica relacionada con los genomas de diferentes especies tiene que ver con el desarrollo del ojo. Los científicos han encontrado semejanzas en las secuencias de ADN de los genes relacionados con el desarrollo del ojo entre varias especies. Los animales vertebrados, como los ratones, los tiburones y los seres humanos, tienen ojos estructurados de forma semejante. Lógicamente, existen secuencias semejantes en los genes relacionados con el desarrollo de sus ojos. Las moscas, por otra parte, tienen ojos compuestos que difieren significativamente de los ojos de los vertebrados. Sin embargo, la secuencia de ADN de un gen relacionado con el desarrollo del ojo de una mosca es muy similar a la de un gen relacionado con el desarrollo del ojo de un ratón.

El diagrama que aparece arriba muestra semejanzas en la codificación de las secuencias de ADN del gen de la mosca y el gen del ratón. Los científicos afirman que este hallazgo sugiere que los insectos y los mamíferos, que han evolucionado de forma separada durante millones de años, comparten versiones homólogas de un gen que ejerce el control **central** del desarrollo del ojo. Al comparar las secuencias de ADN de los genes de la mosca y el ratón, los investigadores han reunido evidencia de ascendencia común que hubiera sido imposible detectar de otra manera.

10. ¿Cuántos conjuntos semejantes de secuencias de ADN existen en los genes de la mosca y el ratón representados en el diagrama?

A. 2
B. 11
C. 12
D. 23

11. ¿Qué evidencia proporcionan las secuencias de ADN para respaldar la idea de que las moscas y los ratones tienen un ancestro común?

A. Las secuencias muestran que los científicos han comparado el ADN de los animales.
B. Las secuencias muestran que el ADN de todos los organismos es el mismo.
C. Las secuencias muestran que los animales tienen ojos estructurados de forma semejante.
D. Las secuencias tienen un alto porcentaje de codificación idéntica.

12. ¿Qué evidencia respalda la teoría de que las aves están más cercanamente relacionadas con los cocodrilos que con las lagartijas?

A. La secuencia de ADN de los genomas de las lagartijas es más similar a la secuencia genómica de las aves que a la de la secuencia genómica de los cocodrilos.
B. La secuencia de ADN de los genomas de las aves es más similar a la secuencia genómica de los cocodrilos que a la secuencia genómica de las lagartijas.
C. Las aves se parecen más a los cocodrilos que las lagartijas.
D. Solo las aves y los cocodrilos comparten un gen de control central.

13. Cuando los científicos implantaron el gen relacionado con el desarrollo del ojo del ratón en la pata de una mosca, la mosca desarrolló ojos en su pata. A partir de la evidencia, ¿cómo es posible esto?

A. Los ratones y las moscas tienen versiones semejantes de un gen para el desarrollo del ojo.
B. Un ancestro común de los ratones y las moscas podía desarrollar ojos en sus patas.
C. Las moscas y los ratones tienen secuencias idénticas de ADN en muchos de sus genes.
D. Los genes de la mosca se manipulan con más facilidad que los genes del ratón.

14
LECCIÓN

Hacer e identificar inferencias

Usar con el *Libro del estudiante,* págs. 28–29.

TEMA DE CIENCIAS: L.f.2
PRÁCTICAS DE CIENCIAS: SP.1.a, SP.1.b, SP.1.c, SP.3.a, SP.3.b, SP.7.a

1 Repasa la destreza

Las presentaciones textuales y visuales expresan la importancia de algunos detalles pero dejan que el significado quede implícito en otros detalles. Una **inferencia** es una estimación lógica sobre el significado implícito de alguna parte de una presentación textual o visual. Cuando **haces una inferencia**, te aseguras de que tu estimación sea lógica a partir de hechos, evidencia, experiencia, observación o razonamiento.

Cuando se enuncia la importancia de un detalle, el autor está haciendo la inferencia. Para comprender completamente el material, debes poder **identificar la inferencia** y reconocer los detalles que la respaldan.

2 Perfecciona la destreza

Al perfeccionar la destreza de hacer e identificar inferencias, mejorarás tus capacidades de estudio y evaluación, especialmente en relación con la prueba de Ciencias de GED®. Lee el pasaje que aparece a continuación. Luego responde las preguntas.

a El autor presenta su evidencia y luego usa la lógica para convertir sus ideas en un enunciado cohesivo. Este enunciado cohesivo es su inferencia.

b Hacer una inferencia puede ser como intentar resolver un misterio sin todas las pistas. Por ejemplo, los científicos no pueden volver en el tiempo para ver cómo evolucionaron los topos para tener ojos pequeños; entonces reúnen evidencia y hacen una estimación a modo de explicación.

LOS OJOS DE LOS ANIMALES QUE EXCAVAN

Los ojos de los topos y de algunos roedores que excavan son rudimentarios en tamaño y, en algunos casos, están bastante cubiertos de piel y pelo. Es probable que el estado de los ojos se deba a una reducción gradual derivada del desuso. (...) En Sudamérica, un roedor que excava, el tuco-tuco (...) es aún más subterráneo en sus hábitos que el topo y (...) a menudo son ciegos; uno que mantuve vivo ciertamente estaba en esta condición. La causa, según surgió de la disección, había sido la inflamación de la membrana nictitante. Como una inflamación frecuente de los ojos debe ser perjudicial para cualquier animal, y como los ojos seguramente no son indispensables para los animales con hábitos subterráneos, es posible que una reducción en su tamaño (...) sea una ventaja en ese caso (...)

Fragmento traducido de EL ORIGEN DE LAS ESPECIES POR MEDIO DE LA SELECCIÓN NATURAL, de Charles Darwin, © 1859

CONSEJOS PARA REALIZAR LA PRUEBA

Un ejercicio de la prueba puede pedirte que identifiques una inferencia. Los escritores típicamente enuncian una inferencia después de presentar la evidencia. A menudo, las inferencias incluyen las palabras: si (...) entonces, dado que (...) entonces, es posible, podría, probablemente.

1. ¿Qué inferencia hace Darwin sobre la relación entre el tamaño del ojo y vivir bajo tierra?

   A. Los animales que excavan tienen ojos pequeños pero muy buena vista.
   B. Excavar bajo tierra hace que un animal desarrolle ojos grandes.
   C. Los ojos pequeños de los animales que excavan son beneficiosos para su supervivencia.
   D. Los topos tienen ojos más pequeños que ciertos roedores que excavan.

2. ¿Qué palabra o frase clave te ayuda a entender que el enunciado de Darwin sobre un rasgo ventajoso es una inferencia?

   A. en algunos casos
   B. es posible
   C. ciertamente
   D. a menudo

INSTRUCCIONES: Estudia la información y la gráfica, lee cada pregunta y elige la **mejor** respuesta.

MODIFICACIÓN DE RASGOS A LO LARGO DEL TIEMPO

La selección natural es un proceso que causa cambios evolutivos en una población. Ciertos rasgos causados por las diferencias genéticas pueden resultar en organismos que son más capaces de sobrevivir en el medio ambiente en el que viven. Es más probable que los individuos que sean capaces de sobrevivir se reproduzcan y transmitan su información genética. Si un rasgo ventajoso es heredable, como la rapidez al correr de los conejos, se transmitirá a las futuras generaciones. Con el tiempo, cada vez más miembros de la población tendrán el rasgo.

3. La gráfica representa la rapidez al correr de todos los conejos de una población. ¿Qué inferencia se puede hacer a partir de los datos que se muestran en la gráfica?

   A. El depredador está en condiciones de capturar muy pocos conejos.
   B. Solo un tipo de depredador se alimenta de conejos en la población.
   C. Es más probable que sean cazados los conejos representados en el lado izquierdo de la curva que aquellos representados en el derecho.
   D. Es más probable que se reproduzcan los conejos representados en el lado izquierdo de la curva que aquellos representados en el derecho.

4. La rapidez al correr es un rasgo heredable. Suponiendo que las condiciones ambientales no varíen, ¿qué inferencia se puede hacer?

   A. Al final, todos los conejos del medio ambiente tendrán la misma rapidez al correr.
   B. En el futuro, la mayor parte de los conejos del medio ambiente podrá correr más rápido que su depredador.
   C. Una menor rapidez al correr se convertirá en un rasgo común de la población del depredador de los conejos.
   D. Con el tiempo, más miembros de la población de conejos tendrán mayor rapidez al correr.

INSTRUCCIONES: Estudia la información y la tabla, lee cada pregunta y elige la **mejor** respuesta.

EFECTOS DE CAMBIOS AMBIENTALES

Dos tipos de polillas moteadas, una gris claro y la otra gris oscuro, viven en la misma área. Hubo un tiempo en el que las polillas gris claro se podían ocultar de sus depredadores cuando se posaban en árboles de color claro. Sin embargo, esos depredadores podían ver fácilmente a las polillas más oscuras. Cuando se construyeron fábricas en el área, el hollín de las chimeneas ennegreció los troncos de los árboles.

Una científica contó el número de individuos en la población de cada polilla y comparó sus números con los datos de población anteriores a la construcción de las fábricas. La tabla muestra los datos que compiló.

	Polillas claras	Polillas oscuras
Población antes de las fábricas	243	104
Población después de las fábricas	150	227

5. ¿Qué inferencia se puede hacer a partir de la tabla?

   A. La población de polillas claras disminuyó con el tiempo.
   B. La población de polillas oscuras disminuyó con el tiempo.
   C. Ambas poblaciones permanecieron estables.
   D. Ambas poblaciones crecieron.

6. ¿Qué inferencia adicional se puede hacer sobre el rasgo del color?

   A. Los animales oscuros pueden vivir más tiempo en ambientes contaminados.
   B. El color claro fue una ventaja cuando los troncos de los árboles eran claros; el color oscuro se convirtió en una ventaja cuando los troncos se oscurecieron.
   C. Las polillas oscuras tuvieron siempre más probabilidades de sobrevivir que las polillas claras.
   D. Es improbable que el color determine la supervivencia de una población.

7. ¿Qué inferencia sobre poblaciones futuras de polillas es el evento **más probable** si las fábricas dejan de producir hollín?

   A. La población de polillas oscuras aumentará.
   B. La población de polillas claras disminuirá.
   C. La población de ambos tipos de polilla aumentará.
   D. La población de ambos tipos de polilla disminuirá.

INSTRUCCIONES: Estudia la información y la ilustración, lee cada pregunta y elige la **mejor** respuesta.

LOS PINZONES DE LAS ISLAS GALÁPAGOS

En 1831, Charles Darwin dejó Gran Bretaña para hacer un viaje de tres años alrededor del mundo. El viaje le dio la posibilidad de observar y recoger plantas y animales de muchos lugares diferentes. A fines de 1835, Darwin pasó varias semanas en las Islas Galápagos frente a las costas de Sudamérica. Recogió varios pinzones y los llevó de regreso a Londres. Una vez en Londres, Darwin estudió los pájaros. Se asombró al ver que, aunque todos eran pinzones del mismo grupo de islas, tenían picos de diferentes tamaños y formas. Darwin escribió: "Uno podría imaginar que (...) una especie había sido tomada y modificada para diferentes fines".

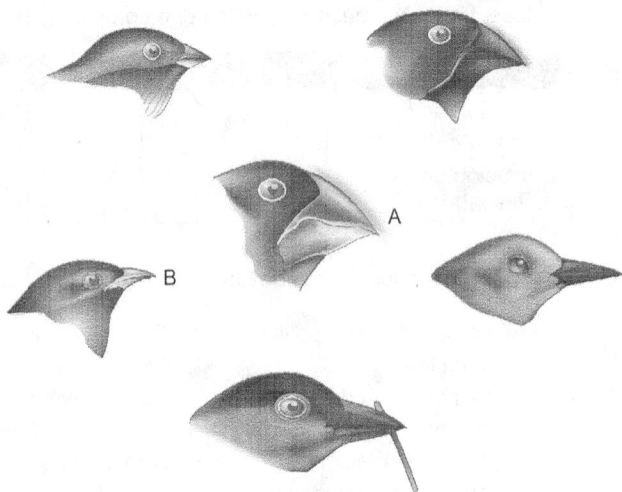

8. Según el pasaje, Darwin consideró la posibilidad de que cierto rasgo de una especie hubiera sido modificada para diferentes propósitos. ¿Qué inferencia está haciendo Darwin?

   A. Los pinzones de diferentes islas tienen diferentes formas de pico.
   B. Los pájaros de las Islas Galápagos son diferentes de los pájaros de Londres.
   C. Las variaciones del clima influyen en la forma de los picos de los pájaros.
   D. Los diferentes pinzones habían venido del mismo ancestro.

9. A partir del pasaje y de la ilustración, ¿qué inferencia se puede hacer sobre el pájaro A y el pájaro B?

   A. Es probable que los pájaros no compitan por comida.
   B. El pájaro B es un ancestro del pájaro A.
   C. Es más probable que se reproduzca el pájaro A que el pájaro B.
   D. El pico del pájaro B es más pequeño que el pico del pájaro A.

INSTRUCCIONES: Estudia la información, lee la pregunta y elige la **mejor** respuesta.

LA SELECCIÓN NATURAL Y EL COLOR DE PIEL

En la actualidad, protegemos nuestra piel y obtenemos la vitamina D que necesitamos al usar productos como pantalla solar y suplementos multivitamínicos. Sin embargo, a medida que los seres humanos evolucionábamos, estos beneficios de la tecnología no estaban disponibles. En cambio, las variaciones en el color de la piel ofrecían ventajas y desventajas que condujeron al predominio de ciertos colores de piel en ciertos ambientes.

Los primeros seres humanos vivieron en un ambiente cálido y soleado y tenían piel oscura. Su piel oscura los beneficiaba porque la piel más oscura ofrece más protección del daño causado por el sol que la piel más clara. A medida que grupos de seres humanos migraban a ambientes más fríos y menos soleados, la piel más clara se volvía más común en algunas poblaciones. La piel más clara era un rasgo ventajoso en esas poblaciones porque produce vitamina D con más eficiencia que la piel más oscura.

10. La exposición a la luz solar puede ocasionar la síntesis de vitamina D en los seres humanos. ¿Qué información del pasaje respalda la inferencia de que los individuos de piel más oscura que vivían en ambientes menos soleados no podían obtener cantidades adecuadas de vitamina D proveniente de la exposición a la luz solar?

    A. La piel más clara, que produce vitamina D con más eficiencia que la piel más oscura, se volvió más común en las poblaciones que vivían en ambientes menos soleados.
    B. Más allá del color de la piel o del ambiente, en la actualidad los seres humanos podemos tomar suplementos multivitamínicos para obtener cantidades adecuadas de vitamina D.
    C. Grupos de seres humanos migraron de ambientes que eran cálidos y soleados a ambientes que eran más fríos y menos soleados.
    D. La piel más oscura produce vitamina D con menos eficiencia que la piel más clara pero ofrece mayor protección contra el daño causado por el sol.

Lección 14 | Hacer e identificar inferencias

INSTRUCCIONES: Estudia la información, lee cada pregunta y elige la **mejor** respuesta.

SELECCIÓN ARTIFICIAL

La selección artificial es la propagación o cultivo selectivo de plantas o animales por parte de los seres humanos. A través del cultivo selectivo, los seres humanos alteraron el desarrollo de características de los seres vivos. Con la selección natural, la oportunidad que un individuo tiene de reproducirse es el factor que conduce a las futuras generaciones a tener rasgos particulares. Con la selección artificial, los seres humanos eligen qué individuos se reproducirán para generar futuras generaciones que tengan los rasgos deseados. Ambos procesos conducen al mismo resultado: con el tiempo, ciertos rasgos se convierten en más comunes en una población.

No hace falta que te fijes más allá que en tu mascota para observar los resultados de la selección artificial. Los perros aún tienen genomas muy similares a los de su ancestro, el lobo gris. Sin embargo, tienen tipos de complexión física, tamaños, colores, habilidades y otras características que varían ampliamente. A través de la selección artificial en miles de años, los seres humanos han criado perros para que tengan atributos físicos particulares y conductas adecuadas para cazar, pastorear, proteger y servir de compañía.

11. ¿Qué inferencia se puede hacer sobre el proceso de selección artificial?

   A. Los organismos progenitores que tienen ciertos rasgos son cultivados o criados por organismos progenitores que carecen de esos rasgos.
   B. Los organismos progenitores que carecen de ciertos rasgos son cultivados o criados para producir descendencia que tenga esos rasgos.
   C. Los organismos progenitores que tienen ciertos rasgos son cultivados o criados para producir descendencia que carezca de esos rasgos.
   D. Los organismos progenitores que tienen ciertos rasgos son cultivados o criados para producir descendencia que tenga esos rasgos.

12. Las agencias del orden público usan perros que han sido selectivamente criados para detectar drogas. ¿Puedes inferir que los perros han sido criados para tener qué rasgo?

   A. alta rapidez al correr
   B. una complexión física grande y fuerte
   C. un agudo sentido del olfato
   D. una tendencia a cuidar objetos, lugares o personas

INSTRUCCIONES: Estudia la información, lee cada pregunta y elige la **mejor** respuesta.

TECNOLOGÍAS PARA EL MEJORAMIENTO DE CULTIVOS

Nuestras especies agrícolas se derivan de plantas de origen natural y que han cambiado con el tiempo. El maíz, por ejemplo, desciende del teosinte, una planta gramínea que produce pequeñas mazorcas de granos diminutos. Hace miles de años, los agricultores antiguos comenzaron a plantar granos (semillas) para cultivar su propio alimento. Al darse cuenta los primeros agricultores que algunas plantas tenían mejor sabor o crecían más que otras, usaron la selección para cultivar más plantas con estos caracteres.

En la actualidad, la ingeniería genética también se usa para producir mejores cultivos. La ingeniería genética abarca la introducción de genes de un organismo en el genoma de otro organismo. Por ejemplo, los científicos han transferido al maíz un gen de una bacteria que extermina insectos. La ingeniería genética a veces es denominada modificación genética, pero los científicos mencionan que la modificación genética se refiere también a la selección artificial.

13. ¿Qué inferencia se puede hacer acerca de la selección artificial usada por los primeros agricultores?

   A. Los agricultores comían solo plantas que tenían los rasgos deseados y descartaban todas las otras plantas.
   B. Los agricultores guardaban los granos de las plantas con los rasgos deseados para plantarlos más tarde.
   C. Los agricultores mejoraban los cultivos solo de forma accidental al cultivar plantas con los rasgos deseados.
   D. Los agricultores encontraron una forma de trasplantar material genético de una planta a otra.

14. ¿Qué inferencia se puede hacer sobre por qué el término *modificación genética* describe tanto a la ingeniería genética como a la selección artificial?

   A. Ambos procesos cambian la conformación genética de una especie con el tiempo.
   B. El resultado de ambos procesos siempre son plantas con genes que las hacen más resistentes a los insectos.
   C. Ambos procesos incluyen la transferencia de genes de un organismo a otro organismo.
   D. Para ambos procesos, los seres humanos eligen qué cultivos necesitan caracteres mejorados.

Sacar conclusiones

TEMAS DE CIENCIAS: L.c.5, L.f.3
PRÁCTICAS DE CIENCIAS: SP.1.a, SP.1.b, SP.3.a, SP.3.b, SP.6.c, SP.7.a

UNIDAD 1

1 Repasa la destreza

Cuando **sacas una conclusión** sobre un tema, consideras toda la información que tienes sobre el tema así como cualquier inferencia que hayas hecho. Una conclusión válida no contradice los hechos, la evidencia o las observaciones disponibles. Tampoco es una hipergeneralización de la información disponible.

Una conclusión es una interpretación razonada de algo y, por lo tanto, no es irrefutable. Después de sacar una conclusión, puedes encontrar información o tener una experiencia que respalde la conclusión o la refute.

2 Perfecciona la destreza

Al perfeccionar la destreza de sacar conclusiones, mejorarás tus capacidades de estudio y evaluación, especialmente en relación con la prueba de Ciencias de GED®. Lee el pasaje que aparece a continuación. Luego responde las preguntas.

EL CLIMA Y LA ADAPTACIÓN

Las diferentes regiones del mundo tienen diferentes climas. Las selvas caducifolias templadas reciben cantidades importantes de precipitaciones y no son ni extremadamente cálidas en verano ni extremadamente frías en invierno. Los desiertos son muy secos y pueden ser muy cálidos. Las tundras son relativamente secas y frías.

a Para sacar una conclusión, recuerda lo que ya sabes sobre un tema. ¿Qué sabes sobre las adaptaciones?

Los seres vivos tienen adaptaciones relacionadas con la supervivencia en los climas en que viven. Estas adaptaciones adoptan muchas formas. Algunas adaptaciones son características físicas. Por ejemplo, las plantas que viven en selvas densas pueden ser muy altas. Este rasgo físico les permite recibir la luz solar que necesitan al crecer por encima de otras plantas de la selva. Otras adaptaciones están relacionadas con comportamientos. La migración es un ejemplo de adaptación conductual. Los animales que viven principalmente en regiones con inviernos fríos pueden trasladarse a áreas más cálidas antes del invierno y volver cuando este termina.

b Piensa sobre lo que está implícito en el texto. Este enunciado implica que la migración ayuda a un animal a sobrevivir.

Algunas adaptaciones que permiten que un organismo sobreviva en un clima en particular serían rasgos dañinos en organismos que viven en otro clima. Considera las formas de vida del desierto. Las plantas y los animales del desierto tienen adaptaciones que los ayudan a eliminar el calor excesivo y prevenir la pérdida de agua. Esas adaptaciones podrían hacer que los animales que viven en una tundra, por otra parte, tuvieran dificultades para sobrevivir en su ambiente.

1. ¿Qué conclusión se puede sacar sobre un animal que migra de una región durante el invierno?

   A. El animal tiene una adaptación que le permite vivir en áreas frías.
   B. El animal no puede sobrevivir en las temperaturas de invierno de la región.
   C. El animal se irá de la región de forma permanente.
   D. El animal se trasladó por error a un lugar donde no puede sobrevivir.

2. Una conclusión válida es que las plantas y los animales del desierto probablemente tengan adaptaciones relacionadas con sobrevivir

   A. con poca agua.
   B. solo en temperaturas moderadas.
   C. solo durante breves períodos de tiempo.
   D. en tundras así como en desiertos.

CONSEJOS PARA REALIZAR LA PRUEBA

La prueba de GED® tiene tipos de ejercicios variados. Para la selección múltiple, decide si una opción concuerda con la información dada. Para la respuesta breve, considera si la respuesta está de acuerdo con la información dada.

⭐ Ítem en foco: **RESPUESTA BREVE**

INSTRUCCIONES: Estudia la información y lee la pregunta. Luego escribe tu respuesta en las líneas. Completar esta tarea puede llevarte 10 minutos aproximadamente.

ESPECIACIÓN

A veces, las condiciones ambientales hacen que se produzca una especiación. La especiación es el desarrollo de una especie diferente a través de la evolución. En otras palabras, una especie se convierte en dos o más especies.

Más comúnmente, la especiación ocurre cuando las poblaciones de una especie están geográficamente divididas de forma que ya no pueden reproducirse entre sí. Debido a que se introducen diferencias genéticas en individuos de cada población, los rasgos útiles en un medio ambiente en particular se acumulan a través de la selección natural. Como cada población está en un lugar diferente, pueden desarrollarse adaptaciones diferentes. Después de un cierto tiempo, los dos grupos pueden tener diferentes rituales de apareamiento y diferentes estructuras genéticas. Ya no quieren reproducirse entre sí ni están en condiciones de lograrlo y, entonces, se han convertido en especies diferentes.

3. Imagina que un huracán hace que las frutas de un área continental sean trasladadas a una isla remota. Las frutas tienen larvas de la mosca de la fruta. Las larvas maduran y las moscas maduras de la fruta se reproducen, lo que produce una nueva generación de moscas de la fruta en la isla. Saca una conclusión sobre cómo las moscas de la fruta de la isla podrían convertirse en una especie diferente a las moscas de la fruta del área continental. Incluye respaldo del pasaje en tu respuesta.

_____

_____

_____

_____

_____

_____

_____

_____

_____

_____

_____

_____

_____

UNIDAD 1

★ Ítem en foco: **RESPUESTA BREVE**

INSTRUCCIONES: Estudia la información y lee la pregunta. Luego escribe tu respuesta en las líneas. Completar esta tarea puede llevarte 10 minutos aproximadamente.

LA ADAPTACIÓN EN LOS MICROBIOS

Los microbios, como las bacterias, los virus, los hongos y los protozoos son organismos diminutos que, a menudo, se multiplican y se propagan fácilmente de un lugar a otro. Algunos microbios son útiles para el cuerpo humano; otros causan enfermedades.

Al reproducirse con tanta frecuencia, las poblaciones de microbios tienen rápidos reemplazos de generaciones. Por lo tanto, las poblaciones de microbios se pueden adaptar rápidamente a los cambios en el medio ambiente. Cuando una presión de selección de su medio ambiente tiene la forma de un nuevo producto químico, como un nuevo medicamento para exterminarlos o limitar su crecimiento, los microbios se vuelven resistentes a ese medicamento.

La capacidad de los microbios para volverse resistentes a los medicamentos con relativa facilidad dificulta el tratamiento eficaz de los pacientes. Cuanto más frecuentemente se use un medicamento, más rápido evolucionará la resistencia de los microbios afectados. Cuantos más microbios de una población desarrollen resistencia a un medicamento, menos útil se volverá el medicamento.

4. Saca una conclusión sobre la importancia de la selección natural en el desarrollo de microbios resistentes a los medicamentos. Incluye respaldo del pasaje en tu respuesta.

_____

_____

_____

_____

_____

_____

_____

_____

_____

_____

_____

_____

_____

INSTRUCCIONES: Estudia la información y lee la pregunta. Luego escribe tu respuesta en las líneas. Completar esta tarea puede llevarte 10 minutos aproximadamente.

EXTINCIÓN

Mientras que la adaptación conduce a la supervivencia y también a la especiación, la falta de adaptación puede conducir a la extinción. La extinción es el estado de dejar de existir. Cuando una especie íntegra va muriendo porque sus miembros no pueden desarrollar los rasgos necesarios para sobrevivir y reproducirse en un medio ambiente modificado, la especie se extingue.

La extinción es una parte normal del proceso evolucionario, en el que una de cinco especies típicamente se extingue cada año. Sin embargo, los científicos estiman que la incidencia de extinción actual es entre 1,000 y 10,000 veces esa tasa. Algunos estiman que hasta un 50 por ciento de todas las especies estarán extintas para mediados de siglo.

Grupos preocupados por este tema han estudiado el vínculo entre las acciones del ser humano y las crecientes extinciones. Los científicos, líderes mundiales y otros sugieren que el rápido aumento en la tasa de extinción de las especies se debe a las actividades humanas, como la destrucción del hábitat y los cambios climáticos por el calentamiento global. Una organización señala que el aumento en las tasas de extinción está íntimamente ligado al crecimiento de la población y el creciente uso de la energía por parte de los seres humanos.

5. Saca una conclusión sobre cómo los seres humanos ejercen presiones de selección que influyen en la tasa de extinción. Incluye respaldo del pasaje en tu respuesta.

_____

_____

_____

_____

_____

_____

_____

_____

_____

_____

_____

_____

_____

_____

Lección de alto impacto: Evaluar conclusiones

Usar con el *Libro del estudiante,* págs. 32–35.

1 Repasa la destreza

TEMAS DE CIENCIAS: L.a.4, L.c.4, L.c.5, L.f.2, L.f.3
PRÁCTICAS DE CIENCIAS: SP.1.a, SP.1.b, SP.1.c, SP.3.b, SP.4.a, SP.7.a, SP.8.a, SP.8.c

Para **evaluar conclusiones**, debes buscar evidencia que respalde lo que afirma la conclusión. Si la evidencia no respalda la conclusión, la conclusión se debe reexaminar. La evidencia se presenta de muchas formas. Puede provenir de observaciones simples de la naturaleza. También puede resultar de experimentos diseñados para validar o invalidar una hipótesis.

Al evaluar la evidencia relacionada con una conclusión, busca datos que respalden la conclusión. Por ejemplo, si una investigación propone que la destrucción del hábitat es la causa principal del declive de la población de una especie de aves, los datos deben mostrar un descenso tanto de la superficie del hábitat como del número de pájaros contabilizados para que la hipótesis esté respaldada.

En la prueba de Ciencias GED®, deberás mostrar que sabes evaluar conclusiones a partir de la evidencia. Es posible que en algunas preguntas te pidan explicar por qué una evidencia respalda una afirmación o solución propuesta o qué dato respalda una hipótesis dada. Además, es posible que te pregunten por qué una evidencia dada respalda o cuestiona una teoría científica.

2 Perfecciona la destreza

a La palabra *experimento* te revela que vas a evaluar un experimento. Nota para investigar qué cosa está diseñado este experimento.

b Lee rápidamente el texto para hallar la hipótesis. Casi siempre se refieren a ella directamente como la *hipótesis* y la presentan como un enunciado.

c Generalmente la evidencia se presenta en una tabla de datos o diagrama. Esta tabla contiene datos del experimento sobre mariposas y aves.

Mira los datos en la tabla. ¿Qué color de ala prefiere el ave? ¿En qué cantidad (porcentaje de ese color)? Según los datos, la hipótesis no está respaldada. Elimina las opciones de respuesta que empiezan con "Respalda la hipótesis..." (A, B). Lee las otras dos opciones de respuesta. Determina cuál de ellas muestra el mejor razonamiento. La respuesta correcta es **D**.

DEPREDACIÓN DE MARIPOSAS Y COLOR DE ALAS

a Se realizó un experimento para determinar el efecto del color de las alas en la depredación de una especie de mariposas. Los científicos colocaron 100 mariposas en un área cerrada. La mayoría de las mariposas tenían las alas marrones, pero algunas tenían alas con manchas anaranjadas o azules. Se colocó dentro del área un ave que es un depredador natural para las mariposas.

b Los investigadores formularon la siguiente hipótesis: El ave preferirá las mariposas con manchas porque se ven con más facilidad. Al día siguiente, contaron el número de mariposas que quedaban.

c DATOS DE LA DEPREDACIÓN DE MARIPOSAS

	Número de mariposas antes de incorporar el depredador	Número de mariposas después de incorporar el depredador
Alas marrones	80	32
Alas con manchas anaranjadas	10	9
Alas con manchas azules	10	6

1. ¿Por qué la evidencia del experimento respalda o contradice la hipótesis formulada por los investigadores?

   A. Respalda la hipótesis porque el ave comió un mayor porcentaje de mariposas con manchas anaranjadas que de otro color.
   B. Respalda la hipótesis porque el ave comió un mayor porcentaje de mariposas con manchas azules que de otro color.
   C. Contradice la hipótesis porque el ave se comió el mismo porcentaje de mariposas de cada color.
   D. Contradice la hipótesis porque el ave se comió un mayor porcentaje de mariposas marrones que de otro color.

INSTRUCCIONES: Estudia la información, lee cada pregunta y elige la **mejor** respuesta.

INSTRUCCIONES: Estudia la información y la gráfica, lee cada pregunta y elige la **mejor** respuesta.

TRANSMISIÓN VIRAL

Se estima que la llamada gripe española mató entre 20 y 40 millones de personas de 1918 a 1920. En un principio, los médicos no sabían cómo evitar que el virus se propagara y la gente estaba asustada. Por no tener conocimientos científicos, muchas personas acudieron a la superstición. ¡Algunos hasta alegaron que llevar una patata en el bolsillo protegía contra el virus!

Finalmente, la observación científica llevó a los médicos a la conclusión de que el virus se transmitía a través del contacto cercano entre las personas. Hallaron que cuando alguien infectado estaba por un período de tiempo en lugares cerrados con gente no infectada, la gente se infectaba. Mediante la investigación, los científicos llegaron a la conclusión de que cuando una persona tosía, estornudaba o hasta hablaba, las gotitas respiratorias se transmitían por el aire cargando partículas del virus, y las inhalaba cualquier otra persona. Para luchar contra la propagación del virus, los médicos recomendaron que las personas se separaran mediante el distanciamiento físico o usando barreras como las mascarillas.

2. ¿Cuál de los siguientes enunciados proporciona la evidencia que respalda la teoría de la transmisión viral entre las personas?

   A. ¡Algunos hasta alegaron que llevar una patata en el bolsillo protegía contra el virus!
   B. Finalmente, la observación científica llevó a los médicos a la conclusión de que el virus se transmitía a través del contacto cercano entre las personas.
   C. Hallaron que cuando alguien infectado estaba por un período de tiempo en lugares cerrados con gente no infectada, la gente se infectaba.
   D. Para luchar contra la propagación del virus, los médicos recomendaron que las personas se separaran mediante el distanciamiento físico o usando barreras como las mascarillas.

3. ¿Cuál de las siguientes opciones explica **mejor** lo que observaron los científicos entre las personas en lugares cerrados?

   A. Toser produce el virus.
   B. Las partículas del virus se desplazan por el aire en gotitas.
   C. Las partículas del virus recorren largas distancias por el aire.
   D. Las partículas del virus pueden traspasar barreras.

ESPECIES INVASORAS

Una especie invasora es un organismo que entra en un ecosistema y daña a las especies nativas. Puesto que los organismos no nativos tienen pocos depredadores en el nuevo medio ambiente, tienen más capacidad para sobrevivir y reproducirse que las especies nativas.

Los siguientes mapas muestran el hábitat de dos especies de ardillas en el Reino Unido.

DISTRIBUCIÓN DE LAS ESPECIES DE ARDILLAS EN LAS ISLAS BRITÁNICAS EN 1945 Y 2010

■ Especie A   ☐ Especie B
■ Ninguna   ■ Ambas

4. ¿Qué evidencia que respalde la afirmación de que una de las especies de ardillas es nativa y la otra es invasora ves en los dos mapas?

   A. El hábitat de ambas especies sigue más o menos igual de un mapa al otro.
   B. El hábitat de ambas especies crece y luego se reduce de un mapa al otro.
   C. El hábitat de cada especie cambia mucho de un mapa al otro.
   D. El hábitat de ambas especies ocupa la misma superficie en ambos mapas.

5. Según la evidencia observada en los mapas, ¿cuál de los siguientes enunciados explica correctamente por qué una de las especies se considera invasora?

   A. La especie B es la especie invasora porque su hábitat es más grande en el mapa de 2010.
   B. La especie B es la especie invasora porque su hábitat es más pequeño en el mapa de 1945.
   C. La especie A es la especie invasora porque su hábitat es más grande en el mapa de 2010.
   D. La especie A es la especie invasora porque su hábitat es más pequeño en el mapa de 1945.

Ciencias de la vida en acción

CIENCIAS DE LA SALUD

INSTRUCCIONES: Estudia la información y la tabla. Luego lee cada pregunta y elige la **mejor** respuesta.

Eres asistente médico y trabajas en la oficina de un pediatra. Una de tus tareas consiste en aplicar vacunas a los pacientes.

Este calendario de vacunación recomendado para los niños de entre 7 y 18 años es de los Centros para el Control y Prevención de Enfermedades (CDC, en inglés). La vacunas resaltadas en amarillo se recomiendan ser administradas a edades más tempranas para la mayoría de los niños y por esto son denominadas "de ponerse al día". Las vacunas resaltadas en morado se administran a edades menores o mayores para ciertos grupos de alto riesgo.

CALENDARIO DE VACUNACIÓN RECOMENDADO PARA NIÑOS DE 7 A 18 AÑOS

Vacuna		7–8 años	9–10 años	11–12 años	13–15 años	16 años	17 años	18 años
Gripe Influenza		Anual						
Tdap tétanos, difteria, tos ferina								
Virus del papiloma humano **VPH**								
Meningocócica	**MenACWY**							
	MenB							
Neumococo								
Hepatitis A								
Hepatitis B								
Polio								
MMR Sarampión, Paperas, Rubéola								
Varicela								

CLAVE

- Recomendada a menos que el médico indique lo contrario
- Recomendada si el niño se está poniendo al día con sus vacunas
- Recomendada para ciertos grupos de alto riesgo

Fuente: CDC.gov

1. Según las directrices de los CDC, ¿qué vacuna no debes administrar a ningún paciente menor de 9 años?

   A. VPH
   B. MenACWY
   C. Hepatitis B
   D. MMR

2. ¿Qué vacuna debería administrarse cada año?

   A. VPH
   B. gripe
   C. Hepatitis A
   D. Varicela

3. ¿Qué vacuna se recomienda administrar a una edad más temprana a ciertos grupos de alto riesgo?

   A. Tdap
   B. MenACWY
   C. Polio
   D. MMR

4. Una paciente de 14 años nunca se ha puesto la vacuna contra el Tdap. ¿Qué haces?

   A. Le administras la vacuna contra el Tdap.
   B. La mandas a casa sin haberle dado ninguna vacuna.
   C. Le dices que vuelva a los 15 años.
   D. En su lugar le aplicas la vacuna contra el VPH.

5. ¿Cuál es la edad recomendada para ponerse la vacuna contra el VPH?

   A. 9 años   C. 13 años
   B. 11 años   D. 18 años

6. Un paciente de 7 años nunca se ha puesto la vacuna contra el Polio. ¿Qué haces?

   A. Le administras la vacuna contra la polio.
   B. Lo mandas a casa sin haberle dado ninguna vacuna.
   C. Le dices que vuelva a los 18 años.
   D. En su lugar le administras la vacuna contra la varicela.

AGRICULTURA, ALIMENTOS Y CIENCIAS NATURALES

INSTRUCCIONES: Lee el pasaje y estudia la tabla. Luego lee cada pregunta y elige la **mejor** respuesta.

Eres criador de conejos. Tu trabajo consiste en criar conejos para que produzcan crías con ciertos patrones de pelaje muy solicitado. Sabes que los patrones de pelaje en los conejos son controlados por tres alelos, o versiones, de un gen llamado gen de la serie A: A (Agouti), a^t (Fuego), and a (Sólido). El patrón agouti es grisáceo con apariencia de "sal y pimienta".

El sólido (a) es el alelo más recesivo. Cuando este gen se expresa, el conejo tiene poco o ningún patrón agouti. El agouti (A) es el alelo dominante más común. Produce el patrón del pelaje agouti de la mayor parte de los conejos salvajes. El fuego (a^t) produce una expresión parcial del patrón agouti en algunas partes del conejo, normalmente, en el estómago y el pecho, dentro de las orejas, alrededor de los ojos y la nariz, y en las patas.

ALELOS DEL GEN DE LA SERIE *A* PARA EL PATRÓN DE PELAJE

Agouti (*A*)	Fuego (*a^t*)	Sólido (*a*)

Cada conejo lleva dos de los tres alelos posibles. El alelo A es dominante tanto para a^t como para a. El alelo a^t es dominante para a.

7. ¿Cuál de las siguientes opciones muestra las combinaciones de alelos posibles para los conejos de pelaje agouti?

 A. A/A, a/a, a^t/a^t
 B. A/A, A/a^t, A/a
 C. A/a^t, a^t/a^t
 D. solo A/A

8. ¿Cuál de las siguientes opciones muestra las combinaciones de alelos posibles para los conejos de pelaje fuego?

 A. A/A, a/a
 B. a^t/a^t, A/a^t
 C. a^t/a^t, a^t/a
 D. solo a^t/a^t

9. ¿Cuál de las siguientes opciones muestra las combinaciones de alelos posibles para los conejos de pelaje sólido?

 A. A/a^t, a/a
 B. a^t/a^t, a^t/a
 C. solo a^t/a
 D. solo a/a

10. Si dos conejos agouti (A/A) se cruzan, ¿qué porcentaje de las crías tendría el pelaje sólido?

 A. 100%
 B. 75%
 C. 50%
 D. 0%

11. Si dos conejos agouti (A/a) se cruzan, ¿qué porcentaje de las crías tendría el pelaje sólido?

 A. 75%
 B. 50%
 C. 25%
 D. 0%

12. Si dos conejos de pelaje fuego (a^t/a^t) se cruzan, ¿qué porcentaje de las crías también tendría el pelaje fuego?

 A. 100%
 B. 75%
 C. 50%
 D. 0%

13. Tienes un conejo de pelaje fuego pero no sabes qué combinación de alelos tiene. ¿Cuál de los siguientes cruces/resultados te daría la evidencia de que la combinación de alelos es a^t/a?

 A. Si se cruza con un conejo de pelaje fuego (a^t/a^t), se obtienen conejos de pelaje fuego.
 B. Si se cruza con un conejo de pelaje sólido (a/a), se obtienen conejos de pelaje fuego.
 C. Si se cruza con un conejo de pelaje sólido (a/a), se obtiene un 50% de conejos de pelaje fuego y un 50% de conejos de pelaje sólido.
 D. Si se cruza con un conejo de pelaje agouti (A/A), se obtiene un 100% de conejos de pelaje agouti.

14. La mayoría de tus clientes quieren conejos de pelaje sólido. ¿Qué dos conejos cruzarías para obtener una camada de crías con una **mayoría** de conejos de pelaje sólido?

 A. sólido (a/a) y sólido (a/a)
 B. sólido (a/a) y fuego (a^t/a)
 C. sólido (a/a) y agouti (A/a)
 D. sólido (a/a) y agouti (A/A)

Comprender los modelos científicos

Usar con el *Libro del estudiante,* págs. 50–51.

TEMA DE CIENCIAS: P.c.1
PRÁCTICAS DE CIENCIAS: SP.1.a, SP.1.b, SP.1.c, SP.6.b, SP.7.a

1 Repasa la destreza

Los **modelos científicos** se usan para representar objetos o procesos que no pueden ser observados de forma directa, como objetos muy pequeños o muy grandes, o procesos que ocurren muy lentamente o muy rápidamente. **Comprender los modelos científicos** te ayuda a entender más claramente las descripciones y explicaciones de los conceptos científicos.

A menudo, los modelos científicos no pueden mostrar los objetos o procesos como son en realidad. En cambio, los modelos representan las cosas de maneras creativas. Los tipos de modelos científicos incluyen modelos ilustrados bidimensionales o tridimensionales, grupos de símbolos y ecuaciones matemáticas.

2 Perfecciona la destreza

Al perfeccionar la destreza de comprender los modelos científicos, mejorarás tus capacidades de estudio y evaluación, especialmente en relación con la prueba de Ciencias de GED®. Estudia la información y el modelo que aparecen a continuación. Luego responde las preguntas.

ÁTOMOS Y PARTÍCULAS SUBATÓMICAS

La materia en el universo que podemos observar está compuesta por átomos. Los átomos, a su vez, están compuestos por protones, neutrones y electrones. Los protones, los neutrones y los electrones son partículas subatómicas, es decir, partículas que son más pequeñas que un átomo. Los protones y neutrones se mueven dentro del núcleo atómico y los electrones están en constante movimiento alrededor del núcleo. El núcleo de un átomo y la nube de electrones se mantienen unidos por las cargas eléctricas de las partículas subatómicas del átomo. Un protón tiene carga positiva y suele estar representado en los modelos por un signo de más. Un electrón tiene carga negativa y suele estar representado por un signo de menos. Un neutrón no tiene carga. Un átomo tiene el mismo número de protones y electrones, lo que lo hace eléctricamente neutro.

a Los átomos son demasiado pequeños para ser observados en forma directa. Un modelo ilustrado te puede ayudar a desarrollar una imagen mental de un átomo.

b Los protones y los neutrones se agrupan en el núcleo y los electrones se mueven rápidamente en niveles de energía alrededor del núcleo. El modelo representa estas partículas subatómicas en forma bidimensional.

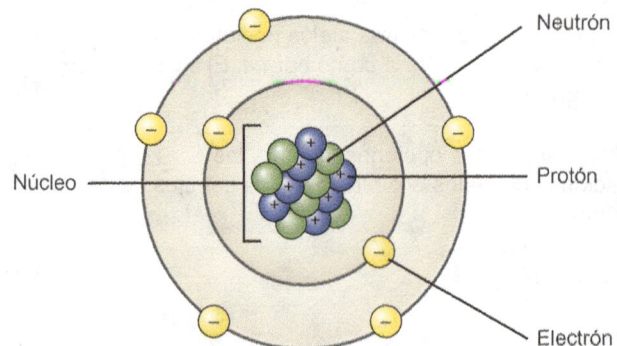

HACER SUPOSICIONES

Es posible que no todas las partes de un objeto o un proceso estén rotuladas en un modelo. Si una parte no rotulada es igual a una parte rotulada, puedes suponer que es la misma cosa.

1. ¿Cuántos protones tiene el átomo representado en el modelo?

   A. 1
   B. 7
   C. 14
   D. 21

2. ¿Qué oración describe el átomo representado en el modelo?

   A. No tiene carga neta.
   B. Tiene más electrones que protones.
   C. Es un átomo de hidrógeno.
   D. Cada uno de sus neutrones tiene carga positiva.

INSTRUCCIONES: Estudia la información y el modelo, lee la pregunta y elige la **mejor** respuesta.

ELEMENTOS, ÁTOMOS Y IONES

Los científicos han identificado más de 116 elementos, cada uno compuesto por solo un tipo de átomo. Un átomo es la unidad de materia más pequeña que tiene las características propias de un elemento en particular. El hidrógeno, el carbono, el oxígeno, el aluminio, el calcio, el uranio y muchas otras formas de materia comúnmente conocidas son elementos.

Los átomos están compuestos por protones, neutrones y electrones. Todos los protones son iguales, como lo son todos los neutrones y todos los electrones. Aun así, los átomos que componen un elemento son únicos para ese elemento. El factor que distingue los átomos, por ejemplo, un átomo de carbono de un átomo de uranio, es el número de protones que tiene el átomo. Un átomo de carbono tiene seis protones, mientras que un átomo de uranio tiene noventa y dos.

Un átomo tiene el mismo número de protones con carga positiva y de electrones con carga negativa. Sin embargo, un átomo puede perder o ganar electrones. Cuando esto ocurre, la partícula cambia de un átomo neutral a un ión. Un ión es un átomo con carga eléctrica producida cuando el átomo pierde o gana electrones.

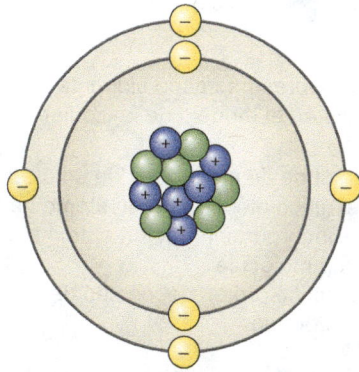

Carbono

3. ¿Por qué está claro que el modelo representa un átomo de carbono y no un ión de carbono?

    A. El núcleo contiene el mismo número de protones y neutrones.
    B. El número de electrones es igual al número de neutrones.
    C. El número de electrones es igual al número de protones.
    D. La partícula tiene carga.

INSTRUCCIONES: Estudia el modelo, lee la pregunta y elige la **mejor** respuesta.

EJEMPLO DE LO QUE OCURRE CUANDO UN ÁTOMO SE CONVIERTE EN UN IÓN

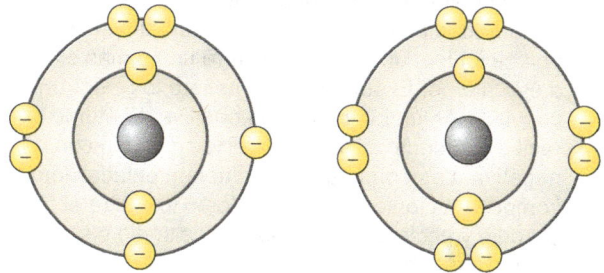

Átomo de oxígeno   Ión de oxígeno

4. ¿Qué enunciado describe el ión de oxígeno?

    A. Tiene carga negativa.
    B. Tiene carga positiva.
    C. Proviene de un átomo que ganó dos protones.
    D. Proviene de un átomo que perdió dos neutrones.

INSTRUCCIONES: Estudia la información y el modelo, lee la pregunta y elige la **mejor** respuesta.

ENLACE COVALENTE

Los átomos se pueden enlazar compartiendo o transfiriendo electrones. Un enlace que se forma cuando los átomos comparten electrones es un enlace covalente. Cuando los átomos se unen mediante un enlace covalente forman una molécula covalente. Los átomos se enlazan de maneras específicas para convertirse en un tipo particular de molécula. Por ejemplo, un átomo de carbono y dos átomos de oxígeno comparten electrones para formar una molécula de dióxido de carbono, como muestra el modelo. En los modelos científicos, las líneas o barras que conectan los átomos representan enlaces covalentes. Los compuestos formados por enlaces covalentes son compuestos covalentes. Los prefijos como *di* en nombres compuestos nos indican cuántos átomos de un cierto tipo hay en cada una de las moléculas de un compuesto.

Oxígeno   Carbono   Oxígeno

5. A partir del pasaje y el modelo, ¿qué significa **dióxido**?

    A. que está formado por carbono y oxígeno
    B. que tiene tres átomos
    C. que contiene oxígeno
    D. que tiene dos átomos de oxígeno

INSTRUCCIONES: Estudia la información y el modelo, lee cada pregunta y elige la **mejor** respuesta.

ENLACE IÓNICO

Un enlace que se forma cuando los electrones son transferidos de un átomo a otro es un enlace iónico. En un enlace iónico, un átomo transfiere uno o más electrones a otro átomo. El átomo que transfiere los electrones se convierte en un ión con carga positiva. El átomo que recibe los electrones se convierte en un ión con carga negativa. Los compuestos que tienen enlaces iónicos son compuestos iónicos, o sales. Como lo ilustra el modelo, el sodio y el cloro forman cloruro de sodio o sal de mesa común mediante un enlace iónico.

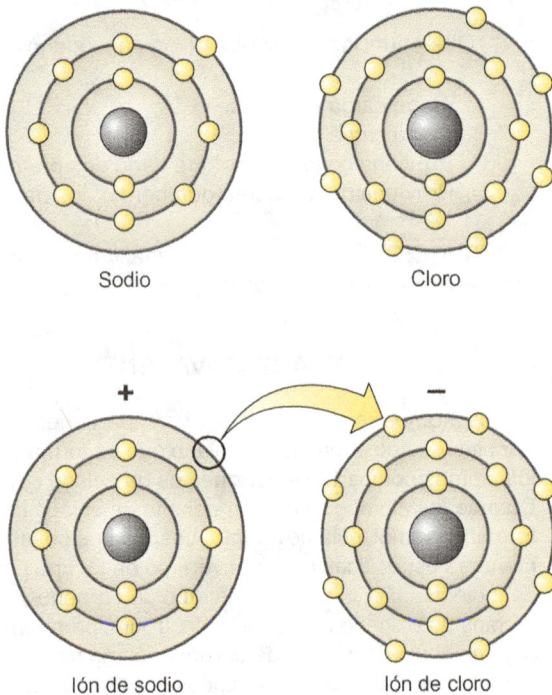

Sodio   Cloro

Ión de sodio   Ión de cloro

6. El cloruro es el nombre del ión formado a partir de un átomo de cloro. Según el modelo, ¿qué enunciado describe el enlace entre el sodio y el cloro en el cloruro de sodio?

    A. El sodio y el cloro comparten electrones.
    B. Un electrón es transferido del sodio al cloro.
    C. Un electrón es transferido del cloro al sodio.
    D. Los electrones van y vienen entre el sodio y el cloro.

7. ¿Por qué el modelo incluye un rótulo con el signo más para el ión de sodio?

    A. Se sumó un electrón al ión de sodio.
    B. El ión de sodio tiene más protones que el ión de cloro.
    C. El ión de sodio tiene carga positiva.
    D. Cualquier compuesto que contenga sodio tiene carga eléctrica.

INSTRUCCIONES: Estudia los modelos, lee cada pregunta y elige la **mejor** respuesta.

DOS MODELOS DE UNA MOLÉCULA DE HIDRÓGENO

Átomo de hidrógeno

Átomo de hidrógeno

Clave	
○	= Electrón
⊕	= Protón

8. ¿Qué representa cada signo de más encerrado en un círculo en el modelo de la izquierda?

    A. la nube de electrones de un átomo de hidrógeno
    B. el único electrón de un átomo de hidrógeno
    C. la incorporación de un átomo a otro para formar una molécula
    D. el único protón del núcleo de un átomo de hidrógeno

9. ¿Qué representa la barra en el modelo de barras y esferas de la derecha?

    A. estructuras con forma de barra en la molécula
    B. el movimiento de los átomos
    C. núcleos atómicos
    D. un enlace covalente entre los átomos

10. Ambos modelos indican que una molécula de hidrógeno se forma cuando

    A. dos átomos de hidrógeno comparten electrones.
    B. un átomo de hidrógeno pierde un electrón.
    C. un átomo de hidrógeno gana un electrón.
    D. dos átomos de hidrógeno están conectados por una barra.

UNIDAD 2

INSTRUCCIONES: Estudia la información y lee la pregunta. Luego usa las opciones de arrastrar y soltar para responder.

REPRESENTAR MOLÉCULAS

Un compuesto es una sustancia que está formada por dos o más elementos. Las moléculas de un compuesto están formadas por átomos de dos o más elementos. Cada elemento está representado por un símbolo, como H para el hidrógeno, C para el carbono y O para el oxígeno. Una fórmula química indica el número de átomos de cada elemento que hay en una molécula. Por ejemplo, la fórmula química del hidrógeno molecular es H_2 porque una molécula de hidrógeno está formada por dos átomos de hidrógeno. Las fórmulas químicas se pueden representar visualmente con fórmulas estructurales.

11. Se muestran las fórmulas estructurales de tres moléculas que contienen oxígeno. Examina las fórmulas químicas incluidas como opciones de arrastrar y soltar y determina qué opción de arrastrar y soltar representa cada fórmula estructural. Luego anota la fórmula química adecuada debajo de cada fórmula estructural.

Dióxido de carbono	Peróxido de hidrógeno	Ozono
$O = C = O$	(fórmula estructural H—O—O—H)	(fórmula estructural O—O—O)

Opciones de arrastrar y soltar

H_2O_2	CO	O_3	CO_2	H_2O

INSTRUCCIONES: Estudia la información y el modelo, lee la pregunta y elige la **mejor** respuesta.

MOLÉCULAS DE AGUA

En la antigüedad, las personas creían que el agua era un elemento básico. Luego, a fines del siglo XVIII, un químico francés descubrió que, en realidad, el agua estaba formada por hidrógeno (H) y oxígeno (O). Debido a la forma en que los átomos de hidrógeno y oxígeno están enlazados juntos, un lado de la molécula tiene una carga ligeramente positiva y el otro lado tiene una carga ligeramente negativa. En una muestra de agua, que contiene muchas moléculas de agua, el extremo positivo de cada molécula atrae el extremo negativo de otra molécula. Esta atracción no es tan fuerte como los enlaces entre los átomos de hidrógeno y oxígeno. Sin embargo, es lo suficientemente fuerte como para producir muchas características importantes del agua, incluida su capacidad de absorber calor.

12. ¿Qué inferencia se puede hacer acerca del agua?

A. Una molécula de agua es magnética.
B. Los átomos de H de una molécula atraen los átomos de O de otra.
C. El agua es un elemento.
D. Los átomos de una molécula de agua forman una línea.

2 Interpretar elementos visuales complejos

Usar con el *Libro del estudiante,* págs. 52–53.

LECCIÓN

TEMA DE CIENCIAS: P.c.2
PRÁCTICAS DE CIENCIAS: SP.1.a, SP.1.b, SP.1.c, SP.3.b, SP.7.a

UNIDAD 2

1 Repasa la destreza

Un **elemento visual complejo** es una ilustración, gráfica, diagrama u otro elemento gráfico detallado o complicado. De hecho, un elemento visual complejo puede tener elementos de más de un tipo de ayuda visual, como elementos de un diagrama y de una gráfica.

Al igual que otros elementos gráficos, los elementos visuales complejos te ayudan a hacer conexiones entre datos, ideas, objetos o sucesos. Pueden mostrar secuencias, semejanzas y diferencias u otros tipos de relaciones. Cuando **interpretas elementos visuales complejos**, identifica cada relación representada y luego concéntrate en los detalles de la relación.

2 Perfecciona la destreza

Al perfeccionar la destreza de interpretar elementos visuales complejos, mejorarás tus capacidades de estudio y evaluación, especialmente en relación con la prueba de Ciencias de GED®. Estudia la información y el diagrama complejo que aparecen a continuación. Luego responde las preguntas.

TEMPERATURA, PRESIÓN Y CAMBIOS DE ESTADO

Los tres estados básicos, o fases, de la materia son sólido, líquido y gaseoso. Bajo ciertas condiciones, la materia cambia de estado. Por ejemplo, cuando el hielo sólido se calienta, se derrite y se convierte en agua líquida. Un diagrama de fases indica cómo cambian los estados de una sustancia cuando cambian la temperatura y la presión.

a Este diagrama de fases tiene rótulos para los estados de la materia, como sólido, y para los sucesos, como la fusión. También tiene ilustraciones que muestran el espacio entre las partículas en los tres estados de la materia.

b Un diagrama de fases tiene elementos de una gráfica. Lee la información hacia arriba para entender qué ocurre a medida que aumenta la presión y hacia la derecha para entender qué ocurre a medida que aumenta la temperatura.

Fusión — **Líquido**
Congelamiento
Sólido — **Evaporación**
Condensación
Gaseoso
Sublimación
Desublimación
Presión
Temperatura

CONSEJOS PARA REALIZAR LA PRUEBA

Estudia un elemento visual complejo y cualquier texto relacionado para entender las ideas principales antes de ver una pregunta de la prueba. Luego repasa el elemento visual antes de responder la pregunta para hallar información específica para esa pregunta.

1. Bajo condiciones de baja presión y alta temperatura, la sustancia representada en el diagrama

   A. es un gas.
   B. es un líquido.
   C. es un sólido.
   D. está hirviendo.

2. Según el diagrama, ¿qué le ocurre a una sustancia durante la sublimación?

   A. Cambia de un sólido a un líquido.
   B. Cambia de un líquido a un gas.
   C. Cambia de un sólido a un gas.
   D. Cambia de un gas a un sólido.

INSTRUCCIONES: Estudia el diagrama y la información, lee cada pregunta y elige la **mejor** respuesta.

PROPIEDADES DE LOS SÓLIDOS, LOS LÍQUIDOS Y LOS GASES

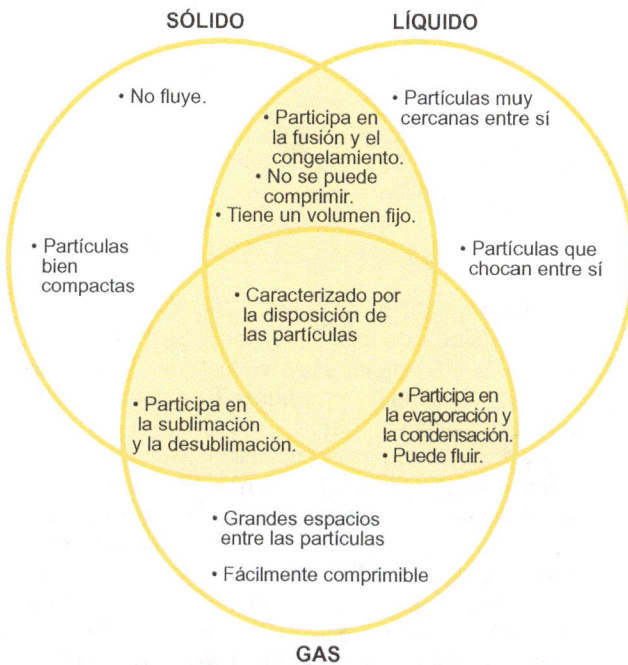

SÓLIDO   LÍQUIDO

- No fluye.
- Participa en la fusión y el congelamiento.
- No se puede comprimir.
- Tiene un volumen fijo.
- Partículas muy cercanas entre sí
- Partículas bien compactas
- Partículas que chocan entre sí
- Caracterizado por la disposición de las partículas
- Participa en la sublimación y la desublimación.
- Participa en la evaporación y la condensación.
- Puede fluir.
- Grandes espacios entre las partículas
- Fácilmente comprimible

GAS

En nuestra vida diaria encontramos materia en tres estados básicos: sólido, líquido y gaseoso. Sin importar qué sustancia es, la materia tiene características, o propiedades, en cada estado como indica el diagrama. Por ejemplo, la cantidad de espacio entre las partículas de una sustancia cambia cuando la sustancia cambia de estado. En estado sólido, las partículas están bien compactas en forma ordenada y no se mueven unas con respecto a otras. En estado líquido, las partículas están cerca unas de otras pero no tanto como en un sólido. Además, las partículas de líquidos se mueven y chocan entre sí constantemente. Las partículas de gases están alejadas unas de otras y se mueven libremente.

3. El diagrama indica que solo la materia en estado sólido

   A. no participa en la evaporación y la condensación.
   B. participa en los procesos de fusión y congelamiento.
   C. tiene partículas que se chocan entre ellas.
   D. contiene partículas individuales.

4. Según el diagrama, ¿qué características comparten los sólidos, los líquidos y los gases?

   A. No se pueden comprimir.
   B. Se identifican por la disposición de las partículas.
   C. Pueden experimentar sublimación y luego condensación.
   D. Pueden fluir.

5. ¿Qué inferencia se puede hacer a partir de la información del diagrama?

   A. Durante la fusión, el espacio entre las partículas disminuye.
   B. El espacio entre las partículas no está relacionado con el estado de la sustancia.
   C. El aumento del espacio entre las partículas conduce a disminuciones en la compresibilidad.
   D. El espacio entre las partículas cambia más durante la sublimación que durante la fusión.

INSTRUCCIONES: Estudia la información y la ilustración, lee cada pregunta y elige la **mejor** respuesta.

MATERIA Y FORMA

Una propiedad de la materia en ciertos estados es su capacidad o incapacidad de conservar su forma. La ilustración proporciona información sobre la relación de esta característica con los tres estados básicos de la materia. La ilustración representa materia en diferentes estados en el mismo tipo de recipiente cerrado.

Sólido   Líquido   Gas

6. ¿Qué enunciado es una comparación precisa de los estados de la materia representados en la ilustración?

   A. Los líquidos y los gases mantienen su forma independientemente de las formas de los recipientes que los contienen.
   B. Los sólidos y los líquidos tienden a llenar los recipientes que los contienen.
   C. Los sólidos y los líquidos siempre tienen forma de caja.
   D. Los líquidos y los gases adoptan las formas de los recipientes que los contienen.

7. ¿Qué conclusión se puede sacar a partir de la ilustración?

   A. Un líquido en cualquier recipiente no puede cambiar a otro estado.
   B. Un gas escapará de cualquier recipiente abierto.
   C. Una muestra de líquido cabrá en cualquier recipiente.
   D. Dos muestras cualesquiera de materia en estado sólido cabrán en un recipiente del mismo tamaño.

UNIDAD 2

INSTRUCCIONES: Estudia la información y el diagrama, lee cada pregunta y elige la **mejor** respuesta.

PROPIEDADES DE LOS COMPUESTOS

Los compuestos se producen cuando los átomos forman enlaces covalentes o iónicos. Debido a la naturaleza de los dos tipos diferentes de enlace, los compuestos covalentes y los compuestos iónicos tienden a tener propiedades muy diferentes. Por ejemplo, los compuestos covalentes típicamente tienen puntos de ebullición mucho más bajos que los compuestos iónicos. Aunque los enlaces covalentes entre los átomos son fuertes, la atracción entre sí de las moléculas enlazadas de forma covalente es relativamente débil. Por otra parte, los iones que forman un compuesto iónico muestran una atracción fuerte entre sí. En otras palabras, para que las partículas de un compuesto iónico se separen, se necesita un cambio más significativo de energía; por lo tanto, se necesita más calor para que los compuestos iónicos hiervan. El diagrama indica los puntos de ebullición en grados Celsius (°C) de una muestra de compuestos.

8. ¿Qué enunciado está respaldado por el diagrama?

    A. Ningún compuesto hierve a una temperatura menor que 0°C.
    B. El cloruro de sodio, o sal de mesa, tiene un punto de ebullición mayor que 2,000°C.
    C. El punto de ebullición es una propiedad que varía mucho entre los compuestos.
    D. Los compuestos covalentes suelen tener puntos de ebullición más altos.

9. Un científico estudia un compuesto desconocido y llega a la conclusión de que el compuesto es iónico. A partir de la información, ¿qué temperatura es el punto de ebullición **más probable** para el compuesto?

    A. −100°C
    B. 15°C
    C. 110°C
    D. 1,300°C

INSTRUCCIONES: Estudia la información y la gráfica, lee la pregunta y elige la **mejor** respuesta.

ESTADOS DEL GAS NATURAL

El gas natural es un combustible fósil que se encuentra debajo de la superficie de la Tierra. La gráfica circular a continuación muestra la composición típica del gas natural. Contiene hidrocarburos, o compuestos cuyas moléculas están formadas por átomos de hidrógeno (H) y de carbono (C), como se indica en las fórmulas químicas de la gráfica. El gas natural se puede transportar en forma gaseosa a través de tuberías, o se puede convertir a líquido y transportar en camiones o barcos transoceánicos. La licuefacción del gas natural, o el proceso de convertirlo a líquido, ocurre a una temperatura de −161°C y hace que se pueda comprimir 600 veces más. Entonces, es más económico transportar gas natural líquido que gas natural en su forma gaseosa.

10. ¿Qué sugiere la gráfica circular acerca de la composición del gas natural?

    A. El C_3H_8 es el principal componente del gas natural.
    B. El gas natural no está enteramente compuesto de hidrocarburos.
    C. No todos los componentes del gas natural se pueden licuar.
    D. El CH_4 no se encuentra en el gas natural.

TEMPERATURAS DE CAMBIOS DE ESTADO DEL AGUA Y DEL ALCOHOL TERBUTÍLICO

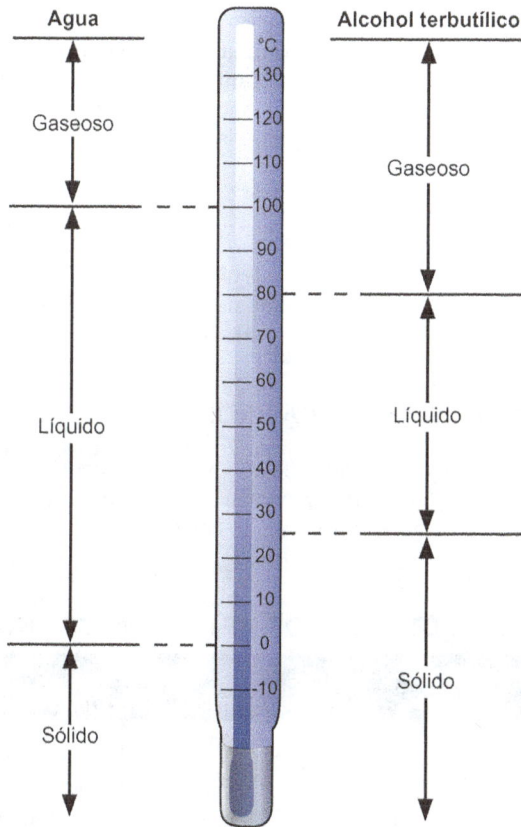

SUBLIMACIÓN

En ciertas condiciones, las sustancias pueden cambiar de estado sólido a gaseoso sin pasar primero por estado líquido. Este proceso se denomina sublimación. El dióxido de carbono congelado, o hielo seco, es un buen ejemplo de un sólido que experimenta sublimación a una presión de aire normal. El dióxido de carbono puede existir como un líquido solo bajo alta presión. Los diagramas muestran temperaturas para cambios de estado del agua y del dióxido de carbono.

11. ¿Qué diferencia hay entre los puntos de congelamiento y de ebullición del alcohol terbutílico y el agua?

A. El punto de congelamiento y el de ebullición del alcohol terbutílico son más altos que los del agua.
B. El agua tiene un punto de ebullición pero el alcohol terbutílico no tiene punto de ebullición.
C. Las sustancias tienen el mismo punto de congelamiento y de ebullición.
D. El punto de congelamiento del alcohol terbutílico es más alto que el del agua y el punto de ebullición es más bajo que el del agua.

12. Dentro del rango de temperaturas en las que el agua es un líquido, ¿en qué estado o estados puede existir el alcohol terbutílico?

A. gaseoso, líquido o sólido
B. solo gaseoso o líquido
C. solo líquido o sólido
D. solo líquido

13. De acuerdo con los diagramas, ¿qué ocurre si las muestras de agua y de dióxido de carbono se calientan de −100°C a −50°C?

A. Tanto el agua como el dióxido de carbono se subliman.
B. El agua se evapora y el dióxido de carbono hierve.
C. Tanto el agua como el dióxido de carbono se funden.
D. El agua permanece sin cambios y el dióxido de carbono se sublima.

14. ¿Qué condición **más probablemente** debería cambiar para que el dióxido de carbono se presente en estado líquido?

A. La temperatura debería ser más baja.
B. La presión debería ser más alta.
C. La presión debería ser más baja.
D. La temperatura debería ser más alta.

3
LECCIÓN

Interpretar tablas complejas

Usar con el *Libro del estudiante,* págs. 54–55.

TEMA DE CIENCIAS: P.c.2
PRÁCTICAS DE CIENCIAS: SP.1.a, SP.1.b, SP.1.c, SP.3.b, SP.3.d, SP.7.a, SP.7.b, SP.8.b

UNIDAD 2

1 Repasa la destreza

Todas las tablas tienen columnas y filas. Una **tabla compleja** puede tener varias columnas y filas. Puede incluso tener celdas combinadas dentro de una columna o una fila. Cuando **interpretas tablas complejas**, determina qué tipo de información contiene cada columna y qué representa cada fila. Haciendo esas determinaciones antes de mirar la información de cada celda de una tabla compleja, estarás mejor preparado para interpretar la tabla.

2 Perfecciona la destreza

Al perfeccionar la destreza de interpretar tablas complejas, mejorarás tus capacidades de estudio y evaluación, especialmente en relación con la prueba de Ciencias de GED®. Estudia la información y la tabla compleja que aparecen a continuación. Luego responde las preguntas.

METALES ALCALINOS

Los metales alcalinos son seis elementos que comparten una variedad de propiedades. Estos metales son blandos y maleables y conducen calor y electricidad. Se funden a temperaturas relativamente bajas y pueden explotar si se humedecen.

a Cuando interpretes una tabla compleja, da un vistazo a la tabla antes de estudiarla con más atención. Observa cómo está organizada la información en la tabla y busca los patrones que te sugiera la disposición.

b Es posible que algunos detalles importantes no entren en una parte determinada de una tabla. Los símbolos adicionales pueden remitirnos a otro lugar para encontrar información. Observa la clave debajo de la tabla para encontrar información adicional.

PROPIEDADES SELECTAS DE LOS METALES ALCALINOS

Elemento	Número atómico[1]	Peso atómico[2]	Punto de fusión[3]
Litio	3	6.94	180.54
Sodio	11	22.99	97.72
Potasio	19	39.10	63.65
Rubidio	37	85.47	38.89
Cesio	55	132.91	28.5
Francio	87	223	27.0

[1]Número atómico: el número de protones de un solo átomo de un elemento
[2]Peso atómico: la masa promedio de los átomos de un elemento, en unidades de masa atómica (UMA)
[3]Punto de fusión: la temperatura a la que se funde un elemento, en grados Celsius

HACER SUPOSICIONES

Para los datos numéricos, a menudo las unidades están dadas en una clave o en un título de columna. Todos los valores de una columna están expresados en la unidad dada. También, los datos numéricos pueden estar dados en un orden especial.

1. ¿Cuál es el metal alcalino que se funde a la temperatura más baja?

   A. el litio
   B. el potasio
   C. el rubidio
   D. el francio

2. ¿Qué patrón sugiere la información de la tabla?

   A. Cuanto mayor es el peso atómico, más bajo es el punto de fusión.
   B. Cuanto menor es el peso atómico, más bajo es el punto de fusión.
   C. Cuanto mayor es el número atómico, más alto es el punto de fusión.
   D. Cuanto mayor es el número atómico, menor es el peso atómico.

INSTRUCCIONES: Estudia la tabla de esta página y la información de la página siguiente. Luego lee cada pregunta y elige la **mejor** respuesta.

TABLA PERIÓDICA DE ELEMENTOS

Grupo principal de elementos

Grupo principal de elementos

Metales de transición

Metales de transición interna

	Número atómico
6	
C	Símbolo
Carbono	Nombre del elemento
12.01	Peso atómico

*Lantánidos

**Actínidos

Metal
Metaloide
No metal

UNIDAD 2

ENTENDER LA TABLA PERIÓDICA

Después del primer descubrimiento científico de un elemento en 1649 y, a medida que se iban conociendo más elementos, los químicos estudiaron sus propiedades con mucha atención. Empezaron a reconocer patrones en las propiedades y a clasificar los elementos según esos patrones. Hacia 1869, el químico ruso Dmitri Mendeléiev había publicado una tabla periódica de los 63 elementos conocidos, la base de la actual tabla periódica.

La tabla periódica organiza los elementos de forma que muestra la periodicidad, o frecuencia, de sus propiedades físicas y químicas. Las columnas de la tabla periódica se denominan grupos. Los elementos del mismo grupo tienen un número de caracteres comunes, incluidas las propiedades físicas y químicas semejantes. La masa atómica, o peso atómico, aumenta de arriba hacia abajo en cada columna. Las filas de la tabla periódica se denominan períodos. A través de un período de izquierda a derecha, el número atómico aumenta. El radio atómico tiende a disminuir a través de un período y a aumentar hacia abajo en un grupo.

3. En la tabla periódica, ¿dónde se muestran los elementos que tienen mayor masa?

   A. esquina superior izquierda
   B. esquina superior derecha
   C. esquina inferior izquierda
   D. esquina inferior derecha

4. ¿Qué enunciado está respaldado por la información de la tabla periódica?

   A. El neón es un metal.
   B. El carbono y el silicio tienen propiedades semejantes.
   C. El potasio y el criptón tienen propiedades semejantes.
   D. El calcio no es un metal.

5. ¿Qué enunciado describe una forma de usar la tabla periódica?

   A. Para determinar el punto de fusión del titanio, observa su número atómico.
   B. Para encontrar elementos con números atómicos más altos que el cadmio, observa a la izquierda de la fila en la que aparece el cadmio.
   C. Para encontrar elementos con propiedades semejantes al helio, observa la columna en que aparece el helio.
   D. Para determinar qué propiedades comparten el flúor y el cloro, observa la columna en la que aparecen esos elementos.

INSTRUCCIONES: Estudia la información y la tabla, lee cada pregunta y elige la **mejor** respuesta.

CALCULAR MASA, VOLUMEN Y DENSIDAD

La masa, el volumen y la densidad son propiedades físicas de la materia. La masa es la cantidad de materia que tiene un objeto. El volumen es la cantidad de espacio que ocupa una cantidad de materia. La densidad es la cantidad de materia que hay en un cierto volumen. La tabla muestra las densidades de algunas sustancias comunes. Como la masa, el volumen y la densidad están relacionados, un valor se puede calcular si se conocen los otros dos usando la siguiente fórmula:

$$densidad = \frac{masa}{volumen}$$

DENSIDAD DE SUSTANCIAS SELECCIONADAS

Material	Densidad (g/cm³)*
Sólidos	
Aluminio	2.7
Plomo	11.3
Hielo (a 0°C)	0.92
Líquidos	
Agua (a 4°C)	1.0000
Gasolina	0.70
Mercurio	13.6
Gases	
Monóxido de carbono	0.00125
Hidrógeno	0.00009
Nitrógeno	0.001251

*g/cm³: gramos por centímetro cúbico
Nota: La densidad en kilogramos por metro cúbico (kg/m³) se puede obtener multiplicando un valor por 1,000.

6. Una sustancia desconocida tiene una masa de 5.4 g y un volumen de 2 cm³. A partir de la información de la tabla, es **muy probable** que la sustancia sea

   A. aluminio.
   B. gasolina.
   C. mercurio.
   D. monóxido de carbono.

7. A partir de la información de la tabla, ¿qué valor es otra representación de la densidad del nitrógeno?

   A. 0.00001251 kg/m³
   B. 1.25 kg/m³
   C. 1,000 kg/m³
   D. 1.251 kg/m³

CAMBIOS FÍSICOS Y QUÍMICOS

La materia puede sufrir cambios físicos o químicos. En un cambio físico, la composición química de una sustancia no resulta afectada. La sustancia es diferente de alguna forma, pero sigue siendo la misma sustancia. En un cambio químico, o reacción química, la composición química de una sustancia cambia para formar una sustancia totalmente diferente.

PROPIEDADES Y CAMBIOS FÍSICOS Y QUÍMICOS

	Físicos	Químicos
Propiedades	Textura	Reactividad al aire
	Color	Reactividad al agua
	Forma	Inflamabilidad
	Estado	Corrosividad
Indicadores de cambio	Cambio de textura	Cambio de color
	Cambio de color	Cambio de temperatura
	Cambio de forma	Olor perceptible
	Cambio de estado	Formación de burbujas
Acciones que producen cambios	Lijar madera rugosa	Oxidación de muebles de jardín de metal
	Pintar un buzón de metal	Deslustrado de platería
	Congelar agua para hacer cubos de hielo	Descomposición de comida

8. Después de verter dos fluidos juntos, un científico percibió un nuevo olor y vio que se formaba espuma. A partir de la información de la tabla, ¿cuál es la explicación **más probable**?

    A. Ha ocurrido un cambio físico.
    B. Las texturas de las sustancias han cambiado.
    C. Ha ocurrido una reacción química.
    D. Las sustancias han cambiado de un líquido a un sólido.

9. Mientras realiza una investigación, una científica observa los efectos de sus pruebas en varias sustancias. ¿Qué efecto no sugiere con certeza si el cambio que ocurrió es un cambio físico o un cambio químico?

    A. el cambio de color
    B. el estallido en llamas
    C. el cambio de líquido a gas
    D. la disminución de la temperatura

ESCALA DE pH

Descripción	pH	[H⁺]	[OH⁻]
Base	14	1×10^{-14}	1×10^{0}
	13	1×10^{-13}	1×10^{-1}
	12	1×10^{-12}	1×10^{-2}
	11	1×10^{-11}	1×10^{-3}
	10	1×10^{-10}	1×10^{-4}
	9	1×10^{-9}	1×10^{-5}
	8	1×10^{-8}	1×10^{-6}
Neutro	7	1×10^{-7}	1×10^{-7}
Ácido	6	1×10^{-6}	1×10^{-8}
	5	1×10^{-5}	1×10^{-9}
	4	1×10^{-4}	1×10^{-10}
	3	1×10^{-3}	1×10^{-11}
	2	1×10^{-2}	1×10^{-12}
	1	1×10^{-1}	1×10^{-13}
	0	1×10^{0}	1×10^{-14}

H^+ = ión de hidrógeno
OH^- = ión de hidróxido

La acidez y la alcalinidad son propiedades importantes de algunas sustancias. La acidez o alcalinidad de una sustancia está determinada por la concentración de iones de hidrógeno (H^+) en la sustancia. Debido a que la concentración de H^+ puede variar en un amplísimo rango, la escala de pH fue desarrollada para aplicarla a este rango de valores. La tabla muestra la escala de pH, que va desde 0 hasta 14. Los valores usados en la escala de pH corresponden al exponente que define la concentración H+. Por ejemplo, el pH 3 corresponde a una concentración de H^+ de 1×10^{-3}.

10. A partir de la tabla, ¿qué cambio en el pH se podría esperar para una sustancia, si su concentración de H^+ cambiara de 1×10^{-7} a 1×10^{-6}?

    A. Aumentaría de 6 a 7.
    B. Disminuiría de 7 a 6.
    C. Aumentaría de 5 a 6.
    D. Disminuiría de 6 a 5.

11. El ácido de batería es un ejemplo de un ácido concentrado. A partir de la información, ¿cuál es **más probable** que sea del ácido de batería?

    A. pH 14
    B. pH 12
    C. pH 8
    D. pH 0

UNIDAD 2

4

LECCIÓN

Comprender las ecuaciones químicas

Usar con el *Libro del estudiante,* págs. 56–57.

TEMAS DE CIENCIAS: P.c.2, P.c.3
PRÁCTICAS DE CIENCIAS: SP.1.a, SP.1.b, SP.1.c, SP.3.b, SP.6.b, SP.7.a, SP.8.b

UNIDAD 2

1 Repasa la destreza

Las **ecuaciones químicas** se encuentran entre las herramientas basadas en el contenido de ciencias. Representan reacciones químicas. Indican las maneras en las cuales las partículas cambian su disposición durante las reacciones químicas y las cantidades relativas de las sustancias involucradas. **Comprender las ecuaciones químicas** es fundamental para saber cómo las reacciones químicas constituyen la base de los sucesos que ocurren en todas las áreas de las ciencias.

2 Perfecciona la destreza

Al perfeccionar la destreza de comprender las ecuaciones químicas, mejorarás tus capacidades de estudio y evaluación, especialmente en relación con la prueba de Ciencias de GED®. Lee el pasaje que aparece a continuación. Luego responde las preguntas.

REACCIONES QUÍMICAS Y CONSERVACIÓN DE MASA

Las reacciones químicas ocurren cuando las partículas que componen sustancias determinadas cambian su distribución para formar nuevas sustancias. Las sustancias involucradas al inicio son los reactantes. Las nuevas sustancias que se forman son los productos.

a Usa la información del pasaje para hacer inferencias sobre las ecuaciones químicas. Tienen dos lados iguales separados por una flecha direccional. La flecha direccional es, de alguna manera, como el signo de igual.

La materia no se crea ni se destruye. Esto es válido siempre, incluso cuando ocurre un cambio químico. Este concepto se conoce como la ley de conservación de masa. Debido a la conservación de masa, una ecuación química debe estar balanceada. Es decir, debe tener cantidades iguales de cada tipo de átomo en ambos lados de la flecha direccional. Por ejemplo, la ecuación química que se muestra a continuación representa la reacción que produce agua (H_2O).

b En una ecuación química típica se usan fórmulas químicas para identificar sustancias. Los coeficientes, o los números que están delante de las fórmulas, indican las proporciones de las sustancias involucradas.

$$2H_2 + O_2 \rightarrow \boxed{2H_2O} \; \text{b}$$

La ecuación está balanceada porque el número de átomos de hidrógeno (H) en un lado es igual al número de átomos de hidrógeno en el otro lado y el número de átomos de oxígeno (O) en un lado es igual al número de átomos de oxígeno en el otro lado.

USAR LA LÓGICA

El subíndice indica el número de átomos que hay en una molécula de una sustancia. El coeficiente indica el número de moléculas de una sustancia que están representadas en una ecuación. Interpreta estos números para comprender las ecuaciones.

1. ¿Qué indica la ecuación acerca de la reacción química que forma el agua?

   A. El hidrógeno y el oxígeno son los reactantes.
   B. El hidrógeno es uno de los productos.
   C. Las partículas no cambian su disposición durante la reacción.
   D. El número de átomos de oxígeno se duplica durante la reacción.

2. ¿Qué parte de la ecuación indica que los reactantes producen dos moléculas de agua?

   A. el coeficiente 2 en $2H_2$
   B. el coeficiente 2 en $2H_2O$
   C. el subíndice 2 en O_2
   D. el subíndice 2 en $2H_2O$

INSTRUCCIONES: Estudia la información, lee cada pregunta y elige la **mejor** respuesta.

TIPOS DE REACCIONES QUÍMICAS

Varios sucesos pueden ocurrir durante las reacciones químicas. Por ejemplo, en la reacción química que produce el agua, dos sustancias se combinan para formar una sustancia distinta. Las reacciones químicas se pueden clasificar según su tipo, dependiendo de lo que sucede cuando ocurren.

- En una reacción de síntesis ($A + B \rightarrow AB$), dos o más reactantes se combinan para formar un solo producto.

- En una reacción de descomposición ($AB \rightarrow A + B$), un solo reactante forma dos o más productos.

- En una reacción de sustitución simple ($AB + C \rightarrow AC + B$), un elemento toma el lugar de otro elemento en un compuesto.

- En una reacción de sustitución doble ($AB + CD \rightarrow AD + CB$), dos reactantes forman dos nuevos productos.

3. A partir de las ecuaciones generales de los tipos de reacciones químicas, ¿qué observación indica que es **más probable** que se haya producido una reacción de descomposición?

   A. Se forman dos gases a partir de un líquido.
   B. Un sólido y un líquido forman un sólido distinto y un líquido distinto.
   C. Se forma un líquido a partir de dos gases.
   D. Se forma un sólido a partir de dos líquidos.

4. Un científico observa una reacción química en la cual el polvo de hierro reacciona con sulfato de cobre para formar cobre y sulfato de hierro, como se muestra en la siguiente ecuación:

$$Fe + CuSO_4 \rightarrow FeSO_4 + Cu$$

   A partir de la ecuación, ¿qué tipo de reacción observó el científico?

   A. una reacción de síntesis
   B. una reacción de descomposición
   C. una reacción de sustitución simple
   D. una reacción de sustitución doble

INSTRUCCIONES: Estudia la información, lee la pregunta y elige la **mejor** respuesta.

INVESTIGACIÓN SOBRE LA OXIDACIÓN

En un tubo de ensayo, se coloca lana de acero humedecida. Luego, se coloca el tubo de ensayo con la lana de acero humedecida de cabeza en un molde con agua de aproximadamente $\frac{1}{2}$ pulgada de profundidad y se deja reposar durante 24 horas. Durante ese tiempo, el hierro (Fe) de la lana de acero reacciona con el oxígeno (O_2) que hay en el aire dentro del tubo de ensayo y forma óxido de hierro (Fe_2O_3), o herrumbre.

5. ¿Cuál es la ecuación balanceada correcta para la reacción que se produce durante la investigación?

   A. $Fe + O_2 \rightarrow Fe_2O_3$
   B. $4Fe + 3O_2 \rightarrow 2Fe_2O_3$
   C. $2Fe_2O_3 \rightarrow 4Fe + 3O_2$
   D. $Fe_2O_3 \rightarrow Fe + O_2$

INSTRUCCIONES: Estudia los modelos, lee la pregunta y elige la **mejor** respuesta.

MODELOS DE ECUACIONES QUÍMICAS

Ecuación 1

Ecuación 2

Ecuación 3

Ecuación 4

6. ¿Cuál de los siguientes enunciados describe correctamente una reacción representada por los modelos?

   A. La ecuación 1 representa una reacción de descomposición.
   B. La ecuación 2 representa una reacción de síntesis.
   C. La ecuación 3 representa una reacción de sustitución doble.
   D. La ecuación 4 representa una reacción de sustitución simple.

★ Ítem en foco: COMPLETAR LOS ESPACIOS

INSTRUCCIONES: Estudia la información. Luego lee la pregunta y escribe tus respuestas en los recuadros.

BALANCEAR ECUACIONES QUÍMICAS

Como la ley de conservación de masa indica que la cantidad de cada elemento no cambia en una reacción química, una ecuación química debe estar balanceada. Es decir, cada lado de una ecuación química debe representar la misma cantidad de cualquier elemento en particular. El proceso de balancear una ecuación química implica determinar los coeficientes que representan las proporciones de moléculas enteras en la reacción química.

Un científico encuentra el balance de una ecuación química simple inspeccionando la ecuación y, si es necesario, cambiando el coeficiente para cada fórmula química, comenzando con la fórmula más compleja. Generalmente, las ecuaciones balanceadas se escriben con los menores coeficientes de números naturales posibles. Si no hay un coeficiente delante de una fórmula química, se supone que el coeficiente es 1.

Como ejemplo, observa la ecuación para la reacción química que produce agua, escrita como se muestra a continuación:

$$H_2 + O_2 \rightarrow H_2O$$

No está balanceada porque muestra dos átomos de oxígeno a la izquierda y uno a la derecha. Para balancear los átomos de oxígeno, un científico cambia el coeficiente implícito 1 delante de H_2O por el coeficiente 2. Entonces, el número de átomos de hidrógeno a la izquierda de la ecuación es dos y el número a la derecha es cuatro. En consecuencia, el científico cambia el coeficiente delante de H_2 por 2 para balancear los átomos de hidrógeno, formando así la ecuación balanceada para el agua:

$$2H_2 + O_2 \rightarrow 2H_2O$$

7. Examina esta ecuación que corresponde a la combustión del metano.

$$CH_4 + O_2 \rightarrow CO_2 + H_2O$$

No está balanceada. Usa los siguientes pasos para balancear la ecuación.

Paso 1: Recuerda que si no hay un coeficiente delante de una fórmula química, se supone que el coeficiente es 1. Determina si el único átomo de carbono (C) de la molécula CH_4 está balanceado en el otro lado de la ecuación y cambia un coeficiente, si es necesario. ¿Cómo queda la ecuación después de terminar este paso?

Paso 2: Determina si los cuatro átomos de hidrógeno de la molécula CH_4 están balanceados en el otro lado de la ecuación y cambia un coeficiente, si es necesario. ¿Cómo queda la ecuación después de terminar este paso?

Paso 3: Determina si los dos átomos de oxígeno de la molécula O_2 están balanceados en el otro lado de la ecuación y cambia un coeficiente, si es necesario. ¿Cómo queda la ecuación después de terminar este paso?

Paso 4: Cuenta cada tipo de átomo en ambos lados para comprobar tu trabajo y haz las correcciones necesarias. ¿Cuál es la ecuación balanceada?

UNIDAD 2

CAMBIOS EN LA MATERIA

La materia puede experimentar cambios físicos o cambios químicos. Cuando la materia experimenta cambios físicos, las moléculas implicadas en el proceso no sufren cambios. Cuando la materia experimenta cambios químicos, las moléculas cambian separándose o cambiando su disposición de distintas maneras. La tabla identifica las moléculas de las sustancias antes y después de que experimentan cambios en la materia.

Antes	Después
$3H_2$ y N_2	$2NH_3$
$2Mg$ y O_2	$2MgO$
$AgNO_3$ y NaI	AgI y $NaNO_3$
H_2O (agua)	H_2O (hielo)
HCl y $NaOH$	$NaCl$ y H_2O

8. ¿Qué ecuación representa una reacción química identificada en la tabla?

    A. H_2O (agua) → H_2O (hielo)
    B. $2Mg + O_2$
    C. $2NH_3 → 3H_2 + N_2$
    D. $AgNO_3 + NaI → AgI + NaNO_3$

INSTRUCCIONES: Estudia la información, lee la pregunta y elige la **mejor** respuesta.

INVESTIGACIÓN DE METALES

Se colocan pequeños trozos de tres metales diferentes en tubos de ensayo por separado. Se agrega ácido a cada tubo de ensayo y entonces se producen reacciones químicas. Los productos de cada reacción química son una sal y gas hidrógeno.

9. A partir de la información, ¿cuál es la ecuación general expresada en palabras que describe lo que sucede cuando un metal reacciona con un ácido?

    A. metal → ácido + sal + hidrógeno
    B. metal + ácido → sal + hidrógeno
    C. metal + ácido → hidrógeno
    D. sal + hidrógeno → metal + ácido

INSTRUCCIONES: Estudia la información y las fórmulas estructurales, lee cada pregunta y elige la **mejor** respuesta.

ALCANOS

Los alcanos son un grupo de hidrocarburos. Son combustibles altamente inflamables de combustión limpia con una amplia variedad de usos prácticos. Las fórmulas estructurales que se muestran a continuación representan las moléculas de tres alcanos comunes. El metano es el principal componente del gas natural. El butano es un combustible que se usa en estufas y en otros productos. El octano es un componente de la gasolina. En presencia de oxígeno (O_2) y de una chispa, los alcanos se queman y producen dióxido de carbono (CO_2) y agua (H_2O).

Metano

Butano

Octano

10. A partir de la información, ¿cuál es la ecuación química balanceada que representa la combustión de butano?

    A. $2C_4H_{10} + 13O_2 → 8CO_2 + 10H_2O$
    B. $CH_4 + 2O_2 → CO_2 + 2H_2O$
    C. $2C_8H_{18} + 25O_2 → 16CO_2 + 18H_2O$
    D. $C_4H_{10} + O_2 → CO_2 + H_2O$

11. A partir de la información, ¿cuál es la ecuación química balanceada que representa la combustión del octano?

    A. $C_8H_{18} + 16O_2 → 8CO_2 + 10H_2O$
    B. $C_4H_{10} + O_2 → CO_2 + H_2O$
    C. $2C_8H_{18} + 25O_2 → 16CO_2 + 18H_2O$
    D. $4CH_4 + 14O_2 → 4CO_2 + 16H_2O$

Predecir resultados

Usar con el *Libro del estudiante,* págs. 58–59.

TEMA DE CIENCIAS: P.c.4
PRÁCTICAS DE CIENCIAS: SP.1.a, SP.1.b, SP.1.c, SP.3.c, SP.3.d, SP.6.c, SP.7.a

1 **Repasa la destreza**

Cuando realizan investigaciones, los científicos siguen la secuencia establecida de observar, analizar y hacer predicciones para descubrir nueva información acerca del universo. Al buscar patrones en los datos y observaciones, pueden desarrollar hipótesis, o predicciones, que se pueden poner a prueba a través de más experimentos. A medida que estudies ciencias, puedes implementar las mismas prácticas que usan los científicos, entre ellas **predecir** resultados.

2 **Perfecciona la destreza**

Al perfeccionar la destreza de predecir resultados, mejorarás tus capacidades de estudio y evaluación, especialmente en relación con la prueba de Ciencias de GED®. Estudia la información y la tabla que aparecen a continuación. Luego responde las preguntas.

ÁCIDOS, BASES Y SALES

Una solución es una mezcla homogénea de al menos una sustancia (soluto) disuelta en otra sustancia (solvente). Las propiedades son las mismas en toda la mezcla homogénea porque las moléculas de las sustancias que la componen están distribuidas en las mismas proporciones a través de ella. Algunas soluciones comunes se forman cuando un ácido, una base o una sal se disuelven en agua. Estos tres tipos de sustancias se ionizan, o se disocian en iones, cuando se disuelven en agua. La tabla brinda ejemplos de estas reacciones de ionización.

ⓐ Usa las semejanzas que ves en los ejemplos de cada grupo de compuestos para aprender a definir características del tipo de compuesto. Por ejemplo, observa que todos los ácidos se ionizan para producir iones H^+.

ⓑ Recuerda que las ecuaciones químicas representan lo que sucede durante las reacciones químicas. Puedes usarlas para saber más sobre los resultados esperados en las investigaciones científicas.

	Ejemplo	Reacción de ionización	
Ácidos	HCl HBr HI	$HCl \rightarrow H^+ + Cl^-$ $HBr \rightarrow H^+ + Br^-$ $HI \rightarrow H^+ + I^-$	**ⓐ**
Bases	NaOH KOH LiOH	$NaOH \rightarrow Na^+ + OH^-$ $KOH \rightarrow K^+ + OH^-$ $LiOH \rightarrow Li^+ + OH^-$	
Sales	NaCl LiBr KI	$NaCl \rightarrow Na^+ + Cl^-$ $LiBr \rightarrow Li^+ + Br^-$ $KI \rightarrow K^+ + I^-$	**ⓑ**

1. Si se investigaran los compuestos que se enumeran en la tabla, la observación **más probable** sería que el compuesto que tiene más propiedades en común con HBr es

   A. NaOH.
   B. LiBr.
   C. HCl.
   D. Br.

USAR LA LÓGICA

Buscar patrones y tendencias en grupos de datos u observaciones puede ayudarte a hacer generalizaciones. La capacidad para generalizar puede facilitar la predicción de resultados.

2. ¿Qué ecuación muestra el resultado de una sal disuelta en agua?

   A. $Na^+ + Cl^- \rightarrow NaCl$
   B. $NaOH \rightarrow Na^+ + OH^-$
   C. $HCl \rightarrow H^+ + Cl^-$
   D. $NaCl \rightarrow Na^+ + Cl^-$

★ Ítem en foco: **RESPUESTA BREVE**

INSTRUCCIONES: Estudia la información y el diagrama. Luego lee la pregunta y escribe tu respuesta en las líneas. Completar esta tarea puede llevarte 10 minutos aproximadamente.

SOLUCIONES SATURADAS Y NO SATURADAS

La solubilidad es la cantidad de un soluto que se puede disolver en una cantidad dada de solvente, a una temperatura específica. Una solución es no saturada siempre que se pueda disolver en ella más soluto. La solución alcanza la saturación cuando no se puede disolver en ella más soluto. La investigación representada por el diagrama ilustra este concepto. En el primer paso, se agregan 30.0 gramos (g) de NaCl a 100 mililitros (ml) de agua. En el siguiente paso, se agregan lentamente a la mezcla otros 10.0 g de NaCl. En las condiciones de la investigación, la solución se torna saturada cuando se han disuelto 36.0 g de NaCl. En este punto, comenzará a formarse un precipitado en la solución.

30.0 g de NaCl   100 ml de H_2O Solución que contiene 100 ml de H_2O y 30.0 g de NaCl

10.0 g de NaCl   Solución que contiene 100 ml de H_2O y 30.0 g de NaCl   **?**

3. A partir de la información, describe qué ocurre durante la investigación y predice el resultado.

_____

_____

_____

_____

_____

_____

_____

_____

_____

INSTRUCCIONES: Estudia la información, lee la pregunta y elige la **mejor** respuesta.

ÁCIDOS FUERTES Y DÉBILES

Los ácidos pueden ser fuertes o débiles. Los ácidos fuertes se ionizan por completo en una solución, de manera que todo el hidrógeno está en la forma H^+ (ión de hidrógeno). Un ejemplo es el HCl (HCl → H^+ + Cl^-). Los ácidos débiles no se ionizan completamente en una solución. Cuando los ácidos débiles se disocian, parte del hidrógeno permanece unido a la molécula madre. Un ejemplo es el HNO_2 (HNO_2 ⇔ H^+ + NO_2^-). En la ecuación, la flecha doble indica que no todo el HNO_2 se ioniza.

4. El ácido acético es un ácido débil. Se esperaría que

A. tenga más iones de H^+ en una solución que el HCl.
B. se ionice completamente en una solución.
C. tenga menos iones de H^+ en una solución que el HCl.
D. no experimente la ionización en una solución.

INSTRUCCIONES: Estudia la información, lee cada pregunta y elige la **mejor** respuesta.

NEUTRALIZACIÓN DE SOLUCIONES ÁCIDAS

Los ácidos son compuestos que se ionizan y forman H^+ (iones de hidrógeno). La concentración de H^+ en una solución se usa para medir la acidez de una solución. Cuanta más concentración de H^+ hay, más ácida es la solución. El HCl y el H_2SO_4 son ejemplos de ácidos. Sus reacciones de ionización se muestran a continuación.

$$HCl \rightarrow H^+ + Cl^-$$

$$H_2SO_4 \rightarrow 2H^+ + SO_4^{2-}$$

Las bases son compuestos que pueden reaccionar con los iones de H^+ para reducir su concentración en una solución. Las bases pueden, entonces, neutralizar las soluciones ácidas. Un ejemplo de una base es el NaOH. Cuando el NaOH se mezcla con un ácido, el OH^- (ión de hidróxido) se combina con el H^+ del ácido y forma agua. La ecuación completa que muestra la reacción del NaOH con el HCl y un esquema de una reacción general se muestran a continuación.

$$HCl + NaOH \rightarrow H_2O + NaCl$$

$$Ácido + Base \rightarrow Agua + Sal$$

Observa que el agua es un producto de la reacción y la sal es otro producto. Estas reacciones se llaman reacciones de neutralización porque las concentraciones de iones de H^+ y de OH^- disminuyen como resultado de la reacción.

5. Un estudiante mezcla los siguientes pares de compuestos en una solución. ¿Qué predices que ocurrirá en cada caso?

$$KOH + NaOH$$
$$HI + KBr$$
$$H_2SO_4 + KOH$$

A. sin reacción de neutralización, sin reacción de neutralización, reacción de neutralización
B. reacción de neutralización, reacción de neutralización, reacción de neutralización
C. sin reacción de neutralización, sin reacción de neutralización, sin reacción de neutralización
D. reacción de neutralización, reacción de neutralización, sin reacción de neutralización

6. Una científica prepara dos soluciones usando el mismo número de moléculas de HCl y H_2SO_4. Ella puede predecir que la solución de HCl será

A. la mitad de ácida que la solución de H_2SO_4.
B. exactamente tan ácida como la solución de H_2SO_4.
C. el doble de ácida que la solución de H_2SO_4.
D. el triple de ácida que la solución de H_2SO_4.

INSTRUCCIONES: Estudia la información y el diagrama, lee la pregunta y elige la **mejor** respuesta.

PRESIÓN Y SOLUBILIDAD

Los solutos y los solventes pueden ser gases, líquidos o sólidos. Una bebida carbonatada es un ejemplo de una solución en la cual un gas se disuelve en un líquido. Cuando abres una lata de refresco, escuchas un chasquido y observas que se escapa gas. El refresco está bajo presión cuando está embotellado de modo que el dióxido de carbono (CO_2) permanezca en la solución. Cuando abres la lata, la presión que existe arriba del líquido de la lata disminuye. La disminución en la presión hace que el CO_2 se torne menos soluble y se escape de la solución. El diagrama muestra cómo aumenta la solubilidad de un gas a medida que aumenta la presión.

Aumento de presión

○ Moléculas de gas   ● Moléculas de líquido

7. A partir del diagrama, ¿qué resultado se puede predecir cuando aumenta la presión de un gas que está arriba de la superficie de una solución?

A. Se disolverá menos gas en la solución.
B. Se disolverá más gas en la solución.
C. El gas se convertirá en un líquido.
D. No se producirán cambios en la solubilidad.

REGLAS DE SOLUBILIDAD

Las reglas de solubilidad son generalizaciones que brindan información sobre la solubilidad de ciertas sustancias. A partir de criterios específicos, se pueden usar para determinar qué compuestos son solubles y cuáles no son solubles en agua. La tabla muestra reglas básicas de solubilidad.

Regla	Excepciones
1. Todos los compuestos de metales alcalinos son solubles.	
2. Todas las sales de amonio (NH_4^+) son solubles.	
3. Todas las sales de nitratos (NO_3^-), cloratos (ClO_3^-), percloratos (ClO_4^-) y acetatos (CH_3COO^- o $C_2H_3O_2^-$) son solubles.	
4. La mayoría de las sales de cloruros (Cl^-), bromuros (Br^-) y yoduros (I^-) son solubles.	Los compuestos de Ag^+, Pb^{2+} y Hg^{2+}
5. La mayoría de las sales de sulfatos (SO_4^{2-}) son solubles.*	Los compuestos de Ba^{2+}, Sr^{2+}, Ca^{2+}, Pb^{2+}, Hg^{2+}
6. La mayoría de las sales de hidróxidos (OH^-) son insolubles.	Los compuestos de los metales alcalinos y Ba^{2+}, Ca^{2+} y Sr^{2+}
7. La mayoría de las sales de sulfuros (S^{2-}) son insolubles.	Los compuestos de los metales alcalinos, metales alcalinotérreos y NH_4^+
8. La mayoría de las sales de sulfitos (SO_3^{2-}), carbonatos (CO_3^{2-}), cromatos (CrO_4^{2-}) y fosfatos (PO_4^{3-}) son insolubles.	Los compuestos de NH_4^+ y de metales alcalinos

*Los compuestos de Hg^{2+}, Ca^{2+} y Ag^+ son solo moderadamente solubles.

8. ¿Cuál de las siguientes ecuaciones representa un resultado que se produce a partir de la regla 2?

   A. $AgCl \rightarrow Ag^+ + Cl^-$
   B. $KCl \rightarrow K^+ + Cl^-$
   C. $NH_4OH \rightarrow NH_4^+ + OH^-$
   D. $KNO_3 \rightarrow K^+ + NO^{3-}$

9. Se mezcla una muestra del hidróxido $Mg(OH)_2$ con una muestra de agua. A partir de las reglas de solubilidad, ¿qué resultado se puede esperar?

   A. El $Mg(OH)_2$ se disociará por completo en iones de Mg^+ y de OH^-.
   B. El $Mg(OH)_2$ se disociará moderadamente en la solución.
   C. El $Mg(OH)_2$ no será soluble en agua.
   D. El $Mg(OH)_2$ y el agua reaccionarán y formarán un nuevo compuesto.

AMALGAMAS

Una aleación es una solución sólida compuesta por dos metales o por un metal y un no metal. Las amalgamas son aleaciones que contienen mercurio como solvente y otros varios metales, como plata, estaño, cobre y zinc, como solutos. Un ejemplo de amalgama es la solución que se usa para rellenar las cavidades que producen las caries: la amalgama dental. Las amalgamas dentales están compuestas por mercurio líquido y una aleación en polvo que generalmente contiene plata, estaño y cobre. La siguiente tabla muestra ventajas y desventajas del uso de varios solutos en las amalgamas dentales.

Propiedad	Elemento			
	Plata	Estaño	Cobre	Zinc
Resistencia	Aumenta.			
Durabilidad	Aumenta.			
Dureza			Aumenta.	
Expansión	Aumenta.	Disminuye.	Aumenta.	
Flujo	Disminuye.	Aumenta.	Disminuye.	
Color	Se transmite.			
Tiempo de solidificación	Disminuye.	Aumenta.	Disminuye.	
Docilidad		Aumenta.		Aumenta.
Limpieza				Aumenta.

10. ¿Qué resultado se puede predecir si se agrega cobre a una amalgama dental?

   A. La amalgama se expandirá más.
   B. El tiempo de solidificación aumentará.
   C. El empaste no será tan duro.
   D. Se producirá un cambio en el color.

11. ¿Qué resultado se puede predecir a partir de la información de la tabla?

   A. La disolución de cualquier metal en mercurio aumenta la durabilidad de la amalgama.
   B. Las propiedades de una amalgama de plata disuelta en mercurio y de una amalgama de estaño disuelta en mercurio serán distintas.
   C. Usar plata, estaño o cobre como soluto en una amalgama disminuye el tiempo que se necesita para que un empaste se solidifique.
   D. El estaño y el cobre usados como solutos tienen el mismo efecto sobre una amalgama.

6
LECCIÓN

Calcular para interpretar resultados

Usar con el *Libro del estudiante,* págs. 60–61.

TEMAS DE CIENCIAS: P.b.1, P.b.2
PRÁCTICAS DE CIENCIAS: SP.1.a, SP.1.b, SP.1.c, SP.6.b, SP.7.b, SP.8.b

1 Repasa la destreza

Cuando los textos científicos incluyen diagramas que contienen valores numéricos, en general, se pueden usar esos valores con el fin de **calcular para interpretar resultados**. Puedes calcular valores como el tiempo, la rapidez, la velocidad o la aceleración a partir de la información que brindan los diagramas.

2 Perfecciona la destreza

Al perfeccionar la destreza de calcular para interpretar resultados, mejorarás tus capacidades de estudio y evaluación, especialmente en relación con la prueba de Ciencias de GED®. Estudia la información y el diagrama que aparecen a continuación. Luego responde las preguntas.

DISTANCIA, RAPIDEZ Y TIEMPO

a Identificar las variables de una ecuación te ayuda a determinar los valores que se necesitan para hacer cálculos.

La distancia, la rapidez y el tiempo transcurrido de un viaje son valores que se pueden calcular usando la ecuación $d = st$. En las ecuaciones de "distancia, rapidez y tiempo", d representa distancia, s representa rapidez y t representa la cantidad de tiempo necesario para recorrer la distancia. El único requisito para calcular uno de estos valores es que se deben conocer los otros dos. La ecuación también puede tener la forma $s = \dfrac{d}{t}$ o $t = \dfrac{d}{s}$.

El diagrama muestra la rapidez promedio en millas por hora (mi/h) a la cual un ciclista, Raúl, corrió una carrera de 100 millas.

b Identifica los números del diagrama representados por cada variable de la ecuación. En este caso, d es 100 millas y s es 15 mi/h.

Raúl: 15 mi/h

100 millas

1. ¿Cuánto tiempo le tomó a Raúl terminar la carrera?

   A. 0.15 de hora
   B. 6.7 horas
   C. 10 horas
   D. 15 horas

2. Raúl corre otra carrera de 100 millas pero su rapidez promedio es la mitad de la rapidez de la primera carrera. ¿Cuánto tiempo le tomó terminar la segunda carrera?

   A. la mitad de la primera carrera
   B. el doble de la primera carrera
   C. tres veces más que la primera carrera
   D. cuatro veces más que la primera carrera

CONSEJOS PARA REALIZAR LA PRUEBA

Si se realiza la misma operación en ambos lados de una ecuación, la ecuación continuará siendo verdadera. Por lo tanto, para hallar t, divide ambos lados de d = st entre s, lo que da como resultado $\dfrac{d}{s}$ = t.

UNIDAD 2

INSTRUCCIONES: Estudia la información y los diagramas, lee cada pregunta y elige la **mejor** respuesta.

DISTANCIA Y DESPLAZAMIENTO

La distancia es una cantidad que se refiere a cuánto terreno ha recorrido un objeto durante un viaje. El desplazamiento es una cantidad que se refiere a qué tan lejos está un objeto con respecto a su punto de partida. Es el cambio en su posición, pero no considera cuánto terreno recorrió el objeto hasta llegar a su nueva posición.

En los diagramas que aparecen a continuación, la persona 1 y la persona 2 caminan desde el punto A hasta el punto B. La persona 1 camina en línea recta entre dos puntos. La persona 2 recorre un largo camino alrededor de las calles.

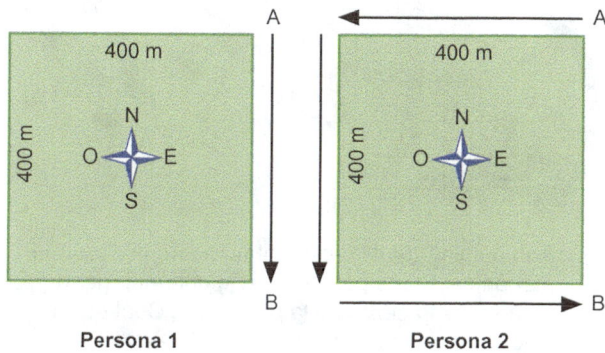

Persona 1   Persona 2

3. ¿Qué distancias en metros (m) caminan estas personas?

   A. La persona 1 camina 400 m y la persona 2 camina 800 m.
   B. La persona 1 y la persona 2 caminan 400 m.
   C. La persona 1 camina 400 m y la persona 2 camina 1,200 m.
   D. La persona 1 y la persona 2 caminan 800 m.

4. ¿Cuál es el desplazamiento de cada persona?

   A. La persona 1 y la persona 2 tienen un desplazamiento de 0 m.
   B. La persona 1 tiene un desplazamiento de 400 m hacia el sur y la persona 2 tiene un desplazamiento de 1,200 m hacia el sur.
   C. La persona 1 tiene un desplazamiento de 400 m hacia el sur y la persona 2 tiene un desplazamiento de 400 m hacia el oeste.
   D. La persona 1 y la persona 2 tienen un desplazamiento de 400 m hacia el sur.

INSTRUCCIONES: Estudia la información y el diagrama, lee cada pregunta y elige la **mejor** respuesta.

RAPIDEZ Y VELOCIDAD PROMEDIO

La rapidez promedio es la tasa a la cual un objeto cambia de posición y se calcula dividiendo la distancia que el objeto viajó entre el tiempo que le tomó recorrer esa distancia. La rapidez se expresa en unidades de distancia/unidades de tiempo, por ejemplo, metros/minuto (m/min) o millas/hora (mi/h). La velocidad promedio es una medida de la tasa a la cual un objeto cambia de posición en una dirección dada.

El siguiente diagrama muestra el tiempo, la distancia y la dirección de un carro que viaja desde una casa hasta un centro comercial.

5. ¿Cuál es la rapidez promedio del carro entre la casa y el centro comercial?

   A. 20 mi/h hacia el este
   B. 30 mi/h hacia el este
   C. 20 mi/h
   D. 40 mi/h

6. ¿Cuál es la velocidad promedio del carro entre la casa y el centro comercial?

   A. 20 mi/h hacia el este
   B. 30 mi/h hacia el este
   C. 20 mi/h
   D. 40 mi/h

UNIDAD 2

★ Ítem en foco: COMPLETAR LOS ESPACIOS

INSTRUCCIONES: Estudia la información y el diagrama. Luego lee cada pregunta y escribe tu respuesta en el recuadro.

CALCULAR MOVIMIENTO RELATIVO

El movimiento relativo describe cómo se perciben los objetos en movimiento cuando están en marcos de referencia distintos. En un carro, compartes un marco de referencia con el carro. No pareces estar moviéndote cuando alguien más te observa en el carro, pero alguien parado al costado de la ruta ve que tú y el carro se mueven. La siguiente situación y el diagrama que la acompaña también se relacionan con el movimiento relativo. Steve camina rápidamente a una velocidad constante de +1.5 metros por segundo (m/s) a través de un aeropuerto. Sube a una pasarela mecánica que se mueve en la misma dirección a una velocidad constante de +0.5 m/s. Él ahora comparte un marco de referencia con la pasarela mecánica.

Dirección del movimiento

7. Si Steve mantiene su velocidad después de subirse a la pasarela mecánica, su velocidad se combina con la de la pasarela. ¿Cuál es la velocidad de Steve en la pasarela mecánica?

9. Aun caminando al mismo ritmo sobre la pasarela mecánica, Steve pasa cerca de una mujer que está sentada cerca de la pasarela. ¿Cuál es su velocidad en relación con esa mujer?

8. ¿Cuál es su velocidad en relación con alguien que está parado, sin moverse, sobre la misma pasarela mecánica?

INSTRUCCIONES: Estudia la información, lee la pregunta y elige la **mejor** respuesta.

LA RAPIDEZ DEL SONIDO

La rapidez es una medida de cuán rápidamente se mueve algo. La rapidez promedio se calcula dividiendo la distancia recorrida entre el tiempo que se necesita para completar ese recorrido. La ecuación que representa este cálculo es $s = \frac{d}{t}$. Cuando una persona habla, se producen ondas sonoras. Las ondas sonoras se alejan de su fuente y, por lo tanto, tienen rapidez.

10. Delaney grita y escucha un eco. El sonido se reflejó desde un edificio que está a 680 m de distancia. Si la rapidez del sonido es 340 m/s, ¿cuánto tiempo pasó entre el grito de Delaney y el momento en el que escuchó el eco?

A. 1 segundo
B. 2 segundos
C. 4 segundos
D. 8 segundos

CAÍDA LIBRE

La aceleración es un cambio en velocidad. Indica si algo se acelera o se desacelera. El siguiente diagrama muestra un objeto en caída libre. Conforme el tiempo transcurrido aumenta, la distancia que recorre el objeto por segundo también aumenta. Debido a la fuerza de gravedad, cuando se deja caer un objeto, su aceleración es constante a 9.8 metros por segundo cuadrado (m/s^2). La velocidad de un objeto que se deja caer aumenta a una tasa que es proporcional a la cantidad de tiempo que cae. Una ecuación para expresar esto es $v = gt$, donde v representa la velocidad, g es una constante igual a 9.8 m/s^2 y t representa el tiempo.

0 segundos

1 segundo

2 segundos

3 segundos

11. ¿Cuál es la velocidad del bloque a los 3 segundos?

    A. 3 m/s en dirección descendente
    B. 3.26 m/s en dirección descendente
    C. 9.8 m/s en dirección descendente
    D. 29.4 m/s en dirección descendente

12. ¿Cuál será la velocidad del bloque a los 4 segundos, comparada con su velocidad a los 3 segundos, si continúa en caída libre?

    A. Será la misma.
    B. Habrá aumentado a 39.2 m/s en dirección descendente.
    C. Habrá aumentado 2.5 m/s en dirección descendente.
    D. Habrá aumentado 29.4 m/s en dirección descendente.

CAMBIO EN VELOCIDAD

La velocidad es una medida de la tasa a la cual un objeto cambia de posición en una dirección dada. La aceleración es el cambio en la velocidad con el transcurso del tiempo. La fórmula que se usa para calcular la aceleración es $\frac{(v_2 - v_1)}{t}$; es decir, la diferencia entre la velocidad final y la velocidad inicial dividida entre el tiempo. Cuando un objeto desacelera, la aceleración es negativa. La aceleración negativa se conoce como desaceleración.

Se coloca una cámara para que tome una fotografía automáticamente cada segundo de un objeto que se mueve en línea recta. Las fotografías individuales obtenidas se combinan para formar el diagrama de puntos que se muestra a continuación. En este diagrama de puntos, la distancia entre los puntos representa el cambio en la posición del objeto con el transcurso del tiempo, segundo a segundo. Cada una de las pequeñas líneas del diagrama representa una distancia de 1 metro. Por lo tanto, cuanto mayor es la distancia entre los puntos en cada intervalo de un segundo, mayor es la velocidad del objeto.

13. ¿Cuál de los siguientes enunciados describe el movimiento del objeto durante el intervalo M?

    A. Se mueve a una velocidad constante de 1 m/s hacia la derecha.
    B. Se acelera a una tasa de 1 m/s^2 hacia la derecha.
    C. Se acelera a una tasa de 1 m/s^2 desde una posición detenida.
    D. Su velocidad y su aceleración son 1 m/s hacia la derecha.

14. ¿Cuál de los siguientes enunciados describe el movimiento del objeto durante el intervalo N?

    A. Se desplaza a una velocidad constante de 11 m/s.
    B. Se acelera a una tasa de 1 m/s^2 hacia la derecha.
    C. Se acelera a una tasa de 3 m/s^2 hacia la derecha.
    D. Se desacelera a una tasa de 1 m/s^2 hacia la izquierda.

UNIDAD 2

Lección de alto impacto: Aplicar fórmulas

Usar con el *Libro del estudiante*, págs. 62–65.

TEMAS DE CIENCIAS: P.b.2, P.b.3, P.c.3
PRÁCTICA DE CIENCIAS: SP.1.a, SP.1.b, SP.3.b, SP.6.b, SP.6.c, SP.7.a, SP.7.b

1 Repasa la destreza

Los científicos usan **fórmulas** y **ecuaciones científicas** para describir cómo se relacionan diferentes cantidades físicas, llamadas **variables**. Estas fórmulas se basan en la teoría científica y se usan para explicar procesos naturales. Para usar una fórmula científica, primero debes comprender cómo interpretar símbolos, tales como superíndices, subíndices, constantes, coeficientes y variables. Posteriormente, deberás poder interpretar el significado de la fórmula.

Para determinar el significado de una fórmula o ecuación, define cada uno de los símbolos que contiene. Por ejemplo, en la fórmula $F = ma$, F representa la fuerza en newtons (N), m representa la masa en kilogramos (kg), y a representa la aceleración en metros por segundo cuadrado (m/s^2). Esta fórmula puede leerse como "fuerza es igual a masa multiplicada por aceleración". Si conoces dos de las tres variables de esta fórmula, puedes calcular la variable desconocida. Por ejemplo, si te dan los valores de fuerza y masa, puedes reorganizar la fórmula para calcular la aceleración: $a = \dfrac{F}{m}$.

En la prueba de Ciencias de GED® se espera que apliques fórmulas científicas para resolver problemas. Es posible que te encuentres con preguntas que pidan que calcules el valor de una variable, dados los valores de otras variables. También te pueden pedir que expliques cómo se relacionan las variables según una fórmula o ecuación científica.

2 Perfecciona la destreza

a Lee el pasaje para averiguar las definiciones científicas de potencia y trabajo. ¿De qué manera un aumento del trabajo afectaría la potencia?

b Examina la fórmula de la potencia. Piensa en lo que ocurre con la potencia cuando la cantidad de trabajo cambia. Luego piensa lo que sucede con la potencia cuando cambia la cantidad de tiempo.

Lee cada una de las opciones de respuesta y compáralas con la fórmula de la potencia. Elimina las respuestas que no coincidan con la fórmula. La respuesta correcta es **B**.

Substituye la fórmula del trabajo en la de la potencia para obtener $P = \dfrac{Fd}{t}$. Para aislar F en un lado de la ecuación, divide ambos lados por d y multiplica ambos lados por t. La respuesta correcta es **C**.

MEDIR POTENCIA Y TRABAJO

a Los fabricantes de automóviles evalúan el rendimiento del motor en términos de potencia. Le otorgan a cada tipo de motor una potencia nominal que describe cuánto trabajo puede hacer el motor en cierto periodo de tiempo. Los ingenieros y científicos definen potencia con la fórmula $P = \dfrac{W}{t}$ donde P representa la potencia, W representa el trabajo y t representa el tiempo.

b En ciencias, el trabajo se define como la fuerza multiplicada por el desplazamiento. Entonces, la cantidad de trabajo que hace el motor de un automóvil es igual a la fuerza proporcionada por el motor para mover ese automóvil una cierta distancia. La fórmula de trabajo es $W = Fd$, donde F representa la fuerza y d la distancia.

1. Según la fórmula de potencia, ¿cuál de las siguientes opciones describe con exactitud cómo se relaciona la potencia con el trabajo y el tiempo?

   A. La potencia aumenta cuando la cantidad de trabajo permanece igual y la cantidad de tiempo aumenta.
   B. La potencia aumenta cuando la cantidad de trabajo permanece igual y la cantidad de tiempo disminuye.
   C. La potencia disminuye cuando la cantidad de tiempo permanece igual y la cantidad de trabajo aumenta.
   D. La potencia disminuye cuando la cantidad de tiempo disminuye y la cantidad de trabajo permanece igual.

2. Te dan los resultados de una prueba de motor. Los datos incluyen potencia, trabajo y desplazamiento. ¿Qué fórmula puedes usar para calcular la fuerza?

   A. $F = \dfrac{P}{td}$

   B. $F = \dfrac{Pd}{t}$

   C. $F = \dfrac{Pt}{d}$

   D. $F = \dfrac{td}{P}$

INSTRUCCIONES: Estudia la información, lee cada pregunta y elige la **mejor** respuesta.

GRAVEDAD DE OBJETOS EN EL ESPACIO

Rafael y Tamira están programando un videojuego ambientado en el espacio exterior. El juego incluye planetas, lunas, asteroides y naves espaciales. Quieren que su juego sea lo más realista posible, por lo que han incorporado la fórmula científica para la fuerza de gravedad:

$$F = \frac{Gm_1 m_2}{r^2}$$

En esta fórmula, G es la constante gravitacional universal, $\frac{6.67408 \times 10^{-11} \times m_3}{kg \cdot s^2}$, m_1 y m_2 son las masas de dos objetos diferentes y r es la distancia entre ellos. Usar la fórmula los ayudará a determinar qué tan fuertemente se atraen diferentes pares de objetos entre sí por la fuerza de gravedad. Debido a que las masas de los objetos se dividen por el cuadrado de la distancia entre ellos, la fuerza de gravedad disminuye más rápidamente al aumentar la distancia. Por el contrario, la fuerza de gravedad aumenta rápidamente al disminuir la distancia.

En cada par de objetos, el equipo debe identificar sus masas y la distancia entre ellos. La tabla muestra algunos de los datos que usan para definir los objetos de su juego:

OBJETOS EN EL ESPACIO

Escenario	Objetos	m_1 (kg)	m_2 (kg)	Distancia (km)
1	2 naves	11,000	11,000	80
2	2 asteroides	14,000	14,000	60
3	1 nave 1 asteroide	11,000	14,000	80
4	1 nave 1 asteroide	11,000	14,000	60

3. ¿En qué escenario es mayor la fuerza de gravedad entre los dos objetos?

   A. Escenario 1
   B. Escenario 2
   C. Escenario 3
   D. Escenario 4

4. ¿Cuál de las siguientes opciones permite hallar m_2?

   A. $m_2 = \frac{r^2 F}{Gm_1}$

   B. $m_2 = \frac{FGr^2}{m_1}$

   C. $m_2 = \frac{r^2}{FGm_1}$

   D. $m_2 = \frac{Gm_1}{Fr^2}$

5. ¿Qué sucede con la fuerza de gravedad entre dos objetos a medida que la distancia entre ellos se reduce gradualmente hasta acercarse a cero?

   A. Disminuye a cero.
   B. Permanece estable.
   C. Se fortalece.
   D. Se debilita.

INSTRUCCIONES: Estudia la información, lee cada pregunta y elige la **mejor** respuesta.

LA PRODUCCIÓN DE AMONÍACO

Si alguna vez usaste una solución limpiadora de cristales, es probable que estés familiarizado con el olor a amoníaco. Este compuesto químico se usa en una variedad de productos de limpieza, pero la mayor parte del amoníaco producido comercialmente se usa como fertilizante para cultivos. Esto se debe a que el amoníaco contiene una forma de nitrógeno que es un nutriente vegetal vital.

La producción de amoníaco implica combinar gas nitrógeno (N_2) con gas hidrógeno (H_2). Esta reacción se muestra en la siguiente ecuación química balanceada.

$$N_2 + 3H_2 \rightarrow 2NH_3$$

6. **¿Cuál de las siguientes** opciones describe con exactitud la ecuación química?

   A. Dos moléculas de nitrógeno sumadas a dos moléculas de hidrógeno producen tres moléculas de amoníaco.
   B. Dos moléculas de nitrógeno sumadas seis moléculas de hidrógeno producen seis moléculas de amoníaco.
   C. Una molécula de nitrógeno sumadas a tres moléculas de hidrógeno produce dos moléculas de amoníaco.
   D. Una molécula de nitrógeno sumadas a tres moléculas de hidrógeno produce tres moléculas de amoníaco.

7. Cuando el amoníaco reacciona con el oxígeno (O_2), forma ácido nítrico (HNO_3) y agua (H_2O). ¿Cuál de las siguientes opciones es una ecuación química balanceada que muestra esta reacción?

   A. $NH_3 + 3O_2 \rightarrow 2HNO_3 + H_2O$
   B. $NH_3 + O_2 \rightarrow HNO_3 + H_2O$
   C. $NH_3 + 3O_2 \rightarrow HNO_3 + 3H_2O$
   D. $NH_3 + 2O_2 \rightarrow HNO_3 + H_2O$

Comprender los diagramas vectoriales

Usar con el *Libro del estudiante,* págs. 66–67.

TEMA DE CIENCIAS: P.b.2
PRÁCTICAS DE CIENCIAS: SP.1.a, SP.1.b, SP.1.c, SP.3.a, SP.7.a, SP.7.b, SP.8.a

1 *Repasa la destreza*

En los **diagramas vectoriales** se usan flechas para representar fuerzas. El tamaño (generalmente, la longitud) de la flecha representa la magnitud de la fuerza. El sentido de la flecha indica el sentido en el cual actúa la fuerza. **Comprender los diagramas vectoriales** te permite determinar la magnitud y el sentido de la fuerza neta que actúa sobre un objeto.

2 *Perfecciona la destreza*

Al perfeccionar la destreza de comprender los diagramas vectoriales, mejorarás tus capacidades de estudio y evaluación, especialmente en relación con la prueba de Ciencias de GED®. Estudia la información y el diagrama que aparecen a continuación. Luego responde las preguntas.

FUERZAS NETAS Y VECTORES

La primera ley del movimiento de Newton establece que un objeto en reposo tiende a permanecer en reposo y que un objeto en movimiento tiende a permanecer en movimiento (con una velocidad constante), a menos que actúe sobre él una fuerza desbalanceada. Una fuerza desbalanceada es aquella que no está balanceada (o cancelada) por otra fuerza u otras fuerzas.

El siguiente diagrama muestra dos objetos que están bajo la acción de más de una fuerza. Las flechas vectoriales del diagrama indican los sentidos y las magnitudes de las fuerzas que actúan sobre los objetos. Cada flecha también está rotulada para indicar la magnitud de la fuerza en newtons (N). Si las fuerzas no se cancelan mutuamente, entonces la fuerza neta resultante es una fuerza desbalanceada que moverá al objeto.

a El pasaje explica que los objetos pueden estar sujetos a más de una fuerza a la vez. Cada una de estas fuerzas individuales está representada por una flecha distinta en un diagrama vectorial.

b Las preguntas te piden que halles la fuerza neta. La fuerza neta es la suma de todas las fuerzas que actúan sobre un objeto. Para hallar las fuerzas netas, halla las diferencias entre las fuerzas que actúan en sentidos opuestos.

Objeto A   Objeto B

HACER SUPOSICIONES

Puedes suponer que los procesos y las fuerzas descritos en una situación se aplican a otras situaciones parecidas. Hacer estas suposiciones te permite aplicar los conceptos ya conocidos a nuevas situaciones.

1. ¿Cuál es la fuerza neta que actúa sobre el objeto A?

  A. 1,000 N hacia arriba
  B. 1,575 N hacia abajo
  C. 425 N hacia arriba
  D. 575 N hacia abajo

2. ¿Cuál es la fuerza neta que actúa sobre el objeto B?

  A. 250 N hacia la izquierda
  B. 50 N hacia la izquierda
  C. 150 N hacia abajo
  D. 150 N hacia arriba

⭐ Ítem en foco: MENÚ DESPLEGABLE

INSTRUCCIONES: Estudia el diagrama. Luego lee el pasaje incompleto que aparece a continuación. Usa información del diagrama para completar el pasaje. En cada ejercicio con menú desplegable, elige la opción que **mejor** complete la oración.

FUERZAS DESBALANCEADAS Y VECTORES

5 N   15 N

3. El diagrama ilustra fuerzas desbalanceadas que actúan sobre una pelota de básquetbol. Las fuerzas no están balanceadas porque no son iguales entre sí. Como las fuerzas actúan en sentidos opuestos, la fuerza neta es igual a la diferencia entre las dos. Como resultado de las fuerzas desbalanceadas, la pelota de básquetbol se moverá en el sentido de la fuerza más potente. Las flechas del diagrama vectorial muestran una fuerza neta de [3. Menú desplegable 1] sobre la pelota de básquetbol. Como resultado de esa fuerza neta, la pelota de básquetbol se moverá [3. Menú desplegable 2]. Si la fuerza de 5 N tuviera el doble de magnitud, una fuerza neta de [3. Menú desplegable 3] actuaría sobre la pelota de básquetbol.

Opciones de respuesta del menú desplegable

3.1 A. 5 N hacia la derecha
B. 5 N hacia la izquierda
C. 10 N hacia la izquierda
D. 15 N hacia la derecha

3.2 A. hacia arriba
B. hacia abajo
C. hacia la derecha
D. hacia la izquierda

3.3 A. 5 N hacia la izquierda
B. 10 N hacia la derecha
C. 25 N hacia la izquierda
D. 20 N hacia la derecha

INSTRUCCIONES: Estudia el diagrama y la información, lee la pregunta y elige la **mejor** respuesta.

MAGNETISMO: FUERZA A DISTANCIA

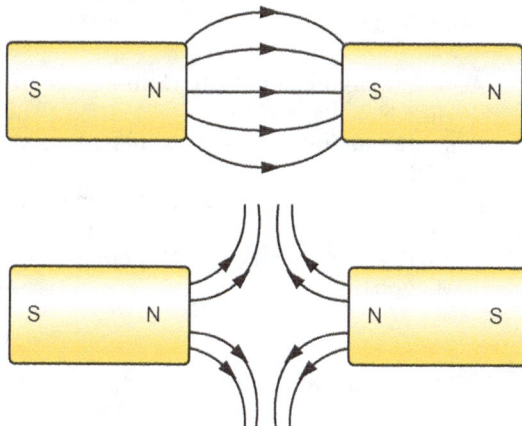

El magnetismo es un ejemplo de una fuerza que puede actuar a distancia. Los imanes tienen dos polos, donde se concentran las líneas de fuerza. Estos polos se llaman "norte" y "sur". Las flechas del diagrama vectorial muestran las direcciones y las magnitudes de las fuerzas magnéticas que interaccionan cuando los polos de dos imanes se juntan.

4. ¿Qué demuestra el diagrama vectorial?

A. Los polos magnéticos iguales se atraen.
B. Los polos magnéticos iguales se repelen.
C. Los imanes siempre se repelen.
D. Los imanes siempre se atraen.

INSTRUCCIONES: Estudia la información y el diagrama, lee cada pregunta y elige la **mejor** respuesta.

INSTRUCCIONES: Estudia la información y el diagrama, lee cada pregunta y elige la **mejor** respuesta.

FRICCIÓN Y VECTORES

La fricción es la resistencia que se produce cuando se frotan dos objetos entre sí. La fuerza de fricción entre un objeto y una superficie se puede calcular mediante la ecuación $F = \mu m$, donde F es la fuerza que causa la fricción (expresada en newtons), μ es una constante que varía según la sustancia y m es la masa del objeto.

Para mover un objeto que está en contacto con una superficie, la fuerza que se ejerce sobre el objeto debe ser mayor que la fuerza de fricción entre el objeto y la superficie. El siguiente diagrama muestra una caja de madera apoyada sobre un piso de hormigón. La masa de la caja es 50 kg y μ es 0.62. La fuerza de fricción se muestra mediante la flecha vectorial a la izquierda.

Fuerza de fricción de 31 N — Fuerza necesaria para empujar la caja

5. ¿Cuál de las siguientes ecuaciones describe correctamente la fuerza de fricción que se muestra en el diagrama?

A. $F = \dfrac{50\ kg}{0.62}$

B. $F = 31\ kg \cdot \mu$

C. $F = 0.62 \cdot 50\ kg$

D. $50\ kg = F \cdot 0.62$

6. ¿Cuál es la fuerza mínima que permitiría que la caja comenzara a moverse sobre el piso, hacia la derecha?

A. 0 N

B. 10 N

C. 30 N

D. 32 N

7. Si el piso se humedeciera e hiciera que el valor de μ se redujera a 0.2, ¿cuál sería el resultado?

A. Se necesitaría más fuerza para mover la caja.

B. Se necesitaría menos fuerza para mover la caja.

C. La masa de la caja aumentaría.

D. La masa de la caja disminuiría.

FUERZAS Y VECTORES

Una fuerza es un empuje o una tracción aplicada a un objeto que se produce como resultado de la interacción de ese objeto con otro. Una fuerza se puede medir en newtons (N) y se puede describir por su magnitud y su dirección.

La fuerza neta que actúa sobre un objeto es la suma de todas las fuerzas que actúan sobre él. Las fuerzas balanceadas se cancelan mutuamente porque son iguales y actúan en sentidos opuestos. Las fuerzas desbalanceadas también actúan en sentidos opuestos pero no son iguales. Las flechas del diagrama vectorial muestran las fuerzas que actúan sobre un carrito.

Fuerza desde el suelo que empuja hacia arriba

Fuerza de la fricción

Fuerza de una persona que tira del carrito

Fuerza de gravedad

8. ¿Cuál de los siguientes enunciados describe la fuerza que empuja al carrito desde el suelo y la fuerza de gravedad?

A. Son fuerzas balanceadas.

B. Son fuerzas desbalanceadas.

C. La fuerza hacia arriba es más fuerte.

D. La fuerza hacia abajo es más fuerte.

9. Imagina que el carrito se mueve hacia la derecha. ¿Cuál podría ser la fuerza de fricción ejercida sobre el carrito y la fuerza de tracción que se aplica al carrito?

A. fuerza de fricción de 10 N, fuerza de tracción de 5 N

B. fuerza de fricción de 25 N, fuerza de tracción de 15 N

C. fuerza de fricción de 25 N, fuerza de tracción de 20 N

D. fuerza de fricción de 15 N, fuerza de tracción de 20 N

INSTRUCCIONES: Estudia la información y el diagrama, lee cada pregunta y elige la **mejor** respuesta.

LA FUERZA DE GRAVEDAD

La segunda ley de movimiento de Newton establece que la fuerza que actúa sobre un objeto es igual a la masa del objeto por su aceleración, es decir $F = ma$. Esta ecuación se puede usar para calcular la aceleración de un objeto cuando una fuerza actúa sobre él: $a = \frac{F}{m}$. Newton también calculó la aceleración de un objeto debida a la gravedad de la Tierra en 9.8 metros por segundo elevado al cuadrado (m/s^2).

El siguiente diagrama muestra dos meteoroides que caen hacia la superficie de la Luna. Ambos tienen el mismo tamaño, quedaron bajo la influencia de la gravedad de la Luna al mismo tiempo y están cayendo en rutas paralelas, pero el meteoroide X tiene una masa de 25 kilogramos (kg) y el meteoroide Y tiene una masa de 50 kg. La Luna tiene un sexto de la masa de la Tierra; por lo tanto, la aceleración producida por la gravedad en la Luna es 1.6 m/s^2.

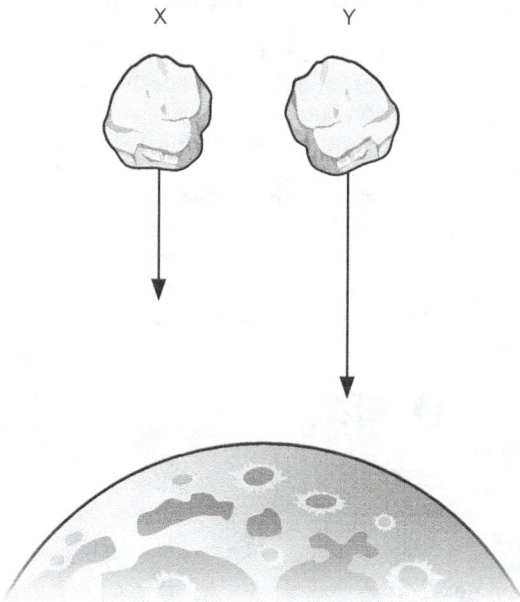

10. ¿Qué representan las flechas del diagrama vectorial?

   A. la velocidad
   B. la fuerza
   C. la aceleración
   D. la masa

11. ¿Qué sucederá cuando los meteoroides impacten en la superficie de la Luna?

   A. El meteoroide Y impactará primero y con la misma fuerza que el meteoroide X.
   B. El meteoroide Y impactará primero y con más fuerza que el meteoroide X.
   C. Ambos impactarán al mismo tiempo, pero el meteoroide Y impactará con más fuerza.
   D. Ambos impactarán al mismo tiempo y con la misma fuerza.

INSTRUCCIONES: Estudia la información y el diagrama, lee cada pregunta y elige la **mejor** respuesta.

FUERZAS IGUALES Y OPUESTAS

Según la tercera ley de movimiento de Newton, para cada fuerza de acción hay una fuerza de reacción igual y opuesta. Esto significa que si un objeto aplica una fuerza sobre un segundo objeto, el segundo objeto aplica una fuerza igual y opuesta sobre el primer objeto. Esto también significa que las fuerzas siempre se dan en pares; cada una actúa sobre solo uno de los objetos que interctúan.

El diagrama muestra a una persona que empuja una caja grande. Las flechas F1 y F2 representan los vectores de fuerzas que son iguales en intensidad y actúan en direcciones opuestas. Las flechas F3 y F4 también muestran vectores de fuerzas iguales y opuestas. La fuerza hacia atrás aplicada sobre el suelo por los pies de la persona (F3) al empujar la caja es igual pero opuesta en magnitud a la fuerza aplicada sobre los pies de la persona por el suelo que empuja hacia atrás (F4).

12. ¿Qué tiene que suceder para que la caja se mueva?

   A. Las fuerzas deben permanecer balanceadas.
   B. La suma de las fuerzas F3 y F4 debe ser igual a la suma de las fuerzas F1 y F2.
   C. La fuerza F1 tiene que ser mayor que la fuerza F2.
   D. La fuerza F4 tiene que ser mayor que la fuerza F3.

Aplicar leyes científicas

Usar con el *Libro del estudiante,* págs. 68–69.

TEMAS DE CIENCIAS: P.b.1, P.b.2
PRÁCTICAS DE CIENCIAS: SP.1.a, SP.1.b, SP.1.c, SP.3.a, SP.3.c, SP.7.a, SP.7.b, SP.8.b

UNIDAD 2

1 Repasa la destreza

Las **leyes científicas** son enunciados que describen fenómenos naturales. Se basan en observaciones y experimentos repetidos y, con frecuencia, brindan fórmulas matemáticas. Al **aplicar leyes científicas**, puedes usar estos enunciados o fórmulas matemáticas para predecir o analizar los fenómenos que describen.

Una ley científica implica y supone una relación universal de causa y efecto. Es decir, las leyes siempre deben aplicarse bajo el mismo conjunto de condiciones, sin importar si esas condiciones ocurren aquí en la Tierra o en algún otro sitio del universo.

2 Perfecciona la destreza

Al perfeccionar la destreza de aplicar leyes científicas, mejorarás tus capacidades de estudio y evaluación, especialmente en relación con la prueba de Ciencias de GED®. Estudia la información y el diagrama que aparecen a continuación. Luego responde las preguntas.

APLICAR LA SEGUNDA LEY DE NEWTON

a El pasaje brinda información sobre cómo aplicar la segunda ley de movimiento de Newton para hacer determinaciones sobre peso y masa.

La masa es una medida de la cantidad de materia que hay en un objeto, mientras que el peso es una medida de la fuerza de atracción que produce la gravedad sobre un objeto. La relación entre la masa y el peso se puede demostrar aplicando la segunda ley de movimiento de Newton. Como el peso es la fuerza de gravedad que actúa sobre un objeto, se puede expresar en una variación de la ecuación $F = ma$ como $w = mg$, donde w es el peso en newtons (N), m es la masa en kilogramos (kg) y g es la aceleración provocada por la fuerza de gravedad en metros por segundo al cuadrado (m/s²). Usando esta fórmula, el peso de una masa de 1 kg sobre la Tierra se puede calcular como se muestra en el diagrama que aparece a continuación. Recuerda que g en la superficie de la Tierra es siempre aproximadamente 9.8 m/s².

b Razona críticamente sobre las leyes científicas. La masa es la cantidad de materia que hay en un objeto. La masa de un objeto es la misma, aunque haya cambios en la temperatura, en la forma o en la posición en el espacio que tiene un objeto.

Superficie de la Tierra

1 kg

g = aceleración producida por la gravedad

peso = masa × aceleración producida por la gravedad (g)
= 1 kg × 9.8 m/s²
= 9.8 N

CONSEJO PARA EL USO DE COMPUTADORA

Mientras realizas la prueba de GED®, usa la función de la calculadora para hacer cálculos antes de mirar las opciones de respuesta. Luego busca el mismo resultado en las opciones de respuesta.

1. ¿Cuál es la masa de una roca que pesa 637 N?

   A. 63.7 kg
   B. 6.5 kg
   C. 637 kg
   D. 65 kg

2. En el planeta Mercurio, la aceleración producida por la gravedad es 3.7 m/s². ¿Cuál sería la masa de esa misma roca en Mercurio?

   A. 65 kg
   B. 6.5 kg
   C. 637 kg
   D. 63.7 kg

INSTRUCCIONES: Estudia la información y el diagrama, lee cada pregunta y elige la **mejor** respuesta.

APLICAR LA LEY DE CONSERVACIÓN DE MOMENTO

El momento se define como la masa de un objeto multiplicada por la velocidad del objeto, es decir $p = mv$, donde p es el momento, m es la masa y v es la velocidad en metros por segundo (m/s). La ley de conservación de momento establece que dentro de un sistema, el momento se mantiene constante.

Incluso si el momento total de un sistema se mantiene constante, el momento de las partes individuales de un sistema puede cambiar. La fórmula del cambio en el momento es $Ft = mv$. Esto significa que el momento que imparte una fuerza sobre un objeto es proporcional a la fuerza (F) multiplicada por el lapso de tiempo que se aplica la fuerza (t).

El diagrama muestra una fuerza que se aplica a un objeto que no está en movimiento.

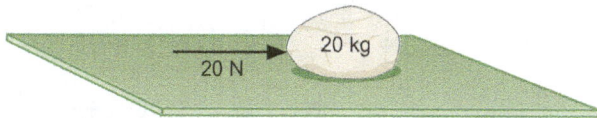

3. ¿Qué cantidad no está directamente relacionada con la determinación del momento o del cambio del momento del objeto?

   A. la distancia que se mueve el objeto, en metros
   B. la magnitud de la fuerza aplicada al objeto, en newtons
   C. la cantidad de tiempo durante la cual se aplica la fuerza al objeto, en segundos
   D. la masa del objeto, en kilogramos

4. ¿Cuál es la velocidad del objeto después de aplicar una fuerza de 20 N durante 5 segundos?

   A. 2 m/s hacia la derecha
   B. 5 m/s hacia la derecha
   C. 10 m/s hacia la derecha
   D. 100 m/s hacia la derecha

5. ¿Cuál será el momento del objeto después de aplicar una fuerza durante 5 segundos?

   A. 4 kg • m/s hacia la derecha
   B. 20 kg • m/s hacia la derecha
   C. 100 kg • m/s hacia la derecha
   D. 100 kg • m/s hacia la izquierda

INSTRUCCIONES: Estudia la información y la gráfica, lee cada pregunta y elige la **mejor** respuesta.

CAMBIO EN EL MOMENTO

La primera ley de Newton se puede enunciar en función del momento: un objeto en reposo tiene un momento igual a cero y conservará ese momento, a menos que una fuerza actúe sobre él. Un objeto en movimiento tiene un momento dado por $p = mv$ y conservará ese momento, a menos que una fuerza actúe sobre él. El efecto de una fuerza depende de otros factores además de la magnitud de la fuerza. También depende de la cantidad de tiempo que se aplica la fuerza. El multiplicar el tiempo por la magnitud promedio de la fuerza aplicada da como resultado el cambio en el momento por unidad de tiempo, o impulso.

La gráfica muestra cómo cambia el momento de un objeto de 2.5 kg con respecto al tiempo a medida que se aplica una fuerza constante.

6. ¿Cuál es el momento del objeto a 1 segundo?

   A. +2.5 kg • m/s
   B. +25 kg • m/s
   C. −2.5 kg • m/s
   D. −25 kg • m/s

7. ¿Cuál es la rapidez del objeto a 0.5 segundos?

   A. +12.5 m/s
   B. +10.0 m/s
   C. +6.0 m/s
   D. +4.0 m/s

8. ¿Qué representa la línea en la gráfica?

   A. el impulso
   B. la fuerza
   C. el momento
   D. el tiempo

INSTRUCCIONES: Estudia la información y el diagrama, lee cada pregunta y elige la **mejor** respuesta.

MOMENTO Y LA TERCERA LEY DE MOVIMIENTO

Aunque la conservación de momento está implícita en las tres leyes de movimiento, la tercera ley de movimiento es quizás la que mejor la representa: siempre que dos objetos ejercen una fuerza uno sobre el otro, las fuerzas son iguales en magnitud y opuestas en dirección. ¿Eso significa que nada sucede? Observa el ejemplo que aparece a continuación.

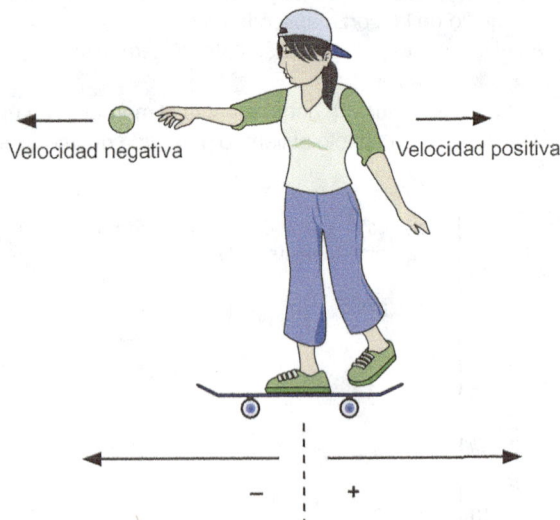

Velocidad negativa   Velocidad positiva

−   +

Una patinadora que sostiene una pelota está parada sobre una patineta detenida. En este punto, su velocidad y la de la pelota son cero. Por lo tanto, el momento del sistema es cero. La masa de la pelota es 1 kg. La patinadora arroja la pelota en sentido recto hacia la izquierda. La velocidad de la pelota es 20 m/s hacia la izquierda, es decir, −20 m/s. Después de arrojar la pelota, la masa combinada de la patinadora y la patineta es 40 kg. Si usas la ecuación del momento, $p = mv$, e ignoras el efecto de la fricción, puedes hacer determinaciones sobre el sistema.

9. ¿Cuál es el momento total de este sistema después de que la patinadora arrojó la pelota?

   A. +20 kg • m/s
   B. −20 kg • m/s
   C. 0
   D. −25 kg • m/s

10. ¿Cuál es el momento de la patinadora y de la patineta mientras se mueve la pelota?

    A. 0 kg • m/s
    B. −5 kg • m/s
    C. −10 kg • m/s
    D. +20 kg • m/s

11. ¿Cuál es la velocidad de la patinadora y de la patineta mientras se mueve la pelota?

    A. +0.5 m/s
    B. −0.5 m/s
    C. +20 m/s
    D. −20 m/s

INSTRUCCIONES: Estudia la información y el diagrama, lee cada pregunta y elige la **mejor** respuesta.

LAS LEYES DE MOVIMIENTO EN ACCIÓN

El diagrama muestra una cinta transportadora que se usa en una planta de envíos. La cinta prácticamente no produce fricción, lo que hace que sea más fácil mover paquetes pesados de un lugar a otro. El paquete A estaba colocado sobre la cinta transportadora sin movimiento cuando alguien colocó el paquete B sobre la cinta y le dio un fuerte empujón. El paquete B rápidamente colisionó con el paquete A. Después de la colisión, los paquetes tenían una masa combinada total de 10 kg. Recuerda que la ecuación que determina el momento es $p = mv$, donde p es el momento, m es la masa y v es la velocidad.

Velocidad después de la colisión: +2.5 m/s

12. ¿Cuál es la masa del paquete B?

    A. 10 kg
    B. 2 kg
    C. 16 kg
    D. 30 kg

13. ¿Cuál era la velocidad del paquete B a medida que se movía hacia el paquete A?

    A. +2.5 m/s
    B. +0 m/s
    C. +25 m/s
    D. +12.5 m/s

FÍSICA DE LA MOTOCICLETA

La fuerza promedio se puede calcular multiplicando la masa de un objeto por su cambio de velocidad y dividiendo ese resultado entre el intervalo de tiempo durante el cual se produjo la fuerza. En el caso de las colisiones, el cambio de velocidad es la diferencia entre la velocidad de un objeto cuando está en movimiento y su velocidad cuando se detiene debido a la colisión ($v - 0$) y el intervalo de tiempo es la cantidad de tiempo que tardó el objeto en detenerse por completo después de la colisión. Por lo tanto, se puede usar la siguiente ecuación para hallar la fuerza promedio que actúa sobre un objeto en una colisión:

$$F_{promedio} = \frac{mv}{t}$$

En el diagrama de una prueba de choque de una motocicleta que aparece a continuación, una motocicleta de 247 kg con un motociclista se desplaza a una velocidad de 21 m/s.

Antes   **Después**

v = 21 m/s; m = 247 kg

14. ¿Cuál es el momento de la motocicleta en movimiento?

   A. +21 kg • m/s
   B. +210 kg • m/s
   C. +51,870 kg • m/s
   D. +5,187 kg • m/s

15. Si la motocicleta choca contra una pared y se detiene en un intervalo de tiempo de 0.05 segundos, ¿cuál es la fuerza promedio que actúa sobre la motocicleta?

   A. 5,187 N
   B. 10,374 N
   C. 103,740 N
   D. 51,870 N

16. Mientras la motocicleta de 247 kg está en movimiento, una motocicleta con una masa de 105 kg la sigue, a una velocidad de 50 m/s. ¿Cuál es la diferencia entre su momento y el de la motocicleta más grande?

   A. Es apenas mayor.
   B. Es casi dos veces mayor.
   C. Es el mismo.
   D. Es apenas menor.

CINTURONES DE SEGURIDAD EN ACCIÓN

El efecto de usar un cinturón de seguridad se puede calcular a partir de la segunda ley de Newton: $F = ma$. Cuando un carro que viaja a 90 kilómetros por hora (km/h), o 25 m/s, se detiene repentinamente, aunque el carro ha dejado de moverse hacia adelante, el conductor continúa moviéndose hacia adelante a 90 km/h. A menos que esté sostenido por un cinturón de seguridad, una bolsa de aire, o ambos, es probable que el conductor muera o resulte gravemente herido al colisionar con el interior del carro, principalmente con el parabrisas.

Supongamos que un carro colisiona con una barrera y se detiene de repente. La velocidad del carro justo antes del impacto era 25 m/s. La masa del conductor es 60 kg. La bolsa de aire se despliega y el cinturón de seguridad y la bolsa de aire detienen el movimiento hacia adelante del conductor a los 0.5 segundos. El cambio en el momento del carro se puede expresar como la fuerza promedio del carro. Recuerda que la fuerza promedio de un objeto se determina con esta fórmula:

$$F_{promedio} = \frac{mv}{t}$$

17. ¿Cuál es la fuerza promedio que el cinturón de seguridad y la bolsa de aire aplican al conductor?

   A. 3,000 N
   B. 4,500 N
   C. 5,400 N
   D. 10,800 N

18. Si el conductor no hubiera estado usando el cinturón de seguridad y si no hubiera habido una bolsa de aire, el parabrisas habría detenido el movimiento hacia adelante del conductor en 0.002 segundos. ¿Qué fuerza promedio habría ejercido el parabrisas sobre el conductor?

   A. 75,000 N
   B. 108,000 N
   C. 750,000 N
   D. 2,700,000 N

19. ¿Por qué el impacto de la colisión habría sido tanto mayor sin el cinturón de seguridad y la bolsa de aire?

   A. La fuerza promedio se habría aplicado durante un período más largo.
   B. La fuerza promedio se habría aplicado durante un período más corto.
   C. El conductor habría recorrido una distancia menor antes de detenerse.
   D. El conductor habría colisionado con una superficie más pequeña.

UNIDAD 2

Acceder a los conocimientos previos

Usar con el *Libro del estudiante,* págs. 70–71.

TEMA DE CIENCIAS: P.b.3
PRÁCTICAS DE CIENCIAS: SP.1.a, SP.1.b, SP.1.c, SP.3.b, SP.7.b, SP.8.b

1 Repasa la destreza

Piensa en todos los temas sobre los que sabes algo. Por ejemplo, podrías saber sobre razas de perros o sobre el mantenimiento de rutina de los carros. Adquieres conocimiento a través de las experiencias de aprendizaje formal y de los sucesos diarios. Todo lo que ya sabes sobre un tema se llama **conocimientos previos**.

Los conocimientos previos son muy útiles cuando estás aprendiendo algo nuevo. Al **acceder a los conocimientos previos**, se hace más fácil aprender porque estás sumando información a lo que ya sabes.

2 Perfecciona la destreza

Al perfeccionar la destreza de acceder a los conocimientos previos, mejorarás tus capacidades de estudio y evaluación, especialmente en relación con la prueba de Ciencias de GED®. Estudia la información y el diagrama que aparecen a continuación. Luego responde las preguntas.

EL TRABAJO Y LAS PALANCAS

Se realiza un trabajo cuando una fuerza mueve un objeto. La cantidad de trabajo que se realiza sobre un objeto es el producto del tamaño (magnitud) de la fuerza multiplicado por la distancia que se mueve el objeto. Las máquinas simples realizan el trabajo más fácilmente reduciendo el tamaño o cambiando la dirección de la fuerza que se necesita para mover un objeto. Un tipo de máquina simple es una palanca. Una palanca es una barra rígida que se mueve alrededor de un fulcro, o punto de apoyo. El objeto que deberá mover la palanca se llama carga o resistencia. Con un tipo de palanca, la fuerza se aplica a un extremo, la carga está en el otro extremo y el fulcro está entre la fuerza y la carga. En la ilustración, se muestra cómo se puede usar un martillo de carpintero como ejemplo de este tipo de palanca.

a Para acceder a los conocimientos previos, piensa más allá de las respuestas convencionales. Si no tienes experiencia con los martillos, ten en cuenta otros dispositivos que se muevan alrededor de un fulcro para hacer un trabajo. Algunos ejemplos son: el balancín, la palanca y los abrebotellas.

b Accede a los conocimientos previos para comprender los términos. Piensa en usar palancas con las cuales estés familiarizado. Visualiza dónde se aplica la fuerza y dónde se ubican la carga y el fulcro para cada palanca.

a

b

Fuerza de entrada

Fuerza de salida

USAR LA LÓGICA

Piensa en lo que sabes a medida que lees las opciones de respuesta para una pregunta de la prueba. Si los conocimientos previos te indican que una opción de respuesta no tiene sentido, puedes eliminarla como posible respuesta correcta.

1. Cuando se usa un martillo de carpintero para extraer un clavo de una tabla, la carga es

   A. la mano.
   B. el mango del martillo.
   C. las uñas del martillo.
   D. el clavo.

2. Tomar el extremo del mango del martillo facilita el trabajo. ¿Por qué?

   A. El martillo se mueve más rápidamente alrededor del fulcro.
   B. La distancia desde el fulcro hasta la carga se alarga.
   C. Se necesita menos fuerza porque la fuerza se aplica sobre una distancia mayor.
   D. La dirección de la fuerza no cambia.

INSTRUCCIONES: Estudia la información, lee el pasaje y la pregunta y elige la **mejor** respuesta.

TRABAJO Y POTENCIA

El trabajo y la potencia son cantidades relacionadas con las fuerzas que se necesitan para mover objetos. Se realiza un trabajo cuando una fuerza mueve un objeto. Expresado en joules (J), la cantidad de trabajo que se realiza se calcula multiplicando la magnitud de la fuerza aplicada por la distancia que se mueve el objeto. La potencia es la tasa a la que se realiza el trabajo. La potencia se expresa en watts (W) y se calcula dividiendo la cantidad de trabajo entre el tiempo que se empleó para realizarlo.

3. La máquina R realiza 8,000 J de trabajo en 10 segundos y la máquina S realiza 16,000 J de trabajo en 5 segundos. ¿Cuál de los siguientes enunciados describe la potencia que ejercen las máquinas?

   A. Cada máquina genera una potencia menor que 800 watts.
   B. La máquina R genera menos potencia que la máquina S.
   C. La máquina R genera más potencia que la máquina S.
   D. Ambas máquinas generan la misma potencia.

INSTRUCCIONES: Estudia la información y la tabla, lee la pregunta y elige la **mejor** respuesta.

VENTAJA MECÁNICA

Las máquinas facilitan el trabajo. La ventaja mecánica es la cantidad de trabajo que facilita una máquina. Cuanto mayor es la ventaja mecánica, más fácil es hacer el trabajo. La ventaja mecánica es una razón entre la magnitud de la fuerza de salida y la magnitud de la fuerza de entrada. En la tabla se muestran los valores correspondientes a la fuerza de entrada y a la fuerza de salida en newtons (N) para cada una de las cuatro máquinas.

Máquina	Fuerza de entrada (N)	Fuerza de salida (N)
A	300	900
B	15	150
C	5	10
D	800	1,000

4. ¿Cuál de las máquinas proporciona la mayor ventaja mecánica?

   A. máquina A
   B. máquina B
   C. máquina C
   D. máquina D

INSTRUCCIONES: Estudia la información y el diagrama, lee cada pregunta y elige la **mejor** respuesta.

PLANOS INCLINADOS

Un plano inclinado es un tipo de máquina simple. Es una superficie plana y en pendiente. Una rampa es un ejemplo de plano inclinado. Empujar un objeto pesado hacia arriba por una rampa es más fácil que levantar el objeto, porque se necesita menos fuerza. Sin embargo, la fuerza se debe aplicar a lo largo de una distancia mayor. Debido a que el Trabajo = fuerza × distancia, el trabajo total realizado al levantar o empujar el objeto por una rampa es el mismo.

Altura = 3 pies

Longitud = 9 pies

5. ¿Cuál de las siguientes oraciones es un enunciado exacto sobre el uso de rampas para mover objetos?

   A. Empujar objetos hacia arriba en rampas más cortas es más fácil que empujar objetos hacia arriba en rampas más largas.
   B. Las rampas se deberían usar para levantar objetos livianos.
   C. Las rampas se pueden usar para elevar objetos que son demasiado pesados y no se pueden levantar.
   D. Para empujar un objeto hacia arriba en una rampa se necesita menos trabajo que para levantar el objeto verticalmente.

6. ¿Qué sucederá si se acorta en dos pies la longitud de la rampa que se muestra en el diagrama?

   A. Se necesitará más fuerza para mover la caja hacia arriba en la rampa.
   B. Se necesitará menos fuerza para mover la caja hacia arriba en la rampa.
   C. Se hará más trabajo cuando se mueva la caja.
   D. Se hará menos trabajo cuando se mueva la caja.

7. ¿Cuál de los siguientes objetos del hogar es **más probable** que se use como plano inclinado?

   A. un martillo de carpintero
   B. una pala de jardín
   C. una escalera
   D. un rodillo de amasar

UNIDAD 2

INSTRUCCIONES: Estudia la información, la tabla y la ilustración. Luego lee cada pregunta y elige la **mejor** respuesta.

VENTAJAS DE USAR POLEAS

Una polea es una máquina simple que generalmente se usa para levantar objetos. Una polea tiene dos partes principales: una cuerda y una rueda con ranura. La cuerda encaja en la ranura de la rueda. Usar una polea puede cambiar la dirección o la cantidad de fuerza que se aplica para mover un objeto. En la tabla que aparece a continuación se muestran las ventajas de los tres tipos principales de poleas. Un aparejo de poleas contiene al menos una polea fija y una polea móvil, como muestra la ilustración.

Tipo de polea	Cambio en la dirección de la fuerza	Cambio en la magnitud de la fuerza
Simple, fija	Sí	No
Móvil	No	Sí
Aparejo de poleas	Sí	Sí

Polea fija

Polea móvil

8. Las poleas móviles no cambian la cantidad de trabajo que se realiza. ¿Cuál de los siguientes enunciados explica por qué?

A. La magnitud de la fuerza que se necesita para mover un objeto es menor, pero la distancia es mayor.

B. Las poleas no producen un cambio en la magnitud ni en el sentido de la fuerza que se usa para mover el objeto.

C. La magnitud de la fuerza que se necesita para mover un objeto es siempre mayor cuando se usa una polea.

D. Cuando se usa una polea para mover un objeto, se necesita más tiempo para realizar el trabajo.

9. ¿Cuál de los siguientes enunciados describe un beneficio de usar poleas?

A. Siempre reducen la magnitud de la fuerza aplicada.

B. Los aparejos de poleas se pueden combinar para hacer poleas móviles.

C. Nunca cambian la dirección de la fuerza aplicada.

D. Algunas poleas te permiten usar tu propio peso para levantar un objeto hacia arriba.

INSTRUCCIONES: Estudia la información y el diagrama, lee la pregunta y elige la **mejor** respuesta.

DESTORNILLADORES

Los destornilladores facilitan la colocación de tornillos. Un destornillador es un tipo de máquina simple que se conoce como rueda y eje. El eje es una barra que atraviesa el centro de la rueda. Como la rueda tiene un radio más grande que el eje, se mueve una distancia mayor que el eje. Una pequeña fuerza que se aplica a la rueda se convierte en una gran fuerza aplicada al eje.

Rueda

Eje

10. ¿Cuál de los siguientes enunciados describe de qué manera funcionan las ruedas y los ejes como máquinas simples?

A. Aumentan la magnitud de la fuerza que se necesita para rotar un objeto.

B. Cambian la dirección de la fuerza que se necesita para realizar un trabajo.

C. Reducen la distancia que se necesita para hacer el trabajo.

D. Aumentan la fuerza de salida aplicada para rotar un objeto.

REALIZAR TRABAJO

A ◄— Longitud = 5 metros —► B

11. Imagina que la persona que se muestra en el diagrama aplica 5 newtons de fuerza para mover la caja desde el punto A hasta el punto B. ¿Cuánto trabajo se realiza?

    A. 25 joules
    B. 25 metros
    C. 5 newtons
    D. 5 joules

INSTRUCCIONES: Estudia la tabla, lee cada pregunta y elige la **mejor** respuesta.

VENTAJA MECÁNICA DE DISTINTAS MÁQUINAS

Máquina	Ventaja mecánica
Cuña W	1.5
Cuña V	5.0
Polea	3.0
Rampa	2.5

12. ¿Qué sugiere la información de la tabla?

    A. Todas las máquinas simples tienen una ventaja mecánica de al menos 1.5.
    B. Todas las máquinas que aparecen en la tabla facilitan el trabajo.
    C. Las poleas siempre facilitan el trabajo más que las cuñas.
    D. Las máquinas que no aparecen en la tabla no tienen una ventaja mecánica.

13. Una de las máquinas de la tabla cambia su fuerza de entrada de 5 N por una fuerza de salida de 12.5 N. ¿Qué máquina es?

    A. la cuña A
    B. la cuña B
    C. la polea
    D. la rampa

INSTRUCCIONES: Estudia la información y la ilustración, lee cada pregunta y elige la **mejor** respuesta.

MÁQUINAS COMPUESTAS

Los seis tipos de máquinas simples son: palanca, cuña, plano inclinado, polea, tornillo y rueda, y eje. Sin embargo, la mayoría de las máquinas no son máquinas simples. La mayoría de las máquinas son máquinas compuestas. Una máquina compuesta contiene dos o más máquinas simples. Una bicicleta es una máquina compuesta. La ilustración muestra algunas de las máquinas simples que forman una bicicleta.

Palancas
Polea
Ruedas y ejes

14. ¿Cuáles son los tipos de máquinas simples que hacen que una bicicleta se mueva hacia adelante?

    A. poleas y ruedas y ejes
    B. ruedas y ejes, y palancas
    C. palancas y poleas
    D. poleas, palancas y ruedas y ejes

15. El objetivo de las palancas que aparecen en la ilustración es hacer que la bicicleta

    A. comience a moverse.
    B. se mueva más rápidamente.
    C. se mueva más fácilmente en subida.
    D. se detenga.

16. A partir de la información, ¿qué objeto es una máquina compuesta?

    A. una broca de taladro
    B. una rampa para botes
    C. unas tijeras
    D. la rueda de un carrito

UNIDAD 2

Relacionar sucesos microscópicos y sucesos observables

Usar con el *Libro del estudiante,* págs. 72–73.

TEMAS DE CIENCIAS: P.a.1, P.a.3, P.a.5
PRÁCTICAS DE CIENCIAS: SP.1.a, SP.1.b, SP.1.c, SP.3.b, SP.3.c, SP.4.a, SP.7.a

1 **Repasa la destreza**

Usamos nuestros sentidos para percibir lo que sucede a nuestro alrededor, pero muchos de estos sucesos se producen a causa de otros sucesos que no podemos observar directamente. Por ejemplo, la transferencia de energía es el resultado observable, o macroscópico, del movimiento de partículas microscópicas que forman la materia. **Relacionar sucesos microscópicos y sucesos observables** te permite comprender cómo se relacionan los sucesos que no se pueden percibir directamente con los que sí pueden observarse.

2 **Perfecciona la destreza**

Al perfeccionar la destreza de relacionar sucesos microscópicos y sucesos observables, mejorarás tus capacidades de estudio y evaluación, especialmente en relación con la prueba de Ciencias de GED®. Estudia la información y el diagrama que aparecen a continuación. Luego responde las preguntas.

CÓMO FUNCIONA UN TERMÓMETRO

a La temperatura está relacionada con la energía cinética promedio de todas las partículas que forman una sustancia.

b Cuanto mayor es la energía cinética promedio de las partículas del líquido, más se eleva el líquido en el tubo del termómetro.

La transferencia de energía por medio de la conducción se produce cuando entran en contacto sustancias de <u>temperaturas</u> distintas. Tal como se muestra en el diagrama, un termómetro usa este fenómeno para medir la temperatura. Cuando un termómetro de vidrio entra en contacto con una sustancia caliente, las partículas de la sustancia se mueven rápidamente y hacen que las partículas del vidrio vibren con mayor rapidez. Las partículas vibrantes del vidrio hacen que las partículas del líquido del termómetro se muevan más rápidamente. El vidrio y el líquido se expanden a medida que aumenta la distancia entre sus partículas para permitir más movimiento. El líquido que se expande se mueve hacia arriba por el tubo de vidrio hasta que la sustancia y el termómetro alcanzan la misma temperatura, y se establece equilibrio térmico.

Tubo de vidrio del termómetro

b

1. Cuando se coloca un termómetro en una sustancia con una temperatura más baja que aquella del termómetro, la energía cinética promedio de las partículas de la sustancia

   A. disminuye hasta alcanzar el equilibrio.
   B. disminuye y luego aumenta.
   C. aumenta hasta alcanzar el equilibrio.
   D. aumenta y luego disminuye.

2. Cuando se coloca un termómetro en una sustancia con una temperatura más baja que aquella del termómetro, la energía cinética promedio de las partículas del termómetro

   A. disminuye hasta alcanzar el equilibrio.
   B. disminuye y luego aumenta.
   C. aumenta hasta alcanzar el equilibrio.
   D. aumenta y luego disminuye.

USAR LA LÓGICA

Lee atentamente el proceso que se explica en el pasaje. Entenderlo te permitirá hacer predicciones basadas en las condiciones que se presentan en las preguntas. Luego compara tus predicciones con las opciones de respuesta.

UNIDAD 2

INSTRUCCIONES: Estudia la información y el diagrama. Lee la pregunta y elige la **mejor** respuesta.

LA EXPANSIÓN TÉRMICA EN ACCIÓN

Un aumento en la energía térmica hace que la materia se expanda. Esa expansión es un efecto macroscópico de un suceso microscópico. Es decir, las partículas de la materia que se mueven más rápidamente y se separan cada vez más a medida que la materia se expande conforman un suceso microscópico. El efecto de este suceso microscópico (la expansión de la materia) es macroscópico porque se puede observar.

Esta expansión se nota más en un gas que en un sólido porque las partículas no están tan libres para moverse en un sólido. La expansión térmica es una manera en la cual se puede usar la energía cinética para realizar un trabajo. El diagrama ilustra este proceso.

3. ¿Cuál de las siguientes acciones es el suceso microscópico que impulsa el motor térmico del diagrama?

  A. el movimiento ascendente y descendente del pistón
  B. la expansión del agua a medida que sus partículas ganan energía cinética
  C. la transferencia de energía térmica desde las llamas hacia el agua
  D. el cambio del vapor que se vuelve agua nuevamente mediante el serpentín de enfriamiento

INSTRUCCIONES: Estudia la información y la ilustración, lee la pregunta y elige la **mejor** respuesta.

LA ENERGÍA TÉRMICA EN UN GAS

Si se agrega energía a un gas encerrado en un cilindro, el gas se expandirá a medida que las partículas de gas se muevan más rápidamente y se empujen entre sí separándose cada vez más. Este principio se puede usar para realizar un trabajo, como cuando un gas en expansión se usa para aplicar fuerza al pistón que se muestra en la siguiente ilustración. Cuando el gas empuja contra el pistón y lo mueve hacia arriba, el gas pierde energía y su temperatura disminuye.

4. ¿Qué sucedería con el gas de la ilustración si se forzara el pistón repentinamente hacia abajo?

  A. La fuerza del pistón desaceleraría los movimientos de las partículas de gas. Como resultado, la energía térmica del gas disminuiría y el gas se enfriaría.
  B. Las partículas del gas que se mueven rápidamente resistirían el movimiento descendente del pistón. Como resultado, el volumen del gas sería menor, pero su energía térmica se mantendría igual.
  C. A medida que el pistón se moviera hacia abajo, cada vez más partículas de gas colisionarían con él, enfriando así el pistón. Finalmente, la energía térmica del pistón y la del gas disminuirían.
  D. A medida que el pistón forzara las partículas de gas a moverse hacia un espacio más pequeño, estas colisionarían entre sí con más frecuencia, lo que aumentaría su energía cinética promedio. Esto causaría un rápido aumento en la temperatura del gas.

INSTRUCCIONES: Estudia la información y el diagrama, lee la pregunta y elige la **mejor** respuesta.

COMPARAR TRANSFERENCIAS DE ENERGÍA TÉRMICA

Las partículas que componen la materia siempre están en movimiento. Aunque ese movimiento se produce a un nivel microscópico, su efecto se puede observar en el nivel macroscópico como energía térmica. El calor es la transferencia de energía térmica desde las áreas, objetos y sistemas más calientes hacia los más fríos por tres medios. La convección se produce en gases y líquidos cuando las corrientes de porciones menos densas y más calientes intercambian lugares con corrientes de porciones más densas y más frías hasta que la sustancia alcanza el equilibrio térmico. La conducción tiene lugar cuando entran en contacto objetos de distintas temperaturas y las partículas en movimiento de un objeto provocan el aumento del movimiento de las partículas en otro objeto. La radiación ocurre cuando la energía pasa de una fuente a otro objeto o sistema mediante ondas electromagnéticas. A diferencia de la conducción y la convección, la radiación puede tener lugar en un espacio vacío, sin tener que viajar a través de la materia.

Más cálido

Más frío

En equilibrio

5. ¿Cómo se transfiere la energía térmica entre los dos objetos sólidos del diagrama?

   A. Por conducción: se transfiere energía térmica desde el objeto caliente hacia el objeto frío.
   B. Por radiación: se traslada la energía térmica desde el objeto caliente hacia el objeto frío.
   C. Por convección: las corrientes trasladan la energía térmica desde las áreas más calientes hacia las áreas más frías dentro de cada objeto.
   D. Las partículas que se mueven más rápidamente se trasladan desde un objeto hacia el otro.

INSTRUCCIONES: Estudia la información y el diagrama, lee la pregunta y elige la **mejor** respuesta.

COCINAR EN UNA PARRILLA

Cocinar alimentos en una parrilla involucra las tres formas de transferencia de energía térmica. La energía térmica se transfiere entre los sólidos mediante la conducción y a través del aire por convección. La radiación, o transferencia de energía mediante ondas electromagnéticas, también desempeña un rol. Cuando las ondas electromagnéticas golpean un objeto, hacen que las partículas del objeto vibren rápidamente. Esto aumenta su energía cinética promedio y, por lo tanto, la temperatura del objeto. Las superficies oscuras, opacas o rugosas absorben más energía de la radiación que las superficies claras, lisas o brillantes, que tienden a reflejar la radiación en vez de absorberla.

6. ¿Cómo se cocinan en una parrilla los alimentos envueltos en papel de aluminio, como una papa del diagrama?

   A. Las ondas electromagnéticas penetran la superficie del aluminio y cocinan la papa. La conducción y la convección desempeñan un rol menor.
   B. El aluminio refleja la mayor parte de las ondas electromagnéticas. La papa se cocina por conducción, donde la papa envuelta en aluminio, toca la parrilla y por convección de las corrientes de aire caliente que se desarrollan a su alrededor.
   C. Las ondas electromagnéticas calientan el aluminio. Luego, el aluminio cocina la papa por conducción. La convección desempeña un rol menor.
   D. El aluminio refleja la mayor parte de las ondas electromagnéticas. La energía térmica se transfiere por convección de la papa al aluminio y del aluminio a sus alrededores.

INSTRUCCIONES: Estudia la información y la ilustración, lee la pregunta y elige la **mejor** respuesta.

LA TRANSFERENCIA DE CALOR EN UNA TAZA

El calor es la transferencia de energía térmica desde las áreas más calientes hacia las áreas más frías de tres maneras distintas: conducción, convección y radiación. La transferencia de energía por conducción se produce en la materia sólida cuando las partículas más calientes que vibran rápidamente agitan las partículas adyacentes. Esto hace que esas partículas vibren con más rapidez también. La convección es la transferencia de energía a través de un gas o de un líquido por medio de corrientes que transportan las porciones de una sustancia más calientes hacia las regiones más frías. La radiación es la transferencia de energía a través del aire o del espacio por medio de ondas electromagnéticas. La ilustración muestra cómo puede transferirse la energía térmica de un café caliente a la taza de café y al aire.

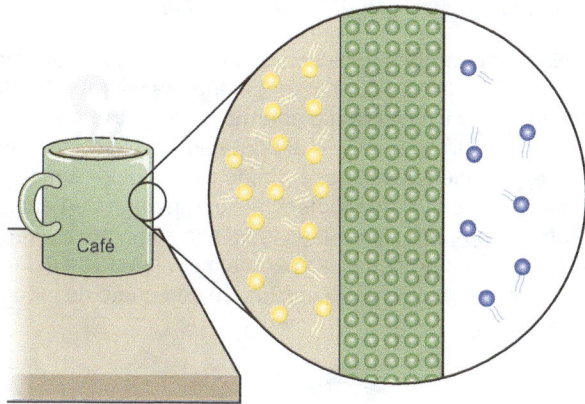

7. ¿Cuál de las siguientes descripciones explica cómo se transfiere la energía térmica por conducción, convección y radiación?

A. por conducción a través de corrientes en el café; por convección a través del material sólido de la taza; por radiación desde la superficie interior de la taza
B. por conducción a través de corrientes en el café; por convección desde la superficie interior de la taza; por radiación desde la superficie exterior de la taza
C. por conducción a través del material sólido de la taza; por convección a través de las corrientes en el café; por radiación desde la superficie interior de la taza
D. por conducción a través del material sólido de la taza; por convección a través de las corrientes en el café; por radiación desde la superficie exterior de la taza

INSTRUCCIONES: Estudia la información y el diagrama, lee la pregunta y elige la **mejor** respuesta.

LA TRANSFERENCIA DE ENERGÍA EN LA TIERRA

La energía térmica fluye desde los objetos y sistemas más calientes hacia los más fríos por conducción, convección o radiación. El diagrama ayuda a explicar cómo funcionan los tres medios de transferencia de energía térmica en la atmósfera de la Tierra.

8. Cuatro personas explicaron cómo se transfiere la energía térmica en la atmósfera de la Tierra. Evalúa las explicaciones y elige la correcta.

A. Explicación 1: La radiación del Sol entibia las moléculas de aire que, a su vez, entibian la superficie de la Tierra por conducción. La energía de la superficie de la Tierra produce las corrientes de convección.
B. Explicación 2: Las moléculas de aire conducen radiación desde el Sol hacia la superficie de la Tierra. La superficie de la Tierra transfiere la energía a la atmósfera por medio de la radiación. Esta energía produce corrientes de convección.
C. Explicación 3: El Sol transfiere energía térmica por conducción a las moléculas de aire y por radiación a las moléculas que se encuentran cerca de la superficie de la Tierra. Esta energía produce las corrientes de convección.
D. Explicación 4: La radiación del Sol entibia la superficie de la Tierra que, a su vez, entibia las moléculas de aire en la superficie por conducción. El aire que se entibió sube y produce corrientes de convección.

Interpretar observaciones

Usar con el *Libro del estudiante,* págs. 74–75.

TEMAS DE CIENCIAS: P.a.2, P.a.3
PRÁCTICAS DE CIENCIAS: SP.1.a, SP.1.b, SP.1.c, SP.3.a, SP.3.b, SP.7.a

1 Repasa la destreza

Una **observación** es algo que se percibe directamente con los sentidos. La ciencia se basa en observaciones minuciosas. Una observación científica es una percepción más disciplinada que una observación informal. Una observación científica puede involucrar tomar mediciones y seguramente registrar y documentar lo que se observa.

Interpretar una observación es un medio para explicar lo que se observa. Cuando aprendes sobre ciencias, tienes oportunidades de interpretar las observaciones que haces o que lees en presentaciones de información científica.

2 Perfecciona la destreza

Al perfeccionar la destreza de interpretar observaciones, mejorarás tus capacidades de estudio y evaluación, especialmente en relación con la prueba de Ciencias de GED®. Estudia la información y la gráfica que aparecen a continuación. Luego responde las preguntas.

LEY DE CONSERVACIÓN DE ENERGÍA

a Lee el pasaje antes de intentar interpretar la gráfica. El texto puede brindar información sobre datos que contiene la gráfica. Este texto te dice cómo se relacionan los dos conjuntos de datos.

La ley de conservación de energía establece que la energía no se puede crear ni destruir. Solamente puede transformarse. La energía se transforma de energía potencial a cinética y viceversa. La energía potencial es energía almacenada. Una pelota que está apoyada en el borde de un escritorio tiene energía potencial. La energía cinética es la energía de movimiento. A medida que la pelota cae del escritorio, su energía potencial se transforma en energía cinética. <u>La cantidad total de energía siempre es igual a la suma de la energía potencial y la energía cinética</u>. La gráfica que aparece a continuación muestra cómo se transforma la energía, medida en joules (J), en un cohete de juguete que se lanza y luego aterriza.

b Las gráficas, que pueden ayudar a interpretar observaciones, no siempre contienen leyendas o referencias. Esta gráfica identifica los conjuntos de datos junto a las líneas. Las gráficas de barras pueden identificar los conjuntos de datos en las barras.

USAR LA LÓGICA

Con frecuencia, para responder las preguntas que se basan en los datos de las gráficas es necesario que interpretes las tendencias que se muestran en estas. En las gráficas lineales múltiples es útil observar la tendencia de cada conjunto de datos individualmente antes de compararlos.

1. ¿Cuál de los siguientes enunciados describe la energía total del cohete?

   A. Siempre es igual al doble de la energía cinética.
   B. Disminuye y luego aumenta otra vez.
   C. Es igual a 10 J.
   D. Es igual a 0 J.

2. ¿Qué sucede con la energía cinética del cohete a los 50 segundos?

   A. Está al máximo.
   B. Es mayor que la cantidad total de energía.
   C. Es igual a la cantidad de energía potencial.
   D. Se transformó completamente en energía potencial.

INSTRUCCIONES: Estudia la información y la gráfica, lee cada pregunta y elige la **mejor** respuesta.

INSTRUCCIONES: Estudia la información y la gráfica, lee cada pregunta y elige la **mejor** respuesta.

INVESTIGACIÓN CON UN CARRO DE JUGUETE

Un grupo de estudiantes pone a prueba la ley de conservación de energía midiendo la energía potencial y la energía cinética de un carro de juguete que hacen descender por una rampa. La gráfica muestra los resultados de su investigación. En la parte superior de la rampa, el carro tiene solamente energía potencial. La energía potencial se transforma en energía cinética a medida que el carro desciende por la rampa. En la base de la rampa, toda la energía potencial debería haberse transformado en energía cinética. Sin embargo, las fuerzas como la fricción transforman parte de la energía en energía térmica.

ENERGÍA POTENCIAL Y ENERGÍA CINÉTICA DE UN CARRO DE JUGUETE

3. ¿Qué interpretación se puede hacer sobre la energía potencial y la energía cinética de un carro de juguete?

   A. La energía potencial del carro de juguete en la parte superior de la rampa es igual a su energía cinética en la base de la rampa.
   B. A medida que disminuye la energía potencial del carro de juguete, aumenta su energía cinética.
   C. Los estudiantes demostraron que, en ciertas ocasiones, la energía no se conserva.
   D. El carro tenía más energía al final de la rampa que cuando estaba en la parte superior de la rampa.

4. ¿Qué conclusión se puede sacar sobre la investigación?

   A. Aproximadamente 1.5 J de energía se transformaron en energía térmica durante la investigación.
   B. Aproximadamente 1.5 J de energía se destruyeron durante la investigación.
   C. Los estudiantes no midieron correctamente la energía cinética.
   D. El carro tenía una energía total de aproximadamente 8.5 J.

BATERÍAS RECARGABLES FRENTE A BATERÍAS NO RECARGABLES

Las baterías contienen energía química almacenada. La energía química de las baterías se transforma en energía eléctrica cuando se enciende un dispositivo que funciona a batería. Cuando se recargan las baterías recargables, la energía eléctrica se transforma nuevamente en energía química. El voltaje de una batería es una medida de la energía potencial almacenada en la batería.

CAMBIO DE VOLTAJE DURANTE LA VIDA ÚTIL DE DOS BATERÍAS

5. La gráfica respalda la interpretación de que la batería no recargable tiene más energía potencial cuando las baterías son nuevas al mostrar que su voltaje

   A. disminuye más rápidamente.
   B. alcanza 0.2 primero.
   C. es mayor a la hora cero.
   D. es mayor después de dos horas.

6. ¿Qué interpretación se puede hacer acerca de la batería recargable?

   A. Su voltaje después de cinco horas es prácticamente el mismo que su voltaje después de una hora.
   B. Siempre tiene más voltaje que la batería no recargable.
   C. La variación del voltaje es relativamente constante durante el período de 10 horas.
   D. No dura lo mismo que la batería no recargable.

★ Ítem en foco: PUNTO CLAVE

INSTRUCCIONES: Estudia la información. Luego lee cada pregunta y marca el lugar o los lugares adecuados del diagrama.

LA FÍSICA DE LAS MONTAÑAS RUSAS

La energía mecánica es la energía que tiene un sistema o una máquina mecánica debido a su movimiento o a su posición. Por lo tanto, es la suma de las energías potencial y cinética del sistema. Toda máquina con energía mecánica puede realizar un trabajo. Es decir, la energía mecánica hace posible que el sistema aplique una fuerza a un objeto o a otro sistema y los mueva. En la mayoría de los sistemas mecánicos, la energía potencial y la energía cinética están continuamente cambiando de una a otra. En una máquina "ideal", este proceso se conservaría por siempre, pero en la realidad no es así porque el sistema pierde energía debido a la fricción.

Un ejemplo que ilustra la energía mecánica es la montaña rusa. Se puede observar que un mecanismo de cadenas jala los vagones hacia la cima de la primera colina y luego la única fuerza que actúa sobre los carros es la gravedad. A medida que un vagón de la montaña rusa se mueve sobre la vía, su energía constantemente cambia de energía potencial a energía cinética, y de nuevo a energía potencial.

7. En el siguiente diagrama marca una *X* con el punto o los puntos donde la energía potencial del vagón es máxima en la montaña rusa.

8. En el siguiente diagrama marca una *X* con el punto o los puntos donde la energía del vagón comienza a transformarse de energía cinética en energía potencial.

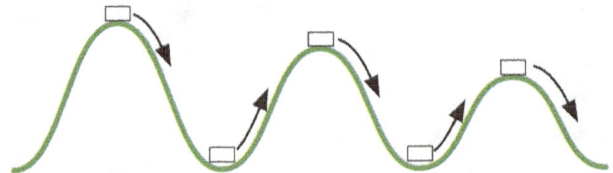

INSTRUCCIONES: Estudia la información, lee cada pregunta y elige la **mejor** respuesta.

ENLACES QUÍMICOS

La energía química es energía almacenada en los enlaces que se forman entre átomos y moléculas. Para que se formen los enlaces, se necesita energía, pero también se necesita energía para separarlos; de lo contrario, no existirían moléculas estables.

Todas las reacciones químicas necesitan energía para lograr que los átomos pasen de una configuración molecular a otra. En algunas reacciones, los productos contienen más energía que los reactantes. Este tipo de reacción es endotérmica. La reacción, en efecto, absorbe energía del ambiente para formar el producto. Algunas veces, sin embargo, una reacción química da como resultado un producto que tiene menos energía que los reactantes, lo que indica que se liberó energía a los alrededores durante la reacción. Este tipo de reacción es exotérmica. La combustión es un tipo de reacción exotérmica que produce luz y calor.

Las compresas calientes o frías que se usan para calentarse las manos o reducir la hinchazón son un ejemplo de reacción endotérmica y exotérmica. La bolsa de las compresas calientes o frías contiene un compuesto químico seco y una bolsa interna de agua. Se inicia una reacción cuando se rompe el sello de la bolsa de agua y se mezcla el agua con el compuesto químico.

9. ¿Qué clase de reacción hace que una compresa fría se sienta fría?

    A. energética
    B. endotérmica
    C. combustión
    D. exotérmica

10. ¿Qué clase de reacción hace que una compresa caliente se sienta caliente?

    A. energética
    B. endotérmica
    C. combustión
    D. exotérmica

REACCIONES QUÍMICAS

Algunas reacciones químicas liberan energía y otras, la absorben. Una reacción química exotérmica produce energía térmica. Por ejemplo, cuando se enciende un cerillo, la energía química se transforma en energía térmica. Una reacción química endotérmica absorbe energía térmica. Con frecuencia, esta energía térmica proviene de los alrededores. Por ejemplo, cuando reaccionan el ácido cítrico y el bicarbonato de sodio, se absorbe energía de los alrededores para iniciar la reacción. La energía térmica se transforma en energía química.

LA ENERGÍA DURANTE UNA REACCIÓN QUÍMICA

11. La gráfica muestra cómo se transformó la energía de un sistema de reacción con el transcurso del tiempo. ¿Cuál de las siguientes interpretaciones de los datos explica por qué esta es una reacción exotérmica?

A. Los reactantes tenían más energía que la que tienen los productos.
B. Los productos tienen más energía que la que tenían los reactantes.
C. Los reactantes y los productos ganaron energía durante la reacción.
D. Los reactantes y los productos perdieron energía durante la reacción.

12. Si un estudiante coloca su mano alrededor de un vaso de precipitados que contiene ácido cítrico y bicarbonato de sodio, sentirá que la solución está fría. ¿Por qué?

A. La energía pasa a la mano del estudiante.
B. La solución genera una carga eléctrica.
C. Los líquidos siempre son más fríos que sus alrededores.
D. La energía sale de la mano del estudiante.

LA FOTOSÍNTESIS

Las plantas producen su propio alimento a través de un proceso que se llama fotosíntesis. Este proceso transforma un tipo de energía, la luminosa, en otra forma de energía, la energía química. Las hojas de las plantas usan la energía de la luz solar para combinar el dióxido de carbono y el agua, y producir azúcar y oxígeno. La planta almacena el azúcar en sus tejidos y libera oxígeno al aire como producto de desecho. La reacción puede escribirse así:

$$6CO_2 + 6H_2O \text{ (+ energía)} \rightarrow C_6H_{12}O_6 + 6O_2$$

Cuando otro organismo come la planta, las células del organismo convierten la energía química almacenada en el azúcar de la planta en energía mecánica (que se usa para el movimiento) y energía térmica (que se usa para otros procesos vitales). La conversión de la energía química en otras formas utilizables de energía en las células de un organismo se llama respiración. La reacción se puede escribir así:

$$C_6H_{12}O_6 + 6O_2 \rightarrow 6CO_2 + 6H_2O + \text{energía mecánica y térmica}$$

13. ¿Qué interpretación se puede hacer sobre la fotosíntesis y la respiración?

A. La fotosíntesis es exotérmica y la respiración es endotérmica.
B. La fotosíntesis es endotérmica y la respiración es exotérmica.
C. La fotosíntesis y la respiración son endotérmicas.
D. La fotosíntesis y la respiración son exotérmicas.

14. Al transformar la energía de una forma a otra, las reacciones de fotosíntesis y respiración dan como resultado productos de desecho. Un producto de desecho es algo que una célula libera en vez de usarlo. ¿Cuáles son los productos de desecho de la respiración?

A. dióxido de carbono y agua
B. dióxido de carbono, agua y energía
C. dióxido de carbono, oxígeno y energía
D. dióxido de carbono y oxígeno

Relacionar contenidos con distintos formatos

Usar con el *Libro del estudiante,* págs. 76–77.

TEMA DE CIENCIAS: P.a.5
PRÁCTICAS DE CIENCIAS: SP.1.a, SP.1.b, SP.1.c, SP.3.b, SP.7.a

1 Repasa la destreza

Saber cómo **relacionar contenidos con distintos formatos** te ayudará a lograr un completo entendimiento de la información que se presenta. Cuando elementos como un texto, ilustraciones, gráficas o diagramas se presentan juntos, pueden contener distintos tipos de información, pero relacionada.

2 Perfecciona la destreza

Al perfeccionar la destreza de relacionar contenidos con distintos formatos, mejorarás tus capacidades de estudio y evaluación, especialmente en relación con la prueba de Ciencias de GED®. Estudia la información y el diagrama que aparecen a continuación. Luego responde las preguntas.

EL ESPECTRO ELECTROMAGNÉTICO

a El texto te puede brindar información que no está en una gráfica. En este caso, el texto te indica lo que incluye el diagrama.

Las ondas electromagnéticas (EM) son distintas de otros tipos de ondas porque pueden viajar a través del espacio vacío. El diagrama muestra el espectro electromagnético, que está formado por todos los tipos de ondas electromagnéticas. Estos tipos de ondas tienen distintas propiedades porque tienen distintas cantidades de energía. La cantidad de energía del espectro EM depende de la longitud de onda. Las ondas EM con longitudes de onda más largas tienen menos energía que las ondas EM con longitudes de onda más cortas.

b El diagrama tiene información que no figura en el texto: los distintos tipos de ondas en el espectro electromagnético y sus longitudes de onda.

Ondas de radio	Microondas	Infrarroja	Luz visible	Ultravioleta	Rayos X	Rayos gamma

Longitud de onda decreciente

1. ¿Qué ondas electromagnéticas tienen más energía?

   A. rayos gamma
   B. ondas de radio
   C. microondas
   D. ondas de luz visible

2. ¿Qué conclusión está respaldada por la información que se presenta?

   A. Las ondas de radio no pueden viajar a través del espacio vacío.
   B. La luz visible no es parte del espectro electromagnético.
   C. Las ondas sonoras son ondas electromagnéticas.
   D. Las microondas tienen menos energía que las ondas infrarrojas.

CONSEJOS PARA REALIZAR LA PRUEBA

Para una pregunta de opciones múltiples que incluye texto y una gráfica, asegúrate de que tu opción de respuesta esté respaldada por el texto y por la gráfica.

INSTRUCCIONES: Estudia la información y el diagrama, lee cada pregunta y elige la **mejor** respuesta.

ONDAS MECÁNICAS

Las ondas mecánicas, a diferencia de las ondas electromagnéticas, requieren un medio para propagarse. Cuando las ondas mecánicas pasan a través de una sustancia, hacen que las partículas de la sustancia vibren. Las ondas se clasifican según el sentido en el cual hacen que vibren las partículas. El diagrama muestra los dos tipos principales de ondas mecánicas.

Una onda longitudinal hace que las partículas vibren en la dirección en la que viaja la onda. Una onda transversal hace que las partículas vibren de manera perpendicular a la dirección en la que viaja la onda. Una onda longitudinal es similar a un resorte que vibra hacia adelante y hacia atrás. Sacudir una cuerda hacia arriba y hacia abajo puede producir una onda transversal en la cuerda.

Las ondas longitudinales están formadas por un patrón que se repite de regiones donde las partículas se comprimen y regiones donde están esparcidas. Las ondas sonoras son ondas longitudinales. Las ondas transversales están formadas por un patrón que se repite de máximo y mínimo desplazamiento de partículas.

Sin onda

Onda longitudinal

Compresión   Dirección de la vibración de las partículas

Propagación de la onda

Rarefacción

Onda transversal

Dirección de la vibración de las partículas

Cresta

Propagación de la onda

Depresión

3. ¿Qué tienen en común las ondas mecánicas transversales y las longitudinales?

   A. Las dos causan vibraciones en las partículas de las sustancias.
   B. Las dos transportan sonido.
   C. Las dos se desplazan en la dirección de la vibración de partículas.
   D. Las dos se desplazan en dirección perpendicular a la vibración de las partículas.

4. ¿Cuál de los siguientes enunciados está respaldado por la información que se presenta?

   A. Las rarefacciones están solamente en las ondas transversales.
   B. Las compresiones son las regiones de las ondas longitudinales donde las partículas están más separadas.
   C. Las partículas que vibran al ser desplazadas por una onda transversal forman compresiones y rarefacciones.
   D. Las ondas transversales se pueden caracterizar por sus crestas y depresiones.

5. Cuando un orador produce una onda sonora, ¿qué sucede con las partículas del aire a medida que la onda sonora atraviesa ese aire?

   A. Se forman en el aire crestas y compresiones.
   B. En los sitios en que las partículas del aire se juntan al ser presionadas, forman depresiones.
   C. Las partículas se mueven hacia adelante y hacia atrás de manera perpendicular a la dirección en la que viaja la onda.
   D. Las partículas se mueven hacia adelante y hacia atrás en la misma dirección en que viaja la onda.

6. El temblor que se siente durante un terremoto es el resultado de movimientos en el interior de la corteza de la Tierra. Estos movimientos producen ondas conocidas como ondas S y P. Las ondas P sacuden el suelo hacia adelante y hacia atrás en dirección paralela a la dirección en la que viaja la onda. ¿Qué tipo de ondas son las ondas P?

   A. ondas longitudinales, porque forman compresiones y rarefacciones
   B. ondas transversales, porque forman compresiones y rarefacciones
   C. ondas longitudinales, porque forman crestas y depresiones
   D. ondas transversales, porque forman crestas y depresiones

7. A diferencia de las ondas P, en un terremoto, las ondas S sacuden el suelo en dirección perpendicular a la dirección en la que se desplaza la onda. ¿Qué tipo de onda son las ondas S?

   A. ondas longitudinales, porque forman compresiones y rarefacciones
   B. ondas transversales, porque forman compresiones y rarefacciones
   C. ondas longitudinales, porque sacuden el suelo en paralelo a la dirección en la que viajan
   D. ondas transversales, porque sacuden el suelo de manera perpendicular en relación a la dirección en la que viajan

UNIDAD 2

INSTRUCCIONES: Estudia la información y el diagrama, lee cada pregunta y elige la **mejor** respuesta.

INSTRUCCIONES: Estudia la información y la tabla, lee cada pregunta y elige la **mejor** respuesta.

ONDAS DE SUPERFICIE

Las ondas de superficie viajan a lo largo de la frontera entre dos medios distintos. Las ondas del agua son ondas de superficie que viajan en la frontera entre el agua y el aire. Los terremotos también producen ondas de superficie, conocidas como ondas de Rayleigh, que se desplazan a lo largo de la frontera entre la superficie de la Tierra y el aire. Las ondas de superficie tienen características transversales y longitudinales. El diagrama muestra cómo una onda de Rayleigh produce el movimiento de la corteza, o la capa más externa, de la Tierra.

Dirección del viaje de la onda

Dirección del viaje de la onda

Dirección del viaje de la onda

8. Las ondas de agua interactúan con los objetos que flotan en el agua de manera parecida a cómo las ondas de Rayleigh interactúan con los objetos sobre la superficie de la Tierra. ¿Qué sucedería **más probablemente** con una hoja que flota en un lago si una cadena de ondas de agua pasara por el lugar?

   A. Se alejaría de la costa.
   B. Se movería hacia arriba y hacia abajo en trayectoria circular.
   C. Se movería paralelamente a la costa.
   D. Se movería de un lado a otro en líneas rectas.

9. ¿De qué manera la onda de Rayleigh del diagrama interactúa con el árbol?

   A. a medida que se desplaza a lo largo de la frontera entre la corteza de la Tierra y el aire
   B. a medida que se desplaza en dos direcciones a la vez
   C. a medida que se desplaza en profundidad, debajo de la superficie de la Tierra
   D. a medida que se desplaza a lo largo de la frontera entre el agua y el aire

EL VOLUMEN DEL SONIDO

El volumen del sonido está relacionado con la amplitud de onda, la distancia máxima que se desplazan las partículas del aire. Cuanto más grande es la amplitud, mayor es el volumen. El volumen se mide en decibeles (dB). Un nivel más elevado de decibeles significa un sonido más alto. Los sonidos que superan un nivel de aproximadamente 85 dB pueden causar daños en la audición. La tabla muestra los niveles de decibeles de algunos sonidos habituales.

Sonido	Nivel de decibeles (dB)
Conversación	50–65
Aspiradora	70
Cortadora de césped	85–90
Martillo neumático	110
Motor de reacción	140

10. ¿Cuál de las siguientes acciones hace más ruido?

    A. tener una conversación
    B. pasar una aspiradora
    C. cortar el césped
    D. usar un martillo neumático

11. ¿Cuál de las siguientes fuentes tiene ondas sonoras de menor amplitud?

    A. conversación
    B. aspiradora
    C. cortadora de césped
    D. martillo neumático

12. ¿Las ondas sonoras de cuál de las siguientes fuentes tienen la mayor amplitud?

    A. aspiradora
    B. cortadora de césped
    C. martillo neumático
    D. motor de un jet

13. A partir de la información presentada, ¿qué sonidos pueden causar daños en la audición?

    A. una conversación y una aspiradora
    B. una aspiradora y una cortadora de césped
    C. una cortadora de césped, un martillo neumático y un motor de reacción
    D. un motor de reacción, una aspiradora y un martillo neumático

INSTRUCCIONES: Estudia la información y el diagrama, lee cada pregunta y elige la **mejor** respuesta.

LA LUZ VISIBLE

Las ondas del espectro electromagnético tienen un rango amplio de frecuencias y longitudes de onda, pero los seres humanos podemos ver solamente una pequeña porción del espectro. La parte del espectro que los seres humanos podemos ver se llama luz visible. El diagrama muestra la porción de luz visible del espectro electromagnético. Los colores principales en la porción de luz visible son: rojo, anaranjado, amarillo, verde, azul y violeta.

En el vacío, todas las ondas electromagnéticas viajan a la velocidad de la luz. Sin embargo, las ondas del espectro electromagnético tienen frecuencias y longitudes de onda distintas. La frecuencia, que se mide en Hertz (Hz), y la longitud de onda, que se mide en nanómetros (nm), están relacionadas con la rapidez. Como la rapidez de todas las ondas de luz es la misma, las ondas con frecuencias más elevadas tienen longitudes de onda más cortas. La longitud de onda y la frecuencia también están relacionadas con la energía. Las ondas con frecuencias más altas y longitudes de onda más cortas tienen más energía que las ondas con frecuencias más bajas y longitudes de onda más largas.

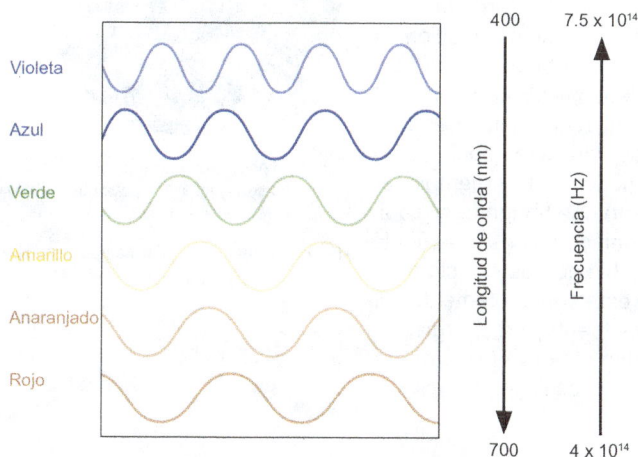

14. Un científico detectó una onda de luz visible con una longitud de onda de aproximadamente 500 nm. ¿Qué color podría tener esta onda?

   A. violeta
   B. verde
   C. anaranjado
   D. rojo

15. ¿Cuál de los siguientes enunciados describe la luz azul y la anaranjada?

   A. La luz azul tiene una longitud de onda más corta y más energía que la luz anaranjada.
   B. La luz azul tiene una longitud de onda más corta y menos energía que la luz anaranjada.
   C. La luz azul tiene una longitud de onda más corta y una frecuencia más baja que la luz anaranjada.
   D. La luz azul tiene una longitud de onda más larga y más energía que la luz anaranjada.

16. La luz blanca, como la luz del Sol, está compuesta por ondas de todos los colores. ¿Qué conclusión sobre la luz blanca está respaldada por la información que se presenta?

   A. La luz blanca viaja seis veces más rápido que cualquier color de la luz.
   B. Las longitudes de onda de las ondas que componen la luz blanca tienen un rango de 400 nm a 700 nm.
   C. Todas las ondas que componen la luz blanca tienen la misma frecuencia.
   D. La luz blanca tiene longitud de onda corta y alta frecuencia.

INSTRUCCIONES: Estudia la información y la tabla, lee la pregunta y elige la **mejor** respuesta.

LA RAPIDEZ DEL SONIDO

La rapidez de una onda es igual a su frecuencia multiplicada por su longitud de onda. La tabla muestra la rapidez de las ondas sonoras en metros por segundo (m/s) en varios medios.

Medio	Rapidez de las ondas sonoras m/s
Hule	60
Aire	330
Agua	1,490
Hierro	5,120

17. Imagina que las ondas sonoras que viajan en cada uno de los medios que se mencionan en la tabla tienen la misma frecuencia. ¿En qué medio las ondas sonoras tienen la mayor longitud de onda?

   A. en el aire
   B. en el agua
   C. en el hierro
   D. en el hule

Sacar conclusiones de fuentes mixtas

Usar con el **Libro del estudiante,** págs. 78–79.

UNIDAD 2

1 Repasa la destreza

TEMA DE CIENCIAS: P.a.4
PRÁCTICAS DE CIENCIAS: SP.1.a, SP.1.b, SP.1.c, SP.3.a, SP.3.b, SP.5.a, SP.6.c, SP.7.a

Al **sacar conclusiones de fuentes mixtas**, interpretas la información que encuentras en las gráficas, tablas, diagramas y distintos tipos de textos. Puedes usar la información para hacer inferencias y sacar conclusiones que expliquen los hechos que se hallan en todas las fuentes y tus interpretaciones de esos hechos.

2 Perfecciona la destreza

Al perfeccionar la destreza de sacar conclusiones de fuentes mixtas, mejorarás tus capacidades de estudio y evaluación, especialmente en relación con la prueba de Ciencias de GED®. Estudia la información y la gráfica que aparecen a continuación. Luego responde las preguntas.

a Usa los detalles de cada fuente de información para sacar conclusiones. Realiza una comprobación para asegurarte de que ningún dato de cualquier fuente se contradiga con las inferencias que haces para formar tu conclusión.

TIPOS DE FUENTES DE ENERGÍA

Hay distintos tipos de fuentes de energía. Algunas fuentes de energía, como carbón, petróleo y gas natural no son renovables. Estas fuentes de energía tardan millones de años en formarse y su producción es limitada. También hay fuentes de energía renovable. Una fuente de energía renovable tarda poco tiempo en recuperarse o su producción es ilimitada. Las fuentes de biomasa, como los árboles, se pueden renovar en un lapso de años. Otras fuentes de energía renovable son inagotables; es decir, su producción no tiene límite. Por ejemplo, el agua en movimiento que brinda energía a las centrales hidroeléctricas es una fuente de energía inagotable porque el ciclo del agua de la Tierra está constantemente reciclándola. Otras fuentes de energía inagotables incluyen el Sol y el viento porque su producción es ilimitada.

USO DE LA ENERGÍA EN LOS EE. UU., 2019

Nota: Es posible que la suma de los componentes no sea igual al 100 por ciento debido al redondeo independiente.

Fuente: Agencia de Información Energética de los EE. UU.

PRÁCTICAS DE CONTENIDO

Razonar para sacar conclusiones es una práctica científica importante que se lleva a cabo en la prueba de Ciencias de GED®. Dominar esta destreza te ayudará a mejorar tu calificación.

1. ¿Qué inferencia puedes hacer sobre cuánta energía proviene de las centrales hidroeléctricas en los Estados Unidos?

   A. aproximadamente el 5 por ciento
   B. menos del 11 por ciento
   C. al menos el 8 por ciento
   D. más del 12 por ciento

2. Se puede sacar la conclusión de que los Estados Unidos

   A. pronto se quedarán sin fuentes de energía.
   B. usan más petróleo y gas natural que cualquier otro país.
   C. obtienen la mitad de su energía de los recursos renovables.
   D. dependen principalmente de las fuentes de energía no renovable.

③ Domina la destreza

INSTRUCCIONES: Estudia los diagramas, lee la pregunta y elige la **mejor** respuesta.

INSTRUCCIONES: Estudia la información y el diagrama. Luego lee cada pregunta y elige la **mejor** respuesta.

CENTRAL DE ENERGÍA HIDROELÉCTRICA

LA ENERGÍA PRODUCIDA POR LA FISIÓN NUCLEAR

La energía nuclear se produce separando los enlaces que mantienen unidos a los núcleos de los átomos. Esto libera enormes cantidades de energía en un proceso que se llama fisión nuclear. Las centrales de energía nuclear usan uranio-235 (U-235) no renovable como combustible para la fisión. El proceso comienza cuando un neutrón separa un átomo de U-235. Como resultado, se produce una reacción en cadena cuando un número cada vez mayor de neutrones bombardean otros átomos de U-235. Las centrales nucleares no producen los contaminantes del aire que producen las centrales que funcionan con combustibles fósiles. Sin embargo, sí producen residuos radioactivos. En mayo de 2020, había 57 centrales de energía nuclear en los Estados Unidos, con 95 reactores nucleares. Se están construyendo dos reactores nucleares en Georgia.

CENTRAL DE ENERGÍA ELÉCTRICA ALIMENTADA A CARBÓN

FISIÓN NUCLEAR

4. ¿Qué forma toma la energía liberada por la fisión?

   A. energía térmica
   B. neutrones
   C. energía térmica y radiación
   D. neutrones y energía térmica

3. ¿Cuál es una de las ventajas de una central de energía hidroeléctrica comparada con una central de energía eléctrica alimentada a carbón?

   A. La central de energía hidroeléctrica no usa un generador.
   B. Es más barato mantener una central de energía hidroeléctrica.
   C. La central de energía hidroeléctrica también funciona con la energía del viento.
   D. La central de energía hidroeléctrica no produce contaminación del aire.

5. De acuerdo con la información del pasaje, ¿qué podría evitar que la energía nuclear se transforme en la fuente de energía más importante en los Estados Unidos?

   A. Los Estados Unidos se quedarán sin U-235 en algunos años.
   B. La fisión nuclear produce neutrones que finalmente detienen las reacciones de fisión.
   C. El U-235 es una fuente de energía no renovable.
   D. Se detuvo la construcción de centrales nucleares en los Estados Unidos.

INSTRUCCIONES: Estudia la información y el mapa. Luego lee la pregunta y elige la **mejor** respuesta.

INSTRUCCIONES: Estudia la información y la pictografía. Luego lee la pregunta y elige la **mejor** respuesta.

LA ENERGÍA SOLAR

Los sistemas de energía solar convierten la energía de la luz del Sol en electricidad que podemos usar. Los sistemas de energía solar usan espejos o lentes para concentrar la energía del Sol y convertirla en electricidad. Los sistemas fotovoltaicos de energía usan paneles de células solares para convertir la luz solar directamente en electricidad.

PROMEDIO DIARIO DE IRRADIANCIA SOLAR EN LOS ESTADOS UNIDOS

Kilowatts-hora por metro cuadrado por día

< 8.3   7.0   6.0   5.0   4.0   3.0   2.0   > 1.3

6. ¿Qué parte del país es **mejor** para usar la energía solar?

A. el noreste
B. el sureste
C. el noroeste
D. el suroeste

7. ¿Cuál es el promedio diario **aproximado** de irradiancia solar en kilowatts-hora por metro cuadrado en esa parte de los Estados Unidos?

A. cerca de 8 kilowatts-hora por metro cuadrado por día
B. cerca de 7 kilowatts-hora por metro cuadrado por día
C. cerca de 6 kilowatts-hora por metro cuadrado por día
D. cerca de 5 kilowatts-hora por metro cuadrado por día

EL CONSUMO DE ENERGÍA

Las facturas de la energía eléctrica se basan en el consumo de energía en kilowatts-hora. Como resultado, las facturas dependen de qué tan seguido se use un aparato electrodoméstico o un sistema eléctrico en un hogar o en una oficina y de cuán eficiente sea ese aparato o sistema eléctrico. La mayor parte de la electricidad en los Estados Unidos se produce por la quema de combustibles fósiles, lo que produce contaminación del aire. Por lo tanto, la cantidad de energía que se usa afecta la calidad del aire. Una pequeña oficina u hogar promedio contiene muchos electrodomésticos.

CONSUMO DE ELECTRICIDAD DE LOS ELECTRODOMÉSTICOS DE LOS ESTADOS UNIDOS, 2010

Clave
= 30 kilowatts-hora

8. La dueña de una tienda está preocupada por el medio ambiente y quiere que sus decisiones de negocios reflejen esa preocupación. A partir de la información, ¿cuál es la **mejor** decisión que puede tomar para ayudar a reducir la contaminación del aire?

A. apagar la computadora a la noche y cuando no la usa
B. comprar un refrigerador más pequeño para la sala de descanso
C. reciclar el plástico, el vidrio y el papel en la tienda
D. configurar el termostato del acondicionador de aire de la tienda más bajo en el verano para que las ventanas puedan permanecer cerradas

INSTRUCCIONES: Estudia la información y la gráfica. Luego lee la pregunta y escribe tu respuesta en las líneas. Completar esta tarea puede llevarte 10 minutos aproximadamente.

EMISIONES Y TEMPERATURAS GLOBALES

La gráfica muestra emisiones de dióxido de carbono entre 1900 y 2019. El dióxido de carbono se genera cuando los combustibles fósiles se queman y transforman su energía química almacenada en energía que las personas pueden usar. El dióxido de carbono es también un gas de efecto invernadero, o uno de los gases de la atmósfera de la Tierra que atrapan la energía térmica y calientan el planeta. Desde 1895 se ha hecho un seguimiento de los datos sobre la temperatura promedio. A nivel mundial, el 2020 igualó al 2016 como el año más caluroso que se haya registrado. La década de 2010-2020 ha sido la más calurosa desde que inició la recolección de datos. La temperatura global promedio en la superficie ha aumentado a una tasa promedio de 0.32°F (0.18°C) por década desde 1981.

Emisiones globales de dióxido de carbono, 1900-2019

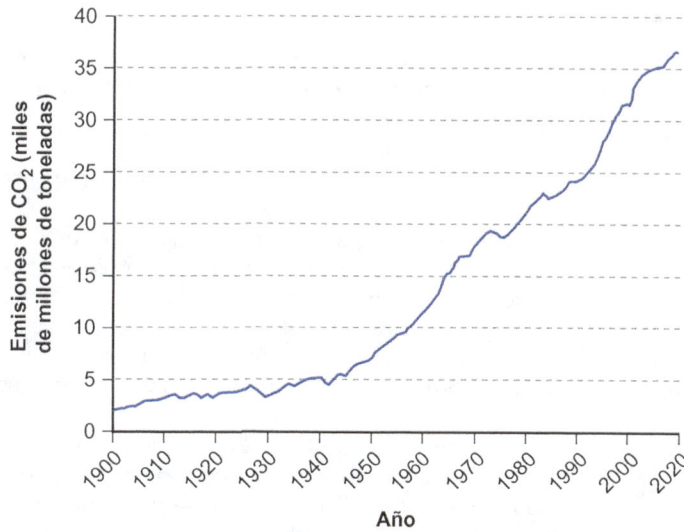

9. ¿Qué conclusiones se pueden sacar acerca de la posible relación entre las emisiones de dióxido de carbono y los datos sobre el clima?

_____

_____

_____

_____

_____

_____

_____

_____

_____

_____

Comprender las técnicas de investigación

Usar con el *Libro del estudiante,* págs. 80–81.

TEMAS DE CIENCIAS: P.a.1, P.a.4, P.b.1, P.c.1, P.c.2, P.c.3, P.c.4
PRÁCTICAS DE CIENCIAS: SP.2.b, SP.2.c, SP.2.d, SP.2.e, SP.3.b, SP.3.c, SP.3.d, SP.5.a, SP.6.c, SP.7.a, SP.8.a, SP.8.b

UNIDAD 2

1 Repasa la destreza

Una vez que los científicos se plantean una pregunta y formulan una hipótesis, deben diseñar y realizar una investigación. Los científicos usan **técnicas de investigación** para reunir datos y resultados exactos. Al analizar e interpretar los resultados de una investigación, validan o invalidan la hipótesis. **Comprender las técnicas de investigación** profundiza tu conocimiento de las ciencias.

2 Perfecciona la destreza

Al perfeccionar la destreza de comprender las técnicas de investigación, mejorarás tus capacidades de estudio y evaluación, especialmente en relación con la prueba de Ciencias de GED®. Estudia la información y el diagrama que aparecen a continuación. Luego responde las preguntas.

EL MÉTODO CIENTÍFICO

a Una pregunta que lleva a una hipótesis generalmente surge de una observación. Por lo tanto, el primer paso en algunas definiciones del método científico es la destreza científica más básica: la observación.

b Alguien que realiza una investigación toma en cuenta todos los resultados. Si los resultados no respaldan la hipótesis, el investigador busca errores en el análisis y en el diseño de la investigación. Si no hay errores, puede llegar a la conclusión de que la hipótesis es incorrecta.

Antes de que se estableciera el método científico, la ciencia era principalmente una cuestión de conjeturas y debates. Como resultado, el conocimiento científico a menudo no se podía distinguir de la opinión. El método científico permitió a los científicos mostrar que sus ideas están claramente respaldadas por observaciones y datos. Seguir el método científico también permitió a los científicos identificar las ideas incorrectas y demostrar por qué son incorrectas.

Por ejemplo, en el siglo XVIII, el químico Antoine Lavoisier usó el método científico para invalidar la idea común de que el agua es un elemento. Lavoisier había desarrollado la hipótesis de que el agua no era un elemento, sino un compuesto formado por los elementos oxígeno e hidrógeno. Para probar su hipótesis, Lavoisier quemó un peso conocido de gas oxígeno en un peso conocido de gas hidrógeno y descubrió que la reacción química producía agua pura. Incluso logró predecir aproximadamente la cantidad de agua (en peso) que se produciría en función de la cantidad de oxígeno e hidrógeno que hizo reaccionar. A partir del análisis de sus datos, Lavoisier concluyó que el agua es un compuesto formado por los elementos oxígeno e hidrógeno.

El siguiente diagrama muestra los pasos del método científico.

| 1. Hacer una pregunta **a** | 2. Desarrollar una hipótesis | 3. Poner a prueba la hipótesis con una investigación | 4. Analizar los datos y sacar una conclusión **b** |

USAR LA LÓGICA

Una hipótesis válida es una respuesta a una pregunta científica que se puede poner a prueba. Una pregunta que se puede responder con una opinión o sensación no es una pregunta científica. Una respuesta a una pregunta como esa no puede ser una hipótesis.

1. ¿Qué aspecto de la investigación de Lavoisier respalda **mejor** la hipótesis de que el agua es un compuesto de hidrógeno y oxígeno?

A. Lavoisier logró quemar gas de oxígeno.
B. Se controlaron las cantidades de hidrógeno y oxígeno que se usaron.
C. Lavoisier usó una herramienta especial para contener el hidrógeno y el oxígeno.
D. El peso del agua que se generó en la reacción química casi igualó el peso de los reactantes hidrógeno y oxígeno.

INSTRUCCIONES: Estudia la información y la tabla, lee cada pregunta y elige la **mejor** respuesta.

ESTADÍSTICA

Los métodos estadísticos se pueden usar para analizar e interpretar datos. Por ejemplo, conocer la media y la mediana de un conjunto de datos podría ser importante. La media es el promedio del conjunto de datos. La mediana es el punto medio del conjunto de datos.

Un valor extremo es un punto de datos que está numéricamente distante de los otros en el conjunto. Generalmente, los valores extremos son simplemente puntos de datos erróneos. Sin embargo, antes de eliminar un valor extremo, un investigador debe intentar comprender por qué existe.

Examinar una investigación del mundo real puede aclarar cómo usan los investigadores las estadísticas. Los científicos ambientalistas compilaron datos para determinar los niveles de radiación en arroyos y estanques ubicados dentro de un kilómetro de distancia de un sitio donde se almacenaban materiales nucleares. Primero, reunieron muestras de agua y las llevaron al laboratorio. Luego pusieron a prueba las muestras usando equipos para contar el número de partículas radioactivas que emitía cada muestra. Registraron sus datos en una tabla similar a la que se muestra.

NIVELES DE RADIACIÓN

Número de muestra	Microroentgens por hora (µR/h)
1	390.0
2	500.0
3	530.0
4	5.0
5	350.0
6	420.0
7	475.0

2. ¿Cuál es la media de este conjunto de datos, redondeado al número entero más cercano?

   A. 475 µR/h
   B. 440 µR/h
   C. 3,070 µR/h
   D. 381 µR/h

3. ¿Cuál es la mediana de este conjunto de datos?

   A. 475 µR/h
   B. 450 µR/h
   C. 420 µR/h
   D. 390 µR/h

4. ¿Cuál es la importancia probable del valor para la muestra 4?

   A. El estanque del que se sacó la muestra no está contaminado.
   B. Es estadísticamente importante y se debe incluir en los resultados.
   C. Representa un error al tomar las muestras o al ponerlas a prueba y no se debe tener en cuenta.
   D. Origina dudas sobre el proceso que se usó para la toma de muestras al azar.

INSTRUCCIONES: Estudia la información, lee cada pregunta y elige la **mejor** respuesta.

LAS VARIABLES EN UNA INVESTIGACIÓN

Mick nota que la sopa parece enfriarse más rápidamente cuando está en un tazón que cuando está en una taza. Él usa esta observación para formular una hipótesis: el líquido se enfría más rápidamente en recipientes amplios y poco profundos que en recipientes altos y estrechos. Para poner a prueba su hipótesis, diseña una investigación que examina si la forma del recipiente afecta la tasa a la cual se enfría el agua desde la temperatura de ebullición, 100 grados Celsius (°C), a la temperatura ambiente, 25°C. Identifica una variable independiente que modificará y una variable dependiente que observará.

5. ¿Cuál es la variable dependiente en esta investigación?

   A. la tasa de enfriamiento
   B. la forma del recipiente
   C. el volumen de agua
   D. la temperatura del ambiente

6. ¿Cuál es la variable independiente en esta investigación?

   A. la tasa de enfriamiento
   B. la forma del recipiente
   C. el volumen de agua
   D. la temperatura del ambiente

7. En el diseño de esta investigación, ¿qué factor se debe mantener constante?

   A. el volumen de agua de cada recipiente
   B. la hora del día en que se realiza la prueba
   C. la tasa de enfriamiento del agua
   D. la temperatura de ebullición del agua

INSTRUCCIONES: Estudia la información, lee la pregunta y elige la **mejor** respuesta.

LA ORGANIZACIÓN EN UNA INVESTIGACIÓN

Al prepararse para realizar una investigación, un investigador debe ser organizado. Debe planear todos los procedimientos de prueba y reunir todos los equipos y el material necesarios antes de comenzar la investigación. Además, el investigador debe tener en cuenta con anticipación las medidas de seguridad para estar preparado.

Durante la investigación, el investigador debe registrar datos en un lugar determinado, como un cuaderno. Todas las mediciones se deben hacer cuidadosamente y con exactitud. El investigador debe registrar todos los resultados, así como toda percepción o suceso inesperado, en cuanto ocurren. Esta información será importante cuando sea el momento de analizar e interpretar los datos reunidos durante la investigación.

8. Un investigador planea poner a prueba la hipótesis de que las propiedades físicas particulares de una sustancia cambian bajo determinadas condiciones. ¿Qué debe hacer para crear un registro de pruebas y resultados?

   A. Durante la prueba, debe prestar mucha atención a los cambios en las propiedades físicas y anotar las observaciones al finalizar la prueba.
   B. Antes de la prueba, debe leer una descripción de las propiedades físicas de la sustancia y escribir un informe, al día siguiente, sobre el cambio de la sustancia después de la prueba.
   C. Debe registrar la prueba con una cámara de video mientras narra las descripciones y percepciones sobre las propiedades físicas antes, durante y después de la prueba.
   D. No debe tomar notas sobre las propiedades físicas observadas antes, durante y después de la prueba, pero debe repetir los mismos procedimientos al día siguiente.

9. Un investigador realiza una investigación del efecto de un nuevo diseño de bolsas de aire sobre las fuerzas aplicadas durante las colisiones. ¿Qué paso del proceso científico debe seguir la investigación?

   A. formular la hipótesis de que el nuevo diseño de bolsas de aire dará como resultado menos lesiones
   B. desarrollar una teoría de que las bolsas de aire siempre reducen las fuerzas en las colisiones
   C. hacer una predicción de que una mejora adicional del diseño de las bolsas de aire reducirá más la probabilidad de lesiones en una colisión
   D. analizar e interpretar las mediciones tomadas durante la investigación, como las velocidades y magnitudes de las fuerzas

INSTRUCCIONES: Estudia la información y la gráfica, lee la pregunta y elige la **mejor** respuesta.

INVESTIGACIÓN SOBRE EL DIÓXIDO DE CARBONO

Algunos investigadores están realizando una investigación sobre la solubilidad del dióxido de carbono (CO_2) en agua destilada. Ya saben que el CO_2 se introduce en una solución más fácilmente bajo mayor presión de aire. Sin embargo, quieren descubrir cómo la temperatura del agua destilada afecta la solubilidad del gas. Generalmente, el agua más caliente disuelve los solutos más rápidamente que el agua más fría. Pero después de varias pruebas, cuando analizan los resultados, los investigadores descubren que la solubilidad del CO_2 disminuye a medida que la temperatura del agua aumenta. La repetición de las pruebas, aunque las realicen otros investigadores, produce los mismos resultados. Los equipos de investigadores trazan los puntos de datos en gráficas como la que se muestra a continuación.

10. Una investigadora sabe que los océanos de la Tierra son un importante "sumidero" de CO_2 y que disuelven grandes cantidades de CO_2 todos los días. ¿Qué predicción sería probable que hiciera después de analizar los resultados de la investigación sobre la solubilidad?

   A. Si se agregara sal al agua destilada y se realizara nuevamente la investigación, se disolvería más CO_2.
   B. Si aumenta la temperatura de los océanos, los océanos disolverán menos CO_2.
   C. Si los investigadores usaran agua de mar en vez de agua destilada, los resultados muy probablemente serían distintos.
   D. Si se bombeara agua destilada a los océanos, se disolvería en ellos más CO_2.

INSTRUCCIONES: Estudia la información y lee la pregunta. Luego escribe tu respuesta en las líneas. Completar esta tarea puede llevarte 10 minutos aproximadamente.

LA SOLUBILIDAD DE LA SAL EN AGUA

Una investigadora lee un informe sobre los resultados de investigaciones que demuestran que el CO_2 es menos soluble en agua caliente que en agua fría. Se pregunta si la sal también podría ser menos soluble en agua caliente. Si es así, con el paso del tiempo, los océanos cada vez más calientes a causa del cambio climático se tornarían menos salados al precipitarse la sal de la solución y caer al fondo del océano. Ella formula una hipótesis. La solubilidad de la sal en agua disminuye a medida que aumenta la temperatura del agua.

11. Diseña un experimento controlado que podría usar la investigadora para poner a prueba su hipótesis. Identifica las variables dependiente e independiente. Incluye una descripción de cómo se deben reunir y analizar los datos, y de cómo determinará la investigadora si su hipótesis es correcta.

_____

_____

_____

_____

_____

_____

_____

_____

_____

_____

_____

INSTRUCCIONES: Estudia la información, lee la pregunta y elige la **mejor** respuesta.

LA TEORÍA ATÓMICA

La investigación científica implica ampliar lo que se sabe sobre suposiciones o teorías existentes. Por ejemplo, en 1807, el químico John Dalton propuso una teoría de la materia que formó la base para la teoría atómica moderna. Sin embargo, una suposición incorrecta de la teoría de Dalton fue que los átomos son esferas sólidas que no se pueden descomponer en partículas más pequeñas. En los años posteriores a la teoría que propuso Dalton, otros científicos realizaron descubrimientos que permitieron avanzar en la comprensión de la estructura y las características de los átomos.

12. ¿Qué descubrimiento **más probablemente** hizo que los científicos rechazaran la suposición de Dalton de que el átomo es una sola partícula sólida?

A. Los átomos tienen cargas eléctricas.
B. Los átomos contienen electrones.
C. Los átomos se unen en proporciones fijas y forman varios compuestos.
D. Los electrones que están dentro de los átomos están ordenados en niveles de energía.

Lección de alto impacto: Identificar y perfeccionar hipótesis

Usar con el *Libro del estudiante*, págs. 82–85.

TEMAS DE CIENCIAS: P.a.4, P.b.2, P.c.2
PRÁCTICAS DE CIENCIAS: SP.1.a, SP.1.b, SP.1.c, SP.2.b, SP.3.b, SP.3.c, SP.6.c, SP.7.a

UNIDAD 2

1 Repasa la destreza

Los científicos usan **hipótesis** como un primer paso para investigar y entender procesos naturales. Una hipótesis es una explicación de por qué las cosas suceden de la manera en que lo hacen. Puede adoptar varias formas, como una predicción, una pregunta cuidadosamente diseñada o un enunciado de si/entonces. Además, una hipótesis debe ser **evaluable** y **refutable**. Debe estar escrita de modo tal que se pueda diseñar una investigación científica que proporcione evidencia para respaldarla o cuestionarla.

Una hipótesis se debe adecuar a los datos ya conocidos. Tiene que identificar una relación propuesta entre una causa y su efecto. Por ejemplo: el enunciado "Incrementar la fuerza aplicada a un objeto causará que el objeto acelere a mayor velocidad" es una hipótesis que relaciona una causa con su efecto. La causa se llama **variable independiente** y el efecto se llama **variable dependiente**.

En la prueba de Ciencias de GED® se espera que muestres que puedes **identificar y perfeccionar hipótesi**s. Es posible que te encuentres con preguntas que te pidan que leas un pasaje, identifiques la hipótesis y evalúes si es apropiada para la investigación científica que se describe. También se te puede pedir que perfecciones una hipótesis para que se adecúe más a la investigación descrita.

2 Perfecciona la destreza

a Lee el pasaje para averiguar la relación entre el coeficiente de fricción y la distancia de frenado. ¿Qué sucede con la distancia de frenado cuando aumenta el coeficiente? ¿Qué sucede cuando el coeficiente disminuye?

b Examina los datos de la tabla. Para cada tipo de superficie del camino, ¿cómo afecta la presencia de agua la distancia de frenado? ¿Cómo se relaciona esto con la velocidad?

En cada tipo de superficie de camino, compara la diferencia en el coeficiente de fricción entre condiciones secas y húmedas para determinado rango de velocidad. ¿El coeficiente aumenta o disminuye cuando el camino se moja o se seca? ¿Cómo afecta esto la distancia de frenado? Elimina las respuestas que no coincidan con los datos. La respuesta correcta es **A**.

En la medida que disminuye el coeficiente de fricción, aumenta la distancia de frenado. Halla el menor nivel de coeficiente de fricción de la tabla. Esto indica la distancia de frenado más larga y, por lo tanto, el mayor riesgo de accidente. La respuesta correcta es **C**.

FRICCIÓN Y DISTANCIA DE FRENADO

La fuerza de fricción entre los neumáticos de un automóvil y la superficie del camino determina qué tan rápido el carro puede disminuir la velocidad hasta detenerse. En la medida que el coeficiente de fricción (μ) entre los neumáticos y el camino aumenta, la distancia de frenado necesaria para detener el automóvil disminuye. La tabla muestra cómo varía el coeficiente de fricción bajo distintas condiciones.

COEFICIENTES DE FRICCIÓN PARA DIFERENTES SUPERFICIES DE CALLE

Superficie del camino	μ seca		μ húmeda	
	<30 mph	>30 mph	<30 mph	>30 mph
Cemento	0.80	0.75	0.70	0.65
Asfalto	0.75	0.65	0.65	0.60
Grava (suelta)	0.50	0.51	0.55	0.56

1. Vanessa está interesada en investigar cómo influyen las condiciones climáticas en el número de accidentes automovilísticos de áreas urbanas. Según los datos de la tabla, ¿qué hipótesis es más probable que ponga a prueba?

   A. Ocurren más accidentes en días lluviosos que en días secos.
   B. Ocurren más accidentes en días secos que en días lluviosos.
   C. Ocurre la misma cantidad de accidentes en días secos y en días lluviosos.
   D. Solo ocurren accidentes en días lluviosos.

2. Jordan también está interesado en investigar los índices de accidentes. ¿Cuál de los siguientes escenarios que analizará Jordan será más probable que dé como resultado la mayor distancia de frenado y, por lo tanto, el mayor riesgo de accidente?

   A. Un carro circula a menos de 30 mph en un camino de cemento seco.
   B. Un carro circula a más de 30 mph en un camino de asfalto húmedo.
   C. Un carro circula a menos de 30 mph en un camino de grava seca.
   D. Un carro circula a más de 30 mph en un camino de cemento húmedo.

3 *Domina la destreza*

INSTRUCCIONES: Estudia la información y la gráfica, lee cada pregunta y elige la **mejor** respuesta.

LUMINOSIDAD Y BRILLO APARENTE

El brillo de una estrella vista desde la Tierra se llama brillo aparente. El brillo aparente depende del brillo verdadero de la estrella, o su luminosidad estelar, y de su distancia a la Tierra. La luminosidad es la producción total de energía de una estrella por unidad de tiempo. Mide la velocidad en la que una estrella está gastando su combustible nuclear. Los científicos han estudiado varios miles de estrellas en la galaxia de la Vía Láctea para descubrir cómo se relaciona la masa de una estrella con su luminosidad. La gráfica muestra un trazado de algunos de esos datos.

LUMINOSIDAD VERSUS MASA

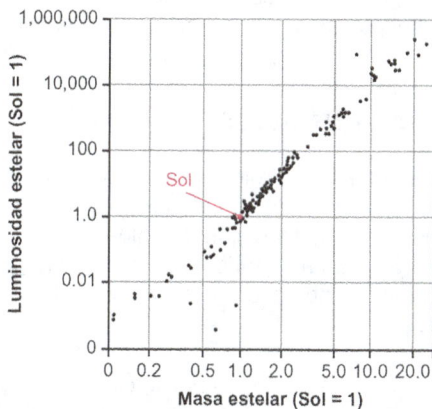

3. Una astrónoma halla una estrella que es diez veces más masiva que el Sol. ¿Qué hipótesis puede hacer acerca de la luminosidad de la estrella?

   A. Es menor que la del Sol porque quema combustible más lentamente.
   B. Es mayor que la del Sol porque quema combustible más lentamente.
   C. Es menor que la del Sol porque quema combustible más rápidamente.
   D. Es mayor que la del Sol porque quema combustible más rápidamente.

4. Elena compara estrellas del cielo nocturno y plantea la hipótesis de que las estrellas más tenues no brillan con tanta intensidad porque son menos masivas. ¿Cuál es el error de su hipótesis?

   A. Algunas estrellas son más tenues porque están más lejos.
   B. Algunas estrellas son más tenues porque está hechas de materiales diferentes.
   C. Algunas estrellas son más tenues porque se mueven más rápidamente.
   D. Algunas estrellas son más tenues porque queman su combustible más rápido.

INSTRUCCIONES: Estudia la información y la tabla, lee la pregunta y elige la **mejor** respuesta.

LA EVOLUCIÓN DEL MAGMA

La roca líquida caliente conocida como magma se forma cuando la roca sólida se calienta tanto que todos sus minerales se derriten. Sin embargo, no toda la roca se derrite al mismo tiempo. A medida que sube la temperatura, algunos minerales se derriten mientras que otros permanecen sólidos. Esto se debe a que los distintos minerales tienen puntos de fusión diferentes. Cuando finalmente la temperatura se vuelve lo suficientemente alta, todos los minerales se funden. El proceso contrario ocurre cuando el magma se enfría y se solidifica, transformándose en roca. Algunos minerales se cristalizarán primero porque tienen puntos de fusión más elevados. La tabla muestra los puntos de fusión de los minerales que componen una piedra conocida como granito.

PUNTOS DE FUSIÓN PARA MINERALES DE GRANITO

Punto de fusión	Mineral	Composición mineral
1,400 °C	Olivino	Ricos en hierro
	Piroxeno	
	Biotita	
	Feldespato	Ricos en sílice
650 °C	Cuarzo	

5. Lilly es geóloga. Mientras hace senderismo por una gran formación de roca de granito, nota que la composición mineral cambia de un lado al otro. El lado externo de la formación tiene una mayor cantidad de cristales de olivino, piroxeno y biotita, mientras que el centro tiene una mayor cantidad de cristales de feldespato y cuarzo. ¿Qué hipótesis adecuada puede formular Lilly acerca de cómo se produjo la formación de granito?

   A. Primero se formó el centro, porque los minerales ricos en hierro cristalizan a temperaturas más altas y la parte externa se formó en último lugar porque los minerales ricos en sílice cristalizan a temperaturas más bajas.
   B. Primero se formó la parte externa, porque los minerales ricos en hierro cristalizan a temperaturas más altas y el centro se formó en último lugar porque los minerales ricos en sílice cristalizan a temperaturas más bajas.
   C. El centro fue lo último en formarse, porque los minerales ricos en hierro cristalizan a temperaturas más altas y la parte externa se formó primero, porque los minerales ricos en sílice cristalizan a temperaturas más bajas.
   D. La parte externa fue la última en formarse, porque los minerales ricos en sílice cristalizan a temperaturas más altas y el centro se formó primero porque los minerales ricos en hierro cristalizan a temperaturas más bajas.

Evaluar la información científica

Usar con el *Libro del estudiante,* págs. 86–87.

TEMAS DE CIENCIAS: P.a.1, P.a.3, P.a.5, P.b.1, P.b.2, P.c.2, P.c.3
PRÁCTICAS DE CIENCIAS: SP.1.a, SP.1.b, SP.1.c, SP.2.a, SP.2.b, SP.2.c, SP.2.e, SP.3.b, SP.4.a, SP.5.a, SP.7.a

UNIDAD 2

1 Repasa la destreza

En la actualidad, con tanta información impresa y en Internet disponible, es importante para poder **evaluar información científica**. Esta destreza te permite evaluar investigaciones científicas y distinguir entre la información confiable y la no confiable. La información científica se puede evaluar examinando la fuente de la información. Si la información es el resultado de una investigación científica sólida, es confiable. De lo contrario, no lo es.

2 Perfecciona la destreza

Al perfeccionar la destreza de evaluar la información científica, mejorarás tus capacidades de estudio y evaluación, especialmente en relación con la prueba de Ciencias de GED®. Lee el pasaje que aparece a continuación. Luego responde las preguntas.

EVALUAR UNA INVESTIGACIÓN

a La pseudociencia (o ciencia falsa) generalmente comienza con una conclusión y luego intenta forzar que la evidencia coincida con la conclusión. La pseudociencia raramente se puede poner a prueba usando el método científico.

b Las investigaciones deben ser cuidadosamente documentadas para que otros investigadores puedan repetirlas. Cuanto más se valida una hipótesis mediante pruebas repetidas, más probable es que sea verdadera.

La información científica se puede evaluar observando cómo se generó. ¿Se identificaron claramente las variables dependientes e independientes? ¿La evidencia que da a conocer la investigación respalda la conclusión? ¿Se puede repetir la investigación? ¿Y los resultados incompatibles? ¿Se pueden recomponer? ¿O indican que el diseño de la investigación no fue el adecuado o que la hipótesis estaba mal?

La solidez de una investigación depende, en parte, de lo bien que se enuncie la hipótesis. Por ejemplo, se observa fácilmente que algunos materiales conducen la energía térmica mejor que otros. En particular, los metales parecen ser más conductores que los no metales. Usando esa información, un investigador desarrolla una hipótesis: todos los metales conducen la energía térmica más rápidamente que los no metales.

Para poner a prueba esta hipótesis, el investigador diseña y realiza una investigación. Coloca una varilla de cobre y una varilla de vidrio en la llama de una vela. Usa un cronómetro para medir con qué velocidad cambian las temperaturas de las varillas. Los datos indican que la varilla de cobre conduce más rápidamente la energía térmica que la de vidrio.

1. ¿Qué hipótesis está respaldada por los resultados de esta investigación?

   A. Todos los metales conducen la energía térmica más rápidamente que los no metales.
   B. El cobre es el mejor conductor de energía térmica.
   C. El cobre es mejor conductor de la energía térmica que el vidrio.
   D. El vidrio es el que menos energía térmica conduce.

2. ¿Qué falla tuvo esta investigación?

   A. La hipótesis es demasiado confusa y no puede investigarse con legitimidad.
   B. No mostró que los metales son buenos conductores de energía térmica.
   C. No incluyó las variables dependiente e independiente.
   D. No se registraron el procedimiento y los resultados.

INSTRUCCIONES: Estudia la información y el diagrama, lee cada pregunta y elige la **mejor** respuesta.

INVESTIGACIÓN SOBRE LA SUBLIMACIÓN

Jackson sabe que el hielo seco es dióxido de carbono congelado (CO_2). También sabe que en vez de derretirse, el hielo seco generalmente se transforma en gas. Esta clase de cambio de estado se llama sublimación. Él realiza una investigación y descubre en su libro de química el diagrama de fases para el CO_2 que aparece a continuación. Allí se muestra cómo cambia de estado el CO_2 a medida que aumenta la presión, que se mide en atmósferas (atm), y la temperatura, indicada en grados Celsius (°C).

Al estudiar el diagrama, Jackson se da cuenta de que si el hielo seco se sometiera a una presión considerablemente más alta que la presión atmosférica estándar de 1 atm, se derretiría en lugar de sublimarse a medida que aumenta la temperatura. Entonces se pregunta si el mismo principio se podría aplicar al agua. Formula una hipótesis: bajo una presión menor, a medida que la temperatura aumenta, el agua en su estado sólido (hielo) se sublimará en lugar de derretirse.

3. ¿Se puede poner a prueba la hipótesis de Jackson? ¿Por qué?

   A. No; el agua es una sustancia distinta y probablemente no cambiaría de estado.
   B. No; el diagrama de fases en el que se basa no es confiable porque proviene de una fuente que no es creíble.
   C. Sí; el vapor de agua se podría someter a una presión más baja para ver si cambia de estado y se convierte directamente en hielo.
   D. Sí; se podría colocar el hielo en una cámara de vacío, donde se pueda controlar la presión, y observar a medida que aumenta la temperatura en la cámara.

4. Después de realizar una prueba, Jackson descubre que su hipótesis no ha sido validada. ¿Qué debe hacer?

   A. corregir su hipótesis para que coincida con los resultados de la investigación
   B. realizar más pruebas para obtener un promedio estadístico de los resultados
   C. asumir que se equivocó y rediseñar la investigación para demostrar que estaba equivocado
   D. pedir a otros investigadores que repitan la investigación para ver qué resultados obtienen

INSTRUCCIONES: Estudia la información, lee cada pregunta y elige la **mejor** respuesta.

PONER A PRUEBA LOS EFECTOS DE DISPARAR UN ARMA DE FUEGO

Un físico quiere demostrar que una bala disparada hacia arriba, en sentido vertical, es tan peligrosa como una bala disparada en dirección paralela al suelo. Él explica que a medida que la bala se eleva en el aire y se frena hasta detenerse debido a la fuerza de gravedad, transforma toda su energía cinética en energía potencial. A medida que desciende, recobra su energía cinética. La hipótesis del físico es que la velocidad de la bala es la misma cuando alcanza el suelo que cuando fue disparada por el arma de fuego.

El físico planea una investigación en la que usa un dispositivo para detectar la rapidez y así medir la velocidad de la bala a aproximadamente cinco pies del suelo, tanto al disparar la bala como cuando esta regresa al suelo. Registra los resultados que, repetidamente, muestran que la velocidad final de la bala es de 50 a 200 metros por segundo (m/s), en sentido descendente. Esto es un valor menor que la velocidad inicial de 300 a 1,000 m/s, en sentido ascendente, pero sigue siendo potencialmente peligroso para la gente que está en el suelo.

5. El físico no tomó en cuenta una variable importante al formular la hipótesis inicial. Esta omisión explica por qué los resultados no respaldaron la hipótesis. ¿Cuál es esta variable?

   A. la masa de la bala
   B. la fuerza de la resistencia del aire
   C. el ángulo de la trayectoria de la bala
   D. el tipo de bala

6. ¿Fracasó el experimento?

   A. No; se comprobó la hipótesis.
   B. Sí; la hipótesis fue refutada.
   C. No; el experimento produjo información valiosa sobre el uso seguro de armas de fuego.
   D. Sí; el experimento demostró que las balas que se disparan al aire son seguras.

INSTRUCCIONES: Estudia la información, lee cada pregunta y elige la **mejor** respuesta.

INVESTIGAR LA SEGUNDA LEY DE MOVIMIENTO

Inés quiere investigar cómo afecta la fuerza de gravedad a distintas masas. Ella sabe que la aceleración que genera la gravedad en la superficie de la Tierra es 9.8 metros por segundo cuadrado (m/s²). Al aplicar la segunda ley de movimiento, que establece que la fuerza es igual a la masa multiplicada por la aceleración, sabe que la aceleración es una constante (9.8 m/s²) y que solamente pueden cambiar la fuerza y la masa.

Sabiendo eso, Inés escribe una hipótesis en su cuaderno. Los objetos con más masa impactan el suelo con más fuerza. Para poner a prueba su hipótesis, diseña una investigación. Consigue una regla de una yarda y la usa como medida de la altura. Selecciona ocho esferas de acero que tienen distintas masas. Inés mide y registra la masa de cada esfera de acero. Deja caer cada una de ellas desde la cima de la regla de una yarda en una barra de plastilina ubicada en la base de la regla de una yarda y se asegura de usar la misma clase de plastilina y controlar su grosor. Planea medir la profundidad del hoyo que deja cada esfera de acero al golpear la plastilina y llega a la conclusión de que las esferas de acero con más masa impactarán con más fuerza y harán hoyos más profundos. Espera descubrir una relación directa entre la profundidad del hoyo y la masa de las esferas de acero.

7. ¿Cuál es la variable dependiente en esta investigación?

   A. la altura inicial de la esfera de acero
   B. la masa de la esfera de acero
   C. el tamaño de la esfera de acero
   D. la profundidad del hoyo en la plastilina

8. ¿Cuál es la variable independiente en esta investigación?

   A. la altura inicial de la esfera de acero
   B. la masa de la esfera de acero
   C. el tamaño de la esfera de acero
   D. la profundidad del hoyo en la plastilina

9. Inés no controló un factor importante en su investigación. Como resultado, los datos que obtuvo no respaldaron su hipótesis. ¿Qué factor podría no haber tenido en cuenta?

   A. la altura inicial de la esfera de acero
   B. la masa de la esfera de acero
   C. el tamaño de la esfera de acero
   D. la profundidad del hoyo en la plastilina

INSTRUCCIONES: Estudia la información, lee cada pregunta y elige la **mejor** respuesta.

HIPÓTESIS Y TEORÍAS

Una hipótesis es una predicción provisional que se basa en una pregunta. Brinda al investigador un punto de partida desde el cual comenzar a realizar las pruebas y los análisis. Cuando el análisis de los resultados de una prueba no produce hechos que confirmen una hipótesis, la hipótesis se puede modificar o incluso abandonar. En otras palabras, una hipótesis es una explicación posible de una observación específica. Por ejemplo, la hipótesis "si una herramienta de metal se deja sumergida en agua, se oxidará más rápidamente que si queda a la intemperie" puede ayudar a explicar una observación específica. En contraste, una teoría científica es una explicación de un gran número de observaciones relacionadas. Una teoría científica válida está respaldada por todos los datos disponibles, explica todas las observaciones disponibles y se puede usar para hacer predicciones sobre futuras investigaciones. Por ejemplo, la teoría de la conservación de la masa, que establece que la masa no se crea ni se destruye, explica todas las observaciones importantes disponibles. Una teoría sigue siendo válida siempre que no se encuentre evidencia que la refute. Esto significa que las teorías científicas no son dogmas; siempre están sujetas a cambios o refutaciones.

10. ¿Qué situación podría poner en duda la validez de la teoría de la conservación de la masa?

    A. Investigaciones controladas y repetidas indican que la cantidad de materia en ciertos reactantes no es igual a la cantidad de materia en sus productos.
    B. Un destacado científico cree que la materia se destruye en ciertas reacciones químicas.
    C. Quienes no son científicos no entienden que la materia no se puede crear ni destruir.
    D. Es posible que en algún momento en el futuro los científicos descubran evidencia que sugiera que la materia se puede crear o destruir.

11. Teniendo en cuenta la hipótesis y la teoría identificadas en el pasaje, ¿cuál de los siguientes enunciados describe la diferencia entre una hipótesis y una teoría?

    A. Una hipótesis explica observaciones, pero una teoría no.
    B. Una teoría siempre es verdadera y no se puede cuestionar, pero una hipótesis no siempre es verdadera.
    C. Una teoría explica una gama más amplia de observaciones que una hipótesis.
    D. Una hipótesis depende de datos más exactos que una teoría.

EVALUAR UNA HIPÓTESIS

Un investigador se pregunta si los colores de la luz que componen el espectro de luz visible tienen distintas temperaturas, así que coloca un termómetro en cada color. Las temperaturas aumentan desde la luz violeta hasta la luz roja. Curioso, decide medir la temperatura más allá de la luz roja en un área ubicada fuera del espectro. Descubre que esta área tiene una temperatura aún más alta que la luz roja.

12. ¿Qué hipótesis es **más probable** que se formule a partir de esta observación?

   A. Las áreas más oscuras siempre son más calientes que las áreas más claras.
   B. Es muy probable que se necesite un equipo especial para medir la temperatura de la luz.
   C. Todas las partes del espectro de luz visible tienen una temperatura que se puede medir.
   D. Hay un área de energía invisible y más caliente al lado del área roja.

HIPÓTESIS NULA

Una hipótesis nula es aquella que se acepta comúnmente pero que no ha sido validada mediante pruebas controladas repetidas. Por ejemplo, antiguamente, una gran cantidad de personas pensaba que el Sol giraba alrededor de la Tierra. La hipótesis nula en esa época era: "La Tierra es el centro del universo". Generalmente, una hipótesis nula es de naturaleza dudosa; por lo tanto, los investigadores trabajan para anularla. Con mucha frecuencia, lo hacen validando una hipótesis alternativa. Una hipótesis alternativa que se puede demostrar a través de medios científicos es la mejor evidencia para refutar una hipótesis nula.

13. ¿Qué hipótesis alternativa se habría usado para anular la hipótesis nula identificada en el pasaje?

   A. La Tierra es un planeta que gira alrededor del Sol.
   B. La gravedad atrae los objetos hacia el centro de la Tierra.
   C. La Tierra es una esfera.
   D. La Tierra rota sobre un eje.

LA TEORÍA DEL FLOGISTO

En el siglo XVIII, los científicos desarrollaron la teoría del flogisto para explicar el fuego. Tuvo respaldo popular entre los científicos porque parecía explicar todas las observaciones relacionadas. La teoría establecía que las sustancias que son inflamables contienen un elemento llamado flogisto. Los científicos incluso desarrollaron lo que parecieron ser ecuaciones químicas balanceadas que incluían al flogisto. Una de esas ecuaciones sugería que el hierro se descompone y produce cal (una sustancia como polvo que se forma en las reacciones químicas) y flogisto.

Durante un tiempo, cuando se identificó un defecto en la teoría, la teoría se modificó para cubrir ese defecto. Al final, el científico Antoine Lavoisier diseñó y realizó una investigación que refutó la teoría del flogisto.

Lavoisier calentó mercurio y aire en un recipiente cerrado. Se formó una sustancia llamada óxido de mercurio rojo y el volumen de aire disminuyó 8 pulgadas cúbicas, de 50 pulgadas cúbicas a 42 pulgadas cúbicas. Se consideró que el aire estaba "flogisticado", lo que significa que contenía flogisto. Lavoisier luego calentó la cal y produjo 8 pulgadas cúbicas de aire "deflogisticado" (oxígeno). Lavoisier había demostrado el principio de conservación de la masa en una reacción química. Las reacciones de combustión, o reacciones en las cuales un reactante se quema en presencia de oxígeno, generaron la formación de cal, un proceso que previamente se había explicado como la liberación de flogisto. Por lo tanto, Lavoisier demostró que la teoría del flogisto era errónea y propuso una nueva teoría, la teoría de la conservación de la masa, que la reemplazó.

14. ¿Por qué fue rechazada la teoría del flogisto?

   A. No tenía respaldo popular porque no explicaba todas las reacciones de combustión.
   B. No se pudo representar usando ecuaciones químicas.
   C. Mediante investigaciones científicas controladas y repetibles se descubrió evidencia incompatible.
   D. Los científicos que se opusieron a la teoría tuvieron más influencia que los que la respaldaron.

Lección de alto impacto: Identificar variables dependientes e independientes

Usar con el *Libro del estudiante*, págs. 88–91.

TEMAS DE CIENCIAS: P.c.2, P.b.3
PRÁCTICAS DE CIENCIAS: SP.1.a, SP.1.b, SP.2.e, SP.6.c, SP.7.a, SP.7.b

UNIDAD 2

1 Repasa la destreza

Para **identificar las variables independientes y dependientes** de un experimento, debes buscar una **relación de causa y efecto** entre dos cantidades físicas diferentes. En algunos casos, esta relación puede describirse por medio de una fórmula científica o una ecuación. Observar tablas y gráficas de datos puede ayudarte a hallar patrones e interpretar relaciones entre variables.

Un cambio en una **variable independiente** causa un cambio en una **variable dependiente**. Si quisieras investigar de qué manera afecta la temperatura a la solubilidad del dióxido de carbono, podrías diseñar un experimento para determinar cómo la variación de la temperatura del agua (variable independiente) cambia la solubilidad del dióxido de carbono (variable dependiente) en el agua. Querrás asegurarte de que permanezcan iguales todas las variables además de la variable independiente que se está probando. Una cantidad física que se mantiene constante se llama **variable controlada**.

En la prueba de Ciencias de GED® se espera que muestres que puedes distinguir entre una variable independiente y una variable dependiente. Puedes encontrarte con preguntas que te pidan que identifiques las variables en un experimento y que expliques cómo se relacionan.

2 Perfecciona la destreza

EFECTOS DE LA ELEVACIÓN SOBRE LA RESPIRACIÓN

a Busca las palabras *dado*, *aumenta* y *disminuye*. Indican variables que pueden cambiar o que deben permanecer constantes. Luego decide qué variable causa un cambio en otra variable.

La montaña más alta de los Estados Unidos, Denali, está situada en Alaska. Alcanza una altura de 6,190 m (20,310 pies) sobre el nivel del mar y es un destino popular entre los montañistas. Sin embargo, antes de poder intentar llegar a la cumbre, los montañistas deben pasar varios días acampando a una altura elevada para permitir que sus cuerpos se adapten a las condiciones. De otro modo, no lograrán un buen desempeño.

Emilia sabe que el aire contiene oxígeno. También sabe que la densidad del aire disminuye con la altura, pero no sabe por qué la elevación afecta el ritmo respiratorio de los montañistas. Decide investigar y formula una hipótesis que puede probar: la cantidad de oxígeno disponible para la respiración en un volumen dado de aire disminuye a medida que disminuye la densidad del aire.

1. Según la hipótesis, ¿cuál es la variable independiente?

   ¿Qué variable se cambia para ver qué sucede con la otra variable? Descarta las variables que no se examinen (B), que permanezcan constantes (D) o que dependan del valor de otra variable (A). La respuesta correcta es **C**.

   A. ritmo respiratorio
   B. elevación de la montaña
   C. densidad del aire
   D. volumen del aire

2. Según la hipótesis, ¿cuál es la variable dependiente?

   ¿Qué variable depende del valor de otra variable? Descarta las variables que no se examinen (B), que permanezcan constantes (D) o que no dependan del valor de otra variable (C). La respuesta correcta es **A**.

   A. la cantidad de oxígeno disponible
   B. la elevación de la montaña
   C. la densidad del aire
   D. el volumen del aire

3. Según la hipótesis, ¿cuál de las siguientes debe ser una variable controlada?

   ¿Qué variable mantiene el mismo valor a lo largo del experimento? Descarta las variables que no se examinen (B) o que pueden cambiar (C, A). La respuesta correcta es **D**.

   A. la cantidad de oxígeno disponible
   B. la elevación de la montaña
   C. la densidad del aire
   D. el volumen del aire

INVESTIGAR POTENCIA Y FUERZA

Tres equipos de estudiantes de ingeniería experimentan con un sistema que contiene un motor eléctrico, una palanca y objetos de masa conocida. Hace falta que su motor use una palanca para mover un objeto a cierta distancia. Los equipos usan la ecuación $P = \dfrac{Fs}{t}$ para investigar las relaciones entre potencia (P), fuerza (F), desplazamiento (s) y tiempo (t).

4. El equipo 1 quiere entender cómo cambiar la fuerza aplicada por el motor altera la potencia del sistema, así que usan la ecuación en su forma original. ¿Cuál de los siguientes identifica correctamente los diferentes tipos de variables para su experimento?

	Independiente	Dependiente	Controlada
A.	F	t	P, s
B.	F	P	s, t
C.	P	s	F, t
D.	P	F	s, t

5. El equipo 2 quiere entender cómo cambiar la potencia del sistema altera la fuerza que se necesita desde el motor, de modo que vuelven a ordenar la ecuación para que sea $F = \dfrac{Pt}{s}$. ¿Cuál de los siguientes identifica correctamente los diferentes tipos de variables para su experimento?

	Independiente	Dependiente	Controlada
A.	F	t	P, s
B.	F	P	s, t
C.	P	s	F, t
D.	P	F	s, t

6. El equipo 3 quiere entender cómo cambiar la fuerza aplicada por el motor altera la cantidad de tiempo que se necesita para levantar un objeto. Vuelven a ordenar la ecuación para que sea $t = \dfrac{Fs}{P}$. ¿Cuál de los siguientes identifica correctamente los diferentes tipos de variables para su experimento?

	Independiente	Dependiente	Controlada
A.	F	t	P, s
B.	F	P	s, t
C.	P	s	F, t
D.	P	F	s, t

PRESIÓN, ALTURA Y DENSIDAD

Yirella está diseñando un sensor de presión que puede colocarse en grandes tanques de almacenamiento industrial que contienen diferentes líquidos. El sensor debe colocarse en el fondo de los tanques de modo que pueda medir la presión cuando los tanques están llenos y se vacían gradualmente de diversos líquidos.

Yirella sabe que la presión (P) está relacionada con la altura del líquido en el tanque (h), la densidad del líquido (ρ) y la aceleración debida a la gravedad (g) tal como lo describe la ecuación $P = h\rho g$. La tabla siguiente enumera las densidades de los líquidos de cada tanque.

Líquido	Densidad (kg/m³)
Etanol	785
Crudo	873
Aceite de aguacate	912
Agua de mar	1,022

7. Yirella hace una investigación para determinar la cantidad de presión en el fondo de cada tanque cuando todos los tanques están llenos a la misma altura. ¿Cuál de los enunciados siguientes identifica correctamente las variables independientes y dependientes en su investigación?

A. La densidad del líquido es la variable dependiente y la presión es la variable independiente.

B. La densidad del líquido es la variable independiente y la presión es la variable dependiente.

C. La altura del líquido es la variable independiente y la densidad del líquido es la variable dependiente.

D. La altura del líquido es la variable independiente y la presión es la variable dependiente.

8. ¿Cuál de las afirmaciones explica la relación entre las variables independientes y dependientes de la investigación de Yirella?

A. Si disminuye la presión en el fondo del tanque, disminuye la altura del líquido.

B. Si disminuye la presión en el fondo del tanque, aumenta la altura del líquido.

C. Si aumenta la densidad del líquido, aumenta la presión en el fondo del tanque.

D. Si disminuye la densidad del líquido, aumenta la presión en el fondo del tanque.

9. Según los datos de la tabla, ¿cuál de los tanques tendría el nivel más alto de líquido con la menor cantidad de presión en el fondo del tanque?

A. etanol   B. crudo
C. aceite de aguacate   D. agua de mar

Ciencias físicas en acción

CIENCIAS, TECNOLOGÍA, INGENIERÍA Y MATEMÁTICAS

INSTRUCCIONES: Estudia la información, el diagrama y la gráfica. Luego lee cada pregunta y elige la **mejor** respuesta.

Eres instructor de paracaidismo y estás planificando un programa para una clase de paracaidistas principiantes.

La gráfica muestra cómo cambia la velocidad de un paracaidista durante la caída. El cambio en velocidad sobre tiempo es la aceleración. La gráfica muestra que el paracaidista acelera (la velocidad aumenta) y desacelera (la velocidad baja) en diferentes puntos durante el salto. Las flechas en la parte superior del diagrama muestran las fuerzas relativas que actúan sobre el paracaidista. La flecha que apunta hacia abajo es el peso del paracaidista (o masa multiplicada por la aceleración de la gravedad). La flecha que apunta hacia arriba es la fuerza de rozamiento, también llamada resistencia del aire. En general, cuanto más pesado es un paracaidista, más rápido acelera al caer hasta alcanzar la celeridad máxima, o velocidad terminal.

MOVIMIENTO DE UN PARACAIDISTA DURANTE UN SALTO

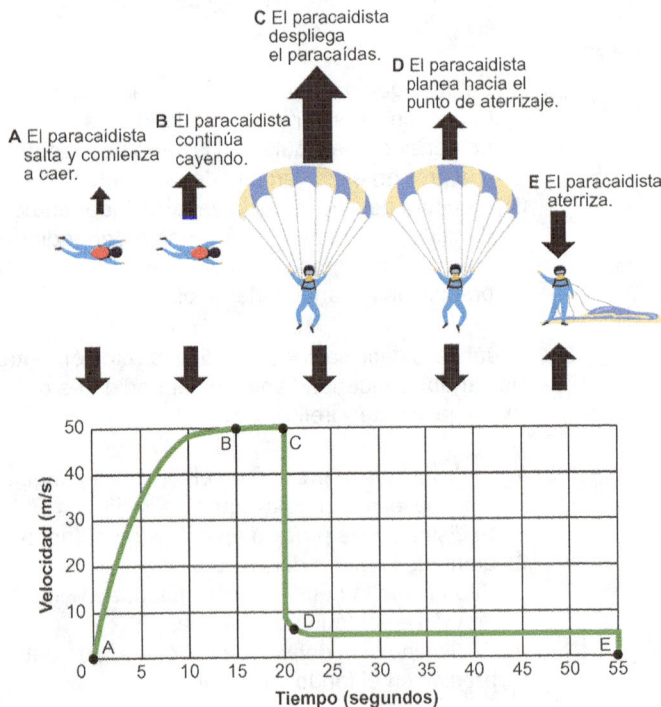

A El paracaidista salta y comienza a caer.

B El paracaidista continúa cayendo.

C El paracaidista despliega el paracaídas.

D El paracaidista planea hacia el punto de aterrizaje.

E El paracaidista aterriza.

1. ¿Cuál de las fórmulas siguientes describe los datos presentados en la gráfica?

   A. $F = ma$
   B. $p = mv$
   C. $a = \Delta v / \Delta t$
   D. $v = \Delta d / \Delta t$

2. Antes de que un paracaidista salte del avión, ¿cuál es su velocidad descendente?

   A. -50 m/s
   B. 0 m/s
   C. 5 m/s
   D. 50 m/s

3. Entre los 15 y los 20 segundos y entre los 22 y los 55 segundos, la gráfica es una línea plana horizontal. ¿Qué te dice eso sobre la velocidad del paracaidista durante esos lapsos de tiempo?

   A. Está disminuyendo.
   B. Está aumentando.
   C. Es constante.
   D. Es cero.

4. Según la ilustración y la gráfica, ¿por qué el movimiento del paracaidista cambia drásticamente a los 20 segundos (posición C)?

   A. El paracaidista alcanza su celeridad máxima, o velocidad terminal, a los 20 segundos.
   B. Las fuerzas ascendentes o descendentes sobre el paracaidista están equilibradas a los 20 segundos.
   C. El paracaidista abre su paracaídas a los 20 segundos, lo que incrementa drásticamente la fuerza de rozamiento y ralentiza su velocidad.
   D. El paracaidista acelera rápidamente a los 20 segundos cuando el paracaídas reduce la fuerza de rozamiento, de modo que esta es menor que la fuerza descendente.

5. Para lograr una figura aérea grupal, tus estudiantes deben caer a la misma velocidad a pocos segundos del salto. ¿En qué orden deben saltar?

   A. Deben saltar en orden del más liviano al más pesado.
   B. Deben saltar en orden del más pesado al más liviano.
   C. Todos los paracaidistas deben saltar al mismo tiempo.
   D. El ritmo al que caen los paracaidistas no se ve afectado por el peso o el tiempo durante el que han estado cayendo, de manera que el orden no tiene importancia.

CIENCIAS DE LA SALUD

INSTRUCCIONES: Estudia la información, la tabla y el diagrama. Luego lee cada pregunta y elige la **mejor** respuesta.

Eres entrenador personal y diseñas programas de ejercicios para algunos de tus clientes. Adaptas sus programas para que satisfagan sus objetivos de entrenamiento.

Sabes que muchas de las articulaciones del cuerpo humano actúan como palancas. Las palancas son máquinas simples que facilitan el trabajo. Están compuestas por una barra o el brazo de la palanca y un fulcro. El fulcro es el punto de apoyo sobre el cual gira la barra o el brazo de la palanca. La fuerza de entrada o fuerza actuante de una palanca se llama esfuerzo y la fuerza de salida o fuerza resistente se llama carga. La carga es el objeto que se levanta o se mueve.

Hay tres clases de palanca y el tipo de palanca depende de las posiciones relativas del fulcro, el esfuerzo y la carga. La tabla resume las clases de palancas y brinda un ejemplo de cada una en el cuerpo humano.

Clase de palanca	Descripción	Ejemplo
Primera	El fulcro está entre el esfuerzo y la carga.	donde la base del cráneo se encuentra con la columna vertebral
Segunda	La carga está entre el esfuerzo y el fulcro.	articulación del tobillo
Tercera	El esfuerzo está entre la carga y el fulcro.	articulación de la rodilla

Un cliente te pide ayuda para mejorar la fuerza del brazo. Determinas que tiene que incrementar la fuerza de su músculo bíceps. Sabes que los músculos pueden fortalecerse al hacer que el músculo ejerza más fuerza, o esfuerzo. Hacer esto mediante la creación de un programa en el cual tu cliente va aumentando con el tiempo la cantidad de peso que levanta.

Al realizar una flexión de bíceps, la persona acerca hacia su hombro un peso que sostiene con la mano por medio de la flexión de los músculos del brazo. El diagrama muestra la anatomía del brazo del cliente al hacer la flexión de bíceps.

Fuerza muscular

Fuerza de resistencia

6. Para que el cliente mantenga el peso a una altura constante por encima del suelo, ¿qué debe cumplirse en las fuerzas aplicadas por el músculo y por el peso del objeto que tiene en la mano?

   A. Las dos fuerzas deben ser equivalentes.
   B. La fuerza muscular debe ser mayor que la fuerza de resistencia.
   C. La fuerza muscular debe ser menor que la fuerza de resistencia.
   D. La fuerza de resistencia debe ser constante pero la fuerza muscular debe cambiar.

7. El brazo actúa como una palanca al usar el bíceps para mover cargas. ¿Cuál de las siguientes estructuras del cuerpo es el fulcro de esta palanca?

   A. la articulación del codo
   B. los huesos del antebrazo
   C. el músculo bíceps
   D. el objeto que sostiene la mano

8. ¿Cómo sabes que el codo es una palanca de tercera clase?

   A. El fulcro está entre la carga y el esfuerzo.
   B. La carga está entre el esfuerzo y el fulcro.
   C. El esfuerzo está entre la carga y el fulcro.
   D. El esfuerzo lo ejerce la carga sobre el fulcro.

9. Si la carga que se está levantando se incrementa de 10 a 20 libras, ¿qué pasa con la fuerza actuante necesaria para levantar el peso?

   A. La fuerza actuante no cambia.
   B. La fuerza actuante debe aumentar.
   C. La fuerza actuante debe disminuir.
   D. La fuerza actuante es lo mismo que la carga.

10. ¿Qué enunciado explica por qué hacer flexiones de bíceps con pesas fortalece los músculos del brazo?

    A. A medida que el músculo se fortalece, ejerce menos esfuerzo para mover la carga, así que la carga disminuye.
    B. A medida que el músculo se fortalece, ejerce más esfuerzo para mover la carga, así que la carga aumenta.
    C. Cuando se disminuye la carga, el músculo debe ejercer más esfuerzo para levantar la carga, de modo que el músculo se fortalece.
    D. Cuando se incrementa la carga, el músculo debe ejercer más esfuerzo para levantar la carga, de modo que el músculo se fortalece.

Comprender las teorías científicas

Usar con el *Libro del estudiante,* págs. 106–107.

TEMAS DE CIENCIAS: ES.b.4, ES.c.1
PRÁCTICAS DE CIENCIAS: SP.1.a, SP.1.b, SP.1.c, SP.3.a, SP.3.b, SP.4.a, SP.5.a, SP.7.a

1 Repasa la destreza

Los científicos constantemente hacen observaciones sobre la naturaleza. A partir de estas observaciones, hacen preguntas e investigaciones para explicar lo que observaron. Cada una de sus preguntas puede transformarse en una hipótesis, que es una posible respuesta a la pregunta planteada. Una **teoría científica** resume una o más hipótesis que están respaldadas por pruebas. Cuando **comprendes las teorías científicas**, no solo comprendes un hecho sobre el mundo natural, sino también por qué o cómo sucede.

Una teoría científica no es lo mismo que una ley científica. Una ley científica es una afirmación (a menudo matemática) que explica la relación entre las variables y que nos permite hacer predicciones sobre lo que ocurrirá a partir de ciertas condiciones iniciales. La Ley de gravitación universal de Newton es una ley científica que nos permite predecir la aceleración de un objeto en caída libre.

2 Perfecciona la destreza

Al perfeccionar la destreza de comprender las teorías científicas, mejorarás tus capacidades de estudio y evaluación, especialmente en relación con la prueba de Ciencias de GED®. Lee el pasaje que aparece a continuación. Luego responde las preguntas.

LA TEORÍA DE LA DERIVA CONTINENTAL

a Las teorías científicas comienzan con una pregunta. Aquí, Wegener pensó que los continentes parecían haber estado unidos en el pasado. Se preguntó: si fuera así, ¿cómo llegaron los continentes a los lugares donde se encuentran ahora?

Hace aproximadamente un siglo, el científico Alfred Wegener se preguntó por qué los continentes parecían encajar unos con otros como si en algún momento hubieran estado unidos. Luego desarrolló la hipótesis de que hace 250 millones de años, los continentes actuales formaban una única masa de tierra. La llamó Pangea. Wegener formuló la hipótesis de que Pangea se separó hace mucho tiempo. A través de millones de años, los nuevos continentes se desplazaron hasta los lugares donde se encuentran actualmente.

Muchos científicos no estaban de acuerdo con Wegener. Sin embargo, él se mantuvo firme. Reunió evidencia para respaldar su hipótesis de que los continentes se mueven lentamente con el paso del tiempo. Esa evidencia se convirtió en parte de su teoría de la deriva continental.

b La experimentación ayuda al científico a respaldar o refutar una hipótesis. Una hipótesis correcta puede convertirse en parte de una teoría científica.

1. ¿Cuál era la hipótesis de Wegener?

   A. Los continentes tienen muchas formas diferentes.
   B. Los continentes se separaron y se desplazaron hasta sus posiciones actuales.
   C. Algún día, los continentes actuales formarán una nueva Pangea.
   D. Los continentes actuales son más grandes que los del pasado.

2. ¿Qué tuvo que agregar Wegener a su hipótesis para que se convirtiera en una teoría?

   A. una explicación sobre cómo se desplazan los continentes
   B. evidencia que respaldara su hipótesis
   C. el respaldo de muchos otros científicos
   D. una teoría antigua sobre la cual elaborar su nueva teoría

CONSEJOS PARA REALIZAR LA PRUEBA

Cuando resuelvas ejercicios de opción múltiple, lee la pregunta y haz una pausa antes de leer las opciones de respuesta. Predice la respuesta correcta y luego busca la respuesta más cercana a tu predicción.

⭐ Ítem en foco: **MENÚ DESPLEGABLE**

INSTRUCCIONES: Estudia el diagrama. Luego lee el pasaje incompleto que aparece a continuación. Usa información del diagrama para completar el pasaje. En cada ejercicio con menú desplegable, elige la opción que **mejor** complete la oración.

CONTINENTES QUE SE DESPLAZAN

En la actualidad

Hace aproximadamente 250 millones de años

Opciones de respuesta del menú desplegable

3.1 A. tenían la misma forma
B. tenían la misma composición
C. parecían encajar una con otra
D. tenían climas similares

3.2 A. no existieran
B. estuvieran unidas
C. estuvieran a la misma distancia
D. fueran más pequeñas

3.3 A. haber cambiado de forma
B. haber surgido en diferentes momentos
C. haber sido la única masa de tierra en el planeta
D. haberse desplazado de un lado a otro

3.4 A. desarrollar y poner a prueba una hipótesis científica
B. refutar otras leyes científicas
C. probar que este movimiento había continuado
D. lograr la aceptación de todos los otros científicos

3. Un día, Alfred Wegener observaba un atlas cuando reparó en las costas de América del Sur y África. Están en lados opuestos del océano Atlántico. Sin embargo, notó que [3. Menú desplegable 1]. Wegener llegó a la conclusión de que era probable que hace millones de años, las dos masas de tierra [3. Menú desplegable 2]. La idea parecía increíble ya que, en la actualidad, los continentes están muy separados. Los continentes tendrían que [3. Menú desplegable 3]. Para establecer una teoría científica sobre su idea, Wegener primero tenía que [3. Menú desplegable 4].

UNIDAD 3

INSTRUCCIONES: Estudia la información, lee la pregunta y elige la **mejor** respuesta.

LA RADIACIÓN CÓSMICA DE FONDO

La teoría del Big Bang, que propone una explicación sobre el origen del universo, está respaldada por una gran variedad de evidencia, como la presencia de radiación cósmica de fondo. En la década de 1940, un científico observó que el Big Bang debió de haber generado una tormenta de radiación en todo el universo. Los científicos predijeron que, a medida que el espacio se expandía, la longitud de onda de esta radiación se extendía hacia la parte de las microondas del espectro electromagnético. En la década de 1960, los científicos detectaron esta radiación. Posteriormente, los satélites confirmaron que la cantidad de radiación cósmica de fondo es bastante uniforme en todo el universo: un remanente del Big Bang.

4. ¿Por qué la radiación cósmica de fondo es evidencia que respalda la teoría del Big Bang?

A. La radiación que quedó después del Big Bang solo podría detectarse desde la Tierra.
B. El Big Bang habría generado radiación en una explosión que en el presente se puede detectar en forma de microondas.
C. La existencia de radiación cósmica de fondo confirma la edad del universo.
D. La radiación de microondas es el único tipo de radiación que podría haber generado el Big Bang.

INSTRUCCIONES: Estudia la información y el diagrama, lee cada pregunta y elige la mejor respuesta.

ZONAS DONDE SE ENCONTRARON FÓSILES DE MESOSAURIOS

Los geólogos han descubierto fósiles de un reptil antiguo llamado mesosaurio en solo dos lugares del planeta: en el este de América del Sur y el sudoeste de África. La evidencia que se obtuvo mediante técnicas de datación de fósiles indica que el mesosaurio vivió durante el período Pérmico, hace entre 270 y 300 millones de años. Medía aproximadamente 1 metro y vivía en hábitats de agua dulce. Una hipótesis válida es que solo se encontraron fósiles en estas zonas porque en algún momento estos lugares estuvieron unidos. Los científicos usan los fósiles como evidencia para respaldar la teoría de la deriva continental.

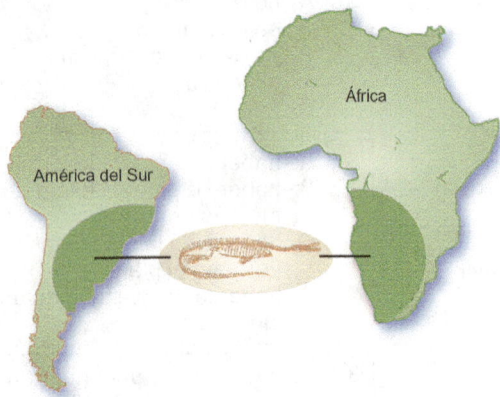

5. Los científicos siguen buscando pruebas que respalden teorías existentes. ¿Qué descubrimiento fortalecería aún más el respaldo que brinda la evidencia de los fósiles a la teoría de la deriva continental?

   A. Los fósiles de mesosaurios se encuentran en todas partes del mundo.
   B. Los mesosaurios no podían nadar grandes distancias.
   C. Existe en la actualidad una especie que desciende del mesosaurio.
   D. Los fósiles de mesosaurios encontrados en ambos continentes pertenecen a distintas especies.

6. Algunos científicos no aceptaron los fósiles de mesosaurios como evidencia de que América del Sur y África estuvieron unidos. Formularon la hipótesis de que los animales podrían haber migrado entre los continentes a través de un istmo. ¿Qué evidencia podría haber respaldado la teoría del istmo y ayudado a refutar la teoría de la deriva continental?

   A. mapas que mostraran cómo podría haber sido el istmo
   B. declaraciones firmadas por otros científicos que expresaran la misma idea
   C. restos del istmo hallados en el suelo oceánico en la actualidad
   D. la presencia de istmos entre los continentes en la actualidad

7. También se han presentado fósiles de un helecho antiguo como evidencia de la teoría de la deriva continental. A partir de la ubicación de los continentes de la Tierra, ¿dónde es **más probable** que se hayan encontrado estos fósiles?

   A. en el sur de África y la Antártida
   B. en América del Sur y América del Norte
   C. en Asia y Europa
   D. en Canadá y México

INSTRUCCIONES: Estudia la tabla, lee la pregunta y elige la **mejor** respuesta.

PRINCIPALES EVIDENCIAS QUE RESPALDAN LA TEORÍA DE LAS PLACAS TECTÓNICAS

Evidencia general	Ejemplos
E1. Forma de las costas	La manera en que "encajan" la costa sudoeste de África y la costa este de América del Sur
E2. Evidencia fósil	Restos fósiles de un animal hallados solo en el este de América del Sur y el sudoeste de África
E3. Semejanzas en las capas rocosas en distintos continentes	Mismas capas rocosas en los montes Apalaches de América del Norte y las montañas de Europa
E4. Procesos geológicos (terremotos, erupciones volcánicas)	Más comunes en el océano Pacífico

8. La teoría de que las placas tectónicas (enormes bloques de roca que cubren la superficie terrestre) dan origen a accidentes geográficos al unirse y separarse se desarrolló a partir de diferentes líneas de evidencia. ¿Qué evidencia de la teoría de las placas tectónicas se relaciona también con la teoría de la deriva continental?

   A. E1 y E2
   B. E1 y E3
   C. E1, E2 y E3
   D. E2, E3 y E4

LA EXPANSIÓN DEL SUELO OCEÁNICO

En las décadas de 1950 y 1960, algunos científicos desarrollaron la hipótesis de la expansión del suelo oceánico. Nuevos descubrimientos demostraron que el suelo oceánico se forma a partir del magma que se filtra a través de fisuras en la corteza terrestre en las dorsales centro-oceánicas. El magma se enfría, se endurece y se convierte en nuevo suelo oceánico. A medida que este proceso continúa con el paso del tiempo, el suelo oceánico se expande desde las dorsales.

9. ¿Qué evidencia respaldaría la hipótesis de que el suelo oceánico se expande?

   A. Los continentes que se encuentran a ambos lados de la dorsal centro-oceánica se están acercando.
   B. Las rocas de un lado de la dorsal centro-oceánica son más antiguas que las del otro lado.
   C. Las rocas del suelo oceánico que están más alejadas de la dorsal son más antiguas que las que están más cerca.
   D. No hay fósiles cerca de la dorsal centro-oceánica.

10. ¿De qué manera la evidencia de que el suelo oceánico se expande respalda, a su vez, la teoría de la deriva continental de Wegener?

    A. Demuestra que los continentes pueden alejarse.
    B. Demuestra que los continentes flotan en los océanos.
    C. Demuestra que existió una masa de tierra llamada Pangea.
    D. Demuestra que los océanos se mueven, pero los continentes, no.

LA TEORÍA DE LAS PLACAS TECTÓNICAS Y LOS TERREMOTOS

La teoría de las placas tectónicas no solo explica cómo se formaron muchas de las características geográficas de la Tierra, sino que también permite a comprender muchos procesos geológicos, como las erupciones volcánicas y los terremotos. En el mapa que aparece a continuación se muestra la ubicación de terremotos históricos en todo el mundo.

11. ¿Qué hipótesis está **mejor** respaldada por la información que se presenta en el mapa?

    A. Los terremotos solo ocurren en las zonas costeras, nunca en el medio de los continentes.
    B. Los límites continentales representan los límites de las placas tectónicas.
    C. Los terremotos son más peligrosos en el océano Pacífico.
    D. Los terremotos son más comunes en los límites de las placas tectónicas.

12. ¿Qué parte de la teoría de las placas tectónicas está respaldada **más claramente** por la ubicación de los terremotos?

    A. Los efectos del movimiento de las placas son significativos en los límites de las placas tectónicas.
    B. La superficie terrestre está formada por placas.
    C. Las placas contienen a los continentes pero no a los océanos.
    D. Las placas están compuestas por roca sólida.

Resumir material complejo

TEMA DE CIENCIAS: ES.c.1
PRÁCTICAS DE CIENCIAS: SP.1.a, SP.1.b, SP.1.c, SP.6.c, SP.7.a

1 Repasa la destreza

Resumir material complejo puede ayudarte a comprender las ideas importantes de un texto y de elementos visuales como ilustraciones, tablas, gráficas, mapas y diagramas. En muchos casos, un elemento visual agrega información clave a un pasaje escrito. Cuando esto ocurre, debes incluir la información del texto y la del elemento visual en tu resumen.

2 Perfecciona la destreza

Al perfeccionar la destreza de resumir material complejo, mejorarás tus capacidades de estudio y evaluación, especialmente en relación con la prueba de Ciencias de GED®. Estudia la información y el modelo que aparecen a continuación. Luego responde las preguntas.

FUSIÓN NUCLEAR

a Al resumir, primero identifica la idea principal del pasaje. Luego identifica los detalles más importantes. Generalmente son detalles amplios, no específicos.

La fusión nuclear es la combinación, o unión, de núcleos atómicos más ligeros para producir núcleos más pesados y energía. La fusión se produce en el núcleo del Sol. Aproximadamente el 75 por ciento de la masa del Sol es hidrógeno, el combustible necesario para la fusión nuclear en el Sol. El 25 por ciento restante es helio, el producto de la fusión nuclear. Dentro del núcleo del Sol, el calor y la presión extremos hacen que los núcleos atómicos (principalmente protones) choquen entre sí con tanta fuerza que se fusionan en un proceso de varios pasos. La fusión nuclear es lo opuesto a la fisión nuclear, que libera energía mediante la división de los átomos. Sin embargo, la energía que se libera mediante la fusión es mayor que la que se libera durante la fisión.

FUSIÓN NUCLEAR DENTRO DEL SOL

b El título, los rótulos y la leyenda de un elemento visual pueden ayudarte a resumir. Mientras estudias el modelo, busca las relaciones entre la información dada en el elemento visual y la idea principal del pasaje.

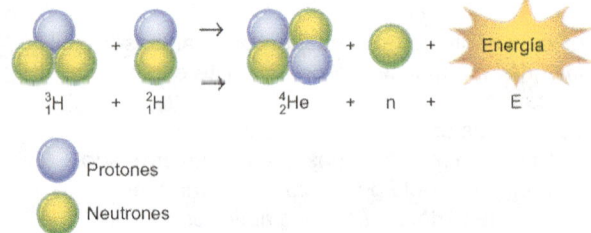

$_1^3H$ + $_1^2H$ → $_2^4He$ + n + E

Protones

Neutrones

Dos isótopos de hidrógeno (H) se fusionan y forman un átomo de helio (He). La reacción libera un neutrón y energía.

CONSEJOS PARA REALIZAR LA PRUEBA

Resumir no es lo mismo que identificar la idea principal. La idea principal de un párrafo estará incluida en el resumen. Sin embargo, un buen resumen debe incluir la idea principal y los detalles más importantes.

1. Un resumen del pasaje podría expresar que la fusión nuclear se produce

   A. en todas las partes del Sol.
   B. principalmente en los neutrones de los átomos de hidrógeno.
   C. dentro de los átomos de la mayoría de los gases.
   D. en el núcleo del Sol.

2. ¿Qué enunciado identifica la idea principal que debería incluirse en un resumen del pasaje y el modelo?

   A. El Sol está compuesto casi en su totalidad por hidrógeno y helio.
   B. En la fusión, los núcleos de los átomos se fusionan para producir energía.
   C. La fusión nuclear produce elementos más pesados.
   D. La fusión produce más energía que la fisión.

INSTRUCCIONES: Estudia el diagrama y la información, lee cada pregunta y elige la **mejor** respuesta.

CÓMO MUEREN LAS ESTRELLAS

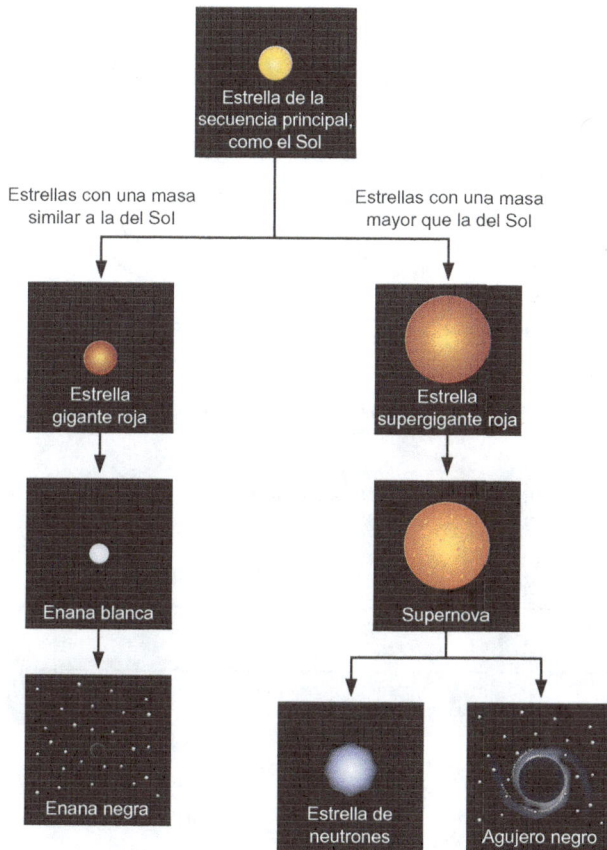

Estrella de la secuencia principal, como el Sol

Estrellas con una masa similar a la del Sol

Estrellas con una masa mayor que la del Sol

Estrella gigante roja

Estrella supergigante roja

Enana blanca

Supernova

Enana negra

Estrella de neutrones

Agujero negro

Nota: los tamaños de las estrellas no están a escala.

Todas las estrellas nacen casi de la misma manera. Sin embargo, como se indica en el diagrama, la manera en la que muere una estrella depende de su masa. Las estrellas de la secuencia principal, como el Sol, convierten hidrógeno en helio mediante el proceso de fusión. Una estrella con un tamaño promedio, como el Sol, mantiene el proceso de fusión durante miles de millones de años antes de que se agote su provisión de combustible de hidrógeno. Algunas de las estrellas más calientes y masivas se mantienen como estrellas de la secuencia principal solo durante varios millones de años hasta que se agota su provisión de hidrógeno. Pero sin importar la temperatura o la masa de una estrella, en algún momento se agotará su combustible de hidrógeno. En ese momento comienza la fusión de elementos más pesados como el helio y el carbono. Las estrellas con masas similares a la del Sol se expanden y se contraen antes de extinguirse. Se convierten en pequeñas, aunque muy calientes, enanas blancas antes de transformarse en frías enanas negras. Las estrellas mucho más masivas que el Sol explotan antes de convertirse en cuerpos pequeños, oscuros y extremadamente densos.

3. ¿Qué detalle sería **mejor** incluir en un resumen de la información?

   A. Las estrellas pueden fusionar átomos de carbono.
   B. Las enanas negras son frías.
   C. Las estrellas más masivas que el Sol explotan.
   D. El Sol es una estrella de tamaño promedio.

4. ¿Qué enunciado resume **mejor** el diagrama y el pasaje?

   A. Con el tiempo, las estrellas que tienen la misma masa que el Sol se contraen y se transforman en enanas negras, mientras que las estrellas más masivas explotan y se transforman en pequeños cuerpos densos y oscuros.
   B. Cuando comienza la fusión nuclear en el núcleo de una estrella, esta se convierte en una estrella de la secuencia principal.
   C. La última etapa de la existencia de una estrella masiva es un cuerpo muy denso.
   D. Todas las estrellas, más allá de su masa, nacen de la misma manera.

INSTRUCCIONES: Estudia la información, lee la pregunta y elige la **mejor** respuesta.

LOS ELEMENTOS QUE PRODUCEN LAS ESTRELLAS

La Vía Láctea es una galaxia espiral de aproximadamente 120,000 años luz de ancho. Nuestro Sol es solo una de las miles de millones de estrellas que hay en ella. Las estrellas de la galaxia producen helio en las cámaras de fusión de sus núcleos. Sin embargo, las estrellas también producen otros elementos, especialmente al final de sus ciclos de vida. Algunos de estos elementos son el hierro, el magnesio, el silicio y el oxígeno. Cuando una estrella masiva explota, los elementos producidos dentro de ella son lanzados hacia el espacio, donde se convierten en los materiales que forman nuevas estrellas y planetas. Estos elementos eran parte de una nube de gas y polvo que dio origen a nuestro sistema solar hace miles de millones de años. Estos elementos aún se encuentran en abundancia en la Tierra y en los demás planetas rocosos de nuestro sistema solar, y son importantes para los seres vivos.

5. Un estudiante escribió el siguiente resumen del pasaje: "La Vía Láctea es una galaxia espiral de aproximadamente 120,000 años luz de ancho. Nuestro Sol es solo una de las miles de millones de estrellas que hay en la Vía Láctea. Las estrellas de la galaxia producen helio en las cámaras de fusión de sus núcleos. Pero también producen otros elementos, especialmente al final de sus ciclos de vida". ¿Cuál es el principal problema de este resumen?

   A. No da detalles sobre la Vía Láctea.
   B. Es más corto que el pasaje.
   C. En él se usan las mismas palabras que en el pasaje.
   D. No da una definición de *galaxia*.

★ Ítem en foco: **RESPUESTA BREVE**

INSTRUCCIONES: Estudia la información y el diagrama. Luego lee la pregunta y escribe tu respuesta en las líneas. Completar esta tarea puede llevarte 10 minutos aproximadamente.

CARACTERÍSTICAS DE LAS ESTRELLAS

El universo está compuesto por estrellas de diferentes colores, temperaturas y magnitudes absolutas (luminosidad). La gráfica que se muestra aquí se conoce con el nombre de diagrama de Hertzsprung-Russell (H-R). En él se muestran las relaciones entre el color, la temperatura y la luminosidad de las estrellas.

6. Examina el diagrama H-R. Luego úsalo para resumir la manera en que se relacionan el color, la temperatura y la luminosidad de una estrella.

_____

_____

_____

_____

_____

_____

_____

_____

_____

_____

_____

_____

_____

MUERTE DE ESTRELLAS MASIVAS

El Sol es una estrella de masa intermedia. Cuando una estrella mucho más masiva que el Sol llega al final de su ciclo de vida, explota y se transforma en una supernova. La explosión lanza la mayor parte de la masa de la estrella hacia el espacio, pero la parte central de la estrella permanece. Sin la presión hacia afuera que ejercía la fusión en el núcleo de la estrella, la atracción hacia dentro que ejerce la gravedad hace que la estrella colapse y que su masa, que se vuelve extremadamente densa, se convierta en una estrella de neutrones o en un agujero negro, dependiendo de la masa de la estrella.

Cuando las estrellas masivas mueren y se convierten en supernovas, en muchos casos se forma una estrella de neutrones. Estas estrellas están formadas principalmente por neutrones. Son cuerpos muy pequeños y extremadamente densos: miden solo aproximadamente 20 kilómetros de diámetro, pero tienen una masa de casi 1.5 veces la masa del Sol. Tan solo una cucharadita de material de una estrella de neutrones pesaría mil millones de toneladas.

Cuando las estrellas más masivas colapsan después de ser brevemente una supernova, dejan un objeto que tiene tres veces la masa del Sol. Cuando este objeto colapsa hacia adentro, se convierte en un agujero negro, el cual es un objeto tan pequeño y con una densidad tan inmensa que su gravedad absorbe todo a su alrededor, incluso su propia luz. Los astrónomos pueden localizar los agujeros negros al detectar la energía emitida por los objetos cercanos que son atraídos por el agujero negro. Cuando la materia es atraída hacia el agujero, forma un disco caliente que emite rayos X y rayos gamma que los astrónomos pueden detectar.

7. A partir del pasaje, ¿qué enunciado resume **mejor** las semejanzas entre las estrellas de neutrones y los agujeros negros?

   A. Las estrellas de neutrones y los agujeros negros solo pueden formarse antes de una supernova.
   B Las estrellas de neutrones y los agujeros negros son tan densos que la luz no puede escapar de ellos.
   C. Las estrellas de neutrones y los agujeros negros están compuestos solamente por neutrones.
   D. Las estrellas de neutrones y los agujeros negros se forman al final del ciclo de vida de las estrellas masivas.

8. ¿Qué detalle quedaría **mejor** en un resumen de la información?

   A. Tanto las estrellas de neutrones como los agujeros negros son extremadamente densos.
   B. Las estrellas de neutrones son más densas que los agujeros negros.
   C. Los agujeros negros emiten grandes cantidades de luz.
   D. El Sol terminará convirtiéndose en una estrella de neutrones.

INSTRUCCIONES: Estudia el diagrama y la información. Lee la pregunta y elige la **mejor** respuesta.

CICLO DE VIDA DEL SOL

En miles de millones de años (aprox.)

MUERTE DEL SOL

El Sol tiene casi 5 mil millones de años y se espera que continúe existiendo por varios miles de millones de años más. Cuando el Sol haya consumido todo su combustible de hidrógeno, dejará de producirse fusión en su núcleo y el núcleo colapsará debido a la gravedad. La presión que producirá el colapso del núcleo hará que el Sol se caliente a medida que sus capas externas se expanden hasta formar una esfera roja gigante llamada gigante roja. En este punto, el diámetro del Sol llegará hasta aproximadamente la órbita de Venus. La Tierra estará tan cerca del Sol que la vida tal como la conocemos no existirá. Algunos científicos piensan que el Sol crecerá tanto que envolverá a la Tierra. Las capas externas del Sol se separarán de manera gradual y el núcleo candente se transformará en una enana blanca. Al final de la vida del Sol, la enana blanca se enfriará hasta formar un objeto sólido y denso llamado enana negra.

9. ¿Qué enunciado resume **mejor** la información de la línea cronológica y el pasaje?

   A. Dentro de unos 5 mil millones de años, cuando el Sol haya consumido todo su combustible de hidrógeno, se convertirá en una gigante roja y, varios miles de millones de años después, se extinguirá como una enana negra.
   B. El Sol se formó hace aproximadamente 5 mil millones de años y se expandirá gradualmente durante los próximos 5 mil a 6 mil millones de años.
   C. Dentro de varios miles de millones de años, la vida en la Tierra tal como la conocemos no existirá.
   D. Cuando se haya consumido todo el hidrógeno del Sol, cesará la fusión nuclear en su centro.

Comprender los patrones en las ciencias

Usar con el *Libro del estudiante,* págs. 110–111.

TEMAS DE CIENCIAS: ES.c.1, ES.c.2
PRÁCTICAS DE CIENCIAS: SP.1.a, SP.1.b, SP.1.c, SP.3.b, SP.3.c, SP.6.c, SP.7.a

1 Repasa la destreza

Algunos **patrones en las ciencias**, como el paso del día a la noche o los cambios de estación, se pueden observar fácilmente. Otros son más difíciles de identificar. De hecho, algunos patrones solo pueden estudiarse y explicarse por medio de fórmulas matemáticas. Por ejemplo, los científicos desarrollaron fórmulas para determinar la forma de las órbitas de los planetas y la rapidez con la que los planetas giran alrededor del Sol. Para entender bien los temas de ciencias, tienes que **comprender los patrones en las ciencias,** tanto los que son fácilmente observables como los más complejos.

2 Perfecciona la destreza

Al perfeccionar la destreza de comprender los patrones en las ciencias, mejorarás tus capacidades de estudio y evaluación, especialmente en relación con la prueba de Ciencias de GED®. Estudia la información y el diagrama que aparecen a continuación. Luego responde las preguntas.

LAS ESTACIONES

Las estaciones forman un patrón que se repite año tras año. Las estaciones son el resultado de la inclinación del eje de rotación de la Tierra y su órbita alrededor del Sol. Aunque la inclinación del eje de la Tierra no varía, su orientación con respecto al Sol cambia a lo largo del año. Durante el invierno del hemisferio norte, por ejemplo, la inclinación del eje de la Tierra hace que esa parte de la Tierra esté más alejada del Sol que en cualquier otra época del año. La energía que recibe del Sol es menos directa y las temperaturas son más bajas. En el diagrama, se muestra el efecto de la inclinación del eje de la Tierra en las estaciones en el hemisferio norte.

a En un diagrama se puede describir un patrón mostrando el mismo objeto en diferentes momentos. Aquí se muestra la Tierra en cuatro puntos diferentes de su órbita alrededor del Sol.

b Considera las maneras en que cambiar una variable podría afectar el patrón.

Septiembre 22–23
Primer día de otoño

23.5°

Diciembre 21–22
Primer día de invierno

Junio 20–22
Primer día de verano

Marzo 20–21
Primer día de primavera

USAR LA LÓGICA

Piensa en el efecto que tiene la inclinación del eje de la Tierra en el patrón de las estaciones. Luego predice cómo cambiaría el patrón si este factor no existiera.

1. El hemisferio norte recibe la **mayor** cantidad de energía solar durante

   A. el otoño.
   B. el invierno.
   C. la primavera.
   D. el verano.

2. ¿Qué enunciado describiría el patrón de las estaciones si el eje la Tierra no estuviera inclinado?

   A. Las estaciones serían iguales debido a la órbita de la Tierra.
   B. Las estaciones serían mucho más cortas de lo que son actualmente.
   C. Sería verano o invierno durante todo el año.
   D. Sin la inclinación de la Tierra, no existirían las estaciones.

INSTRUCCIONES: Estudia la ilustración y la información, lee la pregunta y elige la **mejor** respuesta.

INSTRUCCIONES: Estudia el diagrama y la información, lee la pregunta y elige la **mejor** respuesta.

LAS CONSTELACIONES

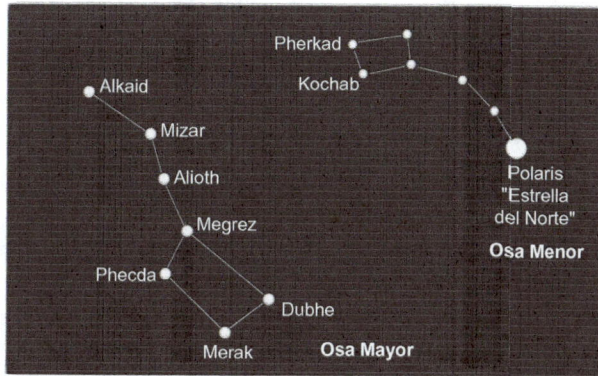

Las constelaciones, como la Osa Mayor y la Osa Menor, son patrones que los seres humanos vieron en las estrellas del cielo nocturno en la antigüedad. Algunas recibieron nombres de animales u objetos comunes; otras, los de criaturas o personajes mitológicos. Aunque las estrellas que forman las constelaciones parecen inmóviles, en realidad están en constante movimiento alrededor del centro de la galaxia de la misma manera que nuestro Sol. Simplemente están demasiado lejos para que podamos detectar su movimiento. Aun así, a lo largo de decenas de miles de años, las constelaciones cambian de posición. Los patrones de las constelaciones que podemos ver también cambian durante el transcurso del año, conforme la Tierra gira alrededor del Sol.

3. A partir de la información, ¿por qué parece que las constelaciones están en diferentes partes del cielo en distintos momentos del año?

   A. Las constelaciones cambian de forma a lo largo del año.
   B. Las constelaciones solo duran un período corto y luego se forman constelaciones totalmente nuevas.
   C. A medida que la Tierra gira alrededor del Sol, vemos distintas partes del cielo.
   D. Resulta difícil ver constelaciones durante el verano, cuando la Tierra está inclinada hacia el Sol.

4. ¿Cómo es **más probable que** se vea la Osa Mayor dentro de 100,000 años?

   A. Ya no podremos reconocerla como la Osa Mayor.
   B. Tendrá un aspecto muy similar al actual.
   C. Tendrá la misma forma pero será mucho más grande.
   D. Será mucho menos brillante que en la actualidad pero mantendrá su forma.

EL EFECTO CORIOLIS

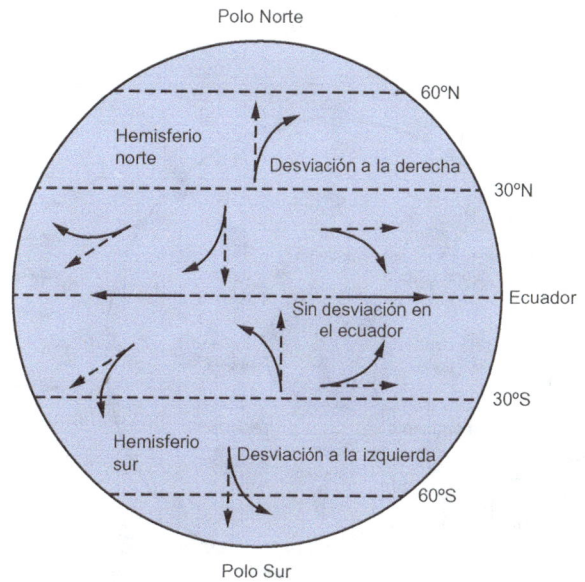

El efecto Coriolis es la desviación de los fluidos (aire y agua) hacia la izquierda o la derecha debido a la rotación de la Tierra. Considera su efecto sobre el viento. Si la Tierra no rotara, los vientos soplarían directamente desde las zonas de alta presión hacia las de baja presión. Debido al efecto Coriolis, el aire se desvía hacia la derecha en el hemisferio norte y hacia la izquierda en el hemisferio sur, como se muestra en el diagrama.

5. ¿Qué representan las flechas punteadas del diagrama?

   A. la dirección del viento con el efecto Coriolis
   B. la rotación de la Tierra
   C. la dirección del viento sin el efecto Coriolis
   D. los vientos en el ecuador y en los polos

6. ¿Qué enunciado describe el patrón que el efecto Coriolis produce?

   A. Genera vientos en línea recta.
   B. Genera alta presión del aire en los polos de la Tierra.
   C. Desvía los vientos y las corrientes oceánicas.
   D. Hace que la Tierra rote.

⭐ **Ítem en foco: COMPLETAR LOS ESPACIOS**

INSTRUCCIONES: Estudia el diagrama y la información. Luego rellena el recuadro o los recuadros para completar cada enunciado.

LAS FASES DE LA LUNA

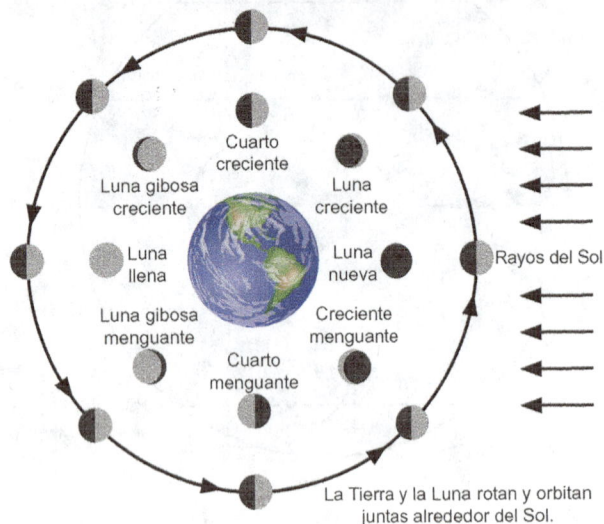

La Tierra y la Luna rotan y orbitan juntas alrededor del Sol.

La Luna no se ve igual todas las noches. Algunas veces, es un disco redondo y brillante. Otras veces, es un semicírculo o una "media luna". Estas son las fases de la Luna, las diferentes formas en las que se ve la Luna a lo largo de los 29.5 días que dura el mes lunar. La Luna no genera su propia luz, sino que refleja la luz del Sol. A medida que gira alrededor de la Tierra, la mitad de la Luna siempre está iluminada. Pero como se está moviendo constantemente alrededor de la Tierra, vemos distintas partes de la cara iluminada en diferentes momentos del mes. Durante la luna llena, vemos el disco completo y durante el cuarto creciente, solo vemos una mitad del disco.

7. En la Tierra, las personas ven las fases de la Luna debido a su ⬜ alrededor de la Tierra.

8. La ⬜ es la fase de la Luna que ocurre cuando la Luna está entre la Tierra y el Sol.

9. Durante la mitad del mes lunar, las fases son "crecientes". Durante la otra mitad, las fases son "menguantes".

Cuando las fases son crecientes, la parte iluminada de la Luna parece ⬜. Durante las menguantes parece ⬜.

INSTRUCCIONES: Estudia la información, lee la pregunta y elige la **mejor** respuesta.

COMETAS

Los cometas son bolas de gas y polvo congelados que se desplazan alrededor del Sol en órbitas elípticas alargadas. La órbita que describe un cometa se aproxima al Sol en un extremo y se extiende hacia el exterior del sistema solar en el otro. Cuando un cometa se acerca al Sol, se calienta y forma una atmósfera brillante que sale de él formando una especie de "cola". El famoso cometa Halley tiene un período orbital de 76 años y la última vez que pasó cerca de la Tierra fue en 1986.

10. ¿Qué enunciado describe un patrón que sigue el cometa Halley?

A. Describe una órbita elíptica alrededor de la Tierra.
B. Forma una cola cuando está muy lejos del Sol.
C. Completa una órbita cada 76 años.
D. Sigue la misma trayectoria que todos los demás cometas del sistema solar.

ECLIPSES SOLARES Y LUNARES

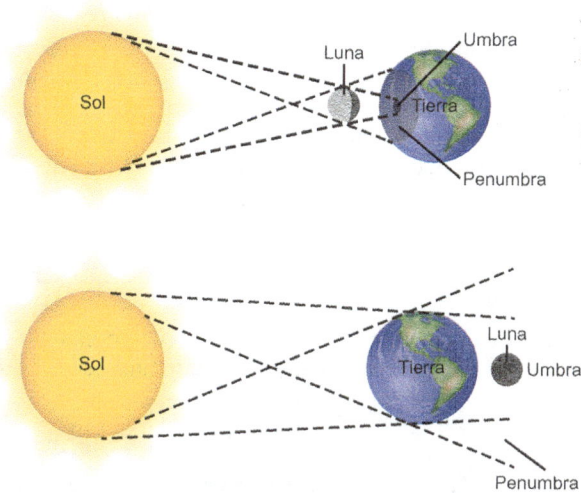

Un eclipse se produce cuando un cuerpo del espacio bloquea la luz de otro al pasar por delante de él. La sombra que se proyecta sobre la superficie de un objeto durante un eclipse tiene diferentes partes. La parte central de la sombra es la umbra y la parte exterior es la penumbra. Hay eclipses solares y eclipses lunares. Cuando se produce un eclipse solar, la Luna se interpone entre la Tierra y el Sol. La Luna parece una gran bola oscura, rodeada por el halo de la corona del Sol. Solo las personas que están en la parte de la Tierra que está en la umbra pueden ver un eclipse total. Las que están en la zona de penumbra, que es más grande, ven un eclipse parcial, en el que la Luna cubre solo una parte del Sol. Durante un eclipse lunar, la Tierra está entre el Sol y la Luna, y las personas de la Tierra ven la Luna con una luz pálida y rojiza. Es posible que todas las personas que están en un hemisferio de la Tierra vean un eclipse lunar total porque se encuentran, al igual que la totalidad del disco lunar, dentro de la umbra de la Tierra.

11. ¿Qué patrón de movimiento es el responsable de los eclipses solares?

   A. la rotación de la Tierra sobre su eje
   B. el giro de la Luna alrededor de la Tierra
   C. la rotación de la Luna sobre su eje
   D. la producción de energía en el núcleo del Sol

LAS LEYES DEL MOVIMIENTO PLANETARIO DE KEPLER

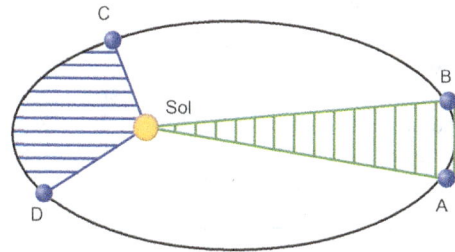

Johannes Kepler era un matemático alemán que vivió en los siglos XVI y XVII. Usó la observación y las matemáticas para identificar las leyes que gobiernan el movimiento de los objetos en nuestro sistema solar. Estas leyes se conocen como leyes del movimiento planetario de Kepler, y en el diagrama se muestra su segunda ley. Ahora sabemos que los objetos de todo el universo siguen estos patrones. La siguiente lista explica las leyes de Kepler:

1) Los planetas se mueven alrededor del Sol siguiendo órbitas elípticas, con el Sol en un foco.
   Explicación: Todos los planetas de nuestro sistema solar describen una órbita con forma elíptica u oval.
2) La línea que une el Sol con cada planeta barre áreas iguales en tiempos iguales.
   Explicación: Los planetas se mueven más rápido en sus órbitas cuando están más cerca del Sol.
3) El cuadrado del período orbital de un planeta es proporcional al cubo de su distancia media al Sol.
   Explicación: Cuanto más lejos está un planeta del Sol, más lento es su movimiento en su órbita alrededor del Sol.

12. Kepler descubrió patrones universales relacionados con

   A. las distancias entre los planetas y las estrellas.
   B. la manera en la que se forman los planetas.
   C. el movimiento de los cuerpos que orbitan.
   D. la relación entre la masa y el movimiento.

13. ¿Qué afirmación describe un patrón que explican las leyes de Kepler?

   A. Entre más cerca esté un planeta del Sol, más lento viajará en su órbita.
   B. Entre más lejos esté un planeta del Sol, más lento viajará en su órbita.
   C. Los planetas viajan a la misma velocidad en todos los puntos de sus órbitas.
   D. Los planetas más grandes viajan más rápido que los más chicos.

4

LECCIÓN

Interpretar diagramas tridimensionales

Usar con el *Libro del estudiante,* págs. 112–113.

TEMAS DE CIENCIAS: ES.b.4, ES.c.3
PRÁCTICAS DE CIENCIAS: SP.1.a, SP.1.b, SP.1.c, SP.3.b, SP.3.d, SP.7.a

1 Repasa la destreza

Un **diagrama tridimensional** muestra la estructura de algo. Estos diagramas pueden tener partes o secciones cortadas para que pueda verse el interior del objeto. Al **interpretar diagramas tridimensionales**, puedes obtener información sobre las capas y partes ocultas del objeto para comprenderlo mejor. Es posible que las estructuras conocidas se vean diferentes en los diagramas tridimensionales. Los rótulos y las leyendas identifican las partes del diagrama y explican cómo se relacionan.

2 Perfecciona la destreza

Al perfeccionar la destreza de interpretar diagramas tridimensionales, mejorarás tus capacidades de estudio y evaluación, especialmente en relación con la prueba de Ciencias de GED®. Estudia el diagrama tridimensional que aparece a continuación. Luego responde las preguntas.

LAS CAPAS DE LA TIERRA

a Los rótulos identifican y describen las partes de un objeto en un diagrama. En general son textos cortos y proporcionan el nombre o una breve descripción de la estructura.

b Las leyendas son bloques de texto que describen parte de una ilustración en detalle. Pueden describir el funcionamiento de ciertas partes de un objeto. Las líneas guía unen los rótulos o leyendas con las partes del diagrama que identifican o describen.

Corteza
La corteza es la capa exterior de la Tierra. Los seres vivos habitan sobre la corteza o dentro de ella.

Manto
El manto es una capa gruesa formada por roca sólida y caliente. La roca de esta capa fluye constantemente a pesar de ser sólida.

Núcleo
El núcleo es la capa central de la Tierra. Está formado por hierro y níquel. Una parte del núcleo es líquida y otra parte es sólida.

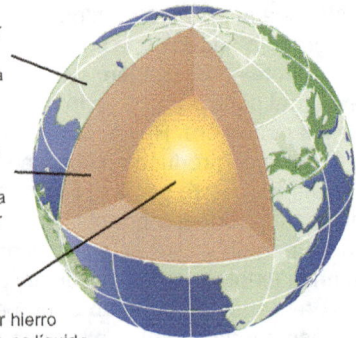

HACER SUPOSICIONES

Un diagrama a escala es aquel en el que los tamaños relativos de las partes del diagrama son iguales que los de la vida real. A menos que diga específicamente que el diagrama está hecho a escala, debes suponer que no lo está.

1. ¿Qué interpretación se puede hacer a partir del diagrama?

A. El manto puede verse desde la superficie de la Tierra.
B. El núcleo es menos denso que el manto.
C. La temperatura dentro de la Tierra disminuye a mayor profundidad.
D. La corteza representa solo una ínfima parte de la Tierra.

2. Se puede sacar la conclusión de que los accidentes geográficos de la Tierra

A. solo se encuentran en el manto de la Tierra.
B. se encuentran en la parte líquida del núcleo terrestre.
C. son parte de la corteza terrestre.
D. se encuentran en la parte sólida del núcleo terrestre.

INSTRUCCIONES: Estudia la información y el diagrama, lee cada pregunta y elige la **mejor** respuesta.

INSTRUCCIONES: Estudia la información y el diagrama, lee cada pregunta y elige la **mejor** respuesta.

TERREMOTOS

Un terremoto se produce cuando la roca que está debajo de la superficie de la Tierra se mueve repentinamente. Este movimiento produce ondas que llevan energía que se alejan de la falla. El temblor que sentimos en los terremotos se produce cuando las ondas alcanzan la superficie de la Tierra. En el diagrama que aparece a continuación se muestra cómo se produce un terremoto a lo largo de una falla.

Falla
Una falla es una fisura en la roca. El foco de la mayoría de los terremotos se ubica a lo largo de fallas.

Epicentro
El epicentro es el lugar de la superficie terrestre que se encuentra sobre el foco.

Propagación de ondas

Foco
El foco es el lugar donde se mueve la roca.

3. ¿Qué enunciado describe la ubicación del epicentro y el foco de un terremoto?

A. Ambos tienen lugar en la superficie terrestre.
B. El epicentro está ubicado debajo de la falla y el foco está arriba de ella.
C. Ambos están justo por encima de la falla.
D. El foco está justo debajo del epicentro.

4. A partir del pasaje y el diagrama, ¿cómo se desplazan las ondas producidas por el movimiento de la roca?

A. Se desplazan hacia afuera desde del foco.
B. Se desplazan a lo largo de la falla hasta que llegan a la superficie.
C. Se desplazan desde el epicentro hasta la falla.
D. Se desplazan hacia el interior desde la superficie.

5. De acuerdo con el pasaje y el diagrama, ¿en qué lugar un terremoto causaría **más** daño a edificios?

A. en el foco
B. en el epicentro
C. a 10 km del epicentro
D. sobre la falla

VOLCANES

Un volcán es una fumarola en la superficie terrestre que permite que salga la roca derretida, o magma, que hay debajo de la superficie. La mayoría de los volcanes también liberan gases y cenizas, y lanzan fragmentos de roca, o flujo piroclástico.

Con el tiempo, el material que sale durante la erupción de un volcán se asienta y forma capas.

Lava
La lava es roca derretida que está sobre la superficie terrestre. Después de la erupción, se enfría y endurece.

Fumarola principal
Fumarola secundaria

Cámara magmática
El magma es roca derretida que está debajo de la superficie terrestre. Está almacenada en una cámara debajo del volcán. Cuando la cámara se llena, el volcán entra en erupción.

6. A partir del pasaje y el diagrama, ¿de qué materiales se componen las capas de un volcán?

A. ceniza, fragmentos de roca y lava que se enfrió
B. gases varios
C. fragmentos de roca
D. magma y gas que se enfrió

7. ¿Qué descripción de un volcán está respaldada por el pasaje y el diagrama?

A. La lava siempre sale por el centro del volcán.
B. La mayoría de los volcanes están constantemente en erupción.
C. La mayoría de los volcanes crece con el tiempo.
D. Los volcanes no pueden arrojar lava y ceniza al mismo tiempo.

UNIDAD 3

INSTRUCCIONES: Estudia la información y el diagrama, lee cada pregunta y elige la **mejor** respuesta.

EL MONTE SANTA HELENA

El monte Santa Helena es un volcán de gran tamaño del estado de Washington. Este volcán se mantuvo inactivo durante más de 100 años. Luego, en 1980, entró en erupción. En el diagrama, se muestra la estructura del monte Santa Helena antes y después de la erupción. Aunque no se han registrado otras erupciones importantes de este monte desde la década de 1980, sí ha habido períodos de actividad en los que el volcán despidió humo y cenizas.

Antes de la erupción

Antes de la erupción, el magma fue subiendo por la montaña. La presión fue aumentando debido al magma.

Después de la erupción

Contorno del monte antes de la erupción

La presión en el interior del volcán provocó la explosión, que arrojó roca derretida y partes del monte a varias millas de distancia.

8. A partir del diagrama, ¿de qué manera cambió el monte Santa Helena tras la erupción de 1980?

A. El volcán quedó más angosto.
B. El volcán quedó más bajo.
C. El volcán quedó totalmente destruido.
D. El volcán aumentó su tamaño.

9. ¿Qué lanzó el monte Santa Helena cuando entró en erupción?

A. solamente roca que estaba debajo de la superficie
B. una mezcla de roca que estaba debajo de la superficie y roca del monte
C. solamente gas que se encontraba cerca de la superficie
D. principalmente trozos de rocas provenientes de la cámara magmática

INSTRUCCIONES: Estudia la información y el diagrama, lee cada pregunta y elige la **mejor** respuesta.

EL MOVIMIENTO DE LAS PLACAS TECTÓNICAS

La corteza terrestre se divide en varios bloques grandes llamados placas tectónicas. Hay aproximadamente 8 placas grandes y muchas más pequeñas. Las placas tectónicas se desplazan constantemente en diferentes direcciones, como se muestra en el diagrama.

Fosa
En el lugar donde dos placas chocan, una de ellas se hunde en el manto. La placa que se hunde "jala" del resto de la placa.

Dorsal
En el lugar donde dos placas se separan, la roca derretida empuja hacia arriba entre las placas y las separa.

Litosfera
Astenosfera

Manto

Dentro del manto, la roca caliente sube y la más fría baja. Este movimiento ascendente y descendente produce corrientes circulares. Estas corrientes pueden mover las placas.

Núcleo externo

Núcleo interno

10. A partir del diagrama, ¿qué es lo que causa el movimiento de las placas tectónicas?

A. los terremotos que se producen en el lugar donde chocan las placas
B. la fricción entre las placas
C. la roca derretida que sube desde el núcleo
D. los movimientos de la roca en el manto

11. A partir del pasaje y el diagrama, ¿en qué capa de la Tierra se encuentran las placas tectónicas?

A. en la litosfera
B. en el manto inferior
C. en la astenosfera
D. en el núcleo externo

12. ¿Qué es una fosa?

A. Es el borde de una placa tectónica.
B. Es la superficie de una placa tectónica.
C. Es la zona donde una placa se mueve por debajo de otra.
D. Es la zona donde se separan dos placas.

INSTRUCCIONES: Estudia la información y el diagrama, lee la pregunta y marca el lugar o los lugares adecuados del diagrama para responder.

USAR LAS CAPAS DE ROCA PARA DETERMINAR LA EDAD RELATIVA

Antes de que la datación radiométrica permitiera que los científicos determinaran la edad exacta de las rocas, la única herramienta de la que disponían era la datación relativa. Para calcular la edad relativa de las rocas, los científicos se basaban en los siguientes principios:

- En una secuencia de capas de roca que no se han movido, cada capa es más antigua que la que tiene encima.

- Las capas de roca se depositan en forma horizontal.

- Las rocas se depositan en capas continuas. Si una capa está cortada por un cañón o una falla, dicho cañón o falla es más joven que la roca que atraviesa.

- Cuando una característica de la roca está atravesada por otra, la característica atravesada es la más antigua.

13. En el diagrama se muestra una representación simple de las capas de roca de un accidente geográfico. Aplica los principios que sirven para determinar la edad relativa de la roca para hacer una interpretación sobre las capas de roca representadas. Marca con una *X* la letra de cualquier característica de la roca que sea más joven que la característica D.

Cañón

INSTRUCCIONES: Estudia el diagrama, lee cada pregunta y elige la **mejor** respuesta.

LA FORMACIÓN DE LA CORTEZA EN UNA DORSAL CENTRO-OCEÁNICA

Las placas tectónicas que están debajo del océano se separan y forman una dorsal centro-oceánica.

La roca derretida asciende hasta la superficie y entra en erupción. Cuando se enfría, se convierte en nueva corteza.

Corteza

Dorsal centro-oceánica

La roca del manto asciende hacia la superficie. A medida que sube, la presión en ella disminuye y la roca se derrite.

14. A partir del diagrama, ¿dónde se origina la roca que se convierte en nueva corteza?

   A. en las profundidades del núcleo
   B. en la corteza
   C. en sedimento que está lejos de la dorsal
   D. en el manto

15. ¿De qué manera la convección, es decir, la transferencia de energía térmica que se produce en los líquidos cuando las partículas de zonas más cálidas se desplazan a zonas más frías, forma parte del proceso de formación de la corteza que se representa en el diagrama?

   A. La energía térmica se transfiere de las partículas de la corteza a las partículas del manto.
   B. La roca derretida del manto caliente de la Tierra sube hacia la superficie terrestre, que está más fría.
   C. La energía térmica de una placa tectónica más caliente se transfiere a una placa tectónica más fría.
   D. Las partículas del aire que está sobre la superficie del océano se calientan por acción de las partículas más calientes de las aguas del océano.

UNIDAD 3

Aplicar conceptos científicos

Usar con el **Libro del estudiante,** págs.114–115.

TEMAS DE CIENCIAS: ES.a.1, ES.b.1, ES.b.2
PRÁCTICAS DE CIENCIAS: SP.1.a, SP.1.b, SP.1.c, SP.3.b, SP.3.d, SP.7.a

1 **Repasa la destreza**

Un concepto es una unidad de información sobre un tema en particular. Puede expresarse como un tema, como "fuentes de energía" o "la transferencia de energía térmica en la materia". Un concepto puede ser también una aseveración acerca de un aspecto de un tema. Al **aplicar conceptos científicos**, interpretas nuevos contenidos relacionándolos con ideas que ya comprendías.

2 **Perfecciona la destreza**

Al perfeccionar la destreza de aplicar conceptos científicos, mejorarás tus capacidades de estudio y evaluación, especialmente en relación con la prueba de Ciencias de GED®. Estudia la información y el mapa que aparecen a continuación. Luego responde las preguntas.

LOS EFECTOS DE LA CORRIENTE DEL GOLFO

a Considera lo que sabes acerca del concepto de fuentes de energía para determinar cómo se calientan las aguas de la corriente del Golfo.

b Sabes que cuando una sustancia más caliente entra en contacto con una más fría, se produce una transferencia de energía. Aplica el concepto de transferencia de energía para profundizar tu comprensión sobre esta aseveración.

Irlanda y la Isla de Terranova se encuentran aproximadamente a los 50 grados de latitud norte. Sin embargo, sus climas no se parecen. La temperatura promedio en invierno de Irlanda es aproximadamente 8 grados Celsius más alta que la temperatura promedio en invierno de la Isla de Terranova. La mayoría de los científicos atribuyen esta diferencia principalmente a la Corriente del Golfo, que se muestra en el mapa. La Corriente del Golfo es una corriente oceánica cálida que se origina en el golfo de México y luego cruza el Atlántico Norte hasta la costa norte de Europa occidental, donde está Irlanda. La corriente calienta la atmósfera sobre ella. Luego los vientos preponderantes del oeste llevan el aire caliente hacia Europa occidental, lo que hace que el clima sea más templado.

CORRIENTE DEL GOLFO

Terranova · OCÉANO ATLÁNTICO · Irlanda · Europa · GOLFO DE MÉXICO · CORRIENTE DEL GOLFO

USAR LA LÓGICA

Al aplicar conceptos, busca relaciones lógicas entre los datos nuevos y lo que ya sabes. Recuerda que muchos conceptos de las ciencias de la Tierra y del espacio están relacionados con conceptos de las ciencias físicas.

1. ¿Cuál es la fuente de energía que calienta la Corriente del Golfo?

A. la atmósfera
B. las costas cercanas
C. el Sol
D. las precipitaciones

2. ¿Por qué la Corriente del Golfo calienta el aire de la atmósfera sobre ella?

A. Sus aguas son más cálidas que el aire con el que entran en contacto.
B. Sus partículas producen energía en reacciones químicas.
C. Cuando las partículas del aire entran en contacto con sus aguas, su movimiento se hace más lento.
D. Tiene energía cinética interna y la atmósfera no.

UNIDAD 3

⭐ Ítem en foco: **MENÚ DESPLEGABLE**

INSTRUCCIONES: Estudia el diagrama. Luego lee el pasaje incompleto que aparece a continuación. Usa información del diagrama y tu comprensión de conceptos relacionados para completar el pasaje. En cada ejercicio con menú desplegable, elige la opción que **mejor** complete la oración.

EL CICLO DEL AGUA

3. Las aguas de la Tierra cambian de estado constantemente durante el ciclo del agua. La energía que pone en movimiento el ciclo del agua se origina [3. Menú desplegable 1], que llega a la superficie terrestre, incluso a los océanos. Debido a esta acción, el agua líquida se convierte en un gas llamado vapor de agua a través del proceso de [3. Menú desplegable 2]. El vapor de agua, en estado gaseoso, se enfría en el aire a medida que se eleva. Mediante la condensación, el vapor de agua de la atmósfera se transforma de gas a [3. Menú desplegable 3] y forma gotitas de agua que se convierten en nubes. Cuando estas gotitas se hacen lo suficientemente grandes y pesadas, caen sobre la Tierra en forma de precipitación. Cuando la precipitación que está en las nubes se enfría lo suficiente, se [3. Menú desplegable 4] y cae de las nubes en forma de nieve o hielo. Con el tiempo, la nieve y el hielo de la superficie de la Tierra se calientan, cambian de estado [3. Menú desplegable 5] a estado líquido y fluyen como parte de los ríos hasta los océanos para volver a comenzar con el ciclo.

Opciones de respuesta del menú desplegable

3.1 A. en las nubes
B. en el viento
C. en el ozono
D. en la luz del Sol

3.2 A. condensación
B. deposición
C. sublimación
D. evaporación

3.3 A. sólido
B. gas
C. líquido
D. plasma

3.4 A. congela
B. condensa
C. derrite
D. evapora

3.5 A. de plasma
B. sólido
C. gaseoso
D. semiderretido

INSTRUCCIONES: Estudia la información y el mapa, lee cada pregunta y elige la **mejor** respuesta.

LOS EFECTOS DE LA CIRCULACIÓN TERMOHALINA

En el mapa se muestra la circulación termohalina, una corriente subacuática que atraviesa el mundo entero. Es impulsada por las diferencias en la densidad y la temperatura del agua. Cerca de los polos, las temperaturas extremadamente bajas hacen que el agua del océano se congele. El hielo oceánico que se forma está prácticamente libre de sal porque, cuando las moléculas de agua de una solución de agua salada se congelan, la sal queda en el agua líquida. En consecuencia, el agua que está cerca de los hielos oceánicos tiene una mayor salinidad, o concentración de sal, lo que hace que sea más densa que el agua de mar común. Esta agua más densa se hunde y forma así una corriente de agua densa y fría que fluye por el suelo oceánico. Fluye hacia el Sur en dirección a la Antártida, desde donde vuelve a fluir hacia el Norte y allí se divide. Cuando las dos corrientes se aproximan al ecuador, se calientan y suben a la superficie, y continúan fluyendo por los océanos hasta que regresan al océano Atlántico en forma de corriente cálida superficial que se enfría, se hunde y comienza el ciclo una y otra vez.

CIRCULACIÓN TERMOHALINA

Corriente fría profunda
Corriente cálida superficial

4. A partir de la información y los conceptos relacionados con las soluciones, ¿por qué la sal queda allí cuando el agua del océano que está cerca de los polos se congela?

   A. La sal no está distribuida de manera uniforme en el agua antes de que esta se congele.
   B. A medida que disminuye la temperatura del agua del océano, aumenta su solubilidad.
   C. A medida que disminuye la temperatura del agua del océano, disminuye su solubilidad.
   D. El agua del océano se satura a una temperatura más alta que la de su punto de congelamiento.

5. A partir de los conceptos relacionados con las propiedades de la materia, ¿por qué el agua oceánica con mayor salinidad es más densa que el agua oceánica con menor salinidad?

   A. El agua oceánica con mayor salinidad tiene una razón de masa a volumen mayor que el agua oceánica con menor salinidad.
   B. El agua oceánica con mayor salinidad tiene una razón de volumen a masa mayor que el agua oceánica con menor salinidad.
   C. El agua oceánica con mayor salinidad tiene una masa mayor que el agua oceánica con menor salinidad.
   D. El agua oceánica con mayor salinidad tiene un volumen mayor que el agua oceánica con menor salinidad.

INSTRUCCIONES: Estudia la información, lee cada pregunta y elige la **mejor** respuesta.

LA ACIDIFICACIÓN DEL OCÉANO

El dióxido de carbono liberado por la quema de los combustibles fósiles llega a la atmósfera y al océano. En la atmósfera, se ha relacionado al dióxido de carbono con el cambio climático. En el océano, los niveles elevados de dióxido de carbono reaccionan con el agua de los mares y producen ácido carbónico. Esta reacción está causando un cambio aparentemente ligero, pero en realidad significativo, en el pH del agua de mar que tiene como resultado la acidificación de los océanos. Los científicos descubrieron un aumento del 30 por ciento en la acidez total del océano desde el comienzo de la Revolución industrial.

El pH natural del océano es ligeramente básico. Las aguas oceánicas contienen carbonato de calcio, que muchos organismos marinos usan para producir sus conchas y esqueletos. El aumento de la acidez del agua de los océanos destruye el carbonato de calcio. Esta destrucción del carbonato podría provocarles problemas a muchos animales marinos, como las ostras, las almejas y los corales, para formar las conchas y esqueletos que necesitan para sobrevivir.

6. A partir de la información y del concepto de pH, ¿qué cambio coincidiría con la tendencia del pH en los océanos?

   A. de 8.1 a 8.2   C. de 6.2 a 6.4
   B. de 8.2 a 8.1   D. de 6.4 a 6.2

7. A partir de la información, ¿qué frase podría describir el pH que tendrán los océanos dentro de 100 años si se continúan quemando combustibles fósiles al mismo ritmo?

   A. más ácido
   B. neutro o ligeramente básico
   C. sumamente básico
   D. estrictamente neutro

CÓMO SE FORMA UN HURACÁN

Los huracanes se forman sobre las cálidas aguas tropicales de los océanos donde la temperatura en la superficie es de al menos 82 grados Fahrenheit. La energía térmica del océano se transfiere a la atmósfera y proporciona la energía necesaria para la formación de enormes bancos de nubes alrededor de una zona de baja presión, o borrasca. A medida que la borrasca se intensifica y el sistema comienza a girar, puede desarrollarse un huracán. Los huracanes pueden mantener su intensidad e incluso crecer mientras se mantengan sobre las aguas cálidas del océano. Pero a medida que se alejan de los trópicos, se desplazan sobre aguas más frías y, a menudo, sobre tierra. Cuando lo hacen, pierden su fuente de energía y desaparecen.

8. A partir del concepto de transferencia de energía y de la información, ¿cómo se transfiere la energía entre la superficie del océano y el aire que está encima de ella?

    A. por radiación
    B. por convección
    C. por saturación
    D. por conducción

9. En los huracanes, el aire caliente sube y luego desciende para volver a calentarse. ¿Cómo se llama este tipo de transferencia de energía?

    A. convección
    B. condensación
    C. radiación
    D. conducción

10. ¿Qué concepto queda demostrado por la formación de huracanes?

    A. En el hemisferio norte, los vientos preponderantes en las latitudes medias soplan desde el Oeste.
    B. La densidad del agua del océano aumenta con la salinidad.
    C. A medida que el aire se calienta, se torna menos denso que el aire más frío que lo rodea y se eleva.
    D. La energía no se puede crear ni destruir.

INSTRUCCIONES: Estudia la información y el mapa, lee la pregunta y elige la **mejor** respuesta.

CORRIENTES OCEÁNICAS SUPERFICIALES

Una corriente oceánica es una franja de agua que se mueve dentro de un océano. Hay dos tipos principales de corrientes. Las corrientes oceánicas profundas se mueven sobre el lecho oceánico. Las corrientes superficiales se desplazan a través de una capa fina de agua de la superficie. El flujo de las corrientes oceánicas es causado por una combinación de factores. Entre estos factores se encuentran los vientos superficiales, la forma de los accidentes geográficos cercanos y el efecto Coriolis. En el siguiente mapa se muestran las corrientes oceánicas superficiales de la Tierra.

11. ¿Qué concepto es **más probable** que explique cómo el efecto Coriolis determina la trayectoria de las corrientes oceánicas?

    A. El giro de la Tierra hace que los fluidos se muevan en círculos.
    B. La atracción gravitacional del Sol hace que las corrientes de la Tierra se curven.
    C. La rotación de la Tierra hace que las corrientes se desvíen y no sigan una trayectoria recta.
    D. Las corrientes oceánicas cambian su dirección cuando cambian las condiciones meteorológicas.

UNIDAD 3

6 Expresar información científica

Usar con el *Libro del estudiante,* págs. 116–117.

TEMAS DE CIENCIAS: ES.b.1, ES.b.3
PRÁCTICAS DE CIENCIAS: SP.1.a, SP.1.b, SP.1.c, SP.5.a, SP.6.a, SP.6.c, SP.7.a

1 Repasa la destreza

La **información científica** puede comunicarse de muchas maneras. Cierta clase de información puede expresarse mejor de una determinada manera. Por ejemplo, los datos científicos con frecuencia se expresan mejor con números. La capacidad de **expresar información científica** de varias maneras te ayudará a elegir la manera más efectiva de transmitir tu conocimiento y comprensión de los conceptos científicos.

2 Perfecciona la destreza

Al perfeccionar la destreza de expresar información científica, mejorarás tus capacidades de estudio y evaluación, especialmente en relación con la prueba de Ciencias de GED®. Estudia la información y las gráficas que aparecen a continuación. Luego responde las preguntas.

a Después de interpretar la primera gráfica, puedes expresar información científica acerca de la relación entre cada gas en particular y las emisiones totales de gases invernadero en los EE. UU.

b La segunda gráfica parece simple, pero al interpretarla se puede obtener una gran cantidad de información científica.

EMISIONES DE GASES DE EFECTO INVERNADERO

Los gases de efecto invernadero de la atmósfera absorben y vuelven a emitir radiación desde la superficie de la Tierra, y calientan el planeta. Una parte de las emisiones de gases de efecto invernadero ocurre de manera natural en la atmósfera. Por ejemplo, los incendios forestales ocasionados por la caída de rayos liberan dióxido de carbono, y esto ocurre naturalmente. Sin embargo, desde el comienzo de la Revolución industrial, las actividades humanas han hecho que se liberaran otras enormes cantidades de gases invernadero debido a la quema de combustibles fósiles para obtener energía. La mayoría de los científicos creen que este aumento ha contribuido al calentamiento gradual de la Tierra.

EMISIONES DE EFECTO INVERNADERO DE LOS EE. UU., 2018

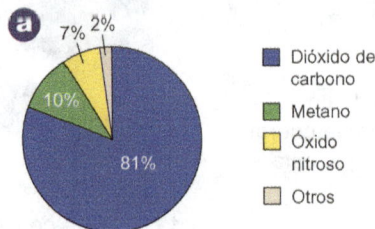

a 7% 2%
10%
81%

- Dióxido de carbono
- Metano
- Óxido nitroso
- Otros

EMISIONES DE EFECTO INVERNADERO POR FUENTE EN LOS EE. UU., 2018

b 1%
10%
12%
27%
22%
28%

- Electricidad
- Transporte
- Industria
- Residencial y comercial
- Agricultura
- Otros

Fuente: EPA.gov

USAR LA LÓGICA

Al usar el contenido de un elemento visual para expresar información científica, debes considerar de qué manera se relacionan sus partes con la idea principal o el tema. Busca también maneras de comparar o relacionar las partes individuales del elemento visual.

1. Según los datos de 2018, ¿qué porcentaje de los gases de efecto invernadero, expresado en números, representa el dióxido de carbono?

   A. 10 por ciento
   B. 16 por ciento

   C. 81 por ciento
   D. 100 por ciento

2. ¿Qué porcentaje de las emisiones de dióxido de carbono de 2018, expresado en números, fue causada por la producción de electricidad, el transporte o la industria?

   A. 14 por ciento
   B. 31 por ciento

   C. 40 por ciento
   D. 77 por ciento

154

Lección 6 | Expresar información científica

INSTRUCCIONES: Estudia la información y el diagrama, lee cada pregunta y elige la **mejor** respuesta.

LAS CAPAS DE LA ATMÓSFERA

Puede que la atmósfera parezca uniforme, pero no lo es. Cambia según la distancia desde la superficie terrestre. En general, las partículas de aire están bastante próximas entre sí cerca de la superficie terrestre, pero pueden estar a kilómetros de distancia en el extremo superior de la atmósfera. Además, la atmósfera es más cálida cerca de la superficie terrestre que en su extremo superior, donde se une con el espacio exterior. Los científicos usan las características atmosféricas a distintas altitudes para describir la atmósfera en términos de capas, como se muestra en el siguiente diagrama.

ATMÓSFERA SUPERIOR
Exosfera
Las partículas de aire están a kilómetros de distancia entre sí; el borde externo se une con el espacio. Los satélites orbitan aquí.

Termosfera
El aire es fino, pero las temperaturas son más elevadas porque los átomos absorben radiación solar de alta energía. Las auroras y la ionosfera se encuentran aquí; la Estación Espacial Internacional orbita aquí.

ATMÓSFERA MEDIA
Mesosfera
Los residuos espaciales y los meteoroides comienzan a incendiarse aquí. Es la parte más fría de la atmósfera, con temperaturas mínimas que pueden llegar a −130 °F (−90 °C) en la parte superior.

Estratosfera
La mayor parte del ozono se encuentra en esta capa. Las temperaturas suben con la altitud. Los aviones comerciales que llegan más alto vuelan en ella.

ATMÓSFERA BAJA
Troposfera
La mayoría de las condiciones meteorológicas, junto con las nubes y el vapor de agua, se producen aquí. La temperatura baja con la altitud.

TIERRA

3. Para expresar información acerca de las capas de la atmósfera en la que es **más probable** que se encuentren las personas, hablarías sobre

A. la exosfera y la termosfera.
B. la termosfera y la mesosfera.
C. la mesosfera y la estratosfera.
D. la estratosfera y la troposfera.

4. ¿Qué enunciado expresa una diferencia entre la troposfera y las otras capas?

A. Es la parte más fría de la atmósfera.
B. En ella se encuentran la mayoría de las nubes, la lluvia y el viento.
C. Es la única capa en la que vuelan los aviones.
D. Contiene partículas que están a millas de distancia unas de otras.

INSTRUCCIONES: Estudia la información y el diagrama, lee cada pregunta y elige la **mejor** respuesta.

LA IONOSFERA

La ionosfera es una capa formada por partículas con carga eléctrica ubicada en la parte inferior de la termosfera. A medida que absorben radiación de alta energía del Sol, las moléculas de nitrógeno y los átomos de oxígeno se despojan de los electrones y se convierten en iones u otras partículas con carga. Los electrones liberados forman corrientes eléctricas en la atmósfera superior. La ionosfera tiene tres capas. Desde la más cercana a la Tierra hacia el exterior, son las capas identificadas como D, E y F. Durante el día, la capa D absorbe las señales de radio, por lo tanto, las señales de radio AM se mantienen a un número limitado de kilómetros de distancia del transmisor de radio. Sin energía solar que ionice las partículas, la capa D desaparece y la capa E se debilita por la noche. En el diagrama se muestra por qué tarde por la noche se pueden recibir señales de radio de lugares muy distantes.

Capa F
Capa E
Capa D
Transmisor de radio AM

5. ¿Qué representan las flechas negras del diagrama?

A. las partículas cargadas
B. las señales de radio
C. las moléculas de nitrógeno y los átomos de oxígeno
D. la radiación solar

6. ¿Qué enunciado expresa la razón por la cual solo por la noche es posible escuchar señales de radio AM de estaciones muy distantes?

A. Por la noche, los transmisores envían señales más fuertes.
B. Por la noche, la ionosfera les proporciona más energía a las señales de radio.
C. Las ondas de radio que rebotan en la ionosfera viajan distancias más grandes por la noche.
D. Durante el día, la luz solar bloquea las señales de radio.

UNIDAD 3

★ Ítem en foco: **ARRASTRAR Y SOLTAR**

INSTRUCCIONES: Estudia la información y lee la pregunta. Luego usa las opciones de arrastrar y soltar para completar el diagrama.

PRECIPITACIÓN ÁCIDA

Cuando las fábricas, las plantas de energía y los vehículos queman combustibles fósiles, se liberan millones de toneladas de contaminantes en la atmósfera. Algunas de estas sustancias, como el dióxido de azufre y el óxido de nitrógeno, pueden combinarse con el agua del aire y formar ácidos. El agua ácida luego cae del cielo en forma de lluvia o nieve ácida. La lluvia es ligeramente ácida por naturaleza, con un pH de alrededor de 5.6. Pero la lluvia ácida es más ácida aún. La mayor parte de la lluvia ácida tiene un pH de entre 4.2 y 4.4. Se han registrado niveles de hasta 3.0. La precipitación ácida mata árboles. También puede provocar la muerte de toda vida acuática en los lagos que se vuelven demasiado ácidos. Los hábitats de agua dulce tienen en general un pH de entre 6.5 y 9. El pH del agua del océano es, por lo general, alrededor de 8.0. En la actualidad, las normas obligan a las plantas de energía y otras empresas que queman combustibles fósiles a reducir la emisión de contaminantes como el dióxido de azufre que contribuyen a la existencia de precipitación ácida.

7. Expresa información científica de manera visual. Determina en qué parte de la escala de pH van las opciones de arrastrar y soltar. Luego anota el nombre de cada sustancia en el recuadro adecuado del diagrama.

ESCALA DE pH

0 1 2 3 4 5 6 7 8 9 10 11 12 13 14

Más ácidos   Más básicos

En la escala de pH, 7 es neutro, ni ácido ni básico.
Los valores por debajo de 7 son cada vez más ácidos.
Los valores por arriba de 7 son cada vez más básicos, o alcalinos.

Opciones de arrastrar y soltar

agua de lluvia	agua del océano	la mayoría de la lluvia ácida	precipitación ácida muy fuerte	extremo superior del rango del agua dulce

---

INSTRUCCIONES: Estudia la información, lee la pregunta y elige la **mejor** respuesta.

ENERGÍA EÓLICA

En 2019, el viento produjo solo alrededor del 7 por ciento de la energía de los Estados Unidos. Aun así, era la fuente más grande de energía renovable, junto con la energía hidroeléctrica. La desventaja de la energía eólica es que solo genera energía cuando sopla el viento. Las principales ventajas son que es gratis y no genera contaminación. La cantidad de energía eólica producida en los Estados Unidos aumentó de 55 megawatts-hora en 2008 a 275 megawatts-hora en 2018.

8. ¿Qué enunciado expresa **mejor** la situación de la energía eólica en los Estados Unidos?

A. Cada vez se usa menos energía eólica en el país.
B. El uso de la energía eólica es demasiado controvertido para ser efectivo.
C. El uso de energía eólica está aumentando.
D. El viento no constituye una fuente importante de energía renovable.

PRESIÓN ATMOSFÉRICA

La presión del aire es la fuerza con la que la atmósfera presiona sobre la superficie terrestre. La fuerza hacia abajo que ejerce la gravedad comprime las moléculas de aire con más fuerza al nivel del mar. En consecuencia, la densidad del aire y, por lo tanto, la presión del aire, son mayores a medida que nos acercamos al nivel del mar. A medida que aumenta la altitud, como en una montaña alta, la fuerza de gravedad disminuye y la presión disminuye también. La presión del aire no suele sentirse porque se ejerce en todas direcciones al mismo tiempo. En la gráfica que aparece a continuación, se muestra la relación entre la presión del aire y la altitud.

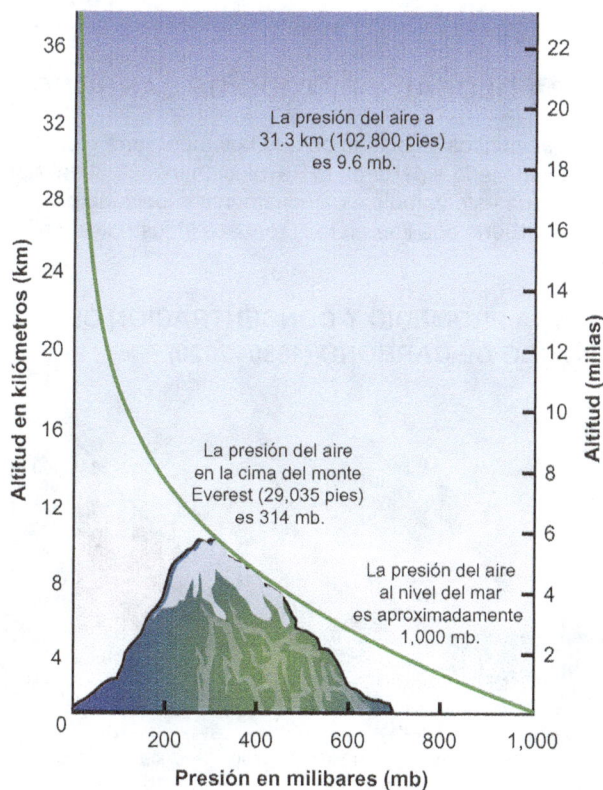

La presión del aire a 31.3 km (102,800 pies) es 9.6 mb.

La presión del aire en la cima del monte Everest (29,035 pies) es 314 mb.

La presión del aire al nivel del mar es aproximadamente 1,000 mb.

9. ¿Qué enunciado expresa la relación entre la presión del aire y la altitud?

   A. La presión del aire es más baja al nivel del mar.
   B. La presión del aire disminuye a medida que aumenta la distancia desde las montañas.
   C. La presión del aire aumenta a medida que aumenta la altitud.
   D. La presión del aire aumenta a medida que disminuye la altitud.

LA CAPA DE OZONO

La atmósfera contiene moléculas de oxígeno (O_2), átomos de oxígeno (O) y moléculas de ozono (O_3). El ozono es una forma de oxígeno que se produce cuando se unen moléculas de oxígeno y átomos de oxígeno. La producción de ozono en la atmósfera es un proceso continuo.

El ozono de la atmósfera es importante porque bloquea la mayor parte de la radiación ultravioleta dañina del Sol. Es por eso que los científicos se alarmaron al descubrir, a mediados de la década de 1970, que la capa de ozono de la Tierra estaba disminuyendo en algunas zonas. La fuente del problema eran los átomos de cloro (Cl) de los compuestos químicos llamados clorofluorocarbonos (CFC). Para proteger el ozono de la atmósfera, a fines de la década de 1980, más de 180 países acordaron suprimir progresivamente la producción de productos que contienen o usan sustancias como los CFC.

Cl + O_3 ClO + O_2

ClO + O   Cl + O_2

Cloro   Oxígeno

10. ¿Qué información acerca del ozono se muestra en el modelo?

   A. El ozono se forma cuando se unen moléculas de oxígeno y átomos de oxígeno.
   B. El cloro se combina con el ozono en la atmósfera y descompone el ozono.
   C. La producción de ozono en la atmósfera es un proceso continuo.
   D. El ozono es una forma de oxígeno que se encuentra en la atmósfera.

Usar con el *Libro del estudiante*, págs. 118–121.

1 Repasa la destreza

TEMAS DE CIENCIAS: ES.b.1, ES.c.3
PRÁCTICAS DE CIENCIAS: SP.1.a, SP.1.b, SP.1.c, SP.3.b, SP.3.c, SP.6.a, SP.6.c, SP.7.a

Para **expresar visualmente información científica**, debes determinar qué información hay que trasmitir y qué formato te permitirá hacerlo de manera eficiente y efectiva. En las ciencias se usan imágenes como gráficas, diagramas, mapas e ilustraciones para exponer información de modo que se puedan identificar más fácilmente patrones y relaciones entre variables y conceptos.

En la prueba de Ciencias de GED® se espera que muestres comprensión de cómo expresar visualmente información o resultados científicos. Es probable que te encuentres con preguntas que te pidan que traslades o integres en un formato visual información presentada de manera verbal o numérica. También quizá te pidan que identifiques relaciones entre diagramas o gráficas o que identifiques representaciones visuales de información o procesos científicos descritos en un texto. Asimismo, te pueden pedir que completes diagramas para demostrar tu comprensión de conceptos o procesos científicos.

2 Perfecciona la destreza

a Comienza por identificar las variables que se muestran en cada eje de la gráfica. Las variables y sus posiciones en la gráfica te indican qué relaciones se están evaluando. Este elemento visual combina gráficas de barras y una gráfica lineal para que puedan compararse las dos variables marcadas sobre los ejes de *y* verticales.

b Las tendencias sobre el elemento visual se identifican por la forma de la línea o la altura relativa de las barras. La comparación de las tendencias en los dos conjuntos de datos te dice si las variables están correlacionadas.

Lee cada una de las opciones de respuesta. Descarta los agregados al elemento visual que no ayuden a trasmitir información relevante más concisamente (B, C, D). La respuesta correcta es **A**.

TEMPERATURA GLOBAL Y DIÓXIDO DE CARBONO

La mayor parte de los científicos coinciden en que la temperatura global promedio de la Tierra ha cambiado a partir de la Revolución Industrial del siglo XIX. Los científicos creen que este cambio es ampliamente impulsado por la cantidad de dióxido de carbono que liberan los procesos industriales y el transporte modernos.

TEMPERATURA PROMEDIO Y CONCENTRACIÓN DE DIÓXIDO DE CARBONO (1880–2020)

Fuente: NOAA Climate.gov

La gráfica muestra tanto la temperatura global (barras coloreadas) como el dióxido de carbono atmosférico (línea gris).

1. ¿Cuál de los siguientes elementos agregarías para mejorar esta representación visual de datos de modo que el lector pueda entender con mayor facilidad y rapidez las relaciones entre las variables?

   A. una clave o nomenclatura
   B. una leyenda larga y descriptiva
   C. una tabla de datos numéricos organizada por año
   D. un segundo eje de *x* sobre el cual se marque el total de dióxido de carbono emitido cada año

UNIDAD 3

INSTRUCCIONES: Estudia la información y la gráfica, lee cada pregunta y elige la **mejor** respuesta.

Los isótopos químicos son formas de un elemento que tienen cantidades distintas de neutrones. Los isótopos padre inestables decaen con el tiempo y forman isótopos hijo estables. El decaimiento radiactivo sucede a ritmos consistentes y medibles. Esos ritmos se describen en términos de vida media. Una vida media es el tiempo que tarda la mitad de los isótopos padre en cambiar para formar isótopos hijo.

La imagen a continuación combina una gráfica de vida media y diagramas para ilustrar el proceso de decaimiento radiactivo. Los hexágonos representan una muestra de un cristal que contiene un conjunto de isótopos. Cuando el cristal se forma por primera vez, solo contiene isótopos padre. Con el tiempo, los isótopos padre decaen y forman isótopos hijo. El reloj de arena representa la transición del isótopo padre al isótopo hijo.

DECAIMIENTO RADIACTIVO Y VIDA MEDIA

Fuente: NOAA Ocean Explorer

2. ¿Cuál es la ventaja de un elemento visual como este que incluye una gráfica y un diagrama?

   A. La gráfica no tiene sentido sin las ilustraciones de respaldo.
   B. La información presentada incluye tanto relaciones numéricas como un proceso que puede ilustrarse.
   C. La gráfica era demasiado aburrida para llamar la atención del público sin el diagrama.
   D. El diagrama muestra datos reales recolectados en un estudio científico que se usaron para generar la gráfica.

INSTRUCCIONES: Estudia la información y la tabla, lee cada pregunta y elige la **mejor** respuesta.

La tasa de decaimiento radiactivo y la vida media de los isótopos son medibles, constantes y únicos para cada isótopo. Por lo tanto, los científicos pueden usar la vida media para medir la edad de las rocas, los fósiles y otros materiales. La tabla describe el decaimiento radiactivo de ciertos isótopos usado para datar rocas.

RANGO DE DATACIÓN EFECTIVO DE ISÓTOPOS RADIACTIVOS

Isótopo		Vida media (años)	Rango de datación efectivo (años)
Padre	Hijo		
carbono-14	nitrógeno-14	5730	100-30,000
uranio-235	plomo-207	710 millones	10 millones -4.6 mil millones
potasio-40	argón-40	1.3 mil millones	100,000-4.5 mil millones

Fuente: USGS

3. ¿Por qué una tabla es un modo útil de exponer estos datos?

   A. Los datos incluyen información verbal y numérica.
   B. Los datos presentan información que varía sobre un área geográfica.
   C. Los datos exponen patrones claros entre dos conjuntos de datos numéricos.
   D. Los datos ilustran la estructura de los procesos implicados en la datación radiométrica.

4. Otro método de datación radiométrica incluye el decaimiento de rubidio-87 a estroncio-87, que tiene una vida media de 47 mil millones de años. El rango de datación efectivo para este método es 10 millones a 4.5 mil millones de años. ¿Dónde colocarías este método de datación dentro de la tabla?

   A. en la fila de arriba del carbono-14
   B. en la fila de abajo del carbono-14
   C. en la fila entre el uranio-235 y el potasio-40
   D. en la fila de abajo del potasio-40

5. Sospechas que una roca tiene entre 1 millón y 5 millones de años de antigüedad. ¿Qué isótopos usarías para datar esta roca?

   A. carbono-14 a nitrógeno-14
   B. potasio-40 a argón-40
   C. rubidio-87 a estroncio-87
   D. uranio-235 a plomo-207

7

Identificar problemas y soluciones

Usar con el *Libro del estudiante,* págs. 122–123.

TEMAS DE CIENCIAS: ES.a.1, ES.a.2, ES.a.3, ES.b.1
PRÁCTICAS DE CIENCIAS: SP.1.a, SP.1.b, SP.1.c, SP.3.a, SP.3.b

1 Repasa la destreza

Muchos textos científicos presentan **problemas** y exploran posibles **soluciones**. Aprender a **identificar el problema y la solución** en un texto puede ayudarte a evaluar los argumentos y las ideas del autor, y a pensar en soluciones alternativas que el autor quizá no expuso.

2 Perfecciona la destreza

Al perfeccionar la destreza de identificar problemas y soluciones, mejorarás tus capacidades de estudio y evaluación, especialmente en relación con la prueba de Ciencias de GED®. Lee el pasaje que aparece a continuación. Luego responde las preguntas.

EL ACCESO AL AGUA POTABLE

a En las primeras dos oraciones del pasaje se identifica claramente un problema. Sin embargo, se mencionan otros problemas en el párrafo. Es importante definir cuál es el problema principal.

El agua potable es esencial para todas las personas. En la actualidad, en el mundo, más de 780 millones de personas no tienen acceso al agua potable, según un informe de la Organización Mundial de la Salud (OMS) y UNICEF, la agencia de las Naciones Unidas dedicada a la infancia. Cada año, mueren millones de personas en las naciones en desarrollo debido a las condiciones de vida insalubres y la falta de acceso al agua potable. Este problema es especialmente serio en ciertas partes del sur y el sudeste de Asia y el África subsahariana.

b Generalmente, el autor presenta soluciones después de mencionar el problema. Busca soluciones en este párrafo.

Sin embargo, este informe conjunto de la OMS y UNICEF habla de Asia oriental, especialmente de China, como una historia exitosa. En esta zona, las personas ahora tienen mayor acceso al agua potable transportada por cañerías. En el África subsahariana, los proyectos no han sido tan exitosos. En algunas zonas, especialmente aquellas donde existen conflictos armados, muy pocas personas tienen acceso al agua potable.

CONSEJOS PARA REALIZAR LA PRUEBA

Si identificas un problema, escríbelo. Sigue leyendo para descubrir si se presenta una solución. Puedes encontrar varias soluciones o ninguna. Analiza las soluciones de manera crítica para determinar si podrían causar otros problemas mayores.

1. ¿Cuál es el problema **principal** que se menciona en el pasaje?

   A. los conflictos armados en África
   B. la falta de agua potable
   C. los informes de la OMS y UNICEF
   D. los proyectos fallidos en el África subsahariana

2. ¿Qué solución a este problema generalizado se puede identificar en el pasaje?

   A. conservar las reservas de agua
   B. mejorar los proyectos de la OMS y UNICEF
   C. reducir los conflictos armados
   D. ampliar el acceso al suministro de agua potable transportada en cañerías

INSTRUCCIONES: Estudia la información y las imágenes, lee cada pregunta y elige la **mejor** respuesta.

EL HURACÁN SANDY

Cuando el huracán Sandy llegó a la costa atlántica en octubre de 2012, era una tormenta de categoría 1, la menor de las intensidades posibles. Pero como alcanzó un área densamente poblada causó daños devastadores, tal como muestran las imágenes aéreas de barrido y detección por luz que aparecen a continuación. Sandy inundó comunidades enteras y destruyó miles de casas y negocios, algunos de los cuales fueron arrastrados hacia el mar. Tras el paso de Sandy, muchas personas comenzaron a reconstruir sus casas y negocios. Pero algunas personas cuestionan esta táctica. Con el cambio climático, se espera que las tormentas como Sandy sean más frecuentes. Algunas de estas casas reconstruidas en zonas bajas y vulnerables corren el riesgo de volver a ser destruidas.

Antes de Sandy   **Después de Sandy**

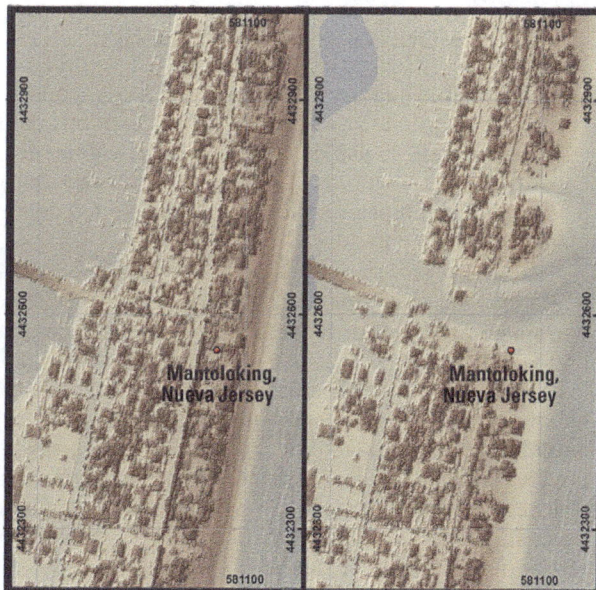

Fuente: Servicio Geológico de los EE. UU.

3. ¿Qué solución podría servir para que las casas, las oficinas y las fábricas de las costas soportaran las tormentas en el futuro?

 A. construir paredones de contención y elevar las estructuras por sobre los niveles de inundación

 B. construir edificios mucho más grandes que los vientos no puedan derribar

 C. construir más puentes para que las personas puedan escapar a tiempo y evitar el peligro

 D. construir las estructuras dejando más distancia entre ellas para que el área esté menos densamente poblada

4. Algunas personas piensan que se debería abandonar las zonas costeras bajas. A partir de la información presentada, ¿por qué creen que la solución consiste en no volver a construir en esas zonas?

 A. Las casas en zonas costeras son muy caras.

 B. En el futuro, la mayoría de los huracanes azotarán la costa atlántica de los Estados Unidos.

 C. Es probable que otras tormentas azoten las zonas que devastó Sandy y vuelvan a destruir las casas.

 D. Ninguna casa puede soportar un huracán en la costa.

INSTRUCCIONES: Estudia la información y la lista, lee cada pregunta y elige la **mejor** respuesta.

EQUIPOS PARA EMERGENCIAS

Un equipo para emergencias especial para huracanes resuelve un gran problema. Le proporciona a las víctimas de huracanes provisiones que necesitarán si se quedan sin agua ni suministro eléctrico después de una tormenta. Este equipo debe incluir lo siguiente:

EQUIPO DE EMERGENCIA PARA HURACANES

✓ Alimentos imperecederos y medicamentos:
 • Barras de proteínas, nueces, cereales secos, fruta deshidratada, mantequilla de maní
 • Vitaminas y medicamentos que usen los miembros de la familia
✓ Agua embotellada
 • Un galón de agua por día por persona para un período de tres días
✓ Radio a batería y baterías
✓ Equipo de primeros auxilios
✓ Vasos y platos de papel
✓ Bolsas de residuos y toallitas húmedas
✓ Fósforos
✓ Comida para mascotas
✓ Teléfono celular con cargador portátil

---

5. ¿Cuál es el propósito de un equipo de emergencias para huracanes?

 A. ayudar a las personas a abandonar una zona cuando llega un huracán

 B. dar información sobre cómo actuar ante la llegada de un huracán

 C. abastecer de provisiones que pueden ser necesarias tras el paso de un huracán

 D. asegurar que las personas tengan agua y comida ante la llegada de un huracán

6. ¿Qué objeto que no está en la lista podría ser **más** útil?

 A. leche fresca

 B. sartenes y cacerolas

 C. mantas eléctricas

 D. una linterna

INSTRUCCIONES: Estudia la información y el diagrama, lee cada pregunta y elige la **mejor** respuesta.

EL CICLO DEL NITRÓGENO

Todos los animales y plantas necesitan nitrógeno. Las proteínas esenciales de las células vivas no pueden formarse sin él. Como la mayor parte de la atmósfera terrestre está compuesta por nitrógeno, podríamos suponer que los seres vivos no tienen problemas para conseguirlo. Pero las plantas y los animales no pueden usar el nitrógeno del aire en su forma elemental. En el diagrama de flujo que aparece a continuación se muestra de qué manera el ciclo del nitrógeno resuelve este problema al hacer rotar el nitrógeno a través de los ambientes vivos e inertes de la Tierra.

El gas nitrógeno (N_2) está presente en el aire.

Los rayos combinan el N_2 y el oxígeno, y forman ácido nítrico.

El ácido nítrico penetra en el suelo.

Las bacterias convierten los compuestos de nitrógeno en nitratos y luego en nitritos.

Los nitratos están presentes en el suelo.

Las raíces de las plantas absorben los nitratos.

Los animales comen las plantas con nitratos.

Las plantas y los animales descompuestos por las bacterias liberan compuestos de nitrógeno en el suelo.

Las bacterias del suelo absorben los nitratos y liberan N_2 en la atmósfera.

7. ¿Cuál es el problema fundamental respecto del uso del nitrógeno por parte de plantas y animales?

   A. No pueden usar el nitrógeno en ninguna de sus formas.
   B. La atmósfera contiene cantidades limitadas de nitrógeno.
   C. No pueden usar nitrógeno en su forma elemental, tal como se encuentra en la atmósfera.
   D. El uso de nitrógeno descompone proteínas necesarias en plantas y animales.

8. ¿Qué problema les causaría la falta de nitrógeno a las plantas y los animales?

   A. Sus sistemas tendrían demasiadas proteínas.
   B. Los infectarían bacterias dañinas.
   C. No habría bacterias beneficiosas en el suelo.
   D. Sus sistemas no podrían hacer proteínas.

9. A partir del diagrama, ¿de qué manera el ciclo del nitrógeno abastece de nitrógeno a las plantas?

   A. Las raíces de las plantas absorben el nitrógeno del aire.
   B. Las bacterias se convierten en nitrógeno dentro de las plantas.
   C. Las bacterias descomponen compuestos de nitrógeno en formas de nitrógeno que las plantas pueden usar.
   D. Los animales herbívoros descomponen los compuestos de nitrógeno en formas de nitrógeno que las plantas pueden usar.

INSTRUCCIONES: Estudia la información, lee la pregunta y elige la **mejor** respuesta.

MONITOREO DE VOLCANES

Los volcanes pueden entrar en erupción de manera violenta, con grandes ríos de lava hirviente, nubes de un vapor abrasador, lluvias de cenizas y rocas y grandes cantidades de escombros que pueden barrer con todo a su paso. Las erupciones volcánicas también pueden matar a muchas personas.

Para salvar vidas, los vulcanólogos han desarrollado herramientas para identificar la actividad volcánica que podría indicar la inminencia de una erupción. Se colocan instrumentos en los volcanes para detectar los cambios en su pendiente, ya que el magma que se desplaza dentro del volcán puede provocar que este aumente su tamaño antes de una erupción. Además, los sismógrafos registran una mayor actividad sísmica cuando el magma que está dentro del volcán se mueve. Los científicos también monitorean los gases que expulsan los volcanes para detectar aquellos que puedan indicar la probabilidad de una erupción.

10. ¿Cuál es el problema **principal** que sirve para resolver el monitoreo de los volcanes?

    A. la necesidad de evitar que los volcanes entren en erupción
    B. la necesidad de anticipar las erupciones
    C. la necesidad de reducir el número de erupciones volcánicas
    D. la necesidad de comprender cómo se originan las erupciones volcánicas

EDIFICIOS QUE RESISTEN TERREMOTOS

Muchas muertes y daños causados por los terremotos se deben al derrumbe de edificios y otras estructuras. Es por esto que los ingenieros han intentado diseñar estructuras que puedan resistir las fuerzas que causan el derrumbe de las estructuras. Las ondas que más daño causan son las que viajan desde el foco del terremoto y hacen que los edificios se muevan de un lado a otro. Este movimiento genera tensión en las conexiones que unen las paredes, los pisos y las vigas. Los diseños antisísmicos tienen conexiones más resistentes. Los pisos y los techos están conectados a diafragmas para lograr resistencia horizontal. Los muros a cortante y los soportes cruzados refuerzan los elementos verticales. Algunas características del diseño permiten que las estructuras se doblen y balanceen en vez de romperse. Los marcos resistentes a los movimientos tienen conexiones entre las vigas que permiten que estas se doblen pero no se quiebren. El aislamiento de base posiciona a los edificios sobre materiales que desvían la energía del terremoto en lugar de transmitirla a través de su estructura.

11. ¿De qué manera el diseño resistente a los terremotos resuelve un problema?

A. Impide que se produzcan terremotos en un área.
B. Baja los costos de construcción.
C. Reduce las posibilidades de destrucción de edificios.
D. Asegura que los edificios construidos después de un terremoto sean más atractivos.

ALERTAS DE TORNADO

Un tornado es una columna de aire que rota y se extiende desde las nubes de una tormenta fuerte hasta el suelo. Los tornados tienen algunos de los vientos más violentos que puede tener una tormenta: pueden llegar hasta las 300 millas por hora. Los poderosos vientos de un tornado pueden destruir un área de varias millas de ancho. Además, los tornados son responsables de docenas de muertes en los Estados Unidos cada año. Por estas razones, es importante saber en qué lugar y momento está por formarse un tornado.

El Servicio Meteorológico Nacional ha diseñado un sistema de alertas y alarmas para avisar con anticipación a las personas cuando se acercan o se producen diferentes tipos de condiciones meteorológicas severas. En la siguiente tabla se muestra la información sobre los tornados.

Alerta de tornado	Alarma de tornado
Las condiciones son propicias para la formación de tornados en su zona. Manténgase alerta ante la proximidad de una tormenta.	Hay un tornado en su zona. Se ha detectado en un radar meteorológico. Busque refugio donde pueda.

12. ¿Qué problema hizo que el Servicio Meteorológico Nacional creara alertas y alarmas de tornado?

A. Los científicos necesitaban comprender mejor cómo se forman los tornados.
B. Las personas querían ayuda para tener servicios después de los tornados.
C. Las personas necesitaban saber cuándo se aproximaba un tornado.
D. Los científicos querían ayudar a los meteorólogos a rastrear tornados con mayor facilidad.

13. ¿Qué debe hacer el dueño de un negocio para prepararse para la temporada de tornados?

A. comprar un libro sobre tornados para prestárselo a sus empleados
B. asegurarse de que los empleados sepan adónde ir ante una alarma de tornado
C. tener planeado cerrar el negocio siempre que haya una tormenta severa
D. buscar el número del Servicio Meteorológico Nacional para llamar y conocer los detalles cuando exista alerta o alarma de tornado

UNIDAD 3

Analizar y presentar argumentos

Usar con el *Libro del estudiante,* págs. 124–125.

TEMAS DE CIENCIAS: ES.a.1, ES.a.3
PRÁCTICAS DE CIENCIAS: SP.1.a, SP.1.c, SP.3.a, SP.3.b, SP.4.a

1 **Repasa la destreza**

Un **argumento**, o punto de vista sobre un tema, depende absolutamente de los datos que lo respaldan. Al **analizar un argumento**, determinas si está respaldado por hechos provenientes de una fuente confiable. Al **presentar un argumento**, expresas y defiendes un determinado punto de vista. Para ello, es necesario que conozcas tanto tu punto de vista como el punto de vista que refutarás. Por lo tanto, al presentar argumentos debes comprender el tema en cuestión en profundidad.

2 **Perfecciona la destreza**

Al perfeccionar la destreza de analizar y presentar argumentos, mejorarás tus capacidades de estudio y evaluación, especialmente en relación con la prueba de Ciencias de GED®. Estudia la información y la gráfica que aparecen a continuación. Luego responde las preguntas.

LA PRODUCCIÓN Y EL CONSUMO ENERGÉTICO

a Las referencias sobre otros materiales que aparecen en un pasaje suelen indicarte que observes un elemento visual que agrega información más detallada. Toda la información es importante al analizar o presentar un argumento.

Durante la mayor parte de las últimas décadas, el consumo energético en los EE. UU. ha ido aumentando, tal como se muestra en la gráfica que aparece a continuación. La producción de energía también ha aumentado, aunque no lo suficiente para mantener el ritmo del consumo. Por el momento, los Estados Unidos tienen provisiones adecuadas de carbón y gas natural, pero deben importar grandes cantidades de petróleo, el combustible fósil que más se usa. La enorme mayoría del petróleo se usa para el transporte: carros, aviones, trenes y camiones.

b Las gráficas suelen mostrar tendencias que respaldan los argumentos. En esta gráfica se muestra no solo el contraste entre la energía producida y la consumida, sino también esa comparación como una tendencia a lo largo de varias décadas.

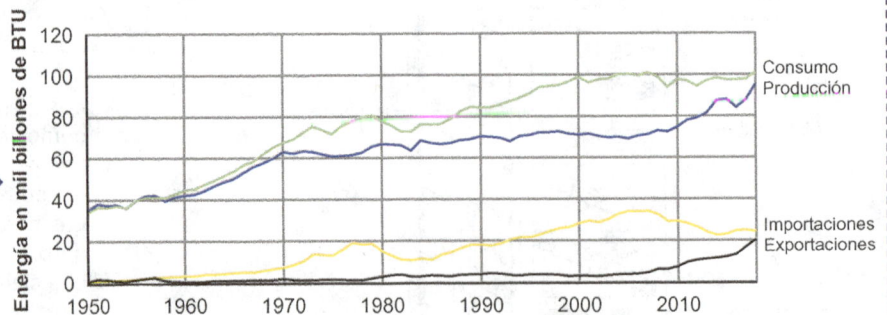

Fuente: Administración de Información Energética de los Estados Unidos

1. Según los datos presentados, lo **más probable** es que el gobierno

   A. aumente las importaciones de petróleo en los Estados Unidos.
   B. fortalezca las normas sobre la contaminación del aire.
   C. disminuya el precio del petróleo importado.
   D. diseñe vehículos con mejor rendimiento por milla.

2. ¿Qué enunciado respalda **mejor** un argumento a favor del uso de las fuentes de energía renovables?

   A. Los Estados Unidos tienen provisiones adecuadas de carbón y gas natural.
   B. La mayoría del petróleo se usa para el transporte.
   C. El consumo de energía sigue aumentando.
   D. La producción de energía sigue aumentando.

USAR LA LÓGICA

En ocasiones verás que todas las opciones de respuesta son enunciados verdaderos. Busca la que resulte más útil para respaldar el argumento en cuestión y elimina todas las demás.

INSTRUCCIONES: Estudia la información, lee cada pregunta y elige la **mejor** respuesta.

EL TRANSPORTE DE ARENAS DE ALQUITRÁN

En los Estados Unidos se usan aproximadamente 20 millones de barriles de petróleo por día. Una gran cantidad de este petróleo proviene de otros países. Sin embargo, en un país cercano, Canadá, existen grandes reservas de petróleo en forma de arenas de alquitrán. Las arenas de alquitrán son una combinación de petróleo y sedimento arenoso.

Existen planes para construir un oleoducto de 1,700 millas de largo para transportar estas arenas desde Alberta, Canadá, hasta Texas. Algunas personas consideran que la presencia de esta enorme provisión de petróleo en un país vecino y amigo son excelentes noticias. Otras están preocupadas por la ruta propuesta para el paso del oleoducto a través del acuífero de Ogallala, una fuente de aguas subterráneas que provee de agua potable para consumo y riego a millones de personas. Les preocupa que cualquier fuga en el oleoducto pueda contaminar el acuífero. Sin embargo, las personas que están a favor del oleoducto argumentan que se tomaron muchas precauciones que hacen que sea poco probable que se produzca una fuga.

3. ¿Cuál sería una fuente apropiada para obtener información imparcial para preparar un argumento sobre el oleoducto de las arenas de alquitrán?

   A. la Asociación Estadounidense de Arenas de Alquitrán
   B. Ciudadanos Contra el Oleoducto Keystone
   C. Estudiantes para la conservación del acuífero de Ogallala
   D. el Departamento de Energía de los Estados Unidos

4. ¿Qué detalle del pasaje respaldaría **mejor** un argumento a favor de la construcción de este oleoducto en particular?

   A. Se puede obtener petróleo de las arenas.
   B. Es probable que las precauciones que se tomaron eviten que haya pérdidas.
   C. El suministro de petróleo se encuentra en un país vecino y amigo.
   D. En los Estados Unidos se usan aproximadamente 20 millones de barriles de petróleo por día.

5. ¿Qué detalle del pasaje respaldaría **mejor** un argumento en contra de la construcción del oleoducto?

   A. Una pérdida en el oleoducto podría contaminar el acuífero.
   B. Las arenas de alquitrán están compuestas por petróleo y sedimentos arenosos.
   C. El acuífero provee de agua a muchas personas.
   D. Los Estados Unidos importan una gran cantidad de petróleo.

INSTRUCCIONES: Estudia la información y las fotografías, lee cada pregunta y elige la **mejor** respuesta.

EL CAMBIO CLIMÁTICO

Durante las últimas décadas, los climatólogos han recopilado información que respalda la idea de que la Tierra se está calentando, en gran medida debido a las actividades humanas como la quema de combustibles fósiles. A nivel mundial, el año 2020 igualó al año 2016 como el año más caluroso que se haya registrado. La década de 2010 a 2020 ha sido la más calurosa desde que se empezó la recolección de datos. La temperatura promedio de la superficie ha aumentado a una tasa promedio de 0.32°F (0.18°C) por década desde 1981.

En el medio ambiente también se pueden ver señales claras de cambio climático. Los visitantes del Parque Nacional de los Glaciares en Montana pueden observar un ejemplo de estas señales, que se muestra en las fotografías. La foto de la izquierda fue tomada en 1913; la de la derecha es del año 2005.

Fotografía de W. C. Alden (izquierda), cortesía de la Biblioteca Fotográfica del Servicio Geológico de los Estados Unidos (USGS, por sus siglas en inglés), y de Blase Reardon (derecha), cortesía del USGS

6. ¿Qué muestran las fotografías que puede ser evidencia útil para respaldar el argumento de que la Tierra se está calentando?

   A. En 1913, el glaciar era muy pequeño.
   B. El glaciar ha disminuido su tamaño con los años.
   C. El glaciar es una zona rocosa.
   D. El glaciar se desplaza cuesta abajo.

7. ¿Qué situación proporcionaría más evidencia para respaldar el argumento de que el clima está cambiando?

   A. el desmoronamiento de las montañas alrededor del glaciar
   B. la presencia de dunas de arena frente a la montaña
   C. la ausencia del glaciar en 2030
   D. la ausencia de cambio en el tamaño del glaciar para el año 2030

INSTRUCCIONES: Estudia la información y la tabla, lee cada pregunta y elige la **mejor** respuesta.

PERFORAR O NO

En los Estados Unidos se usa una enorme cantidad de petróleo importado. Es por eso que las compañías están siempre en la búsqueda de nuevos suministros locales. Existe una reserva de petróleo no explotada en la costa ártica de Alaska, debajo del Refugio Nacional para la Vida Silvestre del Ártico (ANWR, por sus siglas en inglés). Muchas personas creen que debería usarse esta reserva de petróleo para satisfacer la creciente demanda energética de los Estados Unidos. Otras personas creen que hacer perforaciones en el ANWR constituye un riesgo ambiental. En la tabla se presentan algunos de los principales argumentos a favor y en contra.

A favor de hacer perforaciones en el Refugio Nacional para la Vida Silvestre del Ártico
• Disminuiría la dependencia del petróleo extranjero.   • Crearía nuevas fuentes de trabajo.   • Solo se vería afectada una parte pequeña del refugio.   • Sería una fuente de ingresos para el gobierno federal y el estatal.   • Proporcionaría el petróleo necesario para abastecer la creciente demanda energética de los Estados Unidos.

En contra de hacer perforaciones en el Refugio Nacional para la Vida Silvestre del Ártico
• Afectaría a un medioambiente muy sensible.   • No produciría suficiente petróleo para que el riesgo valiera la pena.   • Es poco probable que se reduzca el precio del petróleo.   • No soluciona el problema real: los niveles de consumo excesivamente altos.   • La mayoría de los estadounidenses están en contra.

8. A partir de la información, ¿cuál es, según algunas personas, el problema subyacente fundamental en relación con el uso de la energía en los Estados Unidos?

   A. Se usa demasiado petróleo en los Estados Unidos.
   B. En la actualidad, el petróleo tiene pocos usos en los Estados Unidos.
   C. Los Estados Unidos dependen del petróleo extranjero.
   D. La extracción de combustibles fósiles altera el medio ambiente.

9. A partir de la información, ¿qué grupo es **más probable** que apoye la perforación en el ANWR?

   A. los productores extranjeros
   B. las personas que priorizan la creación de fuentes de trabajo por sobre la protección del medio ambiente
   C. los ambientalistas
   D. las personas que se preocupan por el precio del petróleo

INSTRUCCIONES: Estudia la información, lee cada pregunta y elige la **mejor** respuesta.

ENERGÍA HIDROELÉCTRICA

Junto con los parques eólicos, las represas hidroeléctricas proveen la mayor parte de la energía renovable que se usa en los Estados Unidos en la actualidad. Tal como sucede con cualquier otra fuente de energía, existe un debate sobre el uso de la energía hidroeléctrica.

Una ventaja de la energía hidroeléctrica es que usa una fuente de energía gratuita (el agua que fluye) para producir electricidad. Además, esta energía no libera sustancias contaminantes directamente hacia el agua ni el aire.

Sin embargo, la energía hidroeléctrica requiere de la construcción de grandes represas que crean grandes reservorios. Estos reservorios pueden dejar bajo el agua grandes zonas que alguna vez fueron tierras de cultivo, bosques, cañones o incluso pequeños pueblos. Las represas también afectan la vida silvestre. En algunos ríos pueden bloquear el paso de los salmones. También cambian las condiciones ambientales de los ríos corriente abajo, lo que genera una situación que puede influir de manera negativa en los ecosistemas acuáticos que dependen de esos ríos.

10. ¿Qué enunciado es un argumento válido contra la construcción de una represa hidroeléctrica?

    A. La represa podría poner en riesgo la supervivencia de algunas especies de peces.
    B. La represa podría producir mucha contaminación tanto en el aire como en el agua.
    C. El combustible necesario para el funcionamiento de una represa hidroeléctrica es demasiado costoso.
    D. Las represas hidroeléctricas solo pueden construirse en lugares donde no hay ríos ni lagos cerca.

11. ¿Qué enunciado es un argumento válido a favor de la construcción de una represa hidroeléctrica?

    A. Las represas hidroeléctricas pueden construirse en cualquier sitio.
    B. El mantenimiento de las represas hidroeléctricas es muy costoso.
    C. Las represas hidroeléctricas no producen contaminación.
    D. El uso de represas hidroeléctricas tiene poco impacto en la vida silvestre.

INSTRUCCIONES: Estudia la información y la gráfica, lee cada pregunta y elige la **mejor** respuesta.

DISMINUCIÓN DE RECURSOS ENERGÉTICOS

Aunque algunos expertos piden a los Estados Unidos que pasen a usar fuentes de energía renovables, como la energía eólica y la solar, este país sigue siendo uno de los cinco mayores consumidores de carbón a nivel mundial. Los Estados Unidos tienen enormes reservas de carbón, pero la desventaja de depender de una fuente no renovable es que el suministro es limitado y en algún momento se agotará. Según algunas estimaciones, si se mantienen las tasas de consumo actuales, las reservas de carbón de los Estados Unidos pueden durar otros 357 años. Esto representa mucho tiempo si lo comparamos con las expectativas de duración de las reservas mundiales de petróleo, que podrían agotarse en menos de 50 años. Por supuesto, estas son solo estimaciones. A medida que los países muy poblados, como China e India, sigan desarrollándose y requieran más energía, las reservas de combustibles fósiles podrían agotarse aún más rápido.

RESERVAS DE COMBUSTIBLES FÓSILES

12. ¿Qué argumento está respaldado por el tamaño de las reservas de combustibles fósiles de América del Norte?

    A. América del Norte debe seguir dependiendo del carbón como una de las principales fuentes de energía basada en combustibles fósiles.
    B. Si se aumenta el consumo de petróleo, América del Norte será más independiente en materia energética.
    C. El uso continuo del carbón hará que América del Norte sea cada vez más dependiente de China.
    D. Resulta más sustentable para América del Norte aumentar el consumo de gas natural por sobre el consumo de carbón.

13. ¿En qué zona del mundo los datos sobre las reservas actuales de combustibles fósiles respaldarían **mejor** un argumento a favor del desarrollo de fuentes de energía renovables?

    A. América del Norte
    B. la Unión Europea (U. E.)
    C. el Medio Oriente
    D. China

INSTRUCCIONES: Estudia la información y las gráficas, lee la pregunta y elige la **mejor** respuesta.

RECURSOS HÍDRICOS

En las gráficas que aparecen a continuación, se muestran los porcentajes de agua dulce y agua salada presentes en la Tierra, y los usos del agua dulce. Las personas usan el agua potable para algunas actividades hogareñas (domésticas) como beber, cocinar y lavar. Sin embargo, casi toda el agua dulce se usa para riego. El riego es la práctica de llevar agua hacia un campo usando medios artificiales para cultivar tierras que, de otra forma, serían demasiado secas para la agricultura. Una gran cantidad de la comida del mundo se cultiva en tierras que se riegan. Es posible quitar la sal del agua del océano mediante un proceso llamado desalinización para producir más agua dulce. Sin embargo, este proceso es muy costoso.

CANTIDAD TOTAL DE AGUA EN LA TIERRA

PORCENTAJES DEL USO DE AGUA DULCE

14. ¿Qué argumento está **mejor** respaldado por la información presentada?

    A. Si se siembran los cultivos solamente en las zonas donde pueden crecer con agua de lluvia, se ahorrará agua de manera significativa.
    B. El uso del proceso de desalinización para producir agua potable generará el mayor impacto en relación con la conservación del agua.
    C. Para ahorrar agua, deben implementarse restricciones en el uso de agua en la industria.
    D. Si se expanden las tierras que se riegan, las personas y la industria se verán obligadas a conservar el agua.

Ciencias de la Tierra y del espacio en acción

AGRICULTURA, ALIMENTOS Y CIENCIAS NATURALES

INSTRUCCIONES: Estudia la información y las tablas. Luego lee cada pregunta y elige la **mejor** respuesta.

Eres técnico de calidad de agua. Recolectas y examinas muestras de agua sacadas de un pozo privado en un terreno agrícola. El agua se saca del pozo con una bomba desde un acuífero superficial, que es una capa de roca que contiene agua subterránea. Esta agua se recarga con la lluvia que se absorbe en el suelo en los alrededores.

INFORME DE LA CALIDAD DEL AGUA

Contaminante	MCL*	Cantidad medida en la muestra
arsénico	0.010 mg/L	0.008 mg/L
atrazina	0.003 mg/L	0.003 mg/L
bacterias coliformes	5%	3%
cobre	1.3 mg/L	0.3 mg/L
glifosato	0.7 mg/L	0.9 mg/L
plomo	0.015 mg/L	0.005 mg/L
nitrato	10 mg/L	10 mg/L
nitrito	1.0 mg/L	1.2 mg/L
selenio	0.06 mg/L	0.000 mg/L

* Nivel máximo de contaminación (MCL, por sus siglas en inglés) permitido por la ley estadounidense para el agua potable

FUENTES COMUNES DE CONTAMINANTES DEL AGUA

Contaminante	Fuentes comunes
arsénico	escorrentía de los huertos de frutales o de los desechos de fábricas
atrazina	escorrentía por uso de herbicidas
bacterias coliformes	fugas de alcantarillas, tanques sépticos o instalaciones de tratamiento de desechos; escorrentía de las operaciones con ganado
cobre	corrosión de tuberías o techos de metal
glifosato	escorrentía por uso de herbicidas
plomo	corrosión de tuberías de metal
nitrato	escorrentía por el uso de fertilizantes; fugas de alcantarillas o tanques sépticos
nitrito	escorrentía por uso de fertilizantes; pérdidas de alcantarillas o tanques sépticos
selenio	vertidos de refinerías de petróleo o minas

1. ¿Cómo describirías la cantidad de atrazina medida en la muestra de agua?

   A. por encima del límite permitido
   B. por debajo del límite permitido
   C. igual al límite permitido
   D. ausente en la muestra

2. ¿Cuál de las siguientes medidas podría explicarse por la ubicación del pozo en un área agrícola?

   A. niveles bajos de bacterias coliformes
   B. niveles bajos de cobre
   C. niveles altos de plomo
   D. niveles altos de glifosato

3. ¿Cuál de estas afirmaciones es la explicación **más probable** de los niveles de nitrato y nitrito medidos en la muestra de agua?

   A. Los granjeros de la zona utilizan grandes cantidades de fertilizantes nitrogenados.
   B. Hay una refinería de petróleo, una fábrica o una mina en las cercanías.
   C. Las tuberías que distribuyen el agua del pozo están oxidadas.
   D. Los granjeros de la zona utilizan grandes cantidades de herbicidas.

4. El plomo puede causar retrasos físicos y del desarrollo en los niños, además de problemas renales y presión sanguínea elevada en los adultos. ¿Qué le recomendarías hacer al propietario para resolver el nivel de plomo en su agua?

   A. Los niveles de plomo están por debajo del límite permitido, por lo que el propietario no tiene que tomar ninguna medida.
   B. Debe inspeccionar y reemplazar toda la tubería por otras hechas con aleaciones de plomo.
   C. Debe perforar un nuevo pozo, para que el agua provenga de otra fuente de aguas subterráneas.
   D. Debe añadir un sistema de filtrado de agua que quite metales pesados.

5. Según el informe de la calidad del agua, ¿es esta agua segura para beber?

   A. Sí, todos los contaminantes están por debajo de los límites permitidos.
   B. Sí, la muestra de agua no contiene contaminantes.
   C. No, la muestra de agua contiene niveles bajos de contaminantes.
   D. No, hay algunos contaminantes presentes en niveles superiores a lo permitido.

6. ¿Qué niveles de contaminantes crees que se verían afectados por la construcción de un gran centro de operaciones lechero en las cercanías?

   A. atrazina
   B. bacterias coliformes
   C. cobre
   D. selenio

CIENCIAS, TECNOLOGÍA, INGENIERÍA Y MATEMÁTICAS

INSTRUCCIONES: Estudia la información y la gráfica. Luego lee cada pregunta y elige la **mejor** respuesta.

Eres un sismólogo que trabaja en una oficina en el campo de la geología. Tu oficina contiene un sismógrafo, que es un aparato que registra terremotos. Los terremotos generan tres tipos de ondas sísmicas, que viajan a través de la roca a diferentes velocidades. Las ondas P son ondas de compresión y son las primeras que llegan al sismógrafo. Las ondas S son ondas de corte transversal, las segundas en llegar al sismógrafo. Las ondas de superficie (que aparecen en la gráfica como ondas L) viajan por la superficie de la Tierra, no a través de su interior, y son las últimas que se registran. Cuando se produce un terremoto, usas los tiempos de llegada de cada tipo de onda para calcular la distancia entre tu ubicación y el epicentro del terremoto, que es el punto en la superficie de la Tierra que está directamente encima del lugar geográfico de la perturbación.

Ha ocurrido un terremoto. La gráfica muestra los tiempos de llegada de las ondas sísmicas generadas por el terremoto en tres estaciones sísmicas situadas en Palmer (Alaska), Golden (Colorado) y Bogotá (Colombia). Las curvas de la gráfica muestran los tiempos aproximados de llegada de los diferentes tipos de ondas sísmicas según la distancia entre el epicentro del terremoto (distancia "0" de la gráfica) y el sismógrafo que registra las ondas.

CURVAS DE TIEMPO DE RECORRIDO PARA ONDAS SÍSMICAS

Fuente: USGS

7. ¿Cuál de las siguientes opciones enumera correctamente las ondas sísmicas en orden de las más rápidas a las más lentas?

   A. ondas P, ondas S, ondas L
   B. ondas L, ondas S, ondas P
   C. ondas S, ondas P, ondas L
   D. ondas P, ondas L, ondas S

8. ¿Qué enunciado describe la relación entre la distancia de la estación sísmica desde el epicentro del terremoto y la diferencia en los tiempos de llegada de las distintas ondas sísmicas?

   A. Cuanto más cercano es el epicentro, mayor es la diferencia entre los tiempos de llegada de las ondas.
   B. Cuanto más cercano es el epicentro, menor es la diferencia entre los tiempos de llegada de las ondas.
   C. La distancia desde el epicentro no tiene ningún efecto sobre las diferencias entre los tiempos de llegada de distintas ondas sísmicas.
   D. El tiempo entre las llegadas de las ondas sísmicas depende de la magnitud del terremoto y no de la distancia desde el epicentro.

9. Aproximadamente, ¿cuánto tardaron en llegar las ondas P del terremoto a la estación sísmica de Bogotá, Colombia?

   A. 5 minutos   C. 15 minutos
   B. 10 minutos   D. 25 minutos

10. ¿Alrededor de cuántos minutos transcurrirían entre la llegada de las ondas P y las ondas S a una estación sísmica ubicada a 4,000 millas del epicentro del terremoto?

    A. 7 minutos   C. 17 minutos
    B. 10 minutos   D. 27 minutos

11. ¿Cuál de las siguientes situaciones se observó en el punto más lejano del epicentro del terremoto?

    A. La diferencia en los tiempos de llegada de las ondas P y S es de 1 minuto.
    B. La diferencia en los tiempos de llegada de las ondas S y L es de 5 minutos.
    C. La diferencia en los tiempos de llegada de las ondas P y L es de 30 minutos.
    D. La diferencia en los tiempos de llegada de la primera y segunda ola P es de 10 minutos.

12. Si otra estación sísmica registró ondas S que llegaron 9 minutos después del primer registro de las ondas P, ¿aproximadamente qué tan lejos estaba la estación del epicentro?

    A. 1,000 millas   C. 5,000 millas
    B. 3,000 millas   D. 7,000 millas

13. Según la gráfica, ¿qué ubicación es **más probable** que esté más cerca del epicentro del terremoto?

    A. Juneau, Alaska
    B. Seattle, Washington
    C. Ciudad de México, México
    D. Río de Janeiro, Brasil

Glosario

Analizar: identificar lo que se afirma y evaluar aquello que lo respalda

Argumento: conjunto de enunciados en el cual uno de ellos se deduce lógicamente de los otros como una conclusión

Calcular: usar operaciones matemáticas con valores numéricos

Categorizar: elegir criterios para colocar organismos, objetos, procesos u otros elementos en grupos

Causa: acción u objeto que hace que ocurra un suceso

Clasificar: colocar en grupos cosas que ya existen según sus similitudes

Clave del contexto: pista sobre el significado de una determinada palabra, frase o idea ofrecida por el texto o los elementos visuales que la rodean

Comparar: identificar qué tienen en común organismos, objetos, datos, comportamientos, sucesos o procesos

Concepto: unidad fundamental de comprensión

Conclusión: interpretación razonada de algo

Conocimiento previo: conocimiento que ya tienes sobre un tema

Contrastar: identificar en qué se diferencian organismos, objetos, datos, comportamientos, sucesos o procesos

Detalle de apoyo: afirmación que proporciona información adicional sobre la idea principal

Diagrama: dibujo que muestra las relaciones entre ideas, objetos o sucesos de forma visual

Diagrama tridimensional: ilustración que muestra parte de un objeto o una estructura cortada para que pueda verse el interior del objeto

Diagrama vectorial: ilustración en la que se usan flechas para mostrar la dirección y la magnitud, o intensidad, de las fuerzas

Ecuación: enunciado matemático que conecta dos expresiones con el signo de igual (=) para mostrar que son iguales

Ecuación química: combinación de palabras, símbolos y otros componentes que representan una reacción química

Efecto: suceso que resulta de una causa

Elementos visuales complejos: dibujos u otras imágenes que muestran más detalles que las ilustraciones, las gráficas o los diagramas simples

Evaluar: analizar la validez a partir de la evidencia y los métodos usados para obtenerla

Evidencia científica: conjunto de resultados de pruebas y observaciones registradas que respalda una idea científica

Fórmula: ecuación que muestra la relación matemática entre diferentes cantidades que pueden medirse

Generalización: principio, enunciado o idea que tiene una aplicación general

Gráfica: elemento pictórico, como una gráfica circular o de barras, que se usa para ilustrar relaciones cuantitativas

Herramienta basada en el contenido: símbolo, ecuación, elemento visual u otra ayuda que se usa en ciertos tipos de temas

Hipótesis: explicación propuesta de sucesos y que sirve como punto de partida para continuar investigando

Idea principal: el punto más importante de un pasaje, artículo, párrafo o elemento visual informativo

Ilustración: dibujo que proporciona información de forma visual

Inferencia: suposición lógica basada en hechos, evidencia, experiencia, observación o razonamiento

Ley científica: enunciado que describe cómo se comportan la materia y la energía

Mapa: representación que muestra un cuerpo físico como la Tierra

Mapa temático: tipo de mapa o tabla diseñado especialmente para mostrar un tema particular relacionado con una zona geográfica específica

Método científico: técnicas matemáticas y experimentales que se usan para formular y probar una hipótesis

Microscópico: algo demasiado pequeño para poder observarlo a simple vista

Modelo científico: representación visual que ayuda a esclarecer temas complejos. Puede representar objetos que son demasiado grandes o demasiado pequeños como para poder ser observados a simple vista o procesos que ocurren demasiado lento o demasiado rápido como para poder ser observados de manera directa.

Observación: proceso para obtener información mediante los sentidos

Patrón: algo que ocurre repetidamente

Predecir: hacer una conjetura fundamentada a partir de observaciones y razonamiento científico

Problema: pregunta que hay que considerar, resolver o responder

Resultado: desenlace que se produce cuando alguien manipula factores en una investigación científica

Resumir: volver a exponer brevemente con palabras propias los puntos principales de un pasaje o de una gráfica

GLOSARIO

Solución: respuesta a una pregunta o problema

Tabla: herramienta que se usa para organizar y presentar información en filas y columnas

Tabla compleja: tabla que incluye varias partes o partes organizadas de una forma única

Técnicas de investigación: observaciones, medidas y experimentos que se usan en las ciencias para determinar soluciones posibles

Teoría científica: explicación respaldada por todos los datos disponibles

Variable: cantidad que puede cambiar en una investigación

Variable controlada: cantidad física que se mantiene constante en una investigación científica

Variable dependiente: factor o resultado que se observa, se mide y se registra en una investigación científica

Variable independiente: cantidad que se hace cambiar durante una investigación científica y que determina el valor de la variable dependiente

Vector: cantidad que tiene dirección y magnitud, como la fuerza, la velocidad y la aceleración

GLOSARIO

Respuestas

UNIDAD 1 CIENCIAS DE LA VIDA

LECCIÓN 1, *págs. 2–5*

1. **B**; **Nivel de conocimiento:** 1; **Tema:** L.d.1;
Prácticas: SP.1.b, SP.1.c, SP.7.a
El rótulo de la ilustración para un lisosoma indica que los lisosomas contienen enzimas digestivas. La ilustración muestra que la membrana celular y las vacuolas son partes de la célula, no sustancias contenidas en los lisosomas. La ilustración muestra que las partículas de alimento entran en la célula, no que los lisosomas contengan partículas de alimento.

2. **C**; **Nivel de conocimiento:** 2; **Tema:** L.d.1;
Prácticas: SP.1.b, SP.1.c, SP.7.a
A partir de la ilustración, la vacuola digestiva se forma cuando el alimento penetra en la célula, se desplaza por la célula y se fusiona con el lisosoma, de modo que su propósito es transportar alimento a los lisosomas. Su propósito no es descomponer partículas de alimento. Tampoco elabora enzimas digestivas; la ilustración muestra que los lisosomas contienen enzimas digestivas pero no explica cómo se elaboran las enzimas digestivas. La vacuola digestiva transporta el alimento que pasa a través de la membrana celular, pero la propia vacuola no atraviesa la membrana celular.

3. **A**; **Nivel de conocimiento:** 2; **Temas:** L.d.2, L.d.3;
Prácticas: SP.1.a, SP.1.b, SP.1.c, SP.7.a
La ilustración muestra que, en la meiosis, los gametos tienen la mitad del número de cromosomas que la célula progenitora original. La célula progenitora de la ilustración tiene cuatro cromosomas. Cada gameto tiene dos cromosomas. Un gameto que provenga de una célula con cuatro cromosomas no debería tener cuatro, seis ni ocho cromosomas.

4. **C**; **Nivel de conocimiento:** 2; **Temas:** L.d.2, L.d.3;
Prácticas: SP.1.a, SP.1.b, SP.1.c, SP.7.a
La ilustración muestra que, de los sucesos que se detallan, el último que tiene lugar durante la meiosis es que las dos células hijas se dividen para formar gametos. La célula progenitora se divide en dos células hijas idénticas antes de que las dos células hijas se dividan. Los cromosomas intercambian secciones de material genético justo antes de que la célula progenitora se divida para formar dos células hijas. Los cromosomas se replican al principio de los sucesos que se muestran.

5. **D**; **Nivel de conocimiento:** 2; **Tema:** L.d.2, L.d.3;
Prácticas: SP.1.a, SP.1.b, SP.1.c, SP.7.a
Los cromosomas en los gametos de la ilustración son todos distintos, lo cual indica que el intercambio de secciones de material genético hace que todos los gametos tengan combinaciones únicas de material genético. La ilustración no indica que el intercambio de material genético haga que los gametos no se puedan dañar. La ilustración muestra que todos los gametos tienen el mismo número de cromosomas. La ilustración muestra que la producción de gametos está al final del proceso; los gametos no se dividen para formar nuevas células.

6. **D**; **Nivel de conocimiento:** 2; **Tema:** L.d.1;
Prácticas: SP.1.a, SP.1.b, SP.1.c, SP.7.a
El título y los rótulos de la ilustración indican que la ilustración muestra las estructuras de una membrana celular, no la forma en que las células se reproducen, ni el núcleo de una célula, ni todo lo que contiene una célula típica.

7. **B**; **Nivel de conocimiento:** 2; **Temas:** L.b.1, L.d.1;
Prácticas: SP.1.a, SP.1.b, SP.1.c. SP.7.a
La ilustración muestra que la epidermis superior, el mesófilo y la epidermis inferior son partes de la hoja que están apiladas, lo que indica que son capas de la estructura de la hoja. El rótulo para los cloroplastos indica que la fotosíntesis tiene lugar en las estructuras situadas en el mesófilo, no en las otras capas, y que las otras tres capas están compuestas por células individuales. La ilustración muestra que los gases (dióxido de carbono y oxígeno) se intercambian en la epidermis inferior, no en ninguna de las otras tres capas.

8. **D**; **Nivel de conocimiento:** 2; **Temas:** L.b.1, L.d.1;
Prácticas: SP.1.a, SP.1.b, SP.1.c, SP.7.a
El pasaje indica que la fotosíntesis ocurre en los cloroplastos y la ilustración muestra que los cloroplastos están ubicados en el mesófilo, de modo que la fotosíntesis tiene lugar en el mesófilo. No hay cloroplastos en el xilema, el estoma o la cutícula, así que la fotosíntesis no ocurre en ninguno de estos lugares.

9. **A**; **Nivel de conocimiento:** 3; **Temas:** L.b.1, L.d.1;
Prácticas: SP.1.a, SP.1.b, SP.1.c, SP.7.a
La ilustración muestra la estructura de una hoja e identifica las partes relacionadas con la fotosíntesis, de modo que "Estructura de la hoja y fotosíntesis" sería el mejor título para la ilustración. "Cómo funciona la fotosíntesis" no es el mejor título porque la ilustración no explica la fotosíntesis, solo muestra dónde tiene lugar. "Composición de la clorofila" no es el mejor título porque la ilustración no menciona a la clorofila; solo lo hace el pasaje. "Entender los cloroplastos" no es el mejor título porque la ilustración solo proporciona información limitada acerca de ellos.

10. **B**; **Nivel de conocimiento:** 2; **Temas:** L.d.1, L.d.2; **Prácticas:** SP.1.b, SP.1.c

La ilustración muestra que una célula animal tiene la mayoría de las partes que también tiene la célula bacteriana y, además, cuatro tipos más de orgánulos que una bacteria, de modo que la estructura de una célula animal es más compleja que la estructura de una célula bacteriana. Una bacteria no tiene núcleo, mientras que una célula animal sí lo tiene. La ilustración no indica si una célula bacteriana tiene más citoplasma que una célula animal. Una célula animal no puede moverse con más facilidad que una bacteria; sucede lo contrario, porque una bacteria tiene un flagelo y una célula animal, no.

11. **A**; **Nivel de conocimiento:** 2; **Temas:** L.d.1, L.d.2; **Prácticas:** SP.1.b, SP.1.c, SP.7.a

La ilustración muestra y explica que un poro es una apertura en la envoltura nuclear, así que su función más probable es permitir que los materiales entren y salgan del núcleo. El poro es una abertura, así que no encierra ni sella nada. Además, no elabora proteínas.

12. **C**; **Nivel de conocimiento:** 2; **Temas:** L.b.1, L.d.1; **Prácticas:** SP.1.a, SP.1.b, SP.1.c, SP.7.a

De acuerdo con la ilustración, el ciclo del ácido cítrico y la glicólisis producen ATP. Sin embargo, la ilustración muestra tres flechas para el ATP desde el ciclo del ácido cítrico y solo una flecha para el ATP desde la glicólisis. Eso indica que el ciclo del ácido cítrico produce más ATP que la glicólisis. El reabastecimiento es un proceso que tiene lugar entre la fermentación y la glicólisis y no produce ATP. La fermentación produce lactato, no ATP.

13. **A**; **Nivel de conocimiento:** 2; **Temas:** L.b.1, L.d.1; **Prácticas:** SP.1.b, SP.1.c, SP.7.a

La ilustración muestra que los productos de la fermentación incluyen lactato (así como NAD⁺). El agua y el dióxido de carbono son productos del ciclo del ácido cítrico. El piruvato es producto de la glicólisis.

14. **D**; **Nivel de conocimiento:** 3; **Temas:** L.b.1, L.d.1; **Prácticas:** SP.1.a, SP.1.b, SP.1.c, SP.7.a

De acuerdo con la ilustración, la fermentación produce NAD⁺ a partir del NADH. El NAD⁺ se usa durante la glicólisis para elaborar ATP. La fermentación emplea NADH; no proporciona NADH para su uso en el ciclo del ácido cítrico. La fermentación no influye en la entrada de la glucosa en la célula. La fermentación no proporciona piruvato, sino que lo usa.

15. **B**; **Nivel de conocimiento:** 2; **Temas:** L.b.1, L.d.1; **Prácticas:** SP.1.b, SP.1.c, SP.7.a

La ilustración muestra un corte transversal de una mitocondria y revela cómo es por dentro. Por tanto, el propósito de la ilustración es mostrar las partes de una mitocondria completa. La ilustración muestra una mitocondria en un momento en el tiempo, de modo que su propósito no es mostrar cómo cambiaría a lo largo del tiempo. La ilustración muestra solo un orgánulo de una célula, una mitocondria, así que su propósito no es mostrar cómo los materiales se mueven a través de las células. Las mitocondrias elaboran energía, pero la ilustración no muestra este proceso.

16. **B**; **Nivel de conocimiento:** 2; **Temas:** L.b.1, L.d.1; **Prácticas:** SP.1.b, SP.1.c, SP.7.a

La ilustración y los rótulos indican que una mitocondria tiene una membrana externa y una membrana interna. La ilustración solo muestra una mitocondria, de modo que su tamaño no puede compararse con los tamaños de otras estructuras de una célula. La mitocondria y el nucléolo son dos estructuras distintas dentro de una célula. La ilustración no muestra el movimiento de una mitocondria.

17. **D**; **Nivel de conocimiento:** 2; **Temas:** L.b.1, L.d.1; **Prácticas:** SP.1.b, SP.1.c, SP.7.a

En la leyenda se indica que la función de una mitocondria es liberar energía. La ilustración, no la leyenda, muestra la localización de la matriz. La leyenda no menciona las partes específicas de una mitocondria.

LECCIÓN 2, *págs. 6–9*

1. **A**; **Nivel de conocimiento:** 2; **Tema:** L.d.2; **Prácticas:** SP.1.b, SP.1.c

La gráfica usa descripciones de funciones para identificar los niveles en que las células se organizan en un organismo pluricelular, de modo que la idea principal es que en un organismo pluricelular las células se organizan dependiendo de su función. La gráfica no indica nada acerca del tamaño de la célula. Aunque los organismos pluricelulares tienen muchos órganos con distintas funciones, la gráfica muestra todos los niveles de organización, no solamente los órganos. Las agrupaciones de la gráfica no muestran que un organismo pluricelular tenga más sistemas que órganos. De hecho, lo contrario.

2. **C**; **Nivel de conocimiento:** 2; **Tema:** L.d.2; **Prácticas:** SP.1.b, SP.1.c

La oración que dice que los grupos de células similares forman tejidos expresa un detalle de la sección "Tejido" de la gráfica. La idea de que la piel está compuesta por tres capas, la idea de que las células tienen distintas formas y tamaños y la idea de que los músculos pueden ser lisos, cardíacos y esqueléticos son hechos, pero no expresan la información provista en la gráfica.

3. **A**; **Nivel de conocimiento:** 2; **Tema:** L.a.1; **Prácticas:** SP.1.a, SP.1.b, SP.7.a

El pasaje explica la labor del corazón, los pulmones y los vasos sanguíneos en el transporte del oxígeno por el cuerpo, de modo que la idea principal del pasaje es que el sistema circulatorio y el sistema respiratorio trabajan en conjunto para llevar oxígeno a las células del cuerpo. La idea de que la sangre se mueve de las células al corazón con muy poco oxígeno, la idea de que el corazón aporta la energía para bombear la sangre a través del cuerpo y la idea de que el oxígeno entra a través de los pulmones y pasa a la sangre son detalles que respaldan la idea principal.

4. D; Nivel de conocimiento: 2; **Tema:** L.a.1;
Prácticas: SP.1.a, SP.1.b, SP.7.a
La idea principal del pasaje es que algunos sistemas del cuerpo trabajan en conjunto. El ejemplo de que el intestino grueso forma parte del tracto digestivo pero también ayuda a eliminar los desechos respalda esta idea principal. La idea de que el agua se absorbe en el intestino grueso, la idea de que los materiales de desecho compactados se llaman heces y la idea de que los nutrientes se absorben a través de las paredes del intestino delgado son detalles que ayudan a explicar el ejemplo de que el intestino grueso forma parte de dos sistemas del cuerpo al mismo tiempo. No son detalles que respalden directamente la afirmación de que algunos sistemas del cuerpo trabajan en conjunto.

5. C; Nivel de conocimiento: 2; **Tema:** L.a.1;
Prácticas: SP.1.a, SP.1.b
La oración que dice que los tres tipos de músculos desempeñan papeles distintos en el sistema muscular expresa la idea principal porque alude a toda la información proporcionada en el pasaje. Cada una de las otras opciones de respuesta hace referencia a un tipo de músculo concreto, lo cual es demasiado específico para poder ser la idea principal del pasaje.

6. D; Nivel de conocimiento: 2; **Tema:** L.a.1;
Prácticas: SP.1.a, SP.1.b
Los detalles del pasaje respaldan la idea principal de que los tres tipos de músculos desempeñan distintos papeles en el sistema muscular describiendo cada tipo de músculo y su función. Aunque los detalles secundarios pueden identificar datos de una investigación, los detalles de este pasaje no lo hacen. Los detalles del pasaje describen cómo los músculos esqueléticos mueven el cuerpo, pero no mencionan todas las formas que tienen para moverlo. El dato de que los músculos lisos empujan la comida a través del tracto digestivo es un detalle del pasaje, pero en este ejercicio se pregunta por la forma en que los detalles del pasaje respaldan la idea principal, no pide que se identifique ningún detalle específico.

7. A; Nivel de conocimiento: 3; **Temas:** L.a.1, L.d.2;
Prácticas: SP.1.a, SP.1.b, SP.1.c, SP.7.a
La idea principal de la ilustración y el pasaje es que los impulsos nerviosos siguen un camino específico a través de las distintas neuronas para determinar significados y hacer que el cuerpo reaccione. La ilustración muestra esta secuencia y el pasaje la explica. La oración que dice que las neuronas efectoras llevan a cabo instrucciones del cerebro, la oración que dice que el cerebro y la médula espinal son responsables de hallar el sentido de los mensajes y la oración que dice que las neuronas motoras y las neuronas sensitivas envían mensajes son detalles que respaldan la idea principal.

8. B; Nivel de conocimiento: 2; **Temas:** L.a.1, L.d.2;
Prácticas: SP.1.a, SP.7.a
Los nombres de los cinco tipos de neuronas involucradas en la transmisión de mensajes sirven como detalles de apoyo en el pasaje. Las otras tres afirmaciones son falsas. El cerebro envía mensajes al cuerpo a través de las neuronas motoras. Los músculos se mueven cuando las neuronas efectoras reciben estímulos. El pastel de chocolate estimula las neuronas receptoras.

9. D; Nivel de conocimiento: 2; **Temas:** L.a.1, L.d.2;
Prácticas: SP.1.c, SP.7.a
La idea principal de la ilustración es que la transmisión de una señal del cuerpo al cerebro y de vuelta al cuerpo sigue una vía neural definida de la neurona receptora a la neurona sensorial a la neurona asociativa a la neurona motora a la neurona efectora. Las afirmaciones que establecen que las neuronas motoras transmiten instrucciones a las neuronas efectoras y que las neuronas receptoras generan impulsos nerviosos se presentan como detalles de apoyo. La ilustración no da información sobre números comparativos de neuronas en diferentes partes del cuerpo.

10. C; Nivel de conocimiento: 3; **Temas:** L.a.1, L.d.2;
Prácticas: SP.1.a, SP.1.b, SP.1.c, SP.7.a
La ilustración describe las funciones específicas de los tres tipos de neuronas (receptoras, asociativas y efectoras) para respaldar la idea principal de que los impulsos nerviosos siguen un camino específico a través de las distintas neuronas que determinan el significado y hacen que el cuerpo reaccione. Las formas de los distintos tipos de neuronas muestran que son distintas, pero no dicen nada acerca de sus funciones. La ubicación de las neuronas en el cerebro y la médula espinal se describe, pero no se explica del todo la función del cerebro y la médula espinal. El pasaje, no la ilustración, da un ejemplo de algo que siente el cuerpo.

11. B; Nivel de conocimiento: 2; **Temas:** L.a.1, L.d.2;
Prácticas: SP.1.a, SP.1.b, SP.1.c, SP.7.a
La idea principal del pasaje y la ilustración es que los impulsos nerviosos siguen un camino específico a través de las distintas neuronas que determinan el significado y hacen que el cuerpo reaccione. El detalle de que hay tres clases de células nerviosas y cada una de ellas cuenta con cientos de tipos distintos de neuronas, respalda aún más esta idea principal porque proporciona más información acerca de las neuronas a través de las cuales fluyen los impulsos nerviosos. El pasaje y la ilustración no mencionan la estructura celular de las neuronas, de modo que el detalle sobre el núcleo y el material genético no respalda la idea principal. El detalle de que las neuronas son las células más largas del cuerpo humano no respalda la idea principal de que hay varios tipos de neuronas. La ilustración y el pasaje no hablan acerca de la muerte de las neuronas, de modo que el detalle de que algunas enfermedades cerebrales están causadas por la muerte de neuronas por causas no naturales no respalda la idea principal.

12. B; Nivel de conocimiento: 2; **Tema:** L.a.1;
Prácticas: SP.1.a, SP.1.b
El pasaje explica que las glándulas que segregan hormonas componen el sistema endocrino y proporciona ejemplos de las funciones de regulación de las hormonas. De modo que la idea principal del pasaje es que el sistema endocrino está compuesto por glándulas que elaboran hormonas para regular los sistemas del cuerpo. La localización del sistema endocrino no se menciona en el pasaje y la oración que dice que el sistema endocrino tiene una localización central en el cuerpo es falsa. El sistema endocrino mantiene el cuerpo en un estado de equilibrio, pero eso no puede deducirse de este pasaje. El sistema endocrino controla la maduración sexual, pero el pasaje no solo habla acerca de las partes del sistema endocrino que participan en la maduración sexual.

13. **A**; **Nivel de conocimiento:** 2; **Tema:** L.a.1;
Prácticas: SP.1.a, SP.1.b
El pasaje explica que el sistema endocrino está compuesto
por glándulas que segregan hormonas, de modo que
la oración que explica el motivo por el cual la glándula
pituitaria es la principal del sistema endocrino sería
el detalle más importante. Las oraciones acerca de la
estructura, la ubicación o el tamaño de la glándula pituitaria
son demasiado específicas para respaldar la idea principal
de que el sistema endocrino está compuesto por toda una
variedad de glándulas que secretan hormonas.

14. **D**; **Nivel de conocimiento:** 2; **Tema:** L.a.1;
Prácticas: SP.1.a, SP.1.b, SP.1.c
La ilustración muestra las glándulas endocrinas y sus
ubicaciones, de modo que la oración que dice que hay
glándulas repartidas por todo el cuerpo que forman parte
del sistema endocrino es la que mejor expresa la idea
principal de la ilustración. La oración que dice que el
páncreas es la glándula endocrina de mayor tamaño, la
información acerca de la ubicación de la glándula tiroides
y la descripción de las glándulas que participan en el
desarrollo sexual son detalles secundarios.

15. **C**; **Nivel de conocimiento:** 3; **Tema:** L.a.1;
Prácticas: SP.1.a, SP.1.b, SP.1.c, SP.7.a
La ilustración muestra los mecanismos de retroalimentación
que participan en la estimulación y la inhibición de la
liberación de la hormona de crecimiento, de modo que
"Regulación de la hormona del crecimiento en el cuerpo"
sería el título que mejor describe la idea principal y, por
tanto, sería el mejor. La ilustración muestra que la liberación
de la hormona del crecimiento se estimula y se frena para
mantener el equilibrio del cuerpo, no solo que la hormona
del crecimiento se frena, de modo que el título "Cómo
se inhibe la hormona del crecimiento" sería demasiado
específico. El título "Ciclo de retroalimentación endocrino"
no es lo bastante específico porque la ilustración trata
específicamente sobre la hormona del crecimiento. El título
"Control del crecimiento en el cuerpo humano" no es exacto
porque la ilustración trata sobre la hormona del crecimiento,
no sobre el crecimiento del cuerpo.

LECCIÓN 3, *págs. 10–13*

1. **A**; **Nivel de conocimiento:** 2; **Tema:** L.a.3;
Prácticas: SP.1.a, SP.1.b, SP.1.c
El título, los encabezados de las columnas y la leyenda
proporcionan información que indica que la tabla muestra
el número de calorías que necesitan hombres y mujeres
de distintas edades según sus niveles de actividad. El
título indica que la tabla muestra el número de calorías que
deberían ingerirse diariamente, no después de períodos de
actividad ligera o intensa. Aunque la tabla muestra edades,
niveles de actividad e ingesta de calorías, la ingesta de
calorías se basa en la edad y el nivel de actividad; las
edades no están basadas en la ingesta de calorías. La
descripción "diferencias en las necesidades calóricas de
hombres y mujeres a distintas edades" no es una
descripción lo suficientemente detallada de la información
de la tabla.

2. **C**; **Nivel de conocimiento:** 2; **Tema:** L.a.3;
Prácticas: SP.1.a, SP.1.b, SP.1.c
La información de la columna para hombres activos indica
que el número de calorías recomendado se incrementa y
después se estabiliza en la juventud. La tabla muestra que
el número de calorías recomendada a la edad de 30 es de
3,000 y que el número de calorías recomendado a los 40
años es de 2,800. De modo que el número de calorías que
se necesitan comienza a descender a los 40 años, no a los
20, 30 ni 50.

3. **B**; **Nivel de conocimiento:** 2; **Tema:** L.a.3;
Prácticas: SP.1.a, SP.1.b, SP.1.c, SP.3.b
Una persona que tenga una deficiencia de calcio debería
ingerir más comidas ricas en calcio. Según la tabla, la
leche, el queso y el yogur son ricos en calcio. Estos
alimentos son productos lácteos. La carne y los frijoles son
útiles para una deficiencia de hierro, los frutos secos son
buenos para una deficiencia de ácido fólico y la sal serviría
en caso de deficiencia de sodio.

4. **A**; **Nivel de conocimiento:** 3; **Tema:** L.a.3;
Prácticas: SP.1.a, SP.1.b, SP.1.c, SP.3.b
Alguien que se siente débil y cansado no tiene energía, y
por eso es muy probable que le falte la cantidad adecuada
de hierro, porque el hierro transporta el oxígeno por la
sangre a las células y los órganos para mantener la energía.
Las deficiencias de calcio, sodio y ácido fólico no hacen que
nos sintamos cansados y débiles, pero sí la deficiencia de
hierro.

5. **B**; **Nivel de conocimiento:** 2; **Tema:** L.a.3;
Prácticas: SP.1.a, SP.1.b, SP.1.c
Según la tabla, los valores diarios recomendados de estos
nutrientes son 300 g de carbohidratos, 80 μg de vitamina K
y 1,000 mg de fósforo. Así, la persona que está ingiriendo
300 g de carbohidratos, 100 μg de vitamina K y 1,200 mg
de fósforo está obteniendo al menos los valores diarios
recomendados. Todos los demás están ingiriendo una
cantidad demasiado pequeña de al menos uno de los
nutrientes.

6. **B**; **Nivel de conocimiento:** 1; **Tema:** L.a.3;
Prácticas: SP.1.a, SP.1.b, SP.1.c
La tabla muestra que el número de calorías de una
rebanada de queso Colby es 112. La tabla muestra también
que una taza de brócoli tiene 30 calorías, una galleta de
avena tiene 60 calorías y 1 taza de leche descremada tiene
102 calorías.

7. **C**; **Nivel de conocimiento:** 2; **Tema:** L.a.3;
Prácticas: SP.1.a, SP.1.b, SP.1.c, SP.8.b
Los dos alimentos que tienen un total de más de 200
calorías si se combinan son la rebanada de queso Colby
y la mazorca de maíz. Dado que una rebanada de queso
Colby tiene 112 calorías y una mazorca de maíz tiene
96 calorías, hacen un total de 208 calorías. El resto de
las combinaciones de alimentos no llegan al total de 200
calorías.

8. **D**; **Nivel de conocimiento:** 2; **Tema:** L.a.3;
Prácticas: SP.1.a, SP.1.b, SP.1.c, SP.3.b
Los encabezados de las columnas indican que el propósito de la tabla es identificar el número de calorías de las porciones de ciertos alimentos. La tabla no intenta animar a la gente a elegir alimentos con menos calorías; simplemente da información. Aunque esta tabla puede proporcionar información útil para preparar un menú semanal, no hay suficientes opciones en la tabla para poder planear un menú completo. No se indican diferentes tamaños de porción de un mismo alimento, así que el propósito de esta tabla no es compararlos.

9. **B**; **Nivel de conocimiento:** 2; **Tema:** L.a.3;
Prácticas: SP.1.a, SP.1.b, SP.1.c, SP.8.b
Según la tabla, esta persona debería ingerir 3 tazas de verduras y 2 tazas de frutas cada día. Dado que 3 menos 2 es igual a 1, la persona debería ingerir 1 taza más de verduras que de frutas. Las opciones de respuesta incorrectas pueden obtenerse mediante cálculos incorrectos o la mala interpretación de conceptos.

10. **C**; **Nivel de conocimiento:** 2; **Tema:** L.a.3;
Prácticas: SP.1.a, SP.1.b, SP.1.c, SP.3.b
La tabla proporciona información sobre qué cantidad de ciertos alimentos debe ingerir una persona cada día, así que la utilidad más probable de esta información sería planear una dieta basada en ingerir las cantidades especificadas cada día. Una persona podría usar la información para planear lo que va a comer para desayunar. Sin embargo, la información es más adecuada para un uso más general. La tabla no proporciona información apropiada para calcular la ingesta calórica o para averiguar qué cantidad de proteínas tiene un alimento.

11. **A**; **Nivel de conocimiento:** 2; **Tema:** L.a.3;
Prácticas: SP.1.a, SP.1.b, SP.1.c
El pasaje indica que el sodio puede ser beneficioso en pequeñas cantidades y la tabla muestra que el sodio es un macronutriente que ayuda en el funcionamiento de los músculos. De este modo, la información conjunta del pasaje y la tabla indica que, en su justa medida, el sodio ayuda al buen funcionamiento de los músculos. Según el pasaje, una ingesta de sodio ilimitada puede ser perjudicial, no beneficiosa. Ni el pasaje ni la tabla indican que el sodio tenga más funciones que el yodo en el cuerpo. Ni el pasaje ni la tabla dan prioridad a ninguno de los macronutrientes que el cuerpo necesita.

12. **D**; **Nivel de conocimiento:** 2; **Tema:** L.a.3;
Prácticas: SP.1.a, SP.1.b, SP.1.c
La información de la tabla muestra que tanto el calcio como el sodio participan en las funciones musculares. El sodio no está entre las opciones de respuesta, así que el calcio sería la respuesta correcta. El cinc, el yodo y el potasio no participan directamente en las funciones musculares.

13. **B**; **Nivel de conocimiento:** 2; **Tema:** L.a.3;
Prácticas: SP.1.a, SP.1.b, SP.1.c, SP.3.b
La tabla muestra que los elementos afectan a varios sistemas del cuerpo, respaldando la idea de que las deficiencias de macronutrientes o micronutrientes pueden afectar a muchos sistemas distintos del cuerpo. No todos los macronutrientes y micronutrientes participan en las funciones del sistema inmunológico; de los que se enumeran en la tabla, solo el cinc lo hace. El sistema nervioso depende del cobre, que es un micronutriente. La tabla no menciona si el cuerpo necesita cantidades mayores de macronutrientes o de micronutrientes. Sin embargo, según el pasaje, el cuerpo necesita los macronutrientes en cantidades mayores, no menores, que los micronutrientes.

14. **D**; **Nivel de conocimiento:** 2; **Tema:** L.a.3;
Prácticas: SP.1.a, SP.1.b, SP.1.c
Hay solo dos elementos que proporcionen proteínas; el pan con semillas y plátano y el sándwich de ensalada de atún. El sándwich de ensalada de atún proporciona más proteínas y tiene menos calorías que el pan con semillas y plátano. La lasaña de verdura y la sopa de tomate no proporcionan proteínas.

LECCIÓN 4, *págs. 14–17*

1. **B**; **Nivel de conocimiento:** 1; **Tema:** L.a.2;
Prácticas: SP.1.a, SP.1.b, SP.7.a
El pasaje indica que las señales de los receptores de temperatura hacen que el hipotálamo regule la temperatura corporal. Las glándulas sudoríparas segregan transpiración cuando el cuerpo está muy caliente. El círculo de retroalimentación no comienza a funcionar en un momento determinado, sino que siempre está en funcionamiento. Aunque el pasaje no menciona la evaporación del sudor, la transpiración se evapora de la piel, pero esta evaporación tiene lugar como resultado de los esfuerzos de regulación de temperatura del hipotálamo.

2. **A**; **Nivel de conocimiento:** 2; **Tema:** L.a.2;
Prácticas: SP.1.a, SP.1.b, SP.3.b, SP.7.a
El pasaje hace la afirmación general de que el cuerpo mantiene el equilibrio reaccionando constantemente ante la retroalimentación, indicando que hay muchos ciclos de retroalimentación en el cuerpo y que su principal propósito es mantener el equilibrio. En el ciclo de retroalimentación de la temperatura participa el hipotálamo, pero los ciclos de retroalimentación no controlan al hipotálamo. Los ciclos de retroalimentación envían y reciben señales, no reciben señales solamente. La digestión no está regulada por un ciclo de retroalimentación.

3.1 **B**; 3.2 **A**; 3.3 **D**; 3.4 **C**; **Nivel de conocimiento:** 2;
Tema: L.a.2; **Prácticas:** SP.1.a, SP.1.b, SP.1.c, SP.7.a
3.1 La ilustración indica que un cambio externo que provoca una fluctuación en la presión sanguínea puede ser un incremento de la temperatura. Los latidos irregulares son una condición interna, no externa, y no tienen relación con este proceso. La disminución de la presión sanguínea, un cambio interno, es el resultado del proceso que se ilustra. Un desequilibrio de actividades no tendría relación con este proceso.
3.2 Según la ilustración, un resultado del cambio en la temperatura es que los receptores envían señales al integrador. Estas señales provocan una respuesta del efector después de haber sido interpretadas por el integrador. Las señales acuden desde los receptores cuando sienten el estímulo.
3.3 La labor de un integrador es hacer que el efector actúe de alguna manera. En este caso, el integrador es el cerebro y este estimula al corazón, que sería el efector. El cerebro no desactiva el corazón; si lo hiciese el cuerpo dejaría de funcionar. Tampoco lo evita o lo inhibe porque necesita que el efector produzca una respuesta.
3.4 La ilustración indica que la respuesta del efector en este ejemplo es una disminución de la presión sanguínea. Ni sigue igual, ni baja totalmente, ni se incrementa.

4.1 **B**; 4.2 **A**; 4.3 **B**; 4.4 **D**; **Nivel de conocimiento:** 2;
Tema: L.a.2; **Prácticas:** SP.1.a, SP.1.b, SP.1.c, SP.7.a
4.1 Una sustancia extraña es un antígeno. El pasaje indica que cuando un antígeno entra al cuerpo, el sistema inmunológico manda anticuerpos hacia él. El sistema inmunológico no se une con el antígeno; eso lo hacen los anticuerpos. El sistema inmunológico no envía antígenos; estas son las partículas extrañas. Los anticuerpos no se agrupan en este punto de la secuencia de sucesos.
4.2 El pasaje explica que los anticuerpos se unen con los antígenos. Ni los recolectan, ni los atacan, ni los destruyen.
4.3 La ilustración muestra que cada anticuerpo tiene puntos de unión en los dos extremos de su forma de Y que ayudan a obtener los resultados de su unión con los antígenos.
4.4 El pasaje y la ilustración indican que, dado que los anticuerpos tienen dos puntos de unión y pueden, por tanto, unirse a dos antígenos cada uno, los anticuerpos y los antígenos forman grandes racimos. No se aceleran en la sangre. Tampoco incrementan su tamaño; simplemente se agrupan. Se conectan para formar racimos, no largas cadenas.

5.1 **A**; 5.2 **C**; 5.3 **A**; 5.4 **D**; **Nivel de conocimiento:** 2;
Tema: L.a.2; **Prácticas:** SP.1.a, SP.1.b, SP.1.c
5.1 Según el pasaje, una causa típica para un ataque de asma puede ser el polvo o el polen. El pasaje no sugiere un vínculo entre la deshidratación y los ataques de asma. Los estornudos y la nariz congestionada se asocian al resfriado, no al asma. Los anticuerpos de la sangre combaten los antígenos; no provocan ataques de asma.
5.2 La exposición a ciertas sustancias puede hacer que los conductos de aire se estrechen al contraerse los músculos, como se muestra en la ilustración. Entra menos aire, no más aire, por los conductos de aire porque estos se estrechan. Los conductos se contraen, pero no se cierran impidiendo la entrada de todo el aire. Los conductos de aire no se llenan completamente de fluido durante un ataque de asma.
5.3 Según la ilustración, otro resultado de la exposición a ciertas sustancias es un incremento de la mucosidad. Esto hace que los conductos de aire se reduzcan, no que se expandan. Los calambres musculares no están asociados con esta respuesta alérgica. Una persona cuyos conductos de aire sean más pequeños de lo normal no tendrá una respiración relajada.
5.4 El pasaje y la ilustración proporcionan información que respalda la idea de que el principal síntoma de un ataque de asma es la falta de aliento, que resulta del estrechamiento de los conductos de aire. El dolor de cabeza, el dolor articular y el malestar de estómago no están asociados con los ataques de asma.

LECCIÓN 5, *págs. 18–21*

1. **C**; **Nivel de conocimiento:** 1; **Tema:** L.a.4;
Prácticas: SP.1.a, SP.1.b, SP.1.c
El punto de la gráfica que corresponde a los niños en 2014–2015 está cerca de la marca de "60" del eje de la *y*, de modo que alrededor de un 60% de los niños fueron vacunados durante la temporada de gripe. Los datos *40 por ciento* y *50 por ciento* son demasiado bajos como para ser buenas aproximaciones al punto correspondiente de los niños. El dato *70 por ciento* es demasiado alto para ser una buena aproximación.

2. **C**; **Nivel de conocimiento:** 2; **Tema:** L.a.4;
Prácticas: SP.1.a, SP.1.b, SP.1.c
La línea de los niños siempre es más alta que la línea para los adultos, lo cual indica que por todos los años representados en la gráfica, el porcentaje de niños que reciben la vacuna contra la influenza es más alto que el de los adultos. La línea de los adultos en la gráfica sube de manera constante, lo cual indica que más adultos recibieron la vacuna durante el año de los que representa la gráfica. La gráfica muestra que el porcentaje más alto de niños (64%) que recibió la vacuna fue en 2019–2020. El porcentaje de niños vacunados en 2014–2015 fue inferior al 60 por ciento porque el punto está debajo del "60" en el eje y.

3. **B**; **Nivel de conocimiento:** 1; **Tema:** L.a.4;
Prácticas: SP.1.a, SP.1.b, SP.1.c
Las barras azules representan a los hombres, y la barra
azul para el grupo de edad de "26–35 años" es la barra
más alta de la gráfica, de modo que la mayor parte de los
adultos que murieron fueron hombres entre 26 y 35 años de
edad, no hombres entre 18 y 25 años de edad. El número
de hombres que murieron fue mayor que el número de
mujeres en todos los grupos de edad.

4. **A**; **Nivel de conocimiento:** 1; **Tema:** L.a.4;
Prácticas: SP.1.a, SP.1.b, SP.1.c
La última barra verde de la gráfica representa a las mujeres
de más de 46 años de edad y el punto más alto de la barra
está por debajo del número 20 en el eje de la *y*, de modo que
la gráfica muestra que en la comunidad representada, menos
de 20 mujeres de más de 46 años murieron a causa de la
peste negra. La barra sería más alta si el número de mujeres
de más de 46 años que murieron a causa de la peste negra
hubiese estado entre 20 y 40, 40 y 60, o 60 y 80.

5. **C**; **Nivel de conocimiento:** 2; **Tema:** L.a.4;
Prácticas: SP.1.a, SP.1.b, SP.1.c
La gráfica indica que Colombia tuvo la mayor disponibilidad
de servicios básicos de agua con casi 100%. Chad tuvo
la menor disponibilidad de servicios justo debajo de
40%. Yemen tuvo un poco más de 60%, mientras que
Turkmenistán tuvo 90% de disponibilidad.

6. **B**; **Nivel de conocimiento:** 3; **Tema:** L.a.4;
Prácticas: SP.1.a, SP.1.b, SP.1.c, SP.3.b
De acuerdo con la gráfica, Turkmenistán tuvo el mejor
registro de higiene de manos en comparación con su
disponibilidad de servicios de agua. Si bien tuvo apenas
90% de disponibilidad de servicios de agua, logró alcanzar
100% de higiene de manos. Yemen tuvo un buen registro
(aproximadamente 63% de servicios de agua, 50% higiene
de manos), pero no fue tan bueno como el de Turkmenistán.
Colombia (aproximadamente 97%/65%) y Nepal
(aproximadamente 89%/48%) tuvieron registros peores que
Turkmenistán y Yemen, pero no tan malos como el peor de
los casos, Chad (aproximadamente 39%/6%).

7. **B**; **Nivel de conocimiento:** 2; **Tema:** L.a.4;
Prácticas: SP.1.a, SP.1.b, SP.1.c
El punto más alto de la gráfica corresponde a 1916, y eso
indica que la incidencia de la polio alcanzó su punto máximo
en 1916. El año 1912 es el primero que aparece en la
gráfica, no el año en que se disparó la incidencia. El punto
que corresponde a 1952 es alto, pero no tan alto como el de
1916, lo cual indica que la incidencia de la polio era elevada
alrededor de 1952, pero no fue la más alta. Los datos más
bajos de la tabla corresponden a 1963 e indican que la
incidencia de la polio era muy cercana a cero o de cero
alrededor de ese año.

8. **D**; **Nivel de conocimiento:** 2; **Tema:** L.a.4;
Prácticas: SP.1.a, SP.1.b, SP.1.c, SP.3.a
La gráfica respalda la afirmación del pasaje mostrando
menos nuevos casos después de la aprobación de la
vacuna, lo cual indica que se vacunaron más niños. Los
niños vacunados no contraían la polio, de modo que no
hubo un incremento en el número de casos de polio entre
los niños vacunados. A principios de la década de 1950
hubo un aumento, no una disminución, en el número de
casos de polio. La gráfica no proporciona datos sobre el
número de niños pequeños en los Estados Unidos en esa
época.

9. **A**; **Nivel de conocimiento:** 2; **Tema:** L.a.4;
Prácticas: SP.1.a, SP.1.b, SP.1.c
La hemodiálisis como fuente de infección de hepatitis C
entra dentro de la categoría "Otras" de la gráfica, que reúne
solo al 5 por ciento del total de los casos de hepatitis C.
Según la gráfica, el 15 por ciento de los casos de hepatitis C
están relacionados con la transmisión sexual, mientras que
solo el 10 por ciento de los casos son resultado de una
transfusión realizada antes de que la sangre se analizara
de forma rutinaria. La gráfica muestra que las causas de la
enfermedad son desconocidas solo para el 10 por ciento
de los casos de hepatitis C y que la mayoría, no la minoría,
de los casos de hepatitis C están provocados por el uso de
drogas inyectables.

10. **C**; **Nivel de conocimiento:** 3; **Tema:** L.a.4;
Prácticas: SP.1.a, SP.1.b, SP.1.c
Según la gráfica, la mayor parte de las personas que
contrajeron hepatitis C lo hicieron a través del uso de
drogas inyectables, lo cual se realiza con agujas. De
este modo, el grupo con riesgo más alto es la gente que
comparte agujas cuando consume drogas. Aquellos que
trabajan en la industria sanitaria no son los que corren
mayor riesgo porque forman parte del pequeño grupo
"Otras". Las personas que mantienen relaciones sexuales
sin protección pueden contraerla a través del contacto
sexual, pero esta causa solo reúne a un 15 por ciento de
las personas que padecen hepatitis C. Quienes donan
sangre no están incluidos en los datos; quienes recibieron
transfusiones de sangre antes de que la sangre se analizara
de forma rutinaria tuvieron una pequeña posibilidad de
contraer la hepatitis C.

11.1 **A**; 11.2 **B**; 11.3 **C**; 11.4 **B**; **Nivel de conocimiento:** 3;
Tema: L.a.4; **Prácticas:** SP.1.a, SP.1.b, SP.1.c, SP.3.b
11.1 Según la leyenda del mapa, la ciudad de Washington
D.C. tiene la tasa de infección más alta con 29.4–39.1%.
El Oeste tiene varios estados en el porcentaje azul
(9.8–19.6%), pero estos no tienen números tan elevados
como Washington. Lo mismo sucede con Texas y el
Noreste.
11.2 Según la leyenda, el rango menor de diagnósticos
que se muestra en el mapa es de 0.0 a <9.8. Es decir, los
estados que tienen índices de diagnóstico de 9.8 o menos
son los estados con el índice de diagnóstico más bajo. El
índice más alto es entre 29.4 y 39.1. La gráfica no menciona
el cambio en los índices de diagnósticos.
11.3 Según el mapa, el índice de diagnósticos en Texas
para 2018 fue 9.8–<19.6. Es un índice menor que el
de 2010, que fue 24.2. Esto implica que el índice de
diagnósticos disminuyó entre 2010 y 2018 en Texas.
No disminuyó ni aumentó, por lo tanto no pudo haberse
duplicado. Los números proporcionados muestran que la
tasa cambió, es decir, no permaneció igual.
11.4 El mapa muestra un rango de cuántas personas
fueron diagnosticadas con VIH en los distintos estados en
2018. Para no contraer el VIH y, por tanto, evitar recibir un
diagnóstico de VIH, hay que saber cómo se transmite. Una
mayor educación acerca de su transmisión debería ayudar
a que bajen los índices de transmisión y, por lo tanto, de
diagnóstico. La gráfica muestra solo información sobre
los índices de diagnóstico, no información pertinente para
acceder a medicamentos, sobre disponibilidad de asistencia
médica ni sobre la cobertura de seguros médicos.

LECCIÓN 6, *págs. 22–25*

1. **C**; **Nivel de conocimiento:** 2; **Tema:** L.c.2;
Prácticas: SP.1.a, SP.1.b, SP.1.c, SP.7.a
Hay flechas que salen de las cajas correspondientes al
"Saltamontes", a la "Oruga", al "Escarabajo" y a la "Araña"
que llegan hasta la caja del "Gorrión". Por tanto, el diagrama
indica que los gorriones comen saltamontes, orugas,
escarabajos y arañas. No hay ninguna flecha desde la caja
de la "Hierba" hasta la caja del "Gorrión", de modo que el
diagrama no dice que los gorriones coman hierba. Hay
una flecha desde la caja del "Saltamontes" hasta la caja
del "Gorrión", pero no hay ninguna flecha desde la caja del
"Diente de león" hasta la caja del "Gorrión", de modo que el
diagrama muestra que los gorriones comen saltamontes, no
dientes de león. Las flechas desde la caja del "Gorrión" a la
caja del "Halcón" y la caja de la "Serpiente" indican que los
halcones y las serpientes comen gorriones, no lo contrario.

2. **A**; **Nivel de conocimiento:** 2; **Tema:** L.c.2;
Prácticas: SP.1.a, SP.1.b, SP.1.c, SP.7.a
Las dos flechas hacia la caja de la "Serpiente" y las
tres flechas hacia la caja de la "Araña" indican que las
serpientes tienen dos fuentes de alimento y que las arañas
tienen tres fuentes de alimento. Las múltiples flechas que
llevan a cada animal de la red alimenticia indican que cada
animal tiene más de un tipo de fuente de comida. Solo las
flechas que salen del "Sapo", del "Gorrión" y de la caja de
la "Serpiente" llevan a la caja del "Halcón". Los sapos, los
gorriones y las serpientes son todos animales; por tanto,
el diagrama indica que los halcones solamente comen
animales. De todos los seres vivos que se nombran en el
diagrama, solo tres (los sapos, los gorriones y las arañas)
comen insectos.

3. **A**; **Nivel de conocimiento:** 2; **Tema:** L.c.1, L.c.2;
Prácticas: SP.1.a, SP.1.b, SP.1.c
Los lagartos y las serpientes están incluidos en la caja
"Consumidores secundarios" del diagrama. Las hormigas
y los escarabajos están incluidos en la sección "Segundo
nivel trófico" del diagrama. Los halcones y los zorros están
incluidos en la sección "Cuarto nivel trófico" del diagrama.
Las flores y los arbustos están incluidos en la caja de
"Productores" del diagrama.

4. **B**; **Nivel de conocimiento:** 2; **Tema:** L.c.2;
Prácticas: SP.1.a, SP.1.b, SP.1.c
El diagrama indica que los escorpiones están en el tercer
nivel trófico. La flecha entre el "Segundo nivel trófico" y el
"Tercer nivel trófico" muestra que los escorpiones obtienen
energía comiendo organismos del segundo nivel trófico,
grupo que incluye ratones, hormigas y escarabajos. El
diagrama muestra que las plantas son productoras, es decir,
elaboran su propia comida. El diagrama muestra que las
hormigas están en el segundo nivel trófico. La flecha entre
el "Primer nivel trófico" y el "Segundo nivel trófico" muestra
que las hormigas obtienen energía comiendo organismos
del primer nivel trófico, grupo que solo incluye plantas. El
diagrama muestra que las serpientes son consumidores
secundarios, la flecha de la caja "Consumidores
secundarios" a la caja "Consumidores terciarios"
muestra que los consumidores terciarios se comen a los
consumidores secundarios, no al revés.

5. **D**; **Nivel de conocimiento:** 2; **Tema:** L.c.1; **Prácticas:** SP.1.a, SP.1.b, SP.1.c, SP.7.a

Para responder la pregunta, debes restar la cantidad de energía contenida por los consumidores secundarios a la cantidad de energía contenida por los consumidores primarios. El diagrama indica que los consumidores primarios contienen 100,000 unidades de energía y que los consumidores secundarios contienen 10,000 unidades de energía. Por tanto, la cantidad de energía que se pierde durante la transferencia energética de los consumidores primarios a los consumidores secundarios es de 90,000 unidades, o 100,000 unidades menos 10,000 unidades. Aunque el diagrama indica que los consumidores primarios contienen 100,000 unidades de energía y que los consumidores secundarios contienen 10,000 unidades de energía, el ejercicio pregunta por la cantidad de energía que se pierde durante la transferencia energética de los consumidores primarios a los consumidores secundarios, no por la cantidad de energía que contienen los consumidores primarios o los consumidores secundarios. La cantidad de energía que se pierde durante la transferencia energética de los consumidores primarios a los consumidores secundarios es de 100,000 unidades menos 10,000 unidades, o sea, 90,000 unidades, no 900,000 unidades.

6. **C**; **Nivel de conocimiento:** 3; **Tema:** L.c.1; **Prácticas:** SP.1.a, SP.1.b, SP.1.c, SP.3.b, SP.7.a

El diagrama muestra que hay menos energía disponible para mantener a los seres vivos del cuarto nivel trófico que para los del primer nivel trófico. Dado que los organismos necesitan energía para poder vivir, esta información respalda la idea de que un ecosistema tiene menos seres vivos en el cuarto nivel trófico que en el primer nivel trófico. Aunque el diagrama muestra que los consumidores terciarios están en el cuarto nivel trófico y que los productores están en el primer nivel trófico, esta información no respalda la idea de que un ecosistema tiene menos organismos en el cuarto nivel trófico que en el primer nivel trófico. El tamaño de las cajas del diagrama es el mismo en todos los niveles; por tanto, el tamaño de las cajas no respalda la idea de que un ecosistema tenga menos organismos en el cuarto nivel trófico que en el primer nivel trófico. Un diagrama que se estrecha en su parte alta, como una pirámide, puede indicar que en el cuarto nivel trófico viven menos organismos que en el primer nivel trófico. Sin embargo, este diagrama no es más estrecho en la parte alta que en la parte de abajo. Por tanto, su forma no respalda la idea de que un ecosistema tenga menos organismos en el cuarto nivel trófico que en el primer nivel trófico.

7.1 **B**; 7.2 **B**; 7.3 **D**; 7.4 **A**; **Nivel de conocimiento:** 2; **Tema:** L.c.1, L.c.2; **Prácticas:** SP.1.a, SP.1.b, SP.1.c, SP.7.a

7.1 El nivel más bajo de una pirámide energética muestra a los productores; el diagrama indica que los dientes de león y la hierba son productores. Las orugas y los escarabajos están en el nivel de consumidores primarios de la pirámide. Los sapos y las arañas están en el nivel de consumidores secundarios de la pirámide. Los gorriones y las serpientes están en el nivel de consumidores terciarios de la pirámide.

7.2 La ubicación de los escarabajos, las orugas y los saltamontes justo por debajo de las arañas y los sapos en la pirámide indica que estos pasan energía a las arañas y los sapos. La ubicación de los escarabajos, las orugas y los saltamontes justo por encima de los dientes de león y la hierba en la pirámide energética indica que estos obtienen energía comiendo dientes de león y hierba. Los escarabajos, las orugas y los saltamontes no están justo por debajo de las serpientes y los gorriones o los halcones en la pirámide; por tanto, no pasan energía a estos animales.

7.3 La posición de los halcones justo por encima de los gorriones y las serpientes en la pirámide indica que su alimento consiste en gorriones y serpientes. Los halcones no están directamente encima de los escarabajos y los saltamontes, los dientes de león o la hierba, o de las arañas y los sapos, en la pirámide; por tanto, no se alimentan de estos organismos.

7.4 La oración tiene que proporcionar un ejemplo de la idea de que los organismos de los niveles tróficos más altos tienen menos energía disponible que los organismos de los niveles tróficos más bajos. La pirámide muestra que las arañas están en el tercer nivel trófico y que los escarabajos están en el segundo nivel trófico; por tanto, hay más energía disponible para los escarabajos que para las arañas. La pirámide muestra que las arañas están en el tercer nivel trófico del ecosistema mientras que los halcones están en el nivel más alto y las serpientes están en el cuarto nivel trófico; por tanto, hay menos energía disponible para los halcones o las serpientes que para las arañas. La pirámide muestra que las arañas y los sapos están en el mismo nivel trófico del ecosistema; los organismos que están en el mismo nivel trófico de un ecosistema tienen la misma cantidad de energía disponible.

8. **C**; **Nivel de conocimiento:** 2; **Tema:** L.c.2; **Prácticas:** SP.1.a, SP.1.b, SP.1.c

La sección del diagrama en que los óvalos del "Ciervo de cola blanca" y la "Ardilla gris" se superponen muestra que el ciervo de cola blanca y las ardillas grises comen nueces y maíz. El diagrama compara y contrasta las dietas de tres animales; no alude a los niveles tróficos. Los zorros rojos comen todos los organismos que aparecen en el óvalo que corresponde al "Zorro rojo" en el diagrama; el diagrama indica que los zorros rojos comen hierba, frutas, insectos, huevos y ranas, así como ratones, conejos y pájaros. Los únicos alimentos por los que compiten las ardillas grises y los zorros rojos aparecen en la sección del diagrama en la que los óvalos de la "Ardilla gris" y del "Zorro rojo" se superponen. Se trata de las frutas, los insectos, los huevos y las ranas. Las ardillas grises también se alimentan de semillas, piñas de pino y hongos. Los zorros rojos también se alimentan de hierba, ratones, conejos y pájaros.

9. **C; Nivel de conocimiento:** 2; **Temas:** L.c.1, L.c.2;
Prácticas: SP.1.a, SP.1.b, SP.1.c, SP.7.a
El diagrama es un tipo de red alimenticia en la que la parte baja del diagrama muestra la fuente de energía del ecosistema. Las sustancias químicas del interior de la Tierra aparecen en la parte baja del diagrama; por tanto, son la fuente de energía principal de ecosistema. Los pulpos están en la parte de arriba de la red alimenticia; son consumidores, no son la fuente de energía del ecosistema. Las bacterias están cerca de la parte baja del diagrama, pero no abajo de todo; son productoras que usan la energía de las sustancias químicas del interior de la Tierra para elaborar su comida. Aunque la luz del sol es la fuente de energía principal en los ecosistemas terrestres, este diagrama no corresponde a un ecosistema terrestre. Esta red alimenticia muestra un ecosistema de fondo oceánico para el cual las sustancias químicas del interior de la Tierra son la principal fuente de energía.

10. **D; Nivel de conocimiento:** 2; **Temas:** L.c.1, L.c.2;
Prácticas: SP.1.a, SP.1.b, SP.1.c, SP.3.b, SP.3.d, SP.7.a
El diagrama muestra que, al igual que los peces, los pulpos comen almejas, mejillones, gusanos tubulares y cangrejos. Este pez ocuparía una posición similar a la del pulpo. El pez come cangrejos, mejillones y gusanos tubulares, así que no ocuparía la posición de ninguno de estos animales en la red alimenticia.

11. **B; Nivel de conocimiento:** 2; **Temas:** L.c.1, L.c.2;
Prácticas: SP.1.a, SP.1.b, SP.1.c, SP.7.a
Los descomponedores y los detritófagos devuelven los nutrientes al suelo. Los productores obtienen nutrientes del suelo, del aire y del agua. Los consumidores obtienen nutrientes de los productores. Entonces, tanto los productores como los consumidores dependen indirectamente de los descomponedores y los detritófagos en el ciclo de los nutrientes. Las flechas del diagrama indican el flujo de nutrientes a través del ecosistema. Los nutrientes fluyen de los descomponedores y los detritófagos al suelo, no a las plantas. Por tanto, las plantas no usan los descomponedores y a los detritófagos como alimento. Cuando los animales mueren, se crea materia animal muerta. El diagrama no indica que los descomponedores y los detritófagos hacen que los animales mueran o que produzcan materia animal muerta. Las flechas del diagrama indican que los animales que comen plantas obtienen nutrientes solo mediante la ingesta de plantas, no comiendo descomponedores ni detritófagos.

LECCIÓN 7, *págs. 26–29*

1. **C; Nivel de conocimiento:** 2; **Tema:** L.c.4;
Prácticas: SP.1.a, SP.1.b, SP.1.c
En una relación de mutualismo, según la tabla, ambos organismos se benefician. Una abeja se beneficia obteniendo néctar de una flor, y la flor se beneficia porque la abeja transporta su polen, permitiendo a la flor reproducirse. Una pulga que vive sobre un perro y un mosquito que pica a un ser humano son ejemplos de parasitismo. La pulga y el mosquito se benefician, pero tienen efectos negativos sobre el perro y el humano. Un murciélago que captura una polilla en su vuelo es un ejemplo de una relación de depredador–presa. El murciélago es el depredador y la polilla es la presa.

2. **A; Nivel de conocimiento:** 2; **Tema:** L.c.4;
Prácticas: SP.1.a, SP.1.b, SP.1.c
Un animal que transfiere semillas de bardana es un ejemplo de comensalismo, dado que la bardana se beneficia porque sus semillas se dispersan, pero el animal no resulta afectado. El animal no se beneficia, así que no es mutualismo. El animal no se come la bardana, así que no es una relación de depredador–presa. La bardana no daña al animal, así que no se trata de parasitismo.

3. **Nivel de conocimiento:** 2; **Tema:** L.c.4;
Prácticas: SP.1.a, SP.1.b, SP.1.c, SP.6.c
La tabla muestra ejemplos de relación de depredador–presa. La nutria marina, la salamandra, el búho cornudo y el guepardo aparecen primero en los ejemplos que se dan y son capaces de matar y comerse a los otros organismos que se indican, lo cual implica que todos ellos pueden clasificarse como **depredadores**.

4. **Nivel de conocimiento:** 2; **Tema:** L.c.4;
Prácticas: SP.1.a, SP.1.b, SP.1.c, SP.6.c
Los gusanos y los piojos son parásitos, de modo que los huéspedes del ejemplo de relación de parasitismo de la tabla serían los **seres humanos**, las **ovejas**, los **peces** y las **palomas**.

5. **Nivel de conocimiento:** 2; **Tema:** L.c.4;
Prácticas: SP.1.a, SP.1.b, SP.1.c, SP.6.c
En las tres relaciones, cada organismo se beneficia. El mutualismo es un tipo de relación simbiótica en la cual ambos organismos se benefician. Es decir, los científicos colocarían las tres relaciones en la categoría de **mutualismo**.

6. **Nivel de conocimiento:** 2; **Tema:** L.c.4;
Prácticas: SP.1.a, SP.1.b, SP.1.c, SP.6.c
El mutualismo es un tipo de relación simbiótica en la que ambos organismos se benefician. El científico escribió los efectos de las tres relaciones. En la primera relación, la paloma de alas blancas obtiene alimento y el cactus saguaro consigue que sus semillas se depositen. En la segunda relación, los cangrejos araña obtienen protección de los depredadores en forma de camuflaje y las algas consiguen un lugar para vivir. En la tercera relación, las bacterias consiguen un lugar para vivir y obtener alimento, mientras que los seres humanos reciben ayuda para digerir la comida. Estos ejemplos entrarían todos en la categoría de mutualismo porque **ambos organismos se benefician de cada relación**.

7. **Nivel de conocimiento:** 2; **Tema:** L.c.4;
Prácticas: SP.1.a, SP.1.b, SP.1.c, SP.6.c
Si los picabueyes dañasen a los rinocerontes, la relación se clasificaría como **parasitismo**. En una relación de parasitismo, un organismo se beneficia, mientras que el otro resulta dañado.

8. **Nivel de conocimiento:** 2; **Tema:** L.c.4;
Prácticas: SP.1.a, SP.1.b, SP.1.c, SP.6.c
La relación entre los picabueyes y los insectos entra dentro de la categoría **depredador–presa**. Los pájaros se comen a los insectos. Son depredadores y los insectos son la presa.

UNIDAD 1 (continuación)

9. **Nivel de conocimiento:** 2; **Tema:** L.c.4;
Prácticas: SP.1.a, SP.1.b, SP.1.c, SP.6.c
La relación entre la barracuda y los peces limpiadores es de **mutualismo**. Tanto la barracuda como los peces limpiadores se benefician. La barracuda se deshace de los parásitos y los peces limpiadores obtienen alimento.

10. **Nivel de conocimiento:** 3; **Tema:** L.c.4;
Prácticas: SP.1.a, SP.1.b, SP.1.c, SP.6.c
La relación entre los organismos que viven sobre la barracuda y la propia barracuda es de **parasitismo**. Los diminutos organismos son parásitos y la barracuda es el huésped. Puedes observar que los organismos diminutos son parásitos porque la barracuda necesita deshacerse de ellos.

11. **Nivel de conocimiento:** 3; **Tema:** L.c.4;
Prácticas: SP.1.a, SP.1.b, SP.1.c, SP.6.c
Cuando la barracuda no adopta la posición con la cabeza hacia arriba, la relación entre la barracuda y los peces limpiadores es de **depredador–presa**, o de **depredación**. La barracuda es un depredador que normalmente come otros peces como presas.

12. **Nivel de conocimiento:** 2; **Tema:** L.c.4;
Prácticas: SP.1.a, SP.1.b, SP.1.c, SP.6.c
Según los criterios para la clasificación de las relaciones simbióticas en categorías, la característica que debe tener una relación para ser clasificada como comensalismo es que **uno de los organismos se beneficie y el otro no resulte afectado**.

13. **Nivel de conocimiento:** 2; **Tema:** L.c.4;
Prácticas: SP.1.a, SP.1.b, SP.1.c, SP.6.c
La categoría en la que entrarían los percebes que viven sobre la piel de una ballena y dañan a la ballena al provocarle una infección sería el **parasitismo**. En una relación de parasitismo, un organismo se beneficia y el otro resulta dañado.

14. **Nivel de conocimiento:** 2; **Tema:** L.c.4;
Prácticas: SP.1.a, SP.1.b, SP.1.c, SP.6.c
La categoría que serviría para clasificar la relación entre el águila y el pez es la de **depredador–presa** o **depredación**. Las águilas son depredadores y los peces son sus presas.

15. **Nivel de conocimiento:** 2; **Tema:** L.c.4;
Prácticas: SP.1.a, SP.1.b, SP.6.c
La relación entre los animales que acuden al pozo de los caimanes en busca de comida y aquellos que acuden solo en busca de agua es la de **depredador–presa** o **depredación**. Aquellos que acuden al pozo en busca de agua son las presas de los que acuden en busca de comida.

16. **Nivel de conocimiento:** 3; **Tema:** L.c.4;
Prácticas: SP.1.a, SP.1.b, SP.3.a, SP.3.b, SP.6.c
Posibles respuestas:
Los científicos podrían clasificar la relación entre los caimanes y los animales que usan sus pozos como comensalismo. Los animales que acuden a los pozos se benefician, pero el caimán no se beneficia porque se ha ido. Los científicos podrían clasificar la relación entre los caimanes y los animales que acuden a sus pozos como depredación porque los caimanes podrían regresar al pozo en busca de comida y comerse a los animales que acuden al pozo para beber.

1. **B**; **Nivel de conocimiento:** 2; **Tema:** L.c.3;
Prácticas: SP.1.a, SP.1.b, SP.1.c, SP.3.b, SP.3.d
Una generalización válida acerca de las poblaciones de un ecosistema respaldada por los datos de la gráfica sería que el tamaño de la población puede variar notablemente en un período de tiempo relativamente corto. El pasaje y la gráfica no proporcionan bastante información para poder afirmar que los cambios en el tamaño de una población se deban principalmente a la depredación. La población de renos permaneció estable durante un tiempo, pero los datos de la gráfica rebaten la afirmación de que todas las poblaciones siguieron estables durante al menos cien años. El pasaje y la gráfica no proporcionan suficiente información para afirmar que el tamaño de la población siga incrementándose si los recursos son abundantes.

2. **D**; **Nivel de conocimiento:** 2; **Tema:** L.c.3;
Prácticas: SP.1.a, SP.1.b, SP.1.c, SP.3.b
Ni el pasaje ni la gráfica respaldan la generalización inválida de que la población de renos disminuyó como consecuencia de la aparición de un nuevo depredador. Las afirmaciones que dicen que la población de renos aumentó y después disminuyó y que la población de renos nunca superó los 6,000 individuos son hechos respaldados por los datos de la gráfica; no son generalizaciones. La generalización que dice que la población siguió estable hasta 1958 es válida porque está respaldada por los datos de la gráfica.

3. **C**; **Nivel de conocimiento:** 3; **Tema:** L.c.5;
Prácticas: SP.1.a, SP.1.b, SP.3.b
El párrafo 1 describe la manera en que el petróleo causa daños a animales de diferentes tamaños. También menciona los "animales más grandes de la cadena alimenticia". Se puede concluir que la contaminación por petróleo se propaga por la cadena alimenticia.

4. **A**; **Nivel de conocimiento:** 3; **Tema:** L.c.5;
Prácticas: SP.1.a, SP.1.b, SP.3.b
A partir de las descripciones del tercer párrafo, se puede generalizar que los derrames de petróleo provocan una variedad de efectos a largo plazo.

5. **B**; **Nivel de conocimiento:** 3; **Tema:** L.c.4;
Prácticas: SP.1.a, SP.1.b, SP.3.a
La generalización que dice que la actividad humana puede afectar negativamente a una población de organismos está respaldada por la idea de que la matanza de lobos grises por parte de los colonos redujo su número drásticamente. El resto de las afirmaciones son datos del pasaje, pero no son ideas que puedan usarse para respaldar la generalización.

6. **A**; **Nivel de conocimiento:** 3; **Tema:** L.c.4;
Prácticas: SP.1.a, SP.1.b, SP.3.b, SP.3.d
El pasaje proporciona un ejemplo sobre el descenso y la recuperación de las poblaciones de lobos grises que respalda la generalización de que las poblaciones de especies amenazadas pueden recuperarse si se actúa debidamente. El pasaje no trata sobre la capacidad de carga o la relación entre depredadores y presas. El pasaje no proporciona bastante respaldo como para justificar la afirmación de que la competencia por los recursos siempre conduce a un brusco descenso de una población.

7. **A**; **Nivel de conocimiento:** 2; **Tema:** L.c.4;
Prácticas: SP.1.a, SP.1.b, SP.1.c, SP.3.b, SP.3.d
La gráfica muestra que los cambios en la población se dieron tanto en la población de liebres como en la población de linces la mayor parte del tiempo, de modo que una generalización válida podría ser que las poblaciones de depredadores y de presas generalmente siguen las mismas tendencias. Cuando la población de la presa aumenta, la población de depredadores aumenta también, no disminuye. Un gran número de depredadores normalmente conduce a un descenso, no a un incremento, del número de presas porque hay más depredadores que se coman las presas. La gráfica indica que el número de presas suele ser mayor que el número de depredadores, pero no siempre.

8. **C**; **Nivel de conocimiento:** 2; **Tema:** L.c.4;
Prácticas: SP.1.a, SP.1.b, SP.1.c, SP.3.b
La gráfica no proporciona suficiente información para poder hacer la generalización de que los cambios en la población de presas se deben únicamente a los cambios en la población de su depredador. El resto de las afirmaciones son generalizaciones que están respaldadas por la gráfica.

9. **D**; **Nivel de conocimiento:** 2; **Tema:** L.c.3;
Prácticas: SP.1.a, SP.1.b, SP.3.b
La oración que dice que la mayoría de los organismos necesitan condiciones ambientales específicas para sobrevivir es la generalización. La frase "la mayoría" es una clave. La oración que dice que los seres vivos dependen de las características no biológicas para sobrevivir es un hecho que está implícito en el pasaje. La afirmación que dice que todos los organismos pueden vivir en todo tipo de condiciones no es acertada, dado que, en general, ciertos organismos pueden vivir solo en ciertos tipos de condiciones. La oración que dice que la cantidad de sol afecta a los organismos es un hecho que está implícito en el pasaje.

10. **D**; **Nivel de conocimiento:** 3; **Tema:** L.c.3;
Prácticas: SP.1.a, SP.1.b, SP.3.b
Una generalización válida es que las características no biológicas tienen un impacto importante en un ecosistema. El pasaje explica que las características no biológicas como el agua, la cantidad de luz solar y la temperatura limitan el número de organismos que pueden vivir en un ecosistema. Por tanto, afectan significativamente la capacidad de carga del ecosistema. El resto de las afirmaciones son hechos que respaldan esta generalización.

11. **B**; **Nivel de conocimiento:** 2; **Tema:** L.c.3;
Prácticas: SP.1.a, SP.1.b, SP.3.b
Aunque el pasaje habla de los efectos de la lluvia y de la luz solar en un ecosistema, sería demasiado generalizar que estas son las dos únicas características no biológicas de un ecosistema. Los ejemplos que se dan en el pasaje respaldan las otras opciones de respuesta, lo cual indica que son hechos o generalizaciones válidas.

12. **A**; **Nivel de conocimiento:** 2; **Tema:** L.c.4;
Prácticas: SP.1.a, SP.1.b, SP.1.c, SP.3.b, SP.3.d
Una generalización válida sería que, con el tiempo, las personas se han hecho cada vez más conscientes de su efecto sobre otras poblaciones. La generalización está respaldada por varios sucesos de conservación que se muestran en las líneas de tiempo. Los datos de estas líneas muestran que el tamaño de una población puede cambiar como consecuencia de la interacción humana. Los sucesos de conservación que se muestran en las líneas de tiempo refutan la afirmación de que las personas perciben cualquier relación con otras poblaciones como una competencia por los recursos. A partir de la información proporcionada, no se puede hacer ninguna generalización para comparar la importancia de los cambios físicos de un ecosistema con el impacto humano.

13. **B**; **Nivel de conocimiento:** 2; **Tema:** L.c.3;
Prácticas: SP.1.a, SP.1.b, SP.1.c, SP.3.b
La línea de la gráfica se vuelve más inclinada con el tiempo, lo cual indica que el mismo crecimiento poblacional ocurre sobre periodos de tiempo cada vez más cortos. Esto significa que la tasa de crecimiento aumenta con el tiempo. La tasa de crecimiento poblacional no permanece igual, como lo indicaría si la línea fuera una recta diagonal. La curva no muestra una disminución en el tamaño de la población porque va hacia arriba, y tampoco muestra crecimiento seguido por decrecimiento.

14. **D**; **Nivel de conocimiento:** 3; **Tema:** L.c.3;
Prácticas: SP.1.a, SP.1.b, SP.1.c, SP.3.b
Una generalización válida sobre el crecimiento exponencial que puede extraerse de la gráfica es que en las poblaciones que crecen exponencialmente, la reproducción normalmente tiene lugar de forma constante porque la reproducción es necesaria para el crecimiento de la población. El crecimiento exponencial no continuará más allá del límite de la capacidad de carga porque la capacidad de carga es un número máximo. No hay bastante información como para respaldar la generalización de que un crecimiento exponencial rápido de las poblaciones siempre se debe a un descenso de la depredación. En algún momento, el crecimiento de la población es obstaculizado por otros factores, pero durante el crecimiento exponencial, no se ve obstaculizado.

15. **A**; **Nivel de conocimiento:** 3; **Tema:** L.c.3;
Prácticas: SP.1.a, SP.1.b, SP.1.c, SP.3.b
El pasaje y la gráfica presentan un escenario hipotético que no podría continuar indefinidamente porque los ecosistemas tienen recursos limitados que deben compartirse entre todas las poblaciones. El crecimiento exponencial de una población no puede proseguir indefinidamente porque la propia población o sus competidores terminarán mermando los recursos. Las otras razones que se mencionan son generalizaciones inválidas porque no se basan en hechos.

UNIDAD 1 *(continuación)*

LECCIÓN 9, *págs. 34–37*

1. A; **Nivel de conocimiento:** 1; **Tema:** L.c.5;
Prácticas: SP.1.a, SP.1.b, SP.1.c
El pasaje afirma que las poblaciones de ciertas especies de guepardos, leopardos, leones y linces han alcanzado niveles alarmantemente bajos, lo que indica que sus poblaciones han ido decreciendo con el tiempo. El guepardo se usa como un ejemplo, y las características de tener una población de 12,000 ejemplares o menos, haber alcanzado su máximo en el año 1900 y tener origen africano son datos y detalles relacionados con el guepardo, y no necesariamente con el resto de los animales que se mencionan.

2. C; **Nivel de conocimiento:** 2; **Tema:** L.c.5;
Prácticas: SP.1.a, SP.1.b, SP.1.c
La barra más alta de la gráfica indica que el mayor número de guepardos vivía en el año 1900. La población de guepardos no se incrementó entre 1900 y 1980; al contrario, descendió. Había menos, no más, guepardos en 2020 que en 1980 y más, no menos, guepardos en 1900 que en 2020.

3. Nivel de conocimiento: 2; **Tema:** L.c.5;
Prácticas: SP.1.a, SP.1.b, SP.3.a, SP.6.a, SP.6.c
Las características de una zona antes de la desertificación incluyen que **tiene bosques, tiene una biodiversidad mayor** y **tiene la habilidad de recuperarse de las sequías**. Estas características respaldan un equilibrio saludable de las actividades y la vegetación para que una zona siga siendo productiva. Entre las características de una zona después de la desertificación se incluyen que **se usa para cultivar, tiene un riesgo mayor de erosión del suelo** y **tiene una biodiversidad menor**. La tala de bosques para obtener tierras cultivables es una causa de desertificación. Esta acción conduce a un mayor riesgo de erosión del suelo y una reducción de la cubierta vegetal. Estos factores conducen a una menor biodiversidad porque hay menos hábitat para los animales y las plantas que viven en el ecosistema.

4. Nivel de conocimiento: 2; **Temas:** L.c.2, L.c.5;
Prácticas: SP.1.a, SP.1.b, SP.1.c, SP.3.a, SP.6.a
Si la población de nutrias marinas bajara drásticamente, las poblaciones de erizos de mar, mejillones y almejas **aumentarían** porque habría menos nutrias que se los comieran. Si la población de erizos de mar se incrementara, la población de algas pardas **disminuiría** porque habría más erizos que se las comerían. Si las poblaciones de mejillones y almejas aumentaran, la población de algas **disminuiría** porque habría más mejillones y almejas que se las comerían. La población de leones marinos probablemente **se mantendría igual** porque forma parte de la red alimenticia que incluye a la nutria marina pero no forma parte de la cadena alimenticia de la nutria marina. Además, el pasaje explica que la población de leones marinos ya ha descendido. Como resultado, las orcas consumen más nutrias marinas, lo que indica que la población de leones marinos ya es demasiado baja para poder mantener a la población actual de orcas.

5. Nivel de conocimiento: 2; **Tema:** L.c.5;
Prácticas: SP.1.a, SP.1.b, SP.3.a, SP.6.a, SP.6.c
Las características que se aplican únicamente a las plantas nativas incluyen que **históricamente forman parte del ecosistema** y que **contribuyen positivamente al hábitat**. Las plantas nativas surgen de forma natural en el ecosistema en el que crecen y proporcionan un hábitat, cobijo y alimento a otros seres vivos del ecosistema. Las características que se aplican únicamente a las especies invasoras son que **crecen sin control**, que **se extienden rápidamente** y que **sofocan a otras plantas**. La enredadera kudzu es un ejemplo de planta invasora. Crece fuera de control porque no hay otros organismos que se alimenten de ella y la contengan. Por ese motivo también se extiende muy rápidamente. Dado que crece fuera de control y rápidamente, puede sofocar a las plantas nativas creciendo sobre ellas. La característica que se aplica tanto a las plantas nativas como a las plantas invasoras es que ambas **previenen la erosión**. Cualquier planta que tenga raíces en el suelo ayuda a prevenir la erosión porque mantiene el suelo en su lugar, de modo que es menos probable que sea arrastrado por el viento o el agua.

LECCIÓN 10, *págs. 38–41*

1. C; **Nivel de conocimiento:** 2; **Temas:** L.d.3, L.e.1;
Prácticas: SP.1.a, SP.1.b, SP.1.c, SP.7.a
El texto explica que los cromosomas se replican justo antes de que la célula inicie la división celular. La ilustración muestra una célula con cromosomas que se han replicado, por lo tanto la célula ha comenzado la mitosis. No han suficiente información para concluir que es una célula humana. Un cromosoma contiene ADN, por lo tanto ya se ha empaquetado el ADN. Si la célula estuviera por completar la división celular, se la mostraría como dos células casi separadas.

2. A; **Nivel de conocimiento:** 2; **Temas:** L.d.3, L.e.1;
Prácticas: SP.1.a, SP.1.b, SP.1.c, SP.7.a
El texto explica que la replicación de un cromosoma crea dos unidades idénticas llamadas cromátidas, y la ilustración muestra las dos cromátidas unidas por un centrómero. Los telómeros son los extremos de las cromátidas; no es que unan las cromátidas. Un cromosoma son dos cromátidas unidas, no el punto donde están unidas. Las histonas son las proteínas que, con el ADN, forman la cromatina.

3. A; **Nivel de conocimiento:** 2; **Temas:** L.d.2, L.d.3, L.e.1;
Prácticas: SP.1.a, SP.1.b, SP.1.c, SP.7.a
El texto describe genes que se expresan (se activan) y se reprimen (se dejan inactivos) para indicar a las células en qué tipo de célula deben convertirse. Este concepto también se muestra en el diagrama con la expresión de un gen neuronal específico y un gen específico de una célula epitelial, por lo tanto los genes correctos deben activarse en una célula para que se convierta en una neurona. No importa qué genes estén presentes en las neuronas existentes; los genes correctos deben activarse en una célula que se convertirá en una neurona. Los genes deben codificarse para las proteínas involucradas en la fabricación del sistema de tejido nervioso, no en la fabricación de huesos. Los genes neuronales específicos de las células deben expresarse, no reprimirse.

4. **B**; **Nivel de conocimiento:** 2; **Temas:** L.d.2, L.d.3, L.e.1; **Prácticas:** SP.1.a, SP.1.b, SP.1.c, SP.7.a
El texto afirma que las células embrionarias tempranas son iguales, pero que la diferenciación se da a medida que el humano se desarrolla, por lo tanto una célula embrionaria puede diferenciarse como se muestra en el diagrama para formar otros tipos de células, como las células hepáticas. Ninguno de los otros tipos de células (estomacales, musculares o las de los glóbulos blancos) pueden diferenciarse: solo pueden dividirse para formar más células del mismo tipo.

5. **D**; **Nivel de conocimiento:** 2; **Temas:** L.d.3, L.e.1; **Prácticas:** SP.1.a, SP.1.b, SP.1.c, SP.7.a
El texto explica que el material genético (ADN) se encuentra mayormente en el núcleo de las células eucariotas y que las células procariotas no tienen núcleo. La tabla muestra que las bacterias son procariotas, por lo tanto sus células no tienen un núcleo donde se encuentre el ADN. Los otros organismos son eucariotas, por lo tanto el ADN se encuentra en el núcleo celular.

6. **Nivel de conocimiento:** 3; **Temas:** L.d.3, L.e.1; **Prácticas:** SP.1.a, SP.1.b, SP.1.c, SP.6.a, SP.6.c, SP.7.a
El pasaje y las partes completadas del diagrama brindan información para rotular correctamente el diagrama. El pasaje explica que la interfase es el período anterior a la mitosis, por lo tanto el **ADN se replica** durante la interfase. El pasaje afirma que los cromosomas replicados son visibles durante la primera fase de la mitosis, que se denomina profase, por lo tanto los **cromosomas son visibles** durante la profase. Las partes ilustradas del diagrama indican que las **cromátidas se separan** durante la anafase. El pasaje explica que el proceso de división celular se completa durante la citocinesis, por lo tanto **dos células hijas individuales se forman** al finalizar la citocinesis.

7. **B**; **Nivel de conocimiento:** 2; **Temas:** L.d.3, L.e.1; **Prácticas:** SP.1.a, SP.1.b, SP.1.c, SP.7.a, SP.8.b
Según el pasaje, cada célula hija recibe solo un cromosoma de cada par de cromosomas de la célula progenitora. El diagrama muestra que tanto las células progenitoras masculinas como las femeninas tienen 46 cromosomas cada una, por lo tanto cada célula hija recibirá la mitad de los cromosomas de la célula progenitora, es decir, 23 cromosomas, no 46, 92 ni 12.

8. **C**; **Nivel de conocimiento:** 2; **Temas:** L.d.3, L.e.1, L.e.3; **Prácticas:** SP.1.a, SP.1.b, SP.1.c, SP.7.a
Según el pasaje, las cromátidas participan en el cruce e intercambio de material genético, y el diagrama muestra que las dos cromátidas que se intercambian son cromátidas no hermanas. El texto afirma que los dos cromosomas que realizan el cruce son homólogos, no que no son homólogos. El diagrama muestra que el cruce ocurre antes de que la célula progenitora se haya dividido para formar gametos, no después, y que después del intercambio, los cuatro cromosomas resultantes son diferentes unos de otros.

LECCIÓN 11, *págs. 42–45*

1. **D**; **Nivel de conocimiento:** 2; **Tema:** L.e.2; **Prácticas:** SP.1.a, SP.1.b, SP.1.c
El cuadro de Punnett muestra dos alelos (*Y* y *y*) para el gen que determina el color de la semilla, indicando que el rasgo del color de la semilla está controlado por un gen con alelos que pueden diferir. El color de la semilla es amarillo o verde para todas las plantas, no verde amarillento. El cuadro de Punnett indica que el color de la semilla está controlado por dos formas de un gen, no por múltiples genes. El color de la semilla es un rasgo que se transfiere a los descendientes, tal y como indica el cuadro de Punnett.

2. **C**; **Nivel de conocimiento:** 3; **Tema:** L.e.2; **Prácticas:** SP.1.a, SP.1.b, SP.1.c, SP.3.d, SP.8.b, SP.8.c
La presencia del alelo dominante, representado con *Y*, provoca que una planta de chícharos produzca semillas amarillas. Según los genotipos que se muestran, el alelo dominante estará presente en tres de cada cuatro descendientes, de modo que el rasgo de tener semillas amarillas se producirá en tres de cada cuatro, o en el 75%, de los descendientes. Un cuarto, o el 25%, de los descendientes tendrá semillas verdes. El resto de los porcentajes mencionados en las opciones de respuesta no son válidos.

3. **Nivel de conocimiento:** 2; **Tema:** L.e.2; **Prácticas:** SP.1.a, SP.1.b, SP.1.c, SP.8.b, SP.8.c
Si el cuadro de Punnett estuviera completo, los recuadros de la columna izquierda mostrarían los descendientes con el genotipo *FF*, y los recuadros de la columna derecha mostrarían los descendientes con el genotipo *Ff*. Un gen homocigoto tiene dos alelos idénticos, por lo cual los **descendientes de la columna izquierda** tienen genes homocigotos para las pecas.

4. **Nivel de conocimiento:** 2; **Tema:** L.e.2; **Prácticas:** SP.1.a, SP.1.b, SP.1.c
En la Investigación 2, se combinaron dos plantas con genotipo *rr*. Los genotipos de las plantas madre forman los encabezados de la fila y los encabezados de la columna del cuadro de Punnett, de modo que el **cuadro verde de Punnett de abajo** representa la Investigación 2.

5. **Nivel de conocimiento:** 3; **Tema:** L.e.2; **Prácticas:** SP.1.a, SP.1.b, SP.1.c, SP.8.b
Alguien que tiene un genotipo homocigoto para un rasgo tiene alelos idénticos para el rasgo. Dado que el rasgo mostrado en la tabla de razas está controlado por un alelo dominante, todos los individuos que muestran el rasgo tienen uno o dos alelos dominantes. La tabla muestra todos los individuos que demuestran el rasgo pero no si tienen genotipos dominantes heterocigotos u homocigotos para el rasgo. Por otra parte, cualquier individuo que no demuestra el rasgo tiene dos alelos recesivos idénticos. Por lo tanto, **todos los individuos representados por las formas blancas** tienen un genotipo recesivo homocigoto.

6. **Nivel de conocimiento:** 2; **Tema:** L.e.2; **Prácticas:** SP.1.a, SP.1.b, SP.1.c, SP.8.b
Para que un individuo tenga el rasgo provocado por un gen recesivo, el individuo debe ser homocigoto para el rasgo. Es decir, su genotipo para el rasgo debe contener dos genes recesivos. En la tabla, **todos los individuos con el genotipo *rr*** tienen la enfermedad.

UNIDAD 1 *(continuación)*

7. Nivel de conocimiento: 3; **Tema:** L.e.2;
Prácticas: SP.1.a, SP.1.b, SP.1.c, SP.8.b, SP.8.c
El **cuadro de Punnett azul a la izquierda** representa la razón genotípica 0:4:0. Si el cuadro de Punnett estuviera completo, mostraría cero genotipos *TT*, cuatro genotipos *Tt* y cero genotipos *tt*.

8. Nivel de conocimiento: 3; **Tema:** L.e.2;
Prácticas: SP.1.a, SP.1.b, SP.1.c, SP.8.b, SP.8.c
El **cuadro de Punnett verde a la derecha** representa la razón fenotípica 3:1. Si el cuadro de Punnett estuviera completo, mostraría que los resultados de la combinación son *NN*, *Nn*, *Nn* y *nn*. Tres de estos genotipos (*NN*, *Nn* y *Nn*) incluyen los alelos dominantes y, por lo tanto, producen el fenotipo de mostrar el rasgo. Un genotipo, *nn*, incluye solo alelos recesivos y, por lo tanto, produce el fenotipo de no mostrar el rasgo.

LECCIÓN 12, *págs. 46–49*

1. A; Nivel de conocimiento: 2; **Tema:** L.e.3;
Prácticas: SP.1.a, SP.1.b, SP.1.c, SP.3.b, SP.7.a
El pasaje explica que la meiosis consiste en dos rondas de divisiones celulares e indica que la Profase I es parte de la meiosis; por lo tanto, es lógico asumir que la Profase I es una etapa relacionada con la primera ronda de división celular. Dado que la Profase I es una acción que ocurre durante la meiosis, es lógico asumir que el *I* se relaciona con un suceso que ocurre durante la meiosis, no con una cosa, tal como un cromosoma o una célula, y tampoco con un suceso que ocurre antes de la meiosis.

2. C; Nivel de conocimiento: 2; **Tema:** L.e.3;
Prácticas: SP.1.a, SP.1.b, SP.1.c, SP.3.b, SP.7.a
Los detalles "romper" y "volver a unirse para formar nuevas combinaciones" explican cómo ocurren las recombinaciones genéticas. Las otras frases se relacionan con el tema de la recombinación genética pero no explican qué es.

3. D; Nivel de conocimiento: 2; **Tema:** L.e.3;
Prácticas: SP.1.a, SP.1.b, SP.1.c, SP.3.b, SP.7.a
El pasaje explica que las mutaciones son a veces a genes, de modo que una mutación genética sería una mutación, o cambio, en un gen. Los cambios al ADN son mutaciones, pero pueden ser mutaciones que no afectan los genes y, por lo tanto, no son necesariamente mutaciones genéticas. Una mutación genética puede tener un efecto negativo o pasar desapercibida, pero estas descripciones no explican qué es una mutación genética.

4. B; Nivel de conocimiento: 2; **Tema:** L.e.3;
Prácticas: SP.1.a, SP.1.b, SP.1.c, SP.3.b, SP.7.a
El pasaje afirma que un cambio en un gen puede alterar la capacidad del gen de dar instrucciones correctas para la síntesis de proteínas y luego proporciona detalles para explicar más profundamente esa afirmación. En esos detalles, se replantea la "síntesis de proteínas" como "producción de proteínas", de modo que la síntesis de proteínas es la producción, o fabricación, de proteínas. A veces la palabra *síntesis* se usa para referirse a la combinación de información para formar conocimiento; en este contexto, sin embargo, esa definición de *síntesis* no es válida. Una instrucción de un gen provoca la síntesis de proteínas; no es lo mismo que síntesis de proteínas. La mutación afecta los genes, no a las proteínas directamente.

5. A; Nivel de conocimiento: 2; **Tema:** L.e.3;
Prácticas: SP.1.a, SP.1.b, SP.1.c, SP.3.b, SP.7.a
El ejemplo en la fila de "Inserción" de la tabla muestra que el ADN resultante tiene más bases nucleotídicas que el original. Esta prueba revela que una inserción es la incorporación de bases nucleotídicas adicionales. La sustracción de bases nucleotídicas describe una deleción. La reestructuración de las bases nucleotídicas describe un desplazamiento del marco de lectura y el intercambio de una base nucleotídica por otra describe una sustitución.

6. D; Nivel de conocimiento: 2; **Tema:** L.e.3;
Prácticas: SP.1.a, SP.1.b, SP.3.b, SP.7.a
Una enfermedad genética es una enfermedad causada por los genes de una persona, más específicamente, por un gen defectuoso. No es una enfermedad que afecta los genes; los genes la causan. Las enfermedades pulmonares pueden ser causadas por factores genéticos, pero no todas las enfermedades genéticas son enfermedades pulmonares. Las enfermedades genéticas no se transmiten por el contacto entre personas.

7. B; Nivel de conocimiento: 3; **Tema:** L.e.3;
Prácticas: SP.1.a, SP.1.b, SP.3.b, SP.7.a
La terapia génica implica la manipulación de genes defectuosos para hacerlos normales. No es la eliminación de células pulmonares, aunque es posible colocar genes corregidos en células pulmonares enfermas para que vuelvan a ser normales. Se puede usar los virus de la gripe para introducir genes a las células, pero resfriarse no es parte de la terapia génica. Si bien un masaje de pecho alivia los síntomas de FQ, es un tipo de terapia física, no una terapia génica.

8. A; Nivel de conocimiento: 3; **Tema:** L.e.3;
Prácticas: SP.1.a, SP.1.b, SP.3.b, SP.7.a
El pasaje manifiesta que una mutación de un interruptor genético puede provocar cambios en cuanto a dónde, cuándo y cuánta proteína se produce. A partir de esta clave, se puede determinar que un interruptor genético regula la ubicación, el tiempo y el alcance de la producción de proteínas. Un gen, no un interruptor genético, da instrucciones de cómo se produce una proteína. Un interruptor genético no afecta a la proteína mientras es producida. Un interruptor genético afecta la producción de proteínas, al regular la ubicación, el tiempo y el alcance de producción de proteínas.

9. C; Nivel de conocimiento: 2; **Tema:** L.e.3;
Prácticas: SP.1.a, SP.1.b, SP.3.b, SP.7.a
El pasaje manifiesta que una mutación que ocurre en una célula de línea germinal puede pasarse a los descendientes, lo cual indica que las células de línea germinal están involucradas en la reproducción sexual. Aunque los gérmenes estén asociados con las enfermedades, las células de línea germinal no se relacionan en absoluto con las enfermedades; en este contexto, la palabra *germen* tiene un significado diferente. Las células cerebrales son células somáticas, o del organismo, no células involucradas en la reproducción sexual. Las células del organismo usadas en el crecimiento son una descripción de las células somáticas.

10. B; **Nivel de conocimiento:** 3; **Tema:** L.e.3;
Prácticas: SP.1.a, SP.1.b, SP.3.b, SP.7.a
El pasaje contrasta el ADN que forma los genes y el ADN no codificante. Conoces el código de genes para la producción de proteínas, de modo que puedes determinar que el ADN no codificante es ADN que no tiene instrucciones para producir proteínas. Todo ADN, no solo el ADN no codificante, está involucrado en la replicación, las mutaciones y la corrección de errores.

11. D; **Nivel de conocimiento:** 2; **Tema:** L.e.3;
Prácticas: SP.1.a, SP.1.b, SP.3.b, SP.7.a
La afirmación que establece que las mutaciones pueden tener un impacto que va más allá de un individuo es la oración principal del segundo párrafo. El resto del párrafo brinda claves de contexto que explican que esta afirmación significa que las futuras generaciones también se verán afectadas. Una mutación que ocurre en un individuo no afecta a los ancestros o hermanos o hermanas de los individuos o a otros miembros de la población de los individuos.

12. B; **Nivel de conocimiento:** 2; **Tema:** L.e.3;
Prácticas: SP.1.a, SP.1.b, SP.3.b, SP.7.a
Las oraciones finales del pasaje explican cómo una mutación puede dar lugar a la formación de un nuevo alelo, de modo que en este contexto la palabra *desarrollo* significa "formación". Las otras palabras son sinónimos de *desarrollo* pero no como se usa en este contexto.

13. A; **Nivel de conocimiento:** 2; **Tema:** L.e.3;
Prácticas: SP.1.a, SP.1.b, SP.1.c, SP.3.b, SP.7.a
El pasaje explica que un gen de los pigmentos sensible a la temperatura provoca que el gato tenga un color más oscuro en las partes más frías de su cuerpo. A partir de esta clave, puedes determinar que el pigmento es una sustancia que le da color a un animal o una planta. El pigmento no es un gen ni un alelo; es una sustancia cuya producción es controlada por genes y alelos. El pigmento es controlado por un factor ambiental en este caso, pero el pigmento es parte de un organismo, no un factor ambiental.

14. D; **Nivel de conocimiento:** 3; **Tema:** L.e.3;
Prácticas: SP.1.a, SP.1.b, SP.3.b, SP.7.a
El pasaje relaciona la manipulación de los científicos de los marcadores epigenéticos en los laboratorios con el desarrollo de fármacos y luego nos brinda un ejemplo de fármacos que estimulan los genes supresores de tumores. Una conducta es un ejemplo de modos en los que las acciones y el medio ambiente pueden afectar el genoma de alguna persona. Los genes que tienen un papel en la enfermedad y los marcadores epigenéticos que pueden ser heredados son temas relacionados al estudio del epigenoma pero no son ejemplos que ayuden a explicar la manipulación de los científicos de los marcadores epigenéticos en los laboratorios.

15. C; **Nivel de conocimiento:** 3; **Tema:** L.e.3;
Prácticas: SP.1.a, SP.1.b, SP.3.b, SP.7.a
El pasaje utiliza la frase *permanecer inactivo* cuando describe cómo los científicos esperan controlar los genes causantes de enfermedades. Puedes deducir que los científicos querrían que esos genes estén inactivos, de modo que puedes determinar que *permanecer inactivo* significa "permanecer pasivo y no expresado". Un gen inactivo es incapaz de expresar algo, de modo que no se atacaría a sí mismo, no utilizaría mayores cantidades de energía ni activaría genes supresores de tumores.

1. D; **Nivel de conocimiento:** 1; **Tema:** L.f.1;
Prácticas: SP.1.a, SP.1.b, SP.1.c, SP.7.a
El rasgo del final del cladograma es el rasgo original, el cual tienen todos los organismos. Entonces, el cladograma muestra que todos los animales tienen una columna vertebral. Al subir en un cladograma, cada organismo tiene una nueva característica derivada que los organismos anteriores no tienen. Entonces el cladograma indica que solo algunos animales tienen huevos amnióticos, cuatro patas para caminar y mandíbulas.

2. A; **Nivel de conocimiento:** 2; **Tema:** L.f.1;
Prácticas: SP.1.a, SP.1.b, SP.1.c, SP.3.b, SP.7.a
Al subir en un cladograma, cada organismo tiene un número mayor de características derivadas que el organismo anterior. Entonces el organismo de la parte superior, el leopardo en este caso, tiene el mayor número de características derivadas. Todos los otros animales están más abajo en el cladograma, de modo que tienen menos características derivadas que el leopardo.

3. D; **Nivel de conocimiento:** 1; **Tema:** L.f.1;
Prácticas: SP.1.a, SP.1.b, SP.1.c, SP.4.a, Sp.7.a
Según el pasaje, los científicos comparan animales que están vivos en la actualidad con fósiles de animales extintos para hallar evidencia de ancestros comunes. No se fijan únicamente en animales que existen hoy, o en animales que se extinguieron hace mucho tiempo, ya que estas comparaciones no demuestran la evolución común que compartieron con sus ancestros. Los animales que están vivos ahora no tienen fósiles que se pueden estudiar.

4. C; **Nivel de conocimiento:** 1; **Tema:** L.f.1;
Prácticas: SP.1.a, SP.1.b, SP.1.c, SP.4.a, SP.7.a
El pasaje manifiesta que el animal terrestre extinguido *Pakicetus* es de la familia de las ballenas de hoy. Un animal perteneciente a la familia de las ballenas, no las mismas ballenas, una vez vivió en tierra. Las ballenas no descienden de los lobos; en cambio, las ballenas están relacionadas con un animal que es similar a los lobos. Los cráneos de los animales prehistóricos, no los cráneos de las ballenas, tienen características de transición.

5. B; **Nivel de conocimiento:** 1; **Tema:** L.f.1;
Prácticas: SP.1.a, SP.1.b, SP.7.a
El pasaje manifiesta que una estructura vestigial es menos funcional o ya no es funcional (y de este modo es menos importante) en el organismo que existe hoy. Según la definición de la estructura vestigial, un organismo que vive en la actualidad no puede tener las mismas estructuras vestigiales que su ancestro. El pasaje da un ejemplo de estructuras vestigiales que se relacionan con la visión y a vivir en algún hábitat, pero las estructuras vestigiales no se limitan a dichas funciones.

6. A; **Nivel de conocimiento:** 2; **Temas:** L.f.1;
Prácticas: SP.1.a, SP.3.a, SP.4.a, Sp.7.a
Según el pasaje, las estructuras se vuelven vestigiales porque no son tan útiles para el organismo en su medio ambiente actual, aunque lo hayan sido para el ancestro del organismo en su respectivo medio ambiente. Las estructuras vestigiales son menos útiles, y no más útiles, para los organismos en su ambiente actual. Si bien las estructuras vestigiales se vuelven menos útiles con cada generación, no son necesariamente más pequeñas. El pasaje no sugiere que las estructuras vestigiales sean seleccionadas por la evolución.

7. B; **Nivel de conocimiento:** 3; **Tema:** L.f.1;
Prácticas: SP.1.a, SP.1.b, SP.3.b, SP.4.a, SP.7.a
Las estructuras homólogas son indicios de ascendencia común. Aunque la estructura de una especie no esté funcionando y la estructura de la otra especie esté en pleno funcionamiento, las estructuras son aún homólogas y, por lo tanto, indicios de un ancestro común. No hay indicios que relacionen el tener una estructura vestigial con la extinción. Aunque los embriones de dos especies puedan tener desarrollo similar, la presencia de estructuras homólogas no indica que los embriones se desarrollan exactamente del mismo modo. Aunque las especies tengan estructuras homólogas, los organismos pueden ser muy diferentes. En consecuencia, sus fósiles serían diferentes.

8. Nivel de conocimiento: 2; **Tema:** L.f.1;
Prácticas: SP.1.a, SP.1.b, SP.1.c, SP.3.b, SP.6.a, SP.6.c, SP.7.a
Los seres humanos, los gorilas y los tigres tienen pelo, pero los seres humanos y los gorilas no tienen cola, y los gorilas no se mueven usando solo dos patas. Entonces el orden de los animales en las ramas del cladograma, desde la parte más baja hasta la parte más alta, es **tigre**, **gorila**, **ser humano**.

9. C; **Nivel de conocimiento:** 2; **Tema:** L.f.1;
Prácticas: SP.1.a, SP.1.b, SP.3.a, SP.4.a, SP.7.a
Darwin dedujo que los organismos evolucionan lentamente en su forma a partir de los organismos del pasado, de modo que las pruebas fósiles de los organismos de los diferentes períodos con características que se vuelven más semejantes a aquellas de los animales vivos respalda su razonamiento. Las características de los animales vivos o los fósiles de los animales del mismo período no proporcionan pruebas que respalden su razonamiento porque la evidencia debe mostrar el cambio a través del tiempo.

10. C; **Nivel de conocimiento:** 2; **Tema:** L.f.1;
Prácticas: SP.1.a, SP.1.b, SP.1.c, SP.7.a, SP.8.b
Las 12 zonas de color azul del diagrama muestran conjuntos semejantes de secuencias de ADN. Los números *2*, *11* y *23* se relacionan con otros aspectos del diagrama. Se muestran 2 genes, 11 zonas en las que las secuencias de ADN no son idénticas y 23 zonas en total.

11. D; **Nivel de conocimiento:** 3; **Tema:** L.f.1;
Prácticas: SP.1.a, SP.1.b, SP.1.c, SP.3.a, SP.4.a, SP.7.a
El pasaje manifiesta que cuanto más similares son las secuencias de ADN en los genomas de dos especies, más íntimamente relacionadas están las especies. El diagrama proporciona pruebas de un mismo ancestro común porque muestra un alto porcentaje de codificación idéntica en el gen de una mosca y el gen de un ratón aunque los insectos y los mamíferos han evolucionado por separado durante millones de años. El diagrama muestra que los científicos compararon el ADN de las dos especies, pero ese hecho aislado no prueba ascendencia común. El diagrama muestra que dos animales tienen algunas secuencias de ADN similares, no que el ADN de todos los organismos es el mismo ni que los dos animales tienen ojos de estructura similar.

12. B; **Nivel de conocimiento:** 2; **Tema:** L.f.1;
Prácticas: SP.1.a, SP.3.b, SP.4.a, SP.7.a
La teoría que indica que las aves están más cercanamente relacionadas con los cocodrilos que con las lagartijas está respaldada por la evidencia de que la secuencia de ADN en los genomas de las aves es más similar a la secuencia genómica de los cocodrilos que a la de las lagartijas. Si la secuencia de ADN en genomas de lagartijas fuera más similar a la secuencia genómica de las aves que a las secuencia genómica de los cocodrilos, se comprobaría que las lagartijas están más cercanamente relacionadas a las aves que a los cocodrilos, no que las aves están más cercanamente relacionadas a los cocodrilos que a las lagartijas. El texto no cita que las similitudes en apariencia sean evidencia de nivel de relación entre especies. El pasaje tampoco describió un gen de control central compartido entre aves y cocodrilos.

13. A; **Nivel de conocimiento:** 3; **Tema:** L.f.1;
Prácticas: SP.1.a, SP.1.b, SP.1.c, SP.3.b, SP.7.a
El pasaje, respaldado por el diagrama, identifica pruebas que los científicos encontraron al mostrar que las secuencias de ADN de un gen para el desarrollo del ojo del ratón y un gen para el desarrollo del ojo de la mosca son muy similares. Las pruebas que los científicos encontraron respaldan la idea de que los ratones y las moscas tienen un ancestro común, pero la razón por la cual a la mosca le salieron ojos es por el ADN en las formas actuales de los animales. El pasaje y el diagrama brindan información acerca de las pruebas de las secuencias de ADN similares en un único gen en particular de cada animal. El pasaje y el diagrama no respaldan la idea de que los genes de la mosca son más fáciles de manipular que los de cualquier otro animal.

LECCIÓN 14, *págs. 54–57*

1. C; **Nivel de conocimiento:** 1; **Tema:** L.f.2;
Prácticas: SP.1.a, SP.1.b, SP.7.a
Darwin deduce que los ojos pequeños son beneficiosos para animales que excavan porque cuanto más pequeños son los ojos de los animales, menos posibilidades hay de que se les inflamen. El pasaje indica que los animales que excavan a menudo son ciegos y definitivamente no tienen buena vista y que sus ojos son pequeños, no grandes. El pasaje no brinda información acerca de si los topos tienen ojos más pequeños que algunos roedores que excavan.

2. B; **Nivel de conocimiento:** 1; **Tema:** L.f.2;
Prácticas: SP.1.a, SP.1.b, SP.7.a
Darwin establece que *es posible que* una reducción en el tamaño del ojo sea una ventaja. Esta expresión te ayuda a entender que está haciendo una deducción acerca de la relación de un rasgo con un medio ambiente sin establecer un hecho. Las palabras clave *en algunos casos, ciertamente* y *a menudo* se usan en las descripciones de los topos pero no en la afirmación de Darwin sobre rasgos.

3. **C**; **Nivel de conocimiento:** 2; **Tema:** L.f.2;
Prácticas: SP.1.a, SP.1.b, SP.1.c, SP.3.b, SP.7.a
Los conejos representados por el lado izquierdo de la gráfica corren más lentamente, de modo que son más fáciles de atrapar. Según la gráfica, muy pocos conejos corren más rápido que el depredador, de modo que es probable que el depredador pueda capturar muchos conejos. Aunque la información de la gráfica representa un tipo de depredador, no es acertado deducir que solo un tipo de depredador se alimenta de conejos. Los conejos representados por el lado izquierdo de la gráfica corren más lentamente, de modo que es más probable que los atrapen y, por lo tanto, menos probable que se reproduzcan.

4. **D**; **Nivel de conocimiento:** 2; **Tema:** L.f.2;
Prácticas: SP.1.a, SP.1.b, SP.1.c, SP.3.b, SP.7.a
Debido a la selección natural, el rasgo de correr más rápido será más común entre la población de conejos. La rapidez al correr es un rasgo que varía entre la misma especie; por lo tanto, todos los conejos nunca correrán a la misma rapidez al correr. Aunque la mayor rapidez a la que corren pasará a ser un rasgo más común entre los conejos, la curva muestra que la rapidez al correr tendría que cambiar drásticamente en toda la población para que la mayoría de los conejos fueran más veloces que su depredador. No es probable que una menor rapidez pase a ser un rasgo común en la población del depredador, porque ese rasgo no ayudará al depredador a sobrevivir en su medio ambiente.

5. **A**; **Nivel de conocimiento:** 2; **Tema:** L.f.2;
Prácticas: SP.1.a, SP.1.b, SP.1.c, SP.3.b, SP.7.a.
La información para el período durante el cual la científica hizo sus observaciones y la información previamente acumulada indican que había más polillas claras antes de que las fábricas se construyeran, y menos después, luego de que las fábricas se construyeran, y que lo contrario pasaba con las polillas oscuras. Entonces la deducción que se puede hacer es que la población de polillas claras disminuyó a través del tiempo y la población de las polillas oscuras aumentó. No es correcto deducir que las poblaciones permanecieron estables o que ambas crecieron.

6. **B**; **Nivel de conocimiento:** 2; **Tema:** L.f.2;
Prácticas: SP.1.a, SP.1.b, SP.1.c, SP.3.b, SP.7.a
El hecho de que las polillas claras se escondieran en los troncos de los árboles claros, el humo de la fábrica manchara los troncos de los árboles y la población de las polillas claras disminuyera respalda la inferencia de que el color claro era una ventaja cuando los troncos de los árboles eran claros, ya que les daba la capacidad de esconderse más fácilmente. Por otra parte, el color oscuro se convirtió en una ventaja cuando los troncos de los árboles se oscurecieron. No hay pruebas que demuestren que el color oscuro afecta la capacidad para vivir en medio ambientes contaminados o la posibilidad de supervivencia en general. La información del pasaje y la información en la tabla indican que el color puede afectar a la supervivencia.

7. **B**; **Nivel de conocimiento:** 3; **Tema:** L.f.2;
Prácticas: SP.1.a, SP.1.b. SP.1.c, SP.3.b, Sp.7.a
Si las fábricas dejan de producir hollín, el color de los árboles será más claro y las polillas de color claro se ocultarán mejor de los depredadores que las polillas oscuras, lo cual resultará en un aumento de su población. Los árboles claros no favorecerán a las polillas oscuras, que serán más visibles para depredadores al contrastarse con los árboles claros. No aumentarían ambas poblaciones, ya que una población resulta dañada por el cambio de color de los árboles, sin importar cuál sea. El mismo argumento aplica para la disminución de ambas poblaciones.

8. **D**; **Nivel de conocimiento:** 2; **Tema:** L.f.2;
Prácticas: SP.1.a, SP.1.b, SP.1.c, SP.7.a
Si cierto rasgo de una especie fue modificado para diferentes propósitos, las generaciones futuras diferirían de sus ancestros. Entonces, Darwin deduce que los pinzones de picos variados tienen un ancestro común. El pasaje no indica que los pinzones con diferentes formas de picos vinieron de islas diferentes. Darwin no trata una comparación de pájaros provenientes de las Islas Galápagos con pájaros de Londres. La relación entre el clima y la forma del pico no está relacionada con la deducción de Darwin.

9. **A**; **Nivel de conocimiento:** 2; **Tema:** L.f.2;
Prácticas: SP.1.a, SP.1.b, SP.1.c, SP.3.b, SP.7.a
Debido a que los picos son de diferentes tamaños y formas y se utilizan para recolectar la comida, los pájaros probablemente coman distintos tipos de comida. Las muestras se tomaron en el mismo momento, de modo que un pájaro no es ancestro del otro. De la información obtenida no es posible inferir si un pájaro tiene más posibilidades de reproducirse que otro. El hecho de que un pico sea más pequeño que otro es una observación y no una deducción.

10. **A**; **Nivel de conocimiento:** 2; **Tema:** L.f.2;
Prácticas: SP.1.a, SP.1.b, SP.3.a, SP.7.a
Sumado al hecho de que la luz solar puede desencadenar la producción de vitamina D en los seres humanos, la explicación de que las pieles claras, que producen vitamina D más eficientemente, se tornaron más comunes en las poblaciones que viven en medio ambientes menos soleados respalda la inferencia. Las otras afirmaciones son verdaderas, pero no son ideas que respaldan la conclusión particular afirmada en la pregunta.

11. **D**; **Nivel de conocimiento:** 3; **Tema:** L.f.2;
Prácticas: SP.1.a, SP.1.b, SP.3.b, SP.7.a
La comprensión de la genética y la información del texto pueden ser usadas para concluir que, para obtener descendencia con ciertos rasgos, se cultivan o se crían organismos progenitores con esos rasgos. Ninguna de las otras afirmaciones es una explicación precisa de cómo los rasgos se transmiten de una generación a la otra para reproducir individuos con o sin ciertos rasgos.

12. **C**; **Nivel de conocimiento:** 2; **Tema:** L.f.2;
Prácticas: SP.1.a, SP.1.b, SP.3.b, SP.7.a
Los perros usan su sentido del olfato para localizar cosas; entonces el rasgo que ayudaría a un perro a detectar drogas es un agudo sentido del olfato. Los otros rasgos no están relacionados con el hecho de encontrar cosas.

13. **B**; **Nivel de conocimiento:** 3; **Tema:** L.f.2;
Prácticas: SP.1.a, SP.1.b, SP.3.b, SP.7.a
La comprensión de que la selección artificial de las plantas incluye la plantación selectiva de semillas de plantas con ciertos rasgos conduce a la conclusión de que los agricultores habrían usado semillas de plantas con rasgos deseados en futuras temporadas de plantación. La selección artificial incluye la propagación o reproducción de organismos, sin descartar organismos que tengan rasgos menos deseados. El pasaje afirma que los agricultores usaron selección artificial basada en una observación, no por accidente. Es lógico asumir que los antiguos agricultores no tenían el conocimiento o la tecnología para transferir el material genético.

14. **A**; **Nivel de conocimiento:** 3; **Tema:** L.f.2;
Prácticas: SP.1.a, SP.1.b, SP.3.b, SP.7.a
La ingeniería genética incluye cambiar la composición genética de una especie con el tiempo mediante la transferencia real de ADN, pero la selección artificial también cambia la conformación genética de una especie con el tiempo mediante el control del material genético que se pasa a futuras generaciones. Ambos procesos pueden dar como resultado plantas resistentes a los insectos, pero no siempre surge este efecto. Solo la ingeniería genética incluye la transferencia de genes de un organismo a otro. Es verdad que los seres humanos eligen qué cultivos necesitan una mejoría con ambos procesos, pero esta afirmación no es una conclusión sobre cómo el término *modificación genética* se relaciona con ambos procesos.

LECCIÓN 15, *págs. 58–61*

1. **B**; **Nivel de conocimiento:** 2; **Tema:** L.f.3;
Prácticas: SP.1.a, SP.1.b, SP.3.b, SP.7.a
El texto afirma que los seres vivos tienen adaptaciones relacionadas con la supervivencia en los climas en los que viven y que la migración es un ejemplo de adaptación conductual. Esta información respalda la conclusión de que la migración ayuda a que el animal sobreviva y, por lo tanto, la conclusión de que el animal migra porque no puede sobrevivir en las temperaturas invernales de la región. El animal puede o no tener adaptaciones que lo ayuden a vivir en temperaturas frías, pero no tiene adaptaciones que lo ayuden a vivir en un clima tan frío como las temperaturas frías de la región de la que migra. El animal no necesita trasladarse de la región permanentemente porque utiliza la adaptación de migración para irse del área según lo necesite. El animal no se ha trasladado a un lugar en el que no pueda sobrevivir; sobrevive en la región durante otras temporadas y se ha adaptado dejando la región durante el invierno.

2. **A**; **Nivel de conocimiento:** 2; **Tema:** L.f.3;
Prácticas: SP.1.a, SP.1.b, SP.3.b, SP.7.a
El pasaje afirma que los desiertos son muy secos y que los seres vivos tienen adaptaciones relacionadas con la supervivencia en los climas en los que viven y que los organismos del desierto, específicamente, tienen adaptaciones relacionadas con la conservación del agua. Esta información respalda la conclusión de que es probable que las plantas y los animales del desierto tengan adaptaciones relacionadas con sobrevivir con poca agua. Los desiertos tienen temperaturas elevadas; por eso es probable que las plantas y los animales tengan adaptaciones para sobrevivir en temperaturas altas, no en temperaturas moderadas. No hay evidencia que respalde la idea de que las plantas y los animales del desierto vivan solo durante períodos cortos de tiempo. Las tundras y los desiertos tienen diferentes rangos de temperaturas; por eso es poco probable que los animales adaptados a vivir en el desierto también estén adaptados para vivir en la tundra.

3. **Nivel de conocimiento:** 3; **Tema:** L.f.3;
Práctica: SP.1.a, SP.1.b, SP.3.a, SP.3.b, SP.6.c, SP.7.a
Respuesta posible:
Ⓐ Las moscas de la fruta en la isla pueden convertirse en una especie distinta si están presentes los factores que se requieren para que ocurra la evolución de la especie. Ⓑ La isla tendría que estar lo suficientemente lejos del continente para que las dos poblaciones no puedan alcanzarse para cruzarse. Las condiciones ambientales de la isla y del continente tendrían que ser suficientemente distintas para que las dos poblaciones experimenten diferentes presiones selectivas. Los procesos de selección natural y adaptación deberían causar que la población de moscas de la fruta de la isla desarrolle rasgos únicos hagan que no quisieran o no pudieran reproducirse con las moscas de la fruta del continente si regresaran los individuos al continente.
Ⓐ La primera oración afirma una conclusión que explica cómo las moscas de la fruta de la isla pueden convertirse en una especie diferente.
Ⓑ El resto del párrafo enumera maneras específicas en las que los factores requeridos para la evolución de la especie podrían provocar que la población de moscas de la fruta de la isla se convirtiera en una especie diferente. La conclusión se respalda en información del texto y las deducciones se hacen usando esa información.

4. **Nivel de conocimiento:** 3; **Tema:** L.f.3;
Prácticas: SP.1.a, SP.1.b, SP.3.a, SP.3.b, SP.6.c, SP.7.a
Respuesta posible:
Ⓐ La selección natural es crítica en el desarrollo de microbios resistentes a los medicamentos. Ⓑ La selección natural es provocada por las presiones de selección. Una presión de selección es una característica de un medio ambiente que cambia la capacidad de un organismo de sobrevivir y reproducirse en el medio ambiente a lo largo del tiempo. Ⓒ Cuando se introduce en una población de microbios, un medicamento diseñado para matar o limitar el crecimiento de los microbios ejerce una presión de selección. A través de la selección natural, los organismos que tienen un rasgo de resistencia a los medicamentos pasan el rasgo a futuras generaciones hasta que el rasgo sea común en la población.
Ⓐ La primera oración establece una conclusión acerca de la importancia de la selección natural en el desarrollo de microbios resistentes a los medicamentos.
Ⓑ La segunda y la tercera oración establecen conocimientos de fondo acerca de la selección natural y la presión de selección.
Ⓒ El resto del párrafo utiliza inferencias e información del pasaje para describir el rol crítico de la selección natural en el desarrollo de los microbios resistentes a los medicamentos.

5. Nivel de conocimiento: 3; **Temas:** L.c.5, L.f.3;
Prácticas: SP.1.a, SP.1.b, SP.3.a, SP.3.b, SP.6.c, SP.7.a
Respuesta posible:
Ⓐ Al cambiar el medio ambiente, los seres humanos ejercen presiones de selección que afectan la tasa de extinción. Ⓑ Los cambios ambientales que ocasionan los seres humanos incluyen la destrucción y la alteración del clima mediante el calentamiento global. Cuando se cambia el medio ambiente en el que vive la población, las presiones de selección sobre la población cambian. Si los miembros de la población no son capaces de desarrollar rasgos necesarios para sobrevivir y reproducirse en un hábitat modificado, la población puede desaparecer y las especies extinguirse.
Ⓐ La primera oración establece una conclusión acerca de cómo los humanos ejercen presiones de selección que afectan la tasa de extinción.
Ⓑ El resto del párrafo usa inferencias, información del pasaje y conocimiento de fondo acerca de las presiones de selección para explicar los modos en que los humanos afectan los medio ambientes y los impactos potenciales de esos sucesos.

LECCIÓN DE ALTO IMPACTO: EVALUAR CONCLUSIONES, *págs. 62–63*

1. D; Nivel de conocimiento: 3; **Temas:** L.f.2, L.f.3;
Prácticas: SP.1.a, SP.1.b, SP.1.c, SP.3.b, SP.4.a, SP.7.a, SP.8.a, SP.8.b
La evidencia del experimento contradice la hipótesis porque el ave se comió un porcentaje mayor de mariposas de alas marrones que de mariposas con manchas anaranjadas. Los datos no muestran que las aves se comieron más mariposas con manchas anaranjadas que cualquier otro color, así que la hipótesis no está respaldada. Los datos tampoco mostraron que el ave se comió mariposas de manchas azules que cualquier otro color, aunque este resultado hubiera contradicho la hipótesis, sin respaldarla. La hipótesis también estaría contradicha por el resultado de que el ave se comiera la misma razón de todas las mariposas, aunque los datos tampoco mostraron que esto fuera verdad.

2. C; Nivel de conocimiento: 2; **Tema:** L.a.4;
Prácticas: SP.1.a, SP.4.a, SP.7.a
La pregunta pide evidencia de cómo se transmitió el virus, cosa que se explica en la descripción de esta observación del pasaje: *cuando alguien infectado estaba por un período de tiempo en lugares cerrados con gente no infectada, la gente se infectaba.* La oración de la respuesta B explica la conclusión que se saca de la evidencia pero no presenta la evidencia por sí misma. La oración de la respuesta D da una solución para evitar la propagación del virus y además presenta la evidencia. La oración que explica la teoría de la patata en el bolsillo sirvió para mostrar la superstición sobre cómo evitar contraer el virus y no presentó evidencia de cómo se propaga.

3. B; Nivel de conocimiento: 3; **Tema:** L.a.4;
Prácticas: SP.1.a, SP.4.a, SP.7.a
Los científicos observaron que el virus se propagaba entre quienes estaban en contacto cercano. La mejor explicación de la transmisión por contacto cercano es que el virus viaja en gotitas por el aire. La tos saca el virus y lo lleva de una persona a otra, pero no es el origen del virus. El pasaje no dice que las partículas virales puedan viajar largas distancias o a través de barreras físicas. De hecho, dice que hay barreras como las mascarillas que evitan que el virus se propague.

4. C; Nivel de conocimiento: 2; **Temas:** L.c.4, L.c.5;
Prácticas: SP.1.a, SP.1.b, SP.1.c, SP.3.b, SP.4.a, SP.7.a, SP.8.a, SP.8.c
El mapa muestra que los hábitats de las especies A y B cambiaron mucho entre 1945 y 2010, lo que sugiere que tal vez una especie esté invadiendo el ecosistema de la otra. Los hábitats no permanecieron iguales entre los dos períodos de tiempo. Tampoco hay un hábitat que crezca y luego se reduzca. Y los mapas muestran que las dos especies ocupan mayormente áreas distintas.

5. A; Nivel de conocimiento: 2; **Temas:** L.c.4, L.c.5;
Prácticas: SP.1.a, SP.1.b, SP.1.c, SP.3.b, SP.4.a, SP.7.a, SP.8.a, SP.8.c
Los mapas muestran que el hábitat de la especie A era mayor en 1945 que en 2010, y el hábitat de la especie B era mayor en 2010 que en 1945. Este patrón sugiere que la especie B es invasora. La especie A no tenía un hábitat mayor en 2010 que en 1945, pero un hábitat menor en 1945 tampoco indica que está invadiendo hábitat de la especie B en 2010. El hábitat de la especie B no era mayor en el mapa de 1945 que en el mapa de 2010, y en todo caso, eso no sería evidencia de que es una especie invasora.

CIENCIAS DE LA VIDA EN ACCIÓN, *págs. 64–65*

CIENCIAS DE LA SALUD

1. A; Nivel de conocimiento: 1; **Tema:** L.a.4;
Prácticas: SP.1.a, SP.1.b, SP.1.c
La tabla muestra un cuadrado en blanco para la columna de 7-8 años del renglón de VPH, indicando que la vacuna contra el VPH no se debe dar a niños de estas edades. La vacuna MenACWY se muestra en morado para las edades de 7-10 años, indicando que ciertos grupos de alto riesgo deben recibir esta vacuna en este intervalo de edades, que son menores de 9 años. Ambas vacunas contra la hepatitis B y MMR están indicadas en amarillo en la tabla, lo cual significa que se recomiendan su administración para edades de 0-7 años para la mayoría de los niños.

2. B; Nivel de conocimiento: 1; **Tema:** L.a.4;
Prácticas: SP.1.b, SP.1.c
El texto del renglón de Gripe de la tabla indica que la vacuna contra la gripe es anual. VPH, hepatitis A, y varicela no están rotuladas como vacunas anuales.

3. B; Nivel de conocimiento: 2; **Tema:** L.a.4;
Prácticas: SP.1.a, SP.1.b, SP.1.c, SP.3.b
Según la tabla, se recomienda aplicar la MCV entre las edades de 7 y 10 años para ciertos grupos de alto riesgo, lo cual es menor que la edad recomendada de 11 a 12 años. Tdap se recomienda antes de las edades 11–12 años si se necesitan ponerse al día. Ambas vacunas contra la polio y MMR están indicadas en amarillo en la tabla, lo cual significa que se recomiendan ser administradas para edades de 0–7 años para la mayoría de los niños.

4. **A**; **Nivel de conocimiento:** 2; **Tema:** L.a.4;
Prácticas: SP.1.a, SP.1.b, SP.1.c, SP.3.b
Según la tabla, se recomienda aplicar la Tdap entre los 11 y 12 años. Si no se aplica a esa edad, hay una vacuna para ponerse al día que se puede administrar entre los 13 y 18 años, de manera que el paciente sea vacunado. No se debe enviar a casa a un paciente sin vacunarse ni tampoco debe hacérsele esperar un año para la vacunación, porque el paciente ya está listo para ponerse al día con sus vacunas. Tampoco debe dársele una vacuna distinta porque aún no estaría protegido contra tétanos, la difteria y tos ferina.

5. **B**; **Nivel de conocimiento:** 1; **Tema:** L.a.4;
Prácticas: SP.1.b, SP.1.c
Según la tabla, se recomienda poner la VPH entre los 11 y 12 años, así que 11 es la respuesta correcta. Según la tabla, a los 9 años se es muy joven para recibir la vacuna. La vacuna se puede poner a los niños de entre 13 y 18 si no la recibieron entre los 11 y 12 años.

6. **A**; **Nivel de conocimiento:** 2; **Tema:** L.a.4;
Prácticas: SP.1.a, SP.1.b, SP.1.c, SP.3.b
Según la tabla, la vacuna contra la polio se recomienda ser administrada durante las edades de 0-7 años para la mayoría de los niños, así que el paciente debe recibir la vacuna para ponerse al día. La vacuna contra la polio no se recomienda para pacientes mayores de 17 años. El paciente no debe recibir la vacuna contra la varicela porque una vacuna simplemente no puede sustituir a otra.

AGRICULTURA, ALIMENTOS Y CIENCIAS NATURALES

7. **B**; **Nivel de conocimiento:** 2; **Tema:** L.e.2;
Prácticas: SP.1.a, SP.1.b, SP.1.c, SP.3.b
Dado que el alelo agouti (*A*) cualquier conejo que tenga al menos un alelo agouti (*A/A*, *A/a^t*, *A/a*) expresará el patrón agouti. Si un conejo no tiene ningún alelo agouti (*a/a*, *a^t/a^t*, *a/a^t*), no expresará el patrón agouti.

8. **C**; **Nivel de conocimiento:** 2; **Tema:** L.e.2;
Prácticas: SP.1.a, SP.1.b, SP.1.c, SP.3.b
La combinación de los dos alelos (*a^t*) producirá un conejo de patrón fuego. Como el alelo fuego (*a^t*) es recesivo respecto al patrón agouti (*A*), todo conejo que tenga un alelo agouti (*A/a^t*) expresará un pelaje de patrón agouti. Así se descartan todas las combinaciones de alelos que incluyan siquiera un alelo agouti (*A*). Como el alelo fuego (*a^t*) es dominante respecto al alelo sólido (*a*), *a^t/a* también expresará el patrón de pelaje fuego. Por lo tanto, *a^t/a^t* y *a^t/a* expresarán el patrón fuego.

9. **D**; **Nivel de conocimiento:** 2; **Tema:** L.e.2;
Prácticas: SP.1.a, SP.1.b, SP.1.c, SP.3.b
La combinación de dos alelos sólido (*a*) producirá un conejo de patrón de pelaje sólido. Como el alelo sólido es recesivo tanto respecto al alelo agouti (*A*) como al alelo fuego (*a^t*), todo conejo que tenga un alelo agouti o un alelo fuego no expresará un patrón de pelaje sólido. Por lo tanto, solo *a/a* expresará el patrón sólido.

10. **D**; **Nivel de conocimiento:** 3; **Tema:** L.e.2;
Prácticas: SP.1.a, SP.1.b, SP.1.c, SP.3.b, SP.8.c
Dos conejos agouti *A/A* que se crucen producirían solamente crías *A/A*. Los conejos sólido expresan una combinación de alelos *a/a*, así que un 0% de las crías expresará el patrón de pelaje sólido.

11. **C**; **Nivel de conocimiento:** 3; **Tema:** L.e.2;
Prácticas: SP.1.a, SP.1.b, SP.1.c, SP.3.b, SP.8.c
Dos conejos de pelaje agouti *A/a* que se crucen producirían 25% de crías *A/A* (agouti), 50% de crías *A/a* (agouti) y 25% de crías *a/a* (sólido). De esta manera, el 25% de las crías expresarán un patrón de pelaje sólido.

12. **A**; **Nivel de conocimiento:** 3; **Tema:** L.e.2;
Prácticas: SP.1.a, SP.1.b, SP.1.c, SP.3.b, SP.8.c
Dos conejos de pelaje fuego *a^t/a^t* que se crucen producirían solamente conejos *a^t/a^t*. Por lo tanto, el 100% de las crías expresarán el patrón de pelaje fuego.

13. **C**; **Nivel de conocimiento:** 3; **Tema:** L.e.2;
Prácticas: SP.1.a, SP.1.b, SP.1.c, SP.3.b, SP.4.a, SP.8.c
Un conejo de pelaje fuego *a^t/a* que se cruzó con un conejo de pelaje sólido *a/a* produciría 50% de crías *a^t/a* (fuego) y 50% de crías *a/a* (sólido). Por lo tanto, al cruzar al conejo de pelaje fuego con uno de pelaje sólido (*a/a*) y obtener 50% de conejos de pelaje fuego y 50% de conejos de pelaje sólido se demostraría que el conejo de pelaje fuego tenía la combinación de alelos *a^t/a*. Al cruzar al conejo de pelaje fuego con otro conejo conocido de pelaje fuego *a^t/a^t* y obtener todos conejos de pelaje fuego, no indicaría la combinación de alelos del conejo desconocido, porque podría ser un *a^t/a^t* o un *a^t/a*. Cruzar al conejo de pelaje fuego con otro de pelaje sólido (*a/a*) y obtener todos conejitos de pelaje fuego indicaría que la combinación de alelos del conejo de pelaje fuego era *a^t/a^t*, porque hubiera habido 50% de crías de pelaje sólido si el conejo de pelaje fuego hubiera cargado un alelo recesivo "*a*". Cruzar al conejo de pelaje fuego con un conejo de pelaje agouti (*A/A*) y obtener 100% conejitos de pelaje agouti no indicaría nada de la combinación de alelos del conejo de pelaje fuego, porque el alelo *A* es dominante respecto a todos los otros y los oculta en las crías.

14. **A**; **Nivel de conocimiento:** 3; **Tema:** L.e.2;
Prácticas: SP.1.a, SP.1.b, SP.1.c, SP.3.b, SP.8.c
Al cruzar dos conejos de pelaje sólido (*a/a*) se producen 100% conejitos de pelaje sólido, así que esa es la respuesta correcta. Al cruzar uno de pelaje sólido (*a/a*) con otro de pelaje fuego (*a^t/a*) se produciría 50% de conejitos de pelaje fuego, pero ese no es el número máximo de combinaciones que se da. Lo mismo es válido al cruzar un conejo de pelaje sólido (*a/a*) con un conejo de pelaje agouti *A/a*: solo el 50% de las crías serán conejitos de pelaje sólido. Al cruzar un conejito de pelaje sólido con un conejo de pelaje agouti *A/A* se produciría 0% de conejitos de pelaje sólido ya que *A* es el alelo dominante.

UNIDAD 2 CIENCIAS FÍSICAS

LECCIÓN 1, *págs. 66–69*

1. **B**; **Nivel de conocimiento:** 2; **Tema:** P.c.1;
Prácticas: SP.1.a, SP.1.b, SP.1.c, SP.7.a
Los rótulos indican que, en el modelo, los protones son de color azul. Además, en el pasaje se indica que un protón puede representarse con un signo de carga positiva, y las partículas azules están marcadas con un signo de más. Entonces, el átomo tiene siete protones. Si bien solamente un protón lleva rótulo, otras partículas se ven exactamente iguales, lo que significa que también son protones. El átomo tiene catorce protones y electrones, y veintiún protones, neutrones y electrones combinados.

2. **A**; **Nivel de conocimiento:** 2; **Tema:** P.c.1;
Prácticas: SP.1.a, SP.1.b, SP.1.c, SP.7.a
A partir de la información del pasaje, sabes que un átomo es eléctricamente neutro, es decir, no tiene carga, y que el modelo muestra un átomo. Todos los átomos tienen el mismo número de protones que de electrones. Un átomo de hidrógeno tiene solamente un protón, mientras que el átomo del modelo tiene siete protones. Los neutrones nunca tienen carga.

3. **C**; **Nivel de conocimiento:** 3; **Tema:** P.c.1;
Prácticas: SP.1.a, SP.1.b, SP.1.c, SP.7.a
Según el pasaje, un átomo tiene el mismo número de protones que de electrones, mientras que un ión tiene más o menos protones que electrones. El modelo muestra seis protones y seis electrones, entonces, representa un átomo. Las cantidades de neutrones y electrones de un átomo y un ión pueden variar. El hecho que el número de electrones sea igual al número de neutrones no determina si es un átomo o un ión, porque los neutrones no tienen carga. El átomo que muestra el modelo no tiene carga, porque tiene el mismo número de protones que de electrones.

4. **A**; **Nivel de conocimiento:** 3; **Tema:** P.c.1;
Prácticas: SP.1.b, SP.1.c, SP.7.a
La partícula que muestra el modelo ganó dos electrones para pasar de ser un átomo a ser un ión. El resultado es que el ión tiene carga negativa, porque sus electrones con carga negativa son dos más que los protones con carga positiva. El ión debería tener más protones que electrones para tener carga positiva. Para transformarse en un ión, un átomo gana o pierde electrones, no protones ni neutrones.

5. **D**; **Nivel de conocimiento:** 2; **Tema:** P.c.1;
Prácticas: SP.1.a, SP.1.b, SP.1.c, SP.7.a
El pasaje explica que los prefijos de los nombres compuestos indican cuántos átomos de un cierto tipo hay en una molécula de un compuesto. El modelo muestra que una molécula de dióxido de carbono tiene dos átomos de oxígeno, por lo tanto, puede inferirse que *dióxido* significa "que tiene dos átomos de oxígeno". Existen diferentes compuestos formados por carbono y oxígeno; *dióxido* se refiere al hecho de que el número de átomos de oxígeno en una molécula del compuesto llamado dióxido de carbono es dos. Una molécula de dióxido de carbono está formada por tres átomos, pero *dióxido* se refiere a los dos átomos de oxígeno de la molécula. Existen diferentes sustancias que contienen oxígeno; *dióxido* se refiere específicamente al hecho de que el número de átomos de oxígeno en una molécula del compuesto llamado dióxido de carbono es dos.

6. **B**; **Nivel de conocimiento:** 2; **Tema:** P.c.1;
Prácticas: SP.1.a, SP.1.b, SP.1.c, SP.7.a
La parte inferior del modelo muestra que se transfiere un electrón del sodio al cloro cuando se produce el enlace iónico entre el cloro y el sodio. Los átomos comparten electrones cuando sus enlaces son covalentes, no cuando los enlaces son iónicos. El electrón que se transfiere en el enlace iónico entre el sodio y el cloro pasa del átomo de sodio al átomo de cloro, y no al revés. En los enlaces iónicos, los iones no van y vienen entre una partícula y otra.

7. **C**; **Nivel de conocimiento:** 3; **Tema:** P.c.1;
Prácticas: SP.1.a, SP.1.b, SP.1.c, SP.7.a
El átomo de sodio pierde un electrón para formar el enlace iónico que muestra el modelo. El resultado es que el ión de sodio tiene carga positiva, porque tiene un protón con carga positiva más que el número de electrones con carga negativa. El modelo muestra que el sodio pierde un electrón y no que el sodio gana un electrón. El modelo muestra que el átomo de sodio tiene menos electrones que el átomo de cloro, por lo tanto, el átomo de sodio tendrá también menos protones que el átomo de cloro. El número de protones no cambia cuando un átomo se transforma en ión, por lo tanto, el ión de sodio tiene menos protones que el átomo de cloro. El signo más en el modelo se refiere al ión de sodio y no a la carga del compuesto en su totalidad.

8. **D**; **Nivel de conocimiento:** 2; **Tema:** P.c.1;
Prácticas: SP.1.b, SP.1.c, SP.7.a
Según la clave del modelo de la izquierda, un signo "+" encerrado en un círculo representa un protón, por lo tanto, cada signo más encerrado en un círculo representa el único protón que hay en el núcleo de cada uno de los dos átomos de hidrógeno que se unen para formar una molécula de hidrógeno. La nube de electrones de cada átomo de hidrógeno está representada por un anillo. El único electrón que hay en cada átomo de hidrógeno está representado por un círculo amarillo. Las moléculas no están formadas por átomos que se suman, sino por átomos que comparten electrones.

9. **D**; **Nivel de conocimiento:** 3; **Tema:** P.c.1;
Prácticas: SP.1.b, SP.1.c, SP.7.a
Ya sabes que, en los modelos científicos, las barras o líneas que conectan los átomos representan enlaces covalentes. La barra del modelo conecta los dos átomos de hidrógeno, así que representa un enlace covalente entre los átomos. La barra del modelo es una representación, en forma de línea, de un enlace; no es una representación exacta de la estructura de una molécula. El propósito del modelo es mostrar el enlace entre los átomos y no el movimiento de los átomos o de los núcleos de los átomos.

10. **A**; **Nivel de conocimiento:** 3; **Tema:** P.c.1;
Prácticas: SP.1.b, SP.1.c, SP.7.a
Las formas y las estructuras de los modelos indican que estos representan el enlace covalente entre dos átomos de hidrógeno para formar una molécula de hidrógeno. En los enlaces covalentes, los átomos comparten electrones; no pierden ni ganan electrones. La barra del modelo de la derecha representa un enlace covalente; no es una representación exacta de la estructura de una molécula.

11. **Nivel de conocimiento:** 2; **Tema:** P.c.1;
Prácticas: SP.1.a, SP.1.b, SP.1.c, SP.6.b, SP.7.a
La fórmula estructural del dióxido de carbono muestra que contiene un átomo de carbono y dos átomos de oxígeno, entonces, la fórmula química del dióxido de carbono es CO_2. La fórmula estructural del peróxido de hidrógeno muestra que contiene dos átomos de hidrógeno y dos átomos de oxígeno, entonces, la fórmula química del peróxido de hidrógeno es H_2O_2. La fórmula estructural del ozono muestra que contiene tres átomos de oxígeno, entonces, la fórmula química del ozono es O_3.

UNIDAD 2 *(continuación)*

12. B; Nivel de conocimiento: 3; **Tema:** P.c.1;
Prácticas: SP.1.a, SP.1.b, SP.1.c, SP.7.a
El pasaje explica que el extremo positivo de cada molécula de agua atrae al extremo negativo de otra molécula y el modelo muestra que los átomos de hidrógeno forman el extremo con carga positiva de la molécula, mientras que el átomo de oxígeno forma el extremo con carga negativa. Entonces, puede inferirse que los átomos de hidrógeno de una molécula atraen al átomo de oxígeno de otra molécula. Ni el pasaje ni el modelo dan indicios de que el agua sea magnética. Tanto el pasaje como el modelo indican que las moléculas de agua están formadas por hidrógeno y oxígeno y, por lo tanto, el agua no es un elemento. El modelo ilustrado muestra que los átomos de una molécula de agua no forman una línea.

LECCIÓN 2, *págs. 70–73*

1. A; Nivel de conocimiento: 3; **Tema:** P.c.2;
Prácticas: SP.1.a, SP.1.b, SP.1.c, SP.7.a
Al examinar el área del diagrama que está en la parte inferior del eje de la *y* pero bien a la derecha a lo largo del eje de la *x*, puedes determinar que, bajo condiciones de baja presión y alta temperatura, la sustancia sería un gas. La sustancia es un líquido bajo condiciones de presión y temperatura relativamente moderadas, y un sólido en condiciones de temperatura relativamente alta y presión baja. El punto en el que la sustancia hierve (se evapora) está ubicado en el rango medio de la temperatura y la presión.

2. C; Nivel de conocimiento: 3; **Tema:** P.c.2;
Prácticas: SP.1.a, SP.1.b, SP.1.c, SP.7.a
La flecha que está bajo el rótulo "Sublimación" en el diagrama señala el paso de sólido a gas, lo que indica que, durante la sublimación, la sustancia se transforma de sólido a gas. Las otras opciones de respuesta corresponden a interpretaciones incorrectas del diagrama.

3. A; Nivel de conocimiento: 2; **Tema:** P.c.2;
Prácticas: SP.1.a, SP.1.b, SP.1.c, SP.7.a
El diagrama indica que en la evaporación y la condensación participan solamente los líquidos y los gases, pero no los sólidos. El área en la que se superponen los sólidos y los líquidos muestra que tanto los sólidos como los líquidos participan en los procesos de fusión y congelamiento. El área de los líquidos, no de los sólidos, muestra la propiedad de que las partículas chocan entre ellas. El área en la que se superponen los sólidos, los líquidos y los gases indica que, en los tres estados, la materia está formada por partículas individuales.

4. B; Nivel de conocimiento: 2; **Tema:** P.c.2;
Prácticas: SP.1.a, SP.1.b, SP.1.c, SP.7.a
El área en la que se superponen los sólidos, los líquidos y los gases muestra la propiedad de estar caracterizados por la disposición de las partículas, así que los tres estados de la materia comparten esta característica. El área correspondiente a los gases muestra que los gases pueden comprimirse. El diagrama muestra que solamente los sólidos y los gases participan en la sublimación, y que solo los gases y los líquidos participan en la condensación. El área de los sólidos muestra que los sólidos no fluyen.

5. D; Nivel de conocimiento: 3; **Tema:** P.c.2;
Prácticas: SP.1.a, SP.1.b, SP.1.c, SP.3.b, SP.7.a
El diagrama muestra que la sublimación implica una transformación entre un sólido y un gas, y que la fusión implica una transformación entre un sólido y un líquido; la diferencia en cuanto al espacio entre las partículas es mucho mayor entre los sólidos y los gases que entre los sólidos y los líquidos. La fusión implica una transformación de sólido a líquido, lo que significa que el espacio entre las partículas aumenta, no disminuye. El espacio entre las partículas está relacionado con los estados de la materia porque el espacio es diferente en cada uno de los estados. Los gases se caracterizan por grandes espacios entre las partículas y son fáciles de comprimir, lo que sugiere que a un aumento del espacio entre las partículas le corresponde un aumento, y no una disminución, de la compresibilidad.

6. D; Nivel de conocimiento: 2; **Tema:** P.c.2;
Prácticas: SP.1.a, SP.1.b, SP.1.c, SP.7.a
En la ilustración, el líquido toma la forma del recipiente en la parte del recipiente que llena, mientras que el gas llena el recipiente completo y, por lo tanto, toma la forma del recipiente entero. A partir de la ilustración, queda claro que los líquidos y los gases no conservan su forma. La ilustración muestra que los gases tienden a llenar los recipientes, mientras que los sólidos conservan su forma y su tamaño, y los líquidos llenan solo una parte de los recipientes que los contienen. El ejemplo de sólido de la ilustración tiene forma de caja, pero no todos los sólidos tienen forma de caja. El líquido de la ilustración tiene forma de caja únicamente porque el líquido toma la forma del recipiente que lo contiene.

7. B; Nivel de conocimiento: 3; **Tema:** P.c.2;
Prácticas: SP.1.a, SP.1.b, SP.1.c, SP.3.b, SP.7.a
Como un gas toma la forma del recipiente que lo contiene, escapará de un recipiente abierto para llenar el área cerrada más amplia que lo contiene. Las otras conclusiones no están avaladas por la ilustración. Dependiendo de otras condiciones, un líquido puede evaporarse y transformarse en un gas, o congelarse y transformarse en un sólido, incluso si está en un recipiente. La cantidad de líquido de una muestra no cambia cuando se vierte el líquido en un recipiente, por lo tanto, el recipiente debe ser suficientemente grande como para que quepa la cantidad de líquido de la muestra. Como en el caso de las otras sustancias, el sólido representado en la ilustración es un ejemplo. Las muestras de materia en estado sólido pueden variar ampliamente en términos de forma y tamaño y por eso no necesariamente entrarán en un recipiente del mismo tamaño.

8. C; Nivel de conocimiento: 2; **Tema:** P.c.2;
Prácticas: SP.1.a, SP.1.b, SP.1.c, SP.7.a
Los puntos de ebullición que se ven en el diagrama van de −61°C a 2,239°C, lo que indica que el punto de ebullición varía enormemente de un compuesto a otro. Según el diagrama, el sulfuro de hidrógeno hierve a −61°C, que es menos que 0°C, y el cloruro de sodio tiene su punto de ebullición a 1,413°C, que es menos que 2,000°C. El diagrama por sí solo no indica si los compuestos son covalentes o iónicos; sin embargo, el pasaje indica que los compuestos covalentes tienden a tener puntos de ebullición más bajos, no más altos.

9. **D**; **Nivel de conocimiento:** 3; **Tema:** P.c.2;
Prácticas: SP.1.a, SP.1.b, SP.1.c, SP.3.b, SP.7.a
El pasaje explica que los compuestos iónicos tienen puntos de ebullición mucho más altos que los compuestos covalentes. A partir de esa idea, puedes inferir que, de los compuestos que se muestran en el diagrama, aquellos cuyos puntos de ebullición superan los 1,000°C son compuestos iónicos. Por lo tanto, es razonable suponer que otros compuestos iónicos hierven a aproximadamente 1,000°C o más. Las otras temperaturas se corresponden mejor con los puntos de ebullición de los que, puede suponerse, son los compuestos covalentes del diagrama.

10. **B**; **Nivel de conocimiento:** 3; **Tema:** P.c.2;
Prácticas: SP.1.a, SP.1.b, SP.1.c, SP.7.a
El pasaje explica que los hidrocarburos son compuestos que tienen moléculas formadas por hidrógeno y carbono. Sin embargo, la gráfica muestra que, además de hidrocarburos, el gas natural típicamente contiene también nitrógeno, un elemento, y dióxido de carbono, un compuesto formado por carbono y oxígeno. El propano, o C_3H_8, está incluido en la sección "Otro" de la gráfica, lo que indica que es un componente menor, ya que forma parte de un grupo de componentes que forman aproximadamente el 18 por ciento del gas natural. La gráfica no da información sobre si todos los componentes identificados pueden licuarse. La gráfica muestra que el metano, o CH_4, es el componente principal del gas natural.

11. **D**; **Nivel de conocimiento:** 3; **Tema:** P.c.2;
Prácticas: SP.1.b, SP.1.c, SP.7.a
Según el diagrama, los puntos de congelamiento del alcohol terbutílico y el agua rondan los 25°C y los 0°C, y los puntos de ebullición del alcohol terbutílico y el agua son 80°C y 100 °C. Entonces, el punto de congelamiento del alcohol terbutílico es mayor que el del agua, mientras que su punto de ebullición es menor. Las otras opciones de respuesta corresponden a interpretaciones inexactas del diagrama.

12. **A**; **Nivel de conocimiento:** 3; **Tema:** P.c.2;
Prácticas: SP.1.b, SP.1.c, SP.7.a
El diagrama muestra que el agua es un líquido a temperaturas entre 0°C y 100°C. En este rango, el alcohol terbutílico puede ser un sólido (de menos de 0°C a aproximadamente 25°C), un líquido (de aproximadamente 25°C a 80°C), y un gas (de 80°C a más de 100°C). Las otras opciones de respuesta corresponden a interpretaciones inexactas del diagrama.

13. **D**; **Nivel de conocimiento:** 3; **Tema:** P.c.2;
Prácticas: SP.1.a, SP.1.b, SP.1.c, SP.7.a
Los diagramas muestran que el agua no se derrite de sólida a líquida hasta alcanzar los 0°C; entonces, a −50°C, permanecerá sin cambios. Los diagramas también muestran que el dióxido de carbono se transforma de sólido a gas, es decir, se sublima, a −78.5°C, entonces, al aumentar la temperatura de −100°C a −50°C, se sublimará. Cada una de las otras opciones de respuesta sugieren al menos un resultado que no es posible cuando la temperatura aumenta como se propone.

14. **B**; **Nivel de conocimiento:** 3; **Tema:** P.c.2;
Prácticas: SP.1.a, SP.1.b, SP.1.c, SP.3.b, SP.7.a
El pasaje establece que el dióxido de carbono a gran presión es un líquido. Por lo tanto, la condición que debería cambiar sería que la presión sobre el dióxido de carbono sea mayor. No tendría que ser menor. Nada indica en el pasaje ni en el diagrama que aumentar o disminuir la temperatura haga que el dióxido de carbono pase a estado líquido.

1. **D**; **Nivel de conocimiento:** 1; **Tema:** P.c.2;
Prácticas: SP.1.a, SP.1.b, SP.1.c, SP.7.a
Los datos de la columna "Punto de fusión" indican que el francio se funde a la temperatura más baja, 27.0°C. El litio tiene el punto de fusión más alto, y no el más bajo: 180.54°C. El potasio se funde a 63.65°C, y el rubidio se funde a 38.89°C; ambas temperaturas son más altas que el punto de fusión del francio.

2. **A**; **Nivel de conocimiento:** 2; **Tema:** P.c.2;
Prácticas: SP.1.a, SP.1.b, SP.1.c, SP.3.b, SP.3.d, SP.7.a
A medida que aumentan los datos de la columna que muestra los pesos atómicos, los datos correspondientes de la columna que muestra los puntos de fusión disminuyen. Por lo tanto, cuanto mayor (y no menor) es el peso atómico, menor es el punto de fusión. A medida que aumentan los datos de la columna que muestra los números atómicos, los datos correspondientes de la columna de los puntos de fusión disminuyen y los datos correspondientes de la columna de los pesos atómicos aumentan.

3. **D**; **Nivel de conocimiento:** 1; **Tema:** P.c.2;
Prácticas: SP.1.a, SP.1.b, SP.1.c
El pasaje explica que la masa atómica es lo mismo que el peso atómico y los elementos que tienen los mayores pesos atómicos (es decir, las mayores masas) se muestran en la esquina inferior derecha de la tabla. Los elementos que se muestran en las esquinas superiores izquierda y derecha tienen pesos atómicos relativamente bajos. Los elementos que se muestran en la esquina inferior izquierda tienen pesos atómicos que no son tan altos como los que se observan en la esquina inferior derecha.

4. **B**; **Nivel de conocimiento:** 1; **Tema:** P.c.2;
Prácticas: SP.1.a, SP.1.b, SP.1.c
El pasaje explica que los elementos de una misma columna, o grupo, tienen propiedades semejantes. El carbono y el silicio pertenecen al mismo grupo, por lo tanto tienen propiedades semejantes. Según la clave de la tabla, el neón es un no metal. El potasio y el criptón están en grupos diferentes, por eso es probable que no tengan propiedades semejantes. Según la clave, el calcio es un metal.

5. **C**; **Nivel de conocimiento:** 2; **Tema:** P.c.2;
Prácticas: SP.1.a, SP.1.b, SP.1.c
El pasaje explica que los elementos de una misma columna, o grupo, tienen propiedades semejantes; entonces, para encontrar elementos con propiedades semejantes a las del helio, se debe mirar la columna donde se muestra el helio. Existe una relación entre el número atómico y el punto de fusión, pero no se puede determinar el punto de fusión de un elemento simplemente mirando su número atómico. Los números atómicos aumentan de izquierda a derecha en las filas, entonces, los elementos con números atómicos mayores que el de un elemento en particular estarán a la derecha, y no a la izquierda, de ese elemento en la fila donde se lo muestra. Puedes usar la tabla periódica para identificar elementos que comparten propiedades, pero no para identificar las propiedades que comparten esos elementos.

6. **A**; **Nivel de conocimiento:** 2; **Tema:** P.c.2;
Prácticas: SP.1.a, SP.1.b, SP.1.c, SP.7.a
Al usar la fórmula dada, puedes dividir la masa (5.4 g) entre el volumen (2 cm³) para identificar la densidad de la sustancia desconocida, que es 2.7 g/cm³. La tabla muestra que esa es la densidad del aluminio. Según lo que se observa en la tabla, las densidades de la gasolina, el mercurio y el monóxido de carbono son 0.70, 13.6 y 0.00125 g/cm³, respectivamente.

7. **D**; **Nivel de conocimiento:** 2; **Tema:** P.c.2;
Prácticas: SP.1.a, SP.1.b, SP.1.c, SP.7.a
La sección "Nota" de la tabla explica que puede hallarse la densidad en kg/m^3 si se multiplica un valor de la tabla por 1,000. La tabla muestra que la densidad del nitrógeno es $0.001251 \ g/cm^3$. Al multiplicar esa cifra por 1,000, obtienes $1.251 \ kg/m^3$. Las opciones de respuesta incorrectas pueden provenir de errores de cálculo o una interpretación errónea de la información dada.

8. **C**; **Nivel de conocimiento:** 3; **Tema:** P.c.2;
Prácticas: SP.1.a, SP.1.b, SP.1.c, SP.3.b, SP.3.d, SP.7.a
La tabla explica que un cambio de olor y la formación de burbujas (o espuma) son indicadores de un cambio químico, entonces, lo más probable es que se haya producido una reacción química, y no un cambio físico. Los cambios de textura y estado son cambios físicos, y no reacciones químicas.

9. **A**; **Nivel de conocimiento:** 1; **Tema:** P.c.2;
Prácticas: SP.1.a, SP.1.b, SP.1.c, SP.7.a
En la fila de "Indicadores de cambio" de la tabla, el indicador "Cambio de color" aparece tanto en la columna de cambios físicos como en la de cambios químicos, lo que sugiere que un cambio de color puede ocurrir como consecuencia de un cambio físico o de un cambio químico. En la fila de "Propiedades", la propiedad "Inflamabilidad" está en la columna de los cambios químicos, lo que indica que la acción de estallar en llamas es un cambio químico. En la fila de "Indicadores de cambio", el indicador "Cambio de estado" está en la columna de los cambios físicos, lo que indica que la acción de transformar un líquido en un gas es un cambio físico. En la fila de "Indicadores de cambio", el indicador "Cambio de temperatura" está en la columna de cambios químicos, lo que indica que una disminución de la temperatura sin un cambio de estado está relacionada con un cambio químico.

10. **B**; **Nivel de conocimiento:** 2; **Tema:** P.c.2;
Prácticas: SP.1.a, SP.1.b, SP.1.c
La tabla muestra que el valor del pH de una sustancia cuya concentración de H^+ es 1×10^{-7} es 7, y que el valor del pH de una sustancia cuya concentración de H^+ es 1×10^{-6} es 6, entonces, el pH disminuiría de 7 a 6. Las opciones de respuesta incorrectas pueden provenir de una interpretación errónea de la tabla.

11. **D**; **Nivel de conocimiento:** 2; **Tema:** P.c.2;
Prácticas: SP.1.a, SP.1.b, SP.1.c
La tabla muestra que los ácidos tienen valores de pH que van de 0 a 6, entonces, de las opciones que se muestran, el pH más probable del ácido de batería es 0. Los valores de pH 8, 12 y 14 corresponden a las bases, y no a los ácidos.

LECCIÓN 4, *págs. 78–81*

1. **A**; **Nivel de conocimiento:** 1; **Tema:** P.c.3;
Prácticas: SP.1.a, SP.1.b, SP.1.c, SP.7.a
El hidrógeno y el oxígeno están representados en el lado izquierdo de la ecuación, por lo tanto, son reactantes. Ninguno de los dos es un producto. Las partículas de hidrógeno y oxígeno cambian su disposición y forman nuevos enlaces para producir agua. La masa siempre se conserva en las reacciones químicas; entonces, el número de átomos de oxígeno no puede cambiar durante la reacción.

2. **B**; **Nivel de conocimiento:** 1; **Tema:** P.c.3;
Prácticas: SP.1.a, SP.1.b, SP.1.c, SP.7.a, SP.8.b
Un coeficiente indica el número de moléculas de una sustancia que se representan en una reacción química, entonces, el coeficiente 2 en $2H_2O$ indica que los reactantes producen dos moléculas de agua. El coeficiente 2 de $2H_2$ indica dos moléculas de hidrógeno. En una reacción química, los subíndices indican números de átomos, no de moléculas.

3. **A**; **Nivel de conocimiento:** 3; **Tema:** P.c.3;
Prácticas: SP.1.a, SP.1.b, SP.1.c, SP.3.b, SP.7.a
En una reacción de descomposición, de un único reactante se forman dos o más productos. Si se forman dos gases a partir de un líquido, es probable que haya ocurrido una reacción de descomposición. Si un sólido y un líquido forman un sólido y un líquido diferentes, dos reactantes forman dos productos nuevos en una reacción de sustitución. Si se forma un líquido a partir de dos gases, o un sólido a partir de dos líquidos, los reactantes se han combinado en una reacción de síntesis.

4. **C**; **Nivel de conocimiento:** 1; **Tema:** P.c.3;
Prácticas: SP.1.a, SP.1.b, SP.1.c, SP.7.a
En la reacción que representa la ecuación, el hierro toma el lugar del cobre para formar sulfato de hierro en lugar de sulfato de cobre. Entonces, la reacción es una reacción de sustitución simple y no otra clase de reacción.

5. **B**; **Nivel de conocimiento:** 1; **Tema:** P.c.3;
Prácticas: SP.1.a, SP.1.b, SP.1.c, SP.7.a, SP.8.b
La ecuación correcta muestra que el hierro y el oxígeno son los reactantes y el óxido de hierro es el producto, que tiene el mismo número de cada tipo de átomo a ambos lados de la ecuación. Todas las ecuaciones correspondientes a las opciones de respuesta incorrectas no cumplen con uno u otro de estos criterios.

6. **C**; **Nivel de conocimiento:** 2; **Tema:** P.c.3;
Prácticas: SP.1.a, SP.1.b, SP.1.c, SP.7.a
La ecuación 3 muestra que dos reactantes forman dos productos nuevos, por eso representa una reacción de sustitución doble. La ecuación 1 muestra que un elemento toma el lugar de otro elemento, por eso representa una reacción de sustitución simple. La ecuación 2 muestra que un único reactante forma dos productos, por eso representa una reacción de descomposición. La ecuación 4 muestra que dos reactantes se combinan para formar un solo producto, por eso representa una reacción de síntesis.

7. **Nivel de conocimiento:** 2; **Tema:** P.c.3;
Prácticas: SP.1.a, SP.1.b, SP.1.c, SP.6.b, SP.7.a, SP.8.b
Los átomos de carbono ya son iguales en la ecuación original, entonces, tras el Paso 1, la ecuación sigue siendo $CH_4 + O_2 \rightarrow CO_2 + H_2O$. Los cuatro átomos de hidrógeno del lado izquierdo de la ecuación no están balanceados con los dos átomos de hidrógeno del lado derecho, entonces se debe agregar un coeficiente al lado derecho. Tras el paso 2, la ecuación es $CH_4 + O_2 \rightarrow CO_2 + 2H_2O$. A continuación del paso 2, los dos átomos de oxígeno del lado izquierdo no están balanceados con los cuatro átomos de oxígeno del lado derecho, entonces se debe agregar un coeficiente al lado izquierdo. Tras el paso 3, la ecuación es $CH_4 + 2O_2 \rightarrow CO_2 + 2H_2O$. A continuación del paso 3, el número de todos los átomos es el mismo, por lo tanto, la ecuación balanceada es $CH_4 + 2O_2 \rightarrow CO_2 + 2H_2O$.

8. **D**; **Nivel de conocimiento:** 2; **Tema:** P.c.2, P.c.3;
Prácticas: SP.1.a, SP.1.b, SP.1.c, SP.7.a
$AgNO_3 + NaI \rightarrow AgI + NaNO_3$ representa una reacción química identificada en la tercera fila de datos de la tabla. El cambio de agua a hielo es un cambio físico, no una reacción química. $2Mg + O_2$ representa únicamente reactantes, y no una reacción química completa. La ecuación química $2NH_3 \rightarrow 3H_2 + N_2$ incluye las sustancias identificadas en la primera fila de la tabla, pero no identifica correctamente la reacción química representada en la primera fila de la tabla.

9. **B**; **Nivel de conocimiento:** 2; **Tema:** P.c.3;
Prácticas: SP.1.a, SP.1.b, SP.1.c, SP.7.a
El pasaje explica que el metal y el ácido de los tubos de ensayo reaccionan y forman sal y gas hidrógeno en tres pruebas en las que se usaron diferentes metales. Entonces, en general, cuando un metal y un ácido son los reactantes en una reacción química, los productos son sal e hidrógeno. En las opciones de respuesta incorrectas se identifican de manera errónea los reactantes, los productos, o ambos.

10. **A**; **Nivel de conocimiento:** 3; **Tema:** P.c.3;
Prácticas: SP.1.a, SP.1.b, SP.1.c, SP.7.a, SP.8.b
Las ecuaciones $2C_4H_{10} + 13O_2 \rightarrow 8CO_2 + 10H_2O$ y $C_4H_{10} + O_2 \rightarrow CO_2 + H_2O$ representan la combustión del butano, pero solo $2C_4H_{10} + 13O_2 \rightarrow 8CO_2 + 10H_2O$ está balanceada, porque tiene igual número de cada tipo de átomo a ambos lados. Las otras opciones de respuesta incorrectas son ecuaciones que representan la combustión del metano y del octano.

11. **C**; **Nivel de conocimiento:** 3; **Tema:** P.c.3;
Prácticas: SP.1.a, SP.1.b, SP.1.c. SP.7.a, SP.8.b
Las ecuaciones $C_8H_{18} + 16O_2 \rightarrow 8CO_2 + 10H_2O$ y $2C_8H_{18} + 25O_2 \rightarrow 16CO_2 + 18H_2O$ representan ambas la combustión del octano, pero solo $2C_8H_{18} + 25O_2 \rightarrow 16CO_2 + 18H_2O$ está balanceada porque tiene el mismo número de cada tipo de átomo en ambos lados. Las otras opciones muestran reacciones del butano o del metano.

LECCIÓN 5, *págs. 82–85*

1. **C**; **Nivel de conocimiento:** 3; **Tema:** P.c.4;
Prácticas: SP.1.a, SP.1.b, SP.1.c, SP.3.c, SP.7.a
Es más probable que HCl (y no Br, LiBr o NaOH) tenga propiedades en común con HBr, ya que HCl y HBr son ácidos. NaOH es una base. LiBr es una sal. Br es un elemento, y no un compuesto.

2. **D**; **Nivel de conocimiento:** 3; **Tema:** P.c.4;
Prácticas: SP.1.a, SP.1.b, SP.1.c, SP.3.c, SP.7.a
La tabla indica que NaCl es una sal, entonces, la ecuación que representa la disociación de NaCl muestra el resultado de la disolución de una sal en agua. La ecuación que representa la unión entre Na^+ y Cl^- muestra cómo se forma el compuesto NaCl. Las otras ecuaciones muestran los resultados de la disolución de una base en agua y de un ácido, también en agua.

3. **Nivel de conocimiento:** 3; **Tema:** P.c.4;
Prácticas: SP.1.a, SP.1.b, SP.1.c, SP.3.c, SP.6.c, SP.7.a
Respuesta posible:
Ⓐ Cuando se agregan 30 g de NaCl al agua, se forma una solución no saturada. Ⓑ Cuando se agregan 10 g más de NaCl, la solución queda más concentrada. Una vez agregados los 36 g de NaCl, la solución alcanza el punto de saturación. Los 4 g de NaCl que quedan ya no se disuelven en la solución.
Ⓐ La primera oración explica qué sucede como resultado del primer paso de la investigación, a partir de la información del pasaje y del diagrama.
Ⓑ El resto del párrafo predice el resultado del siguiente paso de la investigación, a partir de la información provista en el pasaje y de la comprensión de las soluciones.

4. **C**; **Nivel de conocimiento:** 3; **Tema:** P.c.4;
Prácticas: SP.1.a, SP.1.b, SP.1.c, SP.3.c, SP.3.d, SP.7.a
La concentración de iones de H^+ en una solución de un ácido débil es menor, y no mayor, que la concentración en una solución de un ácido fuerte, como el HCl. El pasaje explica que un ácido débil no se ioniza completamente en una solución; sin embargo, sí se ioniza parcialmente.

5. **A**; **Nivel de conocimiento:** 3; **Tema:** P.c.4;
Prácticas: SP.1.a, SP.1.b, SP.1.c, SP.3.c, SP.7.a
La primera ecuación representa la mezcla de dos bases, lo que probablemente no produzca ninguna reacción. La segunda ecuación representa la mezcla de un ácido y una sal, que probablemente no produzca ninguna reacción. La tercera ecuación representa la mezcla de un ácido y una base, lo que sí producirá una reacción.

6. **A**; **Nivel de conocimiento:** 3; **Tema:** P.c.4;
Prácticas: SP.1.a, SP.1.b, SP.1.c, SP.3.c, SP.7.a
Una molécula de HCl produce un ión de hidrógeno; una molécula de H_2SO_4 produce dos iones de hidrógeno. La acidez se correlaciona con la razón de iones de hidrógeno en una solución, entonces, la solución de HCl será la mitad de ácida que la solución de H_2SO_4.

7. **B**; **Nivel de conocimiento:** 3; **Tema:** P.c.4;
Prácticas: SP.1.a, SP.1.b, SP.1.c, SP.3.c, SP.7.a
El diagrama muestra que, a medida que se aumenta la presión de un gas arriba de la superficie de una solución, son más las moléculas del gas forzadas a entrar en la solución, entonces se disuelve más gas, y no menos gas, en la solución. El diagrama indica que el gas se disuelve en la solución, y no que el gas se convierte en líquido. Se produce un cambio en la solubilidad porque se produce un cambio en la presión y la solubilidad de un gas depende de la presión a la que se lo somete.

8. **C**; **Nivel de conocimiento:** 3; **Tema:** P.c.4;
Prácticas: SP.1.a, SP.1.b, SP.1.c, SP.3.c, SP.7.a
La regla 2 indica que todas las sales de amonio, o sales formadas a partir de NH_4^+, son solubles. Entonces, la ecuación que muestra la disociación de un compuesto formado a partir de NH_4^+ representa un resultado de aplicar la regla 2. Las otras ecuaciones muestran resultados que están basados en otras reglas de la solubilidad, o en sus excepciones.

9. **C**; **Nivel de conocimiento:** 3; **Tema:** P.c.4;
Prácticas: SP.1.a, SP.1.b, SP.1.c, SP.3.c, SP.3.d, SP.7.a
La regla 6 indica que la mayoría de las sales de los hidróxidos son insolubles, y no agrega que $Mg(OH)_2$ sea una excepción a la regla. Entonces, según la regla 6, $Mg(OH)_2$ no será soluble en agua. Si $Mg(OH)_2$ no es soluble en agua, no se disociará completamente ni moderadamente cuando se mezcle con agua. La predicción de que las dos sustancias formarán un nuevo compuesto no está avalada por la información dada.

10. **A**; **Nivel de conocimiento:** 3; **Tema:** P.c.4;
Prácticas: SP.1.a, SP.1.b, SP.1.c, SP.3.c, SP.7.a
Los datos de la columna "Cobre" de la tabla indican que cuando se agrega cobre a una amalgama dental aumenta su expansión, disminuye su tiempo de solidificación, aumenta su dureza y no se transmite el color.

11. **B**; **Nivel de conocimiento:** 3; **Tema:** P.c.4;
Prácticas: SP.1.a, SP.1.b, SP.1.c, SP.3.c, SP.7.a
Los datos de las columnas "Plata" y "Estaño" de la tabla muestran que la plata y el estaño tienen efectos muy distintos sobre las propiedades de la amalgama. Los datos de la tabla indican que disolver plata en mercurio aumentará la duración de la amalgama, pero no que la disolución de otros metales logre el mismo efecto. Usar plata o cobre como soluto en una amalgama disminuye el tiempo necesario para que la amalgama se solidifique; sin embargo, si se usa estaño, el tiempo de solidificación necesario aumenta. El uso de estaño y cobre como solutos tiene efectos diferentes en términos de expansión, flujo y tiempo de solidificación de la amalgama.

LECCIÓN 6, *págs. 86–89*

1. **B**; **Nivel de conocimiento:** 1; **Tema:** P.b.1;
Prácticas: SP.1.a, SP.1.b, SP.1.c, SP.7.b, SP.8.b
La rapidez promedio puede calcularse con la fórmula $s = \frac{d}{t}$. Si la rapidez promedio es 15 mi/h, recorrer 100 millas toma aproximadamente 6.7 horas (100 dividido entre 15 es igual a 6.7). Las opciones de respuesta incorrectas pueden ser el resultado de errores de cálculo o de aplicación de la fórmula.

2. **B**; **Nivel de conocimiento:** 2; **Tema:** P.b.1;
Prácticas: SP.1.a, SP.1.b, SP.1.c, SP.7.b, SP.8.b
La rapidez promedio puede calcularse con la fórmula $s = \frac{d}{t}$. Si la rapidez disminuye a la mitad y la distancia se mantiene igual, entonces el tiempo se duplicará. Las opciones de respuesta incorrectas se pueden obtener si hay errores de cálculo o de aplicación de la fórmula.

3. **C**; **Nivel de conocimiento:** 1; **Tema:** P.b.1;
Prácticas: SP.1.a, SP.1.b, SP.1.c, SP.7.b, SP.8.b
Cada calle mide 400 m. La persona 1 camina una calle (400 m); la persona 2 camina tres calles (3 multiplicado por 400 m es igual a 1,200 m). Las opciones de respuesta incorrectas se pueden obtener si hay errores de cálculo.

4. **D**; **Nivel de conocimiento:** 2; **Tema:** P.b.1;
Práctica: SP.1.a, SP.1.b, SP.1.c, SP.7.b, SP.8.b
El desplazamiento es la distancia en línea recta entre los puntos de partida y llegada, independientemente de la ruta que se haya tomado para ir de un punto a otro. Tanto la persona 1 como la persona 2 van desde el punto A hasta el punto B. Estos puntos están a 400 m de distancia. Como el punto B está al sur del punto A, el desplazamiento es 400 m hacia el sur. Las opciones de respuesta incorrectas se pueden obtener si hay errores de cálculo.

5. **C**; **Nivel de conocimiento:** 1; **Tema:** P.b.1;
Prácticas: SP.1.a, SP.1.b, SP.1.c, SP.7.b, SP.8.b
La rapidez del carro es igual a la distancia dividida entre el tiempo. En este caso, eso es 20 millas divididas entre 60 minutos, o una hora, lo que da 20 mi/h. Para indicar la rapidez no es necesario incluir la dirección de desplazamiento. Las opciones de respuesta incorrectas se pueden obtener si hay errores de cálculo o de aplicación de la fórmula.

6. **A**; **Nivel de conocimiento:** 2; **Tema:** P.b.1;
Prácticas: SP.1.a, SP.1.b, SP.1.c, SP.7.b, SP.8.b
La tasa de velocidad promedio del carro es igual al desplazamiento dividido entre el tiempo. En este caso, eso es 20 millas (hacia el este) divididas entre 60 minutos, o una hora, lo que da 20 mi/h hacia el este. Para indicar la velocidad sí se debe incluir la dirección de desplazamiento. Las opciones de respuesta incorrectas se pueden obtener si hay errores de cálculo o de aplicación de la fórmula.

7. **Nivel de conocimiento:** 2; **Tema:** P.b.1;
Prácticas: SP.1.a, SP.1.b, SP.1.c, SP.6.b, SP.7.b, SP.8.b
La velocidad de Steve (+1.5 m/s) y la de la pasarela mecánica (+0.5 m/s) se combinan y dan una velocidad total de **+2.0 m/s**.

8. **Nivel de conocimiento:** 2; **Tema:** P.b.1;
Prácticas: SP.1.a, SP.1.b, SP.1.c, SP.6.b, SP.7.b, SP.8.b
Steve y la persona que está en la pasarela mecánica comparten un marco de referencia porque ambos están sobre la pasarela en movimiento. Desde el punto de vista de Steve, la persona que está parada sobre la pasarela no parece moverse. Para esa persona, Steve se mueve hacia adelante a **+1.5 m/s**.

9. **Nivel de conocimiento:** 2; **Tema:** P.b.1;
Prácticas: SP.1.a, SP.1.b, SP.1.c, SP.6.b, SP.7.b, SP.8.b
Steve y la mujer que está sentada cerca de la pasarela no comparten un marco de referencia, ya que él está sobre la pasarela en movimiento, y ella, no. La mujer verá pasar a Steve a las velocidades combinadas del propio Steve y de la pasarela: +1.5 m/s más +0.5 m/s, es decir, **+2.0 m/s**.

10. **C**; **Nivel de conocimiento:** 2; **Tema:** P.b.1;
Prácticas: SP.1.a, SP.1.b, SP.7.b, SP.8.b
El sonido debe recorrer 680 m para llegar a la pared del edificio y otros 680 m de vuelta hasta Delaney. Al dividir la distancia total, 1,360 m, entre la rapidez del sonido, 340 m/s, se obtiene como resultado que pasaron 4 segundos. Las opciones de respuesta incorrectas se pueden obtener si hay errores de cálculo o de aplicación de la fórmula.

11. **D**; **Nivel de conocimiento:** 2; **Tema:** P.b.2;
Prácticas: SP.1.a, SP.1.b, SP.1.c, SP.7.b, SP.8.b
La velocidad es igual al producto de la aceleración y el tiempo (9.8 m/s^2 en dirección descendente multiplicado por 3 s es igual a 29.4 m/s en dirección descendente). Las opciones de respuesta incorrectas se pueden obtener si hay errores de cálculo o de aplicación de la fórmula.

12. **B**; **Nivel de conocimiento:** 2; **Tema:** P.b.2;
Prácticas: SP.1.a, SP.1.b, SP.1.c, SP.7.b, SP.8.b
La gravedad continuará acelerando el objeto, con lo que su velocidad aumentará a 39.2 m/s en dirección descendente a los 4 segundos. Este valor se obtiene aplicando la fórmula $v = at$. Las opciones de respuesta incorrectas se pueden obtener si hay errores de cálculo o de aplicación de la fórmula.

13. **A**; **Nivel de conocimiento**: 3; **Tema**: P.b.1;
Prácticas: SP.1.a, SP.1.b, SP.1.c, SP.7.b, SP.8.b
Cada punto representa el cambio de posición del objeto por segundo. Cada línea pequeña representa 1 metro. Por lo tanto, el objeto se mueve 5 m/5 s, o 1 m/s, hacia la derecha. El espaciado entre los puntos es parejo, lo que indica que la velocidad del objeto no cambia, sino que es constante. Las opciones de respuesta incorrectas se pueden obtener si hay errores de cálculo o de aplicación de la fórmula.

14. **B**; **Nivel de conocimiento**: 3; **Tema**: P.b.1;
Prácticas: SP.1.a, SP.1.b, SP.1.c, SP.7.b, SP.8.b
Cada uno de los puntos representa el cambio de posición del objeto por segundo. Cada línea pequeña representa 1 m. Los primeros dos puntos están separados por una distancia de 3 metros, el segundo y el tercer puntos están separados por 4 metros, y el tercer y el cuarto puntos están separados por 5 metros. Dado que la velocidad del objeto aumenta entre los puntos a una tasa de 1 m/s hacia la derecha, el objeto acelera a una tasa de 1 m/s por segundo, o 1 m/s^2, hacia la derecha. Las opciones de respuesta incorrectas se pueden obtener si hay errores de cálculo o de aplicación de la fórmula.

LECCIÓN DE ALTO IMPACTO: APLICAR FÓRMULAS, *págs. 90–91*

1. **B**; **Nivel de conocimiento**: 2; **Tema**: P.b.3;
Prácticas: SP.1.b, SP.7.b
En la fórmula $P = \frac{W}{t}$, si W se mantiene constante y t disminuye, el valor de P aumentará. Si W permanece igual y t aumenta, P disminuiría, en lugar de aumentar. Si t permanece igual y W aumenta, P aumentará, no disminuirá. Si t disminuye y W se mantiene igual, P aumenta, no disminuye.

2. **C**; **Nivel de conocimiento**: 2; **Tema**: P.b.3;
Prácticas: SP.1.b, SP.6.b, SP.7.b3.
Ya que $P = \frac{W}{t}$ y $W = Fd$, $P = \frac{Fd}{t}$. Para reordenar la fórmula y hallar F, divide ambos lados entre d, multiplica ambos lados por t y luego simplifica. Entonces $F = \frac{Pt}{d}$. Si usas las fórmulas de potencia y trabajo, la fórmula de fuerza es $F = \frac{Pt}{d}$, no es $F = \frac{P}{td}$, ni $P = \frac{pd}{t}$, ni $P = \frac{td}{p}$.

3. **B**; **Nivel de conocimiento**: 3; **Tema**: P.b.2;
Prácticas: SP.1.a, SP.1.b, SP.3.b, SP.6.c, SP.7.a, SP.7.b
En el escenario 2, la masa de los dos objetos juntos es mayor que en los otros escenarios, y la distancia entre los dos objetos es menor que en los escenarios 1 y 3. Debido a que la fuerza de gravedad aumenta cuando la masa aumenta y la distancia disminuye, es mayor en el escenario 2. En el escenario 1, la distancia entre los objetos es mayor y la masa de los dos objetos es menor que en el escenario 2, por lo tanto, la fuerza de gravedad es menor. En el escenario 3, la masa de los dos objetos juntos es menor y la distancia entre los objetos es mayor que en el escenario 2. En el escenario 4, la masa de los dos objetos juntos es menor que en el escenario 2.

4. **A**; **Nivel de conocimiento**: 2; **Tema**: P.b.2;
Prácticas: SP.1.a, SP.1.b, SP.6.b, SP.7.b
Para reorganizar la fórmula de la fuerza de gravedad para hallar m_2, multiplica ambos lados por r_2, divide ambos lados entre Gm_1 y luego simplifica. Por lo tanto, es $m_2 = \frac{r^2F}{Gm_1}$. Si usas la fórmula de la fuerza de gravedad $m_2 = \frac{r^2F}{Gm_1}$, no $m_2 = \frac{FGr^2}{m_1}$, ni $m_2 = \frac{r^2}{FGm_1}$, ni $m_2 = \frac{Gm_1}{Fr^2}$.

5. **C**; **Nivel de conocimiento**: 2; **Tema**: P.b.2;
Prácticas: SP.1.a, SP.1.b, SP.6.c, SP.7.a, SP.7.b
Debido a que el producto de las masas de los dos objetos se divide entre el cuadrado de la distancia entre ellos, cuando disminuye la distancia, la fuerza de gravedad aumenta. Como los objetos se acercan, la fuerza de gravedad entre ellos aumenta, o se fortalece, y no permanece constante, ni disminuye ni se convierte en cero.

6. **C**; **Nivel de conocimiento**: 2; **Tema**: P.c.3;
Prácticas: SP.1.a, SP.1.b, SP.7.a, SP.7.b
En la ecuación $N_2 + 3H_2 \rightarrow 2NH_3$, los coeficientes indican el número de moléculas de cada componente. Por lo tanto, una molécula de N_2 más tres moléculas de H_2 produce dos moléculas de NH_3. Hay una molécula de N_2, no dos, hay tres moléculas de H_2, no dos ni seis, y dos moléculas de NH_3, no tres ni seis.

7. **D**; **Nivel de conocimiento**: 2; **Tema**: P.c.3;
Prácticas: SP.1.a, SP.1.b, SP.6.b, SP.7.a, SP.7.b
$NH_3 + 2O_2 \rightarrow HNO_3 + H_2O$ es una ecuación balanceada porque tanto en el lado de los reactivos como en el lado de los productos hay un átomo de nitrógeno (N), tres átomos de hidrógeno (H) y cuatro átomos de oxígeno (O). $NH_3 + 3O_2 \rightarrow 2HNO_3 + H_2O$ no está balanceada porque tiene 1 átomo de nitrógeno en el lado de los reactivos y 2 en el lado de los productos, 3 átomos de hidrógeno en lado de los reactivos y 4 en el lado de los productos, y 6 átomos de oxígeno en el lado de los reactivos y 7 en el lado de los productos. $NH_3 + O_2 \rightarrow HNO_3 + H_2O$ no está balanceada porque tiene dos átomos de oxígeno en el lado de los reactivos y 4 en el lado de los productos. $NH_3 + 3O_2 \rightarrow HNO_3 + 3 H_2O$ no está balanceada porque tiene 3 átomos de hidrógeno en el lado de los reactivos y 7 en el lado de los productos.

LECCIÓN 7, *págs. 92–95*

1. **C**; **Nivel de conocimiento**: 1; **Tema**: P.b.2;
Prácticas: SP.1.a, SP.1.b, SP.1.c, SP.7.a, SP.7.b, SP.8.b
La fuerza neta es la fuerza total que actúa sobre un objeto. Para hallar la fuerza neta debes sumar todas las fuerzas y considerar el efecto neto de sus sentidos. En este caso, las fuerzas se oponen; por lo tanto, la fuerza neta es 1,000 N menos 575 N, es decir, 425 N hacia arriba. Las opciones de respuesta incorrectas se pueden obtener si hay errores de cálculo.

2. **B**; **Nivel de conocimiento**: 1; **Tema**: P.b.2;
Prácticas: SP.1.a, SP.1.b, SP.1.c, SP.7.a, SP.7.b, SP.8.b
Las fuerzas hacia arriba y hacia abajo son iguales; por lo tanto, cuando sumas las tres fuerzas, las fuerzas hacia arriba y hacia abajo se cancelan, lo que deja una fuerza neta de 50 N hacia la izquierda. Las opciones de respuesta incorrectas se pueden obtener si hay errores de cálculo.

3.1 **C**; 3.2 **D**; 3.3 **A**; **Nivel de conocimiento:** 1; **Tema:** P.b.2;
Prácticas: SP.1.a, SP.1.b, SP.1.c, SP.7.a, SP.7.b, SP.8.b
3.1 La fuerza neta es igual a la diferencia entre las fuerzas, porque estas son opuestas. Es decir, 15 N menos 5 N es igual a 10 N. El sentido de la fuerza es hacia la izquierda. Pueden obtenerse las opciones de respuesta incorrectas si hay errores de cálculo.
3.2 La flecha del lado derecho del diagrama es más larga que la que está del lado izquierdo del diagrama. Si bien las fuerzas son opuestas, la pelota de básquetbol se moverá en el sentido de la fuerza más potente, es decir, hacia la izquierda. Las opciones de respuesta incorrectas se pueden obtener si se interpreta erróneamente el diagrama de vectores.
3.3 La fuerza neta es igual a la diferencia entre las fuerzas: 15 N menos 10 N es igual a 5 N. El sentido de la fuerza es hacia la izquierda. Las opciones de respuesta incorrectas se pueden obtener si hay errores de cálculo.

4. **B**; **Nivel de conocimiento:** 2; **Tema:** P.b.2;
Prácticas: SP.1.a, SP.1.b, SP.1.c, SP.7.a
Las flechas del diagrama representan fuerzas, entonces el diagrama indica que los polos magnéticos semejantes se repelen y los polos magnéticos opuestos se atraen. El diagrama muestra imanes que se repelen y también que se atraen, con lo que queda claro que los imanes no siempre se repelen, ni siempre se atraen.

5. **C**; **Nivel de conocimiento:** 1; **Tema:** P.b.2;
Prácticas: SP.1.a, SP.1.b, SP.1.c, SP.3.a, SP.7.a, SP.7.b, SP.8.b
El pasaje explica que la fuerza de fricción (*F*) entre un objeto y una superficie puede calcularse con la ecuación $F = \mu m$, donde μ es una constante que varía de una sustancia a otra y *m* es la masa del objeto. El pasaje indica también que, para el ejemplo que se muestra en el diagrama, μ es 0.62 y la masa es 50 kg. Al incluir estas cifras en la ecuación $F = \mu m$, se obtiene la ecuación $F = 0.62 \cdot 50$ kg. Las opciones de respuesta incorrectas se pueden obtener si se interpreta erróneamente la información dada o la ecuación $F = \mu m$.

6. **D**; **Nivel de conocimiento:** 1; **Tema:** P.b.2;
Prácticas: SP.1.a, SP.1.b, SP.1.c, SP.7.a, SP.7.b, SP.8.b
Para que la caja se mueva, la fuerza que la empuja debe ser mayor que la fuerza de fricción, que es 31 N. La única opción de respuesta mayor que 31 N es 32 N.

7. **B**; **Nivel de conocimiento:** 2; **Tema:** P.b.2;
Prácticas: SP.1.a, SP.1.b, SP.1.c, SP.7.a, SP.7.b
Si μ se reduce, la fuerza de fricción disminuye y se necesita menos fuerza para superar la fuerza de fricción. Por lo tanto, se necesitará menos fuerza, y no más. Cambiar el valor de μ no tendría efecto en la masa de la caja.

8. **A**; **Nivel de conocimiento:** 1; **Tema:** P.b.2;
Prácticas: SP.1.a, SP.1.b, SP.1.c, SP.7.a
Las flechas que representan las dos fuerzas tienen la misma longitud y apuntan en sentidos opuestos, entonces las fuerzas están balanceadas. Si las fuerzas estuvieran desbalanceadas, las flechas tendrían diferente tamaño. Si la fuerza hacia arriba fuera más potente, la flecha que apunta hacia arriba sería más larga que la que apunta hacia abajo. Si la fuerza hacia abajo fuera más potente, la flecha que apunta hacia abajo sería más larga que la que apunta hacia arriba.

9. **D**; **Nivel de conocimiento:** 1; **Tema:** P.b.2;
Prácticas: SP.1.a, SP.1.b, SP.1.c, SP.7.a
Si el carrito se mueve hacia la derecha, la fuerza de tracción debe ser mayor que la fuerza de fricción. Entonces, de los pares de fuerzas listados, solamente una fuerza de tracción de 20 N y una fuerza de fricción de 15 N lograrán que se mueva el carrito. En los casos de las opciones de respuesta incorrectas, la fuerza de tracción es menor que la fuerza de fricción.

10. **B**; **Nivel de conocimiento:** 2; **Tema:** P.b.2;
Prácticas: SP.1.a, SP.1.b, SP.1.c, SP.7.a
Puede deducirse que las flechas de vectores de diferentes tamaños representan fuerzas porque la fuerza es la única variable que puede tener diferencias en la situación descrita. Ambos meteoros tienen la misma aceleración, 1.6 m/s²; por lo tanto, sus respectivas velocidades van cambiando también a la misma tasa. La masa no tiene un componente direccional, entonces, no se representaría con una flecha de vector.

11. **C**; **Nivel de conocimiento:** 2; **Tema:** P.b.2;
Prácticas: SP.1.a, SP.1.b, SP.1.c, SP.7.a, SP.7.b
La fuerza es igual a la masa multiplicada por la aceleración. La aceleración es la misma para los dos meteoroides: 1.6 m/s². Sin embargo, las masas de los meteoroides son diferentes, entonces, la fuerza con la que impactarán en la Luna será diferente. Esto es, el meteoroide con mayor masa impactará con más fuerza; como la aceleración es igual para los dos, ambos meteoroides impactarán al mismo tiempo.

12. **D**; **Nivel de conocimiento:** 3; **Tema:** P.b.2;
Prácticas: SP.1.a, SP.1.b, SP.1.c, SP.7.a
Para que la caja se mueva, se la debe someter a una fuerza desbalanceada. Las fuerzas A y B siempre serán iguales, según la tercera ley de Newton. Lo mismo puede decirse de las fuerzas C y D. Sin embargo, si el hombre empuja su pie contra el piso con más fuerza hacia atrás, al final la fuerza D será mayor que la fuerza A, y la caja se moverá.

LECCIÓN 8, *págs. 96–99*

1. **D**; **Nivel de conocimiento:** 2; **Tema:** P.b.2;
Prácticas: SP.1.a, SP.1.b, SP.1.c, SP.7.a, SP.7.b, SP.8.b
La pregunta pide que halles la masa si conoces el peso, usando la fórmula $w = mg$, donde *w* es igual a 637 N, *m* es desconocido y *g* es igual a 9.8 m/s2. Entonces, la ecuación es 637 N = $x \cdot$ 9.8 m/s². Para hallar *x*, usas la ecuación $x = \dfrac{(637\ N)}{(9.8\ m/s^2)}$. Por lo tanto, *x*, o la masa, es igual a 65 kg. Las opciones de respuesta incorrectas se pueden obtener si hay errores de cálculo o de aplicación de la fórmula.

2. **A**; **Nivel de conocimiento:** 2; **Tema:** P.b.2;
Prácticas: SP.1.a, SP.1.b, SP.1.c, SP.3.c, SP.7.a
La masa de un objeto no cambia nunca; solamente cambia su peso. Por lo tanto, la masa es la misma, independientemente de la fuerza de gravedad. Las opciones de respuesta incorrectas se pueden obtener si hay errores de cálculo o de aplicación de la fórmula.

3. **A**; **Nivel de conocimiento:** 2; **Tema:** P.b.1, P.b.2; **Prácticas:** SP.1.a, SP.1.b, SP.1.c, SP.7.a, SP.7.b
La ecuación que se usa para determinar el momento es $p = mv$, y la ecuación que se usa para hallar el cambio del momento es $Ft = mv$. No se necesita la distancia para determinar el momento o el cambio del momento. Al estudiar la ecuación en busca del cambio del momento, se observa que tanto la fuerza aplicada a un objeto como el tiempo durante el que se aplica la fuerza están relacionados con determinar el cambio del momento. La masa del objeto no está directamente relacionada con el cambio del momento, pero sí es una variable necesaria para determinar el momento.

4. **B**; **Nivel de conocimiento:** 3; **Tema:** P.b.1; **Prácticas:** SP.1.a, SP.1.b, SP.1.c, SP.3.c, SP.7.a, SP.8.b
Para determinar la velocidad de un objeto en m/s^2, si se tienen los datos de la potencia de la fuerza, la cantidad de tiempo que se aplica la fuerza y la masa del objeto, pueden agregarse los datos conocidos a la fórmula $Ft = mv$. Para la situación que se describe, la ecuación sería $20 \times 5 = 20 \times v$. Al dividir ambos lados de la ecuación entre 20 y tomar en cuenta el sentido del movimiento del objeto, puedes determinar que v es igual a 5 m/s hacia la derecha. Las opciones de respuesta incorrectas se pueden obtener si hay errores de cálculo o de aplicación de la fórmula.

5. **C**; **Nivel de conocimiento:** 2; **Tema:** P.b.1; **Prácticas:** SP.1.a, SP.1.b, SP.1.c, SP.3.c, SP.7.a, SP.7.b, SP.8.b
Para determinar el momento usa la fórmula $\boldsymbol{p = mv}$. Para la situación que se describe, p es igual a 20 kg multiplicados por 5 m/s, o 100 kg • m/s hacia la derecha. Si el momento fuera hacia la izquierda, el resultado del cálculo sería un número negativo. Las opciones de respuesta incorrectas se pueden obtener si hay errores de cálculo o de aplicación de la fórmula.

6. **B**; **Nivel de conocimiento:** 2; **Tema:** P.b.1, P.b.2; **Prácticas:** SP.1.a, SP.1.b, SP.1.c, SP.3.c, SP.7.a, SP.7.b
La línea de la gráfica indica que cuando se aplica fuerza al objeto durante 1 segundo, el momento es + 25 kg • m/s.

7. **D**; **Nivel de conocimiento:** 2; **Tema:** P.b.1, P.b.2; **Prácticas:** SP.1.a, SP.1.b, SP.1.c, SP.3.c, SP.7.a, SP.7.b, SP.8.b
Usa la ecuación $p = mv$. Completa con los valores que conoces del momento (tomado de la gráfica) y de la masa (dado en el pasaje) y luego halla v para determinar la rapidez. Las opciones de respuesta incorrectas se pueden obtener si hay errores de cálculo o de aplicación de la fórmula, o una lectura errónea de la gráfica.

8. **A**; **Nivel de conocimiento:** 2; **Tema:** P.b.1, P.b.2; **Prácticas:** SP.1.a, SP.1.b, SP.1.c, SP.7.a
El impulso es el cambio del momento en el tiempo. La gráfica muestra cómo cambia el momento a lo largo del tiempo; por lo tanto, la línea representa el impulso. La línea no representa la fuerza, que es igual a masa por aceleración. Es el eje de la y, y no la línea, el que representa el momento, y es el eje de la x, y no la línea, el que representa el tiempo.

9. **C**; **Nivel de conocimiento:** 2; **Tema:** P.b.1, P.b.2; **Prácticas:** SP.1.a, SP.1.b, SP.1.c, SP.7.a, SP.7.b, SP.8.b
El momento final debe ser igual al momento inicial. El momento inicial es cero. Por lo tanto, el momento final total del sistema debe ser cero también. Las opciones de respuesta incorrectas se pueden obtener si hay una interpretación errónea del concepto de conservación de momento.

10. **D**; **Nivel de conocimiento:** 2; **Tema:** P.b.1, P.b.2; **Prácticas:** SP.1.a, SP.1.b, SP.1.c, SP.7.a, SP.7.b, SP.8.b
El momento inicial es cero. Por lo tanto, el momento total final del sistema, es decir, el momento de la pelota más el momento de la persona y la patineta, debe ser cero también. Si el momento de la pelota es −20 kg • m/s, entonces el momento de la persona y la patineta debe ser igual y opuesto: +20 kg • m/s. Las opciones de respuesta incorrectas se pueden obtener si hay errores de cálculo.

11. **A**; **Nivel de conocimiento:** 2; **Tema:** P.b.1, P.b.2; **Prácticas:** SP.1.a, SP.1.b, SP.1.c, SP.7.a, SP.7.b, SP.8.b
Para determinar la velocidad, usa la fórmula $p = mv$. En esta situación, p es igual a +20 kg • m/s, y m es igual a 40 kg, entonces, usa la ecuación +20 kg • m/s = 40 kg • x. Divide cada lado entre 40 kg para obtener la ecuación +0.5 m/s = v. Las opciones de respuesta incorrectas se pueden obtener si hay errores de cálculo o de aplicación de la fórmula.

12. **B**; **Nivel de conocimiento:** 2; **Tema:** P.b.2; **Prácticas:** SP.1.a, SP.1.b, SP.1.c, SP.7.a, SP.7.b, SP.8.b
La masa de cada objeto no cambia. El pasaje indica que la masa total del sistema (ambos paquetes) tras la colisión es 10 kg. El diagrama muestra que la masa del paquete A es 8 kg; por lo tanto, el paquete B tiene una masa de 2 kg (10 menos 8). Las opciones de respuesta incorrectas se pueden obtener si hay errores de cálculo.

13. **D**; **Nivel de conocimiento:** 3; **Tema:** P.b.2; **Prácticas:** SP.1.a, SP.1.b, SP.1.c, SP.7.a, SP.7.b, SP.8.b
Para determinar la velocidad del paquete B, usa la fórmula $p = mv$. Primero, usa la información del pasaje y el diagrama para hallar el momento del sistema: p es igual a 10 kg multiplicados por 2.5 m/s, o 25 kg • m/s. Luego, usa lo que sabes ahora para hallar la velocidad del paquete B. Sabes que la masa del paquete B es 2 kg y que el momento del sistema es 25 kg • m/s. Al reordenar la fórmula $p = mv$ y obtener $v = \dfrac{p}{m}$, puedes hallar la velocidad del paquete B con esta ecuación: $x = \dfrac{25 \text{ kg} \cdot \text{m/s}}{2 \text{ kg}}$, o $x = 12.5$ m/s. Incluye la "+" para indicar la dirección correcta. Las opciones de respuesta incorrectas se pueden obtener si hay errores de cálculo o de aplicación de la fórmula.

14. **D**; **Nivel de conocimiento:** 2; **Tema:** P.b.1; **Prácticas:** SP.1.a, SP.1.b, SP.1.c, SP.7.a, SP.7.b, SP.8.b
Para determinar el momento, usa la fórmula $p = mv$; en este caso, m es igual a 247 kg y v es igual a 21 m/s; por lo tanto, p es igual a 247 kg • 21 m/s, que es igual a 5,187 kg • m/s. Las opciones de respuesta incorrectas se pueden obtener si hay errores de cálculo o de aplicación de la fórmula.

15. **C**; **Nivel de conocimiento:** 2; **Tema:** P.b.1; **Prácticas:** SP.1.a, SP.1.b, SP.1.c, SP.7.a, SP.7.b, SP.8.b
Para determinar la fuerza promedio, usa la fórmula $F_{promedio} = \dfrac{mv}{t}$. En este caso, m es igual a 247 kg, v es igual a 21 m/s, y t es igual a 0.05 s; por lo tanto, $F_{promedio}$ es igual a $\dfrac{247 \text{ kg} \cdot 21 \text{ m/s}}{0.05 \text{ s}}$, que es igual a 103,740 N. Las opciones de respuesta incorrectas se pueden obtener si hay errores de cálculo o de aplicación de la fórmula.

UNIDAD 2 *(continuación)*

16. A; Nivel de conocimiento: 2; **Tema:** P.b.1;
Prácticas: SP.1.a, SP.1.b, SP.1.c, SP.7.a, SP.7.b, SP.8.b
Usa la fórmula del momento, $p = mv$, para determinar el momento de la motocicleta más liviana: p es igual a 105 kg • 50 m/s, o 5,250 kg • m/s. El momento de la motocicleta más liviana es apenas mayor que el de la motocicleta más grande (5,187 kg • m/s). Las opciones de respuesta incorrectas se pueden obtener si hay errores de cálculo o de aplicación de la fórmula.

17. A; Nivel de conocimiento: 2; **Tema:** P.b.1;
Prácticas: SP.1.a, SP.1.b, SP.7.a, SP.7.b, SP.8.b
Para hallar la fuerza promedio en este caso, usa la fórmula
$F_{promedio} = \frac{mv}{t}$, donde m es igual a 60 kg, v es igual a
25 m/s, y t es igual a 0.5 s, para obtener la ecuación
$F_{promedio} = \frac{60 \text{ kg} \cdot 25 \text{ m/s}}{0.5 \text{ s}}$. Luego, resuelve la ecuación
para determinar que la fuerza promedio es igual a 3,000 N. Las opciones de respuesta incorrectas se pueden obtener si hay errores de cálculo o de aplicación de la fórmula.

18. C; Nivel de conocimiento: 2; **Tema:** P.b.1, P.b.2;
Prácticas: SP.1.a, SP.1.b, SP.1.c, SP.7.a, SP.7.b, SP.8.b
Para hallar la fuerza promedio en este caso, usa la fórmula
$F_{promedio} = \frac{mv}{t}$, donde m es igual a 60 kg, v es igual a
25 m/s y t es igual a 0.002 s, para obtener la ecuación
$F_{promedio} = \frac{60 \text{ kg} \cdot 25 \text{ m/s}}{0.002 \text{ s}}$. Luego, resuelve la ecuación para
determinar que la fuerza promedio es igual a 750,000 N. Las opciones de respuesta incorrectas se pueden obtener si hay errores de cálculo o de aplicación de la fórmula.

19. B; Nivel de conocimiento: 2; **Tema:** P.b.1, P.b.2;
Prácticas: SP.1.a, SP.1.b, SP.1.c, SP.3.a, SP.7.a, SP.7.b, SP.8.b
La única diferencia entre las dos ecuaciones es el valor de t. Parte de la efectividad de los sistemas de contención para los conductores radica en que prolongan el tiempo durante el cual se aplica la fuerza; es decir, un intervalo más largo reduce la fuerza promedio.

LECCIÓN 9, *págs. 100–103*

1. D; Nivel de conocimiento: 2; **Tema:** P.b.3;
Prácticas: SP.1.a, SP.1.b, SP.1.c
A partir de tu experiencia de usar un martillo para quitar un clavo de una tabla (o de la experiencia con otras palancas) y de la información dada, puedes determinar que la carga, o el objeto a mover, es el clavo. La mano del usuario se mueve para aplicar la fuerza de entrada. Cuando se usa un martillo de carpintero para quitar un clavo de una tabla, el mango y las uñas del martillo funcionan como el brazo de la palanca, y el fulcro es la parte superior de la cabeza del martillo, que se respalda en la tabla.

2. C; Nivel de conocimiento: 2; **Tema:** P.b.3;
Prácticas: SP.1.a, SP.1.b, SP.1.c
A partir de tu experiencia de usar un martillo para quitar un clavo de una tabla (o de la experiencia con otras palancas) y de la información dada, puedes determinar que el martillo facilita el trabajo porque reduce la fuerza que es necesario aplicar para quitar el clavo. La fuerza necesaria se reduce porque esta fuerza menor se aplica a través de una distancia mayor.

3. B; Nivel de conocimiento: 2; **Tema:** P.b.3;
Prácticas: SP.1.a, SP.1.b, SP.7.b
El pasaje indica que la potencia se calcula dividiendo la cantidad de trabajo hecho entre el tiempo que se empleó para realizarlo. Puedes usar tus conocimientos de matemáticas para determinar que la máquina R genera 800 watts de potencia (8,000 dividido entre 10) y que la máquina S genera 3,200 watts de potencia (16,000 dividido entre 5). Entonces, la máquina R genera menos potencia que la máquina S. Las opciones de respuesta incorrectas se pueden obtener si hay errores de cálculo o de aplicación de la fórmula.

4. B; Nivel de conocimiento: 2; **Tema:** P.b.3;
Prácticas: SP.1.a, SP.1.b, SP.1.c, SP.7.b
El pasaje explica que la ventaja mecánica es la razón entre la magnitud de la fuerza de salida y la magnitud de la fuerza de entrada. Puedes usar tu comprensión de las razones y tus conocimientos de matemáticas para calcular la ventaja mecánica de cada máquina y luego usar la destreza de comparar y contrastar para obtener la respuesta correcta. La máquina B tiene una ventaja mecánica de 10 (150 dividido entre 15), que es la ventaja mecánica más alta de las de las cuatro máquinas. La ventaja mecánica de la máquina A es 3 (900 dividido entre 300). La ventaja mecánica de la máquina C es 2 (10 dividido entre 5). La máquina D tiene la mayor fuerza de salida, pero una ventaja mecánica de solo 1.25 (1,000 dividido entre 800).

5. C; Nivel de conocimiento: 2; **Tema:** P.b.3;
Prácticas: SP.1.a, SP.1.b, SP.1.c, SP.3.b
Si usas tus conocimientos de fuerzas, masa y de la ecuación del trabajo, puedes determinar que un enunciado exacto sobre las rampas es que, como una rampa reduce la cantidad de fuerza necesaria para levantar un objeto, se puede usar para elevar un objeto que es demasiado pesado como para levantarlo directamente. La ecuación del trabajo indica que para empujar un objeto a lo largo de una rampa más corta se necesita más fuerza que para empujar un objeto a lo largo de una rampa más larga. Levantar un objeto liviano no requiere mucha fuerza, entonces, no hay necesidad de usar una rampa para levantar un objeto liviano. Usar una máquina simple no cambia la cantidad de trabajo hecho, entonces empujar un objeto por una rampa no implica menos trabajo que levantar ese objeto.

6. A; Nivel de conocimiento: 2; **Tema:** P.b.3;
Prácticas: SP.1.a, SP.1.b, SP.1.c, SP.3.b, SP.7.b
Si usas tu conocimiento de la ecuación del trabajo, puedes determinar que, si se reduce la distancia sobre la cual actúa la fuerza, entonces, la magnitud de la fuerza tendrá que aumentar Entonces, si se acorta la longitud de la rampa se necesitará más fuerza, y no menos, para mover la caja. La cantidad de trabajo no cambiará, solo cambiará la magnitud de la fuerza necesaria para hacer el trabajo.

7. C; Nivel de conocimiento: 3; **Tema:** P.b.3;
Prácticas: SP.1.a, SP.1.b, SP.1.c, SP.3.b
Si usas tus experiencias con los objetos del hogar enumerados y lo que aprendiste sobre las máquinas simples, puedes determinar que una escalera se usa como un plano inclinado cuando se la apoya contra una pared. Dados sus formas y usos, no es probable que un martillo de carpintero, un rodillo de amasar o una pala de jardín se use como un plano inclinado.

8. **A**; **Nivel de conocimiento:** 2; **Tema:** P.b.3;
Prácticas: SP.1.a, SP.1.b, SP.1.c, SP.3.b
Si usas tus conocimientos de las máquinas simples y la ecuación del trabajo, puedes determinar que, como usar una polea móvil reduce la magnitud de la fuerza necesaria para mover un objeto a la vez que aumenta la distancia que se mueve, las poleas no cambian la cantidad del trabajo hecho. Todas las máquinas simples facilitan el trabajo porque cambian la magnitud o la dirección de la fuerza necesaria para mover un objeto. Cuando una máquina simple facilita el trabajo cambiando la magnitud de la fuerza necesaria para mover un objeto, reduce la magnitud de esa fuerza. La cantidad de trabajo realizado no está relacionada con el tiempo que lleva realizar ese trabajo.

9. **D**; **Nivel de conocimiento:** 2; **Tema:** P.b.3;
Prácticas: SP.1.a, SP.1.b, SP.1.c, SP.3.b
Tus experiencias con poleas, tales como las de un mástil de bandera o de una persiana, junto con la información dada, te indican que un aparejo de poleas que transforma una fuerza hacia abajo en una fuerza hacia arriba te permite aprovechar tu peso para tirar hacia abajo y usar la fuerza resultante para levantar un objeto. Sabes que las máquinas simples pueden facilitar el trabajo al cambiar la magnitud o la dirección de la fuerza aplicada, entonces, puedes concluir que las poleas no siempre cambian la magnitud de la fuerza aplicada. El pasaje explica que una polea móvil siempre es parte de un aparejo de poleas, y no al revés. Una de las maneras en las que las máquinas simples, poleas incluidas, pueden facilitar el trabajo es cambiando la dirección de la fuerza aplicada.

10. **D**; **Nivel de conocimiento:** 2; **Tema:** P.b.3;
Prácticas: SP.1.a, SP.1.b, SP.1.c, SP.3.b
A partir de tus experiencias con ruedas y ejes, tales como usar un destornillador para introducir un tornillo en una madera, y también por la información dada, puedes determinar que las ruedas y los ejes ayudan porque se pueden usar para aumentar la fuerza aplicada para rotar un objeto, como un tornillo.

11. **A**; **Nivel de conocimiento:** 1; **Tema:** P.b.3;
Prácticas: SP.1.a, SP.1.b, SP.1.c, SP.7.b
Si usas tus conocimientos de matemáticas y la ecuación del trabajo, puedes calcular que si una persona emplea 5 newtons para empujar una caja 5 metros, la cantidad de trabajo hecho es 25 joules (5 multiplicado por 5). Las opciones de respuesta incorrectas se pueden obtener si hay errores de cálculo o de aplicación de la fórmula.

12. **B**; **Nivel de conocimiento:** 1; **Tema:** P.b.3;
Prácticas: SP.1.a, SP.1.b, SP.1.c, SP.3.b
Tus conocimientos de las máquinas simples y del concepto de ventaja mecánica te indican que toda máquina que brinda una ventaja mecánica facilita el trabajo. Entonces, todas las máquinas de la tabla facilitan el trabajo. Es incorrecto interpretar que la información de la tabla significa que todas las máquinas simples tienen una ventaja mecánica de al menos 1.5, simplemente porque la ventaja mecánica más baja de las máquinas de la tabla es 1.5. Es incorrecto usar la información de la tabla para hacer una generalización que indique que un tipo de máquina simple facilita el trabajo más que otro tipo; por cierto, la tabla muestra que, de las cuñas enumeradas, solo la cuña V facilita el trabajo más que la polea. Es incorrecto suponer, a partir de la información de la tabla, que solamente las máquinas enumeradas en la tabla tienen una ventaja mecánica; el propósito de una máquina es facilitar el trabajo, y la ventaja mecánica es la magnitud por la que esa máquina facilita el trabajo, entonces, puedes suponer que todas las máquinas tienen una ventaja mecánica.

13. **D**; **Nivel de conocimiento:** 1; **Tema:** P.b.3;
Prácticas: SP.1.a, SP.1.b, SP.1.c, SP.7.b
Si usas tus conocimientos de matemáticas y la ecuación de la ventaja mecánica, puedes calcular que se usó la rampa, si la fuerza de entrada fue 5 y la fuerza de salida fue 12.5 (12.5 dividido entre 5 es igual a 2.5, la ventaja mecánica de la rampa). Las opciones de respuesta incorrectas se pueden obtener si hay errores de cálculo o de aplicación de la fórmula.

14. **A**; **Nivel de conocimiento:** 2; **Tema:** P.b.3;
Prácticas: SP.1.a, SP.1.b, SP.1.c, SP.3.b
A partir de tu experiencia con bicicletas, de tus conocimientos de cómo funcionan diferentes máquinas simples y de las posiciones de las máquinas simples que se observan en el diagrama, puedes determinar que las poleas y la rueda y el eje que mueven la cadena de la bicicleta son las máquinas simples que hacen que la bicicleta se mueva hacia adelante. Las palancas que muestra el diagrama forman parte del sistema de frenos de la bicicleta y, por lo tanto, no están relacionadas con que la bicicleta se mueva hacia adelante.

15. **D**; **Nivel de conocimiento:** 2; **Tema:** P.b.3;
Prácticas: SP.1.a, SP.1.b, SP.1.c, SP.3.b
A partir de tu experiencia con bicicletas y de la información del diagrama, puedes determinar que las palancas que se muestran en el diagrama se usan para hacer funcionar los frenos de la bicicleta y, por lo tanto, hacen que la bicicleta se detenga. No se usan para que la bicicleta comience a moverse, se mueva más rápidamente o se mueva más fácilmente en subida.

16. **C**; **Nivel de conocimiento:** 3; **Tema:** P.b.3;
Prácticas: SP.1.a, SP.1.b, SP.1.c, SP.3.b
A partir de tus conocimientos de las máquinas simples y de tus experiencias con los objetos de uso común que se enumeran, junto con la información sobre las máquinas compuestas que incluye el pasaje, puedes determinar que las tijeras están formadas por cuatro máquinas simples: dos palancas (las manijas) y dos cuñas (las hojas). Las mechas de taladro y las rampas para botes son máquinas simples (tornillo y rampa, respectivamente). La rueda de un carrito puede ser parte de una máquina simple: rueda y eje.

LECCIÓN 10, *págs. 104–107*

1. **C**; **Nivel de conocimiento:** 2; **Tema:** P.a.1;
Prácticas: SP.1.a, SP.1.b, SP.1.c, SP.3.c, SP.7.a
Como el termómetro está más caliente que la sustancia, el flujo de energía térmica va del termómetro a la sustancia. Entonces, la sustancia se calienta apenas, mientras que el material del termómetro se enfría. Las partículas de la sustancia ganan energía y comienzan a moverse más rápidamente, es decir, ganan energía cinética hasta que tanto el termómetro como la sustancia quedan a la misma temperatura, o se alcanza el equilibrio. Las partículas de la sustancia no perderán energía cinética y su energía cinética no fluctuará.

2. **A**; **Nivel de conocimiento:** 2; **Tema:** P.a.1;
Prácticas: SP.1.a, SP.1.b, SP.1.c, SP.3.c, SP.7.a
Como el termómetro está más caliente que la sustancia, el flujo de energía térmica va del termómetro a la sustancia. Entonces, el material del termómetro se enfría apenas, a la vez que la sustancia se calienta un poco. Las partículas del termómetro pierden energía y comienzan a moverse más lentamente; es decir, pierden energía cinética hasta que tanto el termómetro como la sustancia quedan a la misma temperatura, o se alcanza el equilibrio. Las partículas del termómetro no ganarán energía cinética y su energía cinética no fluctuará.

3. **C**; **Nivel de conocimiento:** 2; **Temas:** P.a.1, P.a.3;
Prácticas: SP.1.a, SP.1.b, SP.1.c, SP.3.b, SP.7.a
Los sucesos microscópicos son aquellos que son demasiado pequeños para poder observarlos a simple vista. La transferencia de energía de las llamas hacia el agua no puede observarse; por lo tanto, es un suceso microscópico del sistema. El movimiento del pistón, la expansión del agua y la transformación del vapor en agua son todos sucesos observables y, por lo tanto, son macroscópicos, no microscópicos.

4. **D**; **Nivel de conocimiento:** 3; **Temas:** P.a.1, P.a.3;
Prácticas: SP.1.a, SP.1.b, SP.1.c, SP.3.c, SP.7.a
Si se forzara las partículas del gas para que ocuparan un espacio más pequeño, se moverían más rápidamente y colisionarían con más frecuencia entre sí y contra los lados del cilindro y la base del pistón. Todo ese movimiento y todas esas colisiones aumentarían la energía cinética promedio de las partículas del gas, con lo que aumentaría su temperatura. Entonces, el gas se calentaría, no se enfriaría. Al disminuir el volumen, aumentaría la presión, lo que tendría como efecto un aumento de la temperatura del gas.

5. **A**; **Nivel de conocimiento:** 2; **Temas:** P.a.1, P.a.5;
Prácticas: SP.1.a, SP.1.b, SP.1.c, SP.3.b, SP.7.a
La conducción se produce cuando un objeto más caliente está en contacto directo con otro objeto más frío, como sucede con los objetos sólidos del diagrama. La radiación, por otra parte, es la transferencia de energía por ondas a través del espacio; en este caso no hay contacto entre los objetos. La convección no se produce en los objetos sólidos. Las partículas no se mueven de un objeto a otro; solo se transfiere la energía térmica.

6. **B**; **Nivel de conocimiento:** 2; **Temas:** P.a.1, P.a.5;
Prácticas: SP.1.a, SP.1.b, SP.1.c, SP.3.b, SP.7.a
La superficie brillante del aluminio refleja la radiación, lo que significa que la parrilla cocina principalmente por conducción (donde la rejilla toca la comida) y por convección (donde se transfiere energía por la parrilla en forma de corrientes de aire). Las opciones de respuesta incorrectas son descripciones inexactas del papel de al menos una de las formas de transferencia de energía.

7. **D**; **Nivel de conocimiento:** 2; **Temas:** P.a.1, P.a.5;
Prácticas: SP.1.a, SP.1.b, SP.1.c, SP.3.b, SP.7.a
La conducción es la transferencia de energía a través de los objetos sólidos, entonces, por medio de la conducción la energía es transferida a través del material sólido de la taza y, además, por el contacto de la taza con la mesa. La convección es la transferencia de energía a través de los gases y los líquidos, entonces, por medio de la convección, la energía se transfiere a través del café y del aire. La radiación es la transferencia de energía a través del espacio en forma de ondas y es emitida por todos los objetos que tienen una temperatura más elevada, hacia las áreas más frías; por lo tanto, por medio de la radiación, la energía se transfiere a través de la superficie exterior de la taza. Las opciones de respuesta incorrectas no describen de manera exacta el papel de al menos una de las formas de transferencia de energía.

8. **D**; **Nivel de conocimiento:** 3; **Temas:** P.a.1, P.a.5;
Prácticas: SP.1.a, SP.1.b, SP.1.c, SP.3.b, SP.4.a, SP.7.a
El diagrama muestra que la energía se transfiere a la superficie de la Tierra debido a la radiación que emite el Sol. Las moléculas de aire que están en contacto con la superficie de la Tierra se calientan por conducción. Las moléculas de aire más calientes se elevan, desplazando las más frías y formando una corriente de convección. La radiación no depende del medio, entonces, atraviesa la atmósfera para llegar a la superficie de la Tierra. La conducción se produce entre dos objetos que están en contacto directo y la superficie de la Tierra no está en contacto con la superficie del Sol. Además, la energía se transfiere a través de la atmósfera por convección, ya que la atmósfera está formada en su mayoría por gases.

LECCIÓN 11, *págs. 108–111*

1. **C**; **Nivel de conocimiento:** 2; **Tema:** P.a.3;
Prácticas: SP.1.a, SP.1.b, SP.1.c, SP.7.a
En todos los puntos de la gráfica, la suma de las energías potencial y cinética es igual a 10 J. En todo momento, la energía total de un sistema es igual a la suma de su energía potencial y su energía cinética, entonces, el único momento en el que la energía total de un sistema puede ser igual al doble de su energía cinética es cuando la energía potencial y cinética del sistema son exactamente iguales. La energía total del sistema no aumenta ni disminuye; solo se transfiere de una forma a otra. Si bien la energía cinética es igual a 0 J a los 50 segundos, y la energía potencial es igual a 0 J a los 0 segundos, la energía total del sistema nunca es 0 J; siempre es 10 J.

2. **D**; **Nivel de conocimiento:** 2; **Tema:** P.a.3;
Prácticas: SP.1.a, SP.1.b, SP.1.c, SP.7.a
A los 50 segundos, la línea que representa la energía cinética está en 0 J, y la línea que representa la energía potencial está en su punto más alto en la gráfica; por lo tanto, toda la energía del sistema se transformó completamente en energía potencial. La energía cinética no puede estar a 0 J y al máximo posible en el mismo momento. La cantidad total de energía es la suma de la energía cinética y la energía potencial; por lo tanto, la energía cinética no puede ser mayor que la energía total del sistema. Las dos formas de energía son iguales en los puntos donde se intersecan las líneas, que ocurren aproximadamente a los 15 segundos y a los 85 segundos.

3. **B**; **Nivel de conocimiento:** 2; **Tema:** P.a.3;
Prácticas: SP.1.a, SP.1.b, SP.1.c, SP.7.a
La gráfica muestra que las barras que representan la energía potencial se acortan a lo largo del tiempo, mientras que las barras que representan la energía cinética se hacen más altas con el paso del tiempo. Por lo tanto, a medida que disminuye la energía potencial, aumenta la energía cinética. La barra que representa la energía cinética al final de la investigación es más corta que la que representa la energía potencial al inicio de la investigación. El carro de juguete tiene menos energía total al final de la rampa que en la parte superior porque parte de su energía se transforma en energía térmica para superar la fuerza de fricción de la superficie de la rampa. La energía se conserva, aunque no toda la energía potencial se haya transformado en energía cinética. El carro tiene menos energía al final de la rampa porque parte de su energía se "pierde" en forma de energía térmica y se transfiere a la superficie de la rampa.

4. **A**; **Nivel de conocimiento:** 2; **Tema:** P.a.3;
Prácticas: SP.1.a, SP.1.b, SP.1.c, SP.3.b, SP.7.a
La gráfica muestra que el total de la energía mecánica (energía cinética más energía potencial) del carro de juguete al final de la investigación era aproximadamente 1.5 J menor que la del comienzo. Como la energía no se puede destruir, la diferencia es el resultado de que parte de la energía se pierde en forma de calor; esto es, se convierte en energía térmica.

5. **C**; **Nivel de conocimiento:** 2; **Tema:** P.a.3;
Prácticas: SP.1.a, SP.1.b, SP.1.c, SP.3.a, SP.7.a
El pasaje explica que el voltaje de una batería es una medida de la energía potencial almacenada en la batería; por lo tanto, los puntos de datos de la gráfica que muestran que el voltaje de la batería no recargable es 1.6 y que el voltaje de la batería recargable es menor que 1.4 a las cero horas respaldan la interpretación de que la batería no recargable tiene más energía potencial cuando ambas baterías son nuevas. Que el voltaje de la batería no recargable disminuya con mayor rapidez y alcance 0.2 primero son hechos que respaldan la interpretación de que su energía almacenada se transforma en otros tipos de energía más rápidamente, pero que no están relacionados con la cantidad de energía almacenada en las baterías cuando son nuevas. El hecho de que el voltaje de la batería no recargable sea mayor a las dos horas no está relacionado con la cantidad de energía almacenada en las baterías nuevas.

6. **A**; **Nivel de conocimiento:** 2; **Tema:** P.a.3;
Prácticas: SP.1.a, SP.1.b, SP.1.c, SP.7.a
La gráfica muestra que el voltaje de la batería recargable se mantiene relativamente constante desde aproximadamente una hora hasta aproximadamente nueve horas. También muestra que, si bien la batería no recargable pierde voltaje más rápidamente, al comienzo esta batería tiene más voltaje que la batería recargable. El voltaje de la batería recargable comienza a disminuir rápidamente aproximadamente a las nueve horas. La gráfica muestra que el voltaje de la batería no recargable disminuye a cero aproximadamente tres horas antes de que llegue a cero el voltaje de la batería recargable.

7. **Nivel de conocimiento:** 2; **Tema:** P.a.3;
Prácticas: SP.1.a, SP.1.c, SP.7.a
Si bien el vagón de la montaña rusa tiene su mayor energía potencial en las cimas de las colinas, la colina más alta es la primera. Entonces, la energía potencial del vagón es más alta en la cima de la primera colina.

8. **Nivel de conocimiento:** 2; **Tema:** P.a.3;
Prácticas: SP.1.a, SP.1.c, SP.7.a
Para cuando el vagón de la montaña rusa llega a la base de una colina, toda la energía potencial se ha transformado en energía cinética. A medida que el momento del vagón lo hace comenzar a trepar la colina siguiente, la energía cinética vuelve a transformarse en energía potencial. Entonces, la energía se transforma de cinética en potencial en la base de todas las colinas.

9. **B**; **Nivel de conocimiento:** 2; **Tema:** P.a.2;
Prácticas: SP.1.a, SP.1.b, SP.3.b, SP.7.a
La reacción química que se produce en una compresa fría absorbe energía térmica del ambiente y hace que la compresa fría se sienta fría porque absorbe energía térmica del cuerpo de quien la usa. Si la reacción capta energía, es una reacción endotérmica. El término *energética* no se usa para describir ningún tipo de reacción química. La combustión produce luz y calor; con esta reacción no se producen ni luz ni calor. Una reacción exotérmica produce calor; por lo tanto, una reacción exotérmica haría que la compresa se sintiera caliente, no fría.

10. **D**; **Nivel de conocimiento:** 2; **Tema:** P.a.2;
Prácticas: SP.1.a, SP.1.b, SP.3.b, SP.7.a
En la reacción se libera energía térmica, lo que significa que es exotérmica. El término *energética* no se usa para describir ningún tipo de reacción química. Si se tratara de una reacción endotérmica, la compresa se sentiría fría, porque absorbería energía térmica del ambiente, incluido el cuerpo de la persona que la usa. La combustión produce luz y calor, pero en esta reacción no se produce luz.

11. **A**; **Nivel de conocimiento:** 2; **Tema:** P.a.2;
Prácticas: SP.1.a, SP.1.b, SP.7.a
En una reacción exotérmica, los reactantes tienen más, y no menos, energía que los productos, porque la reacción libera energía. Las opciones de respuesta incorrectas no están respaldadas por los datos de la gráfica.

12. **D**; **Nivel de conocimiento:** 2; **Tema:** P.a.2;
Prácticas: SP.1.a, SP.1.b, SP.3.b, SP.7.a
Una reacción endotérmica absorbe energía térmica del ambiente, incluida la mano del estudiante. Si la reacción absorbe energía térmica de la mano del estudiante, el vaso de precipitados se sentirá frío. Si la energía pasara a la mano del estudiante, el vaso de precipitados se sentiría caliente. Los líquidos pueden variar en su temperatura y estar más fríos que el ambiente. Que se genere una carga eléctrica probablemente no esté relacionado con lo fría que se siente la solución.

13. **B**; **Nivel de conocimiento:** 3; **Temas:** P.a.2, P.a.3;
Prácticas: SP.1.a, SP.1.b, SP.7.a
Las ecuaciones muestran que la reacción química que se produce durante la fotosíntesis absorbe, o capta, energía y que la reacción que se produce durante la respiración libera energía mecánica y térmica. Entonces, la fotosíntesis es endotérmica y la respiración es exotérmica.

14. **A**; **Nivel de conocimiento:** 3; **Temas:** P.a.2, P.a.3;
Prácticas: SP.1.a, SP.1.b, SP.3.b, SP.7.a
Si bien los organismos usan agua para sus procesos vitales, tanto el dióxido de carbono como el agua se consideran desechos de esta reacción porque la célula usa la respiración para obtener energía, y no agua, del azúcar. La energía, por ende, no es un desecho. El oxígeno es uno de los reactantes, no un producto. El oxígeno es un desecho de la fotosíntesis, no de la respiración. El oxígeno reacciona con la molécula de azúcar para crear los productos: dióxido de carbono, agua y energía.

UNIDAD 2 (continuación)

LECCIÓN 12, págs. 112–115

1. **A**; **Nivel de conocimiento:** 1; **Tema:** P.a.5;
Prácticas: SP.1.a, SP.1.b, SP.1.c, SP.3.b
El pasaje y el diagrama indican que las ondas del espectro electromagnético están ordenadas de menor a mayor cantidad de energía y de mayor a menor longitud de onda. Los rayos gamma tienen la menor longitud de onda y, por lo tanto, la mayor cantidad de energía. Las ondas de radio tienen la mayor longitud de onda y, por lo tanto, la menor cantidad de energía. Las microondas y las ondas de luz visible tienen longitudes de onda más largas que las de los rayos gamma y más cortas que las de las ondas de radio.

2. **D**; **Nivel de conocimiento:** 2; **Tema:** P.a.5;
Prácticas: SP.1.a, SP.1.b, SP.1.c, SP.3.b
El pasaje y el diagrama indican que la energía de las ondas electromagnéticas del espectro electromagnético depende de sus longitudes de onda y que las ondas que tienen longitudes de onda más largas tienen menos cantidad de energía que las ondas que tienen longitudes de onda más cortas. El diagrama muestra que las microondas tienen una longitud de onda más larga que la de las ondas infrarrojas. Por lo tanto, las microondas tienen menos cantidad de energía que las ondas infrarrojas. Todas las ondas del espectro electromagnético, incluidas las ondas de radio, pueden desplazarse por el espacio vacío. El diagrama incluye la luz visible, por lo tanto, la luz visible es parte del espectro electromagnético. Las ondas sonoras no están incluidas en el diagrama, entonces, puedes inferir que no forman parte del espectro electromagnético.

3. **A**; **Nivel de conocimiento:** 1; **Tema:** P.a.5;
Prácticas: SP.1.a, SP.1.b, SP.1.c, SP.3.b, SP.7.a
Tanto las ondas transversales como las longitudinales causan vibración en las partículas de las sustancias que atraviesan. Las ondas sonoras son longitudinales y no transversales. Solo las ondas longitudinales viajan en la misma dirección que el movimiento de las partículas. Solo las ondas transversales viajan en perpendicular al movimiento de las partículas.

4. **D**; **Nivel de conocimiento:** 2; **Tema:** P.a.5;
Prácticas: SP.1.a, SP.1.b, SP.1.c, SP.3.b, SP.7.a
El pasaje indica que las ondas transversales tienen crestas y depresiones. Entonces, las ondas transversales pueden caracterizarse por sus crestas y sus depresiones. El diagrama indica que se producen rarefacciones en las ondas longitudinales, no en las transversales, y que las compresiones son las regiones de las ondas longitudinales en las que las partículas están más cerca unas de otras, y no más lejos. Las ondas transversales no tienen compresiones ni rarefacciones.

5. **D**; **Nivel de conocimiento:** 2; **Tema:** P.a.5;
Prácticas: SP.1.a, SP.1.b, SP.1.c, SP.3.b, SP.7.a
El pasaje explica que las ondas sonoras son ondas longitudinales. Tanto el texto como el diagrama indican que las partículas vibran en dirección paralela a la del desplazamiento de las ondas longitudinales. Las ondas sonoras son longitudinales, entonces forman compresiones, pero no crestas o depresiones, y causan que las partículas se muevan en una dirección paralela a la de la propagación de la onda.

6. **A**; **Nivel de conocimiento:** 2; **Tema:** P.a.5;
Prácticas: SP.1.a, SP.1.b, SP.1.c, SP.3.b, SP.7.a
El pasaje explica que las ondas longitudinales son las que causan que las partículas vibren en la dirección en la que viaja la onda. El diagrama muestra que estas ondas forman compresiones y rarefacciones. Las ondas transversales no forman compresiones o rarefacciones y las ondas longitudinales no forman crestas o depresiones. Las ondas transversales forman crestas y depresiones porque las partículas vibran en dirección perpendicular a la dirección en la que viaja la onda; sin embargo, el pasaje explica que las ondas P causan que las partículas se muevan en dirección paralela a la dirección en la que viaja la onda.

7. **D**; **Nivel de conocimiento:** 2; **Temas:** P.a.5;
Prácticas: SP.1.a, SP.1.b, SP.1.c, SP.3.b, SP.7.a
El pasaje explica que las ondas transversales son aquellas que causan que las partículas vibren en dirección perpendicular a la dirección en la que viaja la onda. El diagrama muestra que estas ondas forman crestas y depresiones. Las ondas longitudinales no forman crestas ni depresiones, y las ondas transversales no forman compresiones ni rarefacciones.

8. **B**; **Nivel de conocimiento:** 2; **Tema:** P.a.5;
Prácticas: SP.1.a, SP.1.b, SP.1.c, SP.3.b, SP.7.a
El diagrama muestra que las ondas de Rayleigh mueven la corteza terrestre hacia arriba y hacia abajo, formando una trayectoria circular, entonces, las ondas del agua afectarán de la misma manera a la hoja.

9. **A**; **Nivel de conocimiento:** 2; **Tema:** P.a.5;
Prácticas: SP.1.a, SP.1.b, SP.1.c, SP.3.b, SP.7.a
El pasaje explica que una onda de Rayleigh se desplaza en la frontera entre la corteza terrestre y el aire; los árboles crecen en la corteza de la Tierra, entonces, la onda de Rayleigh mueve el árbol a medida que se desplaza a lo largo de la corteza terrestre. El diagrama muestra que la onda de Rayleigh viaja de izquierda a derecha; las otras flechas del diagrama indican el movimiento de la corteza terrestre causado por la onda de Rayleigh. Una onda de Rayleigh se desplaza por la corteza terrestre, no en profundidad bajo la superficie. Las ondas del agua, y no las ondas de Rayleigh, son las que viajan en la frontera entre el agua y el aire.

10. **D**; **Nivel de conocimiento:** 2; **Tema:** P.a.5;
Prácticas: SP.1.a, SP.1.b, SP.1.c, SP.7.a
La tabla muestra que usar un martillo neumático produce sonido a un nivel de 110 decibeles, que es más alto que los niveles de una conversación, una aspiradora o una cortadora de césped.

11. **A**; **Nivel de conocimiento:** 2; **Tema:** P.a.5;
Prácticas: SP.1.a, SP.1.b, SP.1.c, SP.3.b, SP.7.a
El pasaje explica que el volumen está relacionado con la amplitud de onda. La conversación tiene el volumen más bajo, entonces, sus ondas sonoras tienen la menor amplitud. Una aspiradora, una cortadora de césped o un martillo neumático producen sonidos más altos que el de una conversación, entonces, sus ondas sonoras tienen mayor amplitud.

12. **D**; **Nivel de conocimiento:** 2; **Tema:** P.a.5;
Prácticas: SP.1.a, SP.1.b, SP.1.c, SP.3.b, SP.7.a
El pasaje explica que el volumen está relacionado con la amplitud. El motor de un jet genera el sonido con el mayor volumen, por lo tanto sus ondas tienen la mayor amplitud. La aspiradora, la cortadora de césped y el martillo neumático producen volúmenes más bajos que el motor de un jet, por lo tanto, sus ondas sonoras tienen menor amplitud.

13. **C**; **Nivel de conocimiento:** 2; **Tema:** P.a.5;
Prácticas: SP.1.a, SP.1.b, SP.1.c, SP.7.a
El pasaje explica que los sonidos que superan un nivel de aproximadamente 85 dB pueden causar daños en la audición. La tabla muestra que las cortadoras de césped, los martillos neumáticos y los motores de reacción producen sonidos a más de 85 dB.

14. **B**; **Nivel de conocimiento:** 1; **Tema:** P.a.5;
Prácticas: SP.1.a, SP.1.b, SP.1.c, SP.7.a
El diagrama muestra que las longitudes de onda del espectro visible van de 400 nm a 700 nm. Una onda de 500 nm tendría que ser una onda de color verde, a partir de su posición en el espectro. La luz violeta tiene una longitud de onda más cercana a 400 nm mientras que la luz anaranjada y la luz roja tienen longitudes de onda más cercanas a los 700 nm.

15. **A**; **Nivel de conocimiento:** 2; **Tema:** P.a.5;
Prácticas: SP.1.a, SP.1.b, SP.1.c, SP.7.a
El pasaje explica que la frecuencia y la longitud de onda determinan la energía de una onda. El diagrama muestra que la luz azul tiene una longitud de onda más corta y una frecuencia más larga, por lo tanto, tiene más energía que la luz anaranjada.

16. **B**; **Nivel de conocimiento:** 3; **Tema:** P.a.5;
Prácticas: SP.1.a, SP.1.b, SP.1.c, SP.3.b, SP.7.a
La luz blanca está formada por ondas de todos los colores. Por lo tanto, las longitudes de las ondas que forman la luz blanca van de los 400 a los 700 nm, el rango de longitudes de onda de los colores del espectro visible. No es posible concluir a qué velocidad se desplaza la luz blanca a partir de la información dada. Como la luz blanca está formada por ondas de diferentes colores, las ondas que forman la luz blanca tienen diferentes longitudes de onda y frecuencias.

17. **C**; **Nivel de conocimiento:** 2; **Tema:** P.a.5;
Prácticas: SP.1.a, SP.1.b, SP.1.c, SP.7.a
El pasaje explica que la rapidez de una onda puede calcularse multiplicando su frecuencia por su longitud de onda. Por lo tanto, la longitud de onda de una onda puede determinarse dividiendo la rapidez entre la frecuencia. Para una frecuencia constante, entre mayor sea la rapidez, mayor (más larga) será su longitud de onda. Según la tabla, las ondas sonoras que viajan a través del hierro tienen mayor rapidez que las que viajan a través del agua, del aire o del hule Por lo tanto, las ondas sonoras que viajan a través del hierro tienen frecuencias más altas que las ondas que viajan a través del aire, el agua o el hule.

1. **B**; **Nivel de conocimiento:** 2; **Tema:** P.a.4;
Prácticas: SP.1.a, SP.1.b, SP.1.c, SP.3.b, SP.5.a
El pasaje indica que el agua en movimiento que provee energía a las centrales hidroeléctricas se clasifica entre las fuentes de energía renovables. La gráfica circular muestra que las fuentes de energía renovables representan el 11 por ciento de los recursos energéticos de los EE. UU. Por lo tanto, puedes inferir que las centrales hidroeléctricas deben aportar menos del 11 por ciento de la energía total. Es posible que las centrales hidroeléctricas representen aproximadamente 5 por ciento o al menos 8 por ciento de los recursos energéticos totales de los EE. UU.; sin embargo, no se da suficiente información como para hacer estas inferencias. Como las fuentes renovables representan 11 por ciento del total de recursos energéticos de los EE. UU., la energía provista por las centrales hidroeléctricas no puede representar más de 12 por ciento de ese total.

2. **D**; **Nivel de conocimiento:** 2; **Tema:** P.a.4;
Prácticas: SP.1.a, SP.1.b, SP.1.c, SP.3.b, SP.5.a
La gráfica circular muestra que el carbón, el gas natural y el petróleo representan la mayor parte del consumo eléctrico de los EE. UU. Estas son todas fuentes de energía fósil y no renovable, entonces, los Estados Unidos dependen principalmente de las fuentes de energía no renovable. Ningún dato de la gráfica o el pasaje puede usarse para determinar qué cantidad de energía se usa en los Estados Unidos por unidad de tiempo, o cuánto tiempo durarán las fuentes de energía. Además, ningún dato de la gráfica ni del pasaje puede usarse para hacer una comparación entre el uso del petróleo y el gas natural en los Estados Unidos y en cualquier otro país. Por último, la gráfica muestra que los Estados Unidos obtienen solamente 11 por ciento de su energía a partir de fuentes renovables, lo que es mucho menos que la mitad.

3. **D**; **Nivel de conocimiento:** 2; **Tema:** P.a.4;
Prácticas: SP.1.b, SP.1.c, SP.3.b, SP.5.a, SP.7.a
El diagrama muestra que el proceso de producción de electricidad en una central hidroeléctrica no genera gases de desecho, como el dióxido de carbono que se genera en las centrales alimentadas a carbón. Como en cualquier otra central, el generador de una central hidroeléctrica produce corriente eléctrica. Los diagramas no dan información que sirva para determinar el costo relativo de los diferentes tipos de centrales de energía eléctrica. Las centrales hidroeléctricas funcionan únicamente con la energía del agua, y no con la del viento.

4. **C**; **Nivel de conocimiento:** 2; **Tema:** P.a.4;
Prácticas: SP.1.a, SP.1.b, SP.1.c, SP.3.b, SP.5.a, SP.7.a
A partir del pasaje y el diagrama, puedes sacar la conclusión de que los productos energéticos de la fisión son energía térmica y radiación. Si bien la energía térmica es uno de los productos, no es el único. Por ser partículas subatómicas, los neutrones son materia, y no energía.

5. **C**; **Nivel de conocimiento:** 2; **Tema:** P.a.4;
Prácticas: SP.1.a, SP.1.b, SP.1.c, SP.3.b, SP.5.a, SP.7.a
El hecho de que la fuente de energía para la fisión nuclear sea el uranio, que no es renovable, implica que su provisión es limitada, aunque no hay ningún indicador de que vaya a agotarse en algunos años. No hay ningún indicio en el pasaje o en el diagrama de que los neutrones detengan la reacción en cadena de la fisión. El pasaje explica que se están construyendo dos reactores nucleares nuevos (2020), por lo tanto, la construcción de este tipo de centrales no se detuvo.

UNIDAD 2 (continuación)

6. **D; Nivel de conocimiento:** 2; **Tema:** P.a.4;
Prácticas: SP.1.a, SP.1.b, SP.1.c, SP.3.b, SP.5.a
La clave del mapa explica cómo se deben interpretar los colores de los mapas. Esos colores indican que las áreas de color rojo oscuro y anaranjado son las que reciben la luz solar más intensa, seguidas en orden de intensidad de luz solar por las áreas de color amarillo. La luz solar es menos intensa en las áreas coloreadas de verde y azul. A partir de esta clave de colores, puedes sacar la conclusión de que la zona del país más apta para usar la energía solar es el suroeste.

7. **B; Nivel de conocimiento:** 2; **Temas:** P.a.4;
Prácticas: SP.1.a, SP.1.b, SP.1.c, SP.3.b, SP.5.a
El suroeste es la región más anaranjada del mapa, lo cual indica una irradiancia solar de aproximadamente 7 kilowatts-hora por metro cuadrado al día.

8. **B; Nivel de conocimiento:** 2; **Tema:** P.a.4;
Prácticas: SP.1.a, SP.1.b, SP.1.c, SP.3.b, SP.5.a
A partir de la información dada, los refrigeradores son los que gastan la cantidad relativamente mayor de electricidad. La pictografía indica que usar un refrigerador más pequeño reducirá el consumo de electricidad y contribuirá, aunque en mínimo grado, a reducir la contaminación. Apagar la computadora a la noche permite ahorrar un poco de energía, pero no es la mejor opción a fin de reducir el consumo de energía. Reciclar en la tienda es una buena idea, porque ayuda a conservar recursos y reducir los desechos, pero no afecta en forma directa la contaminación del aire. Configurar el termostato a una menor temperatura para mantener la tienda más fresca en verano tendrá como consecuencia un mayor consumo de electricidad.

9. **Nivel de conocimiento:** 3; **Tema:** P.a.4;
Prácticas: SP.1.a, SP.1.b, SP.1.c, SP.3.a, SP.3.b, SP.5.a, SP.6.c
Respuesta posible:
Ⓐ Los datos de la gráfica muestran que las emisiones globales de dióxido de carbono han aumentado drásticamente desde la década de 1960. Ⓑ El pasaje explica que el dióxido de carbono es un gas invernadero que contribuye a retener la energía térmica de la Tierra. Además, indica que a nivel mundial, el 2020 igualó al año 2016 como el año más caluroso que se haya registrado. La década de 2010-2020 ha sido la más calurosa desde que se inició la recolección de datos. La temperatura de la superficie global ha aumentado a una tasa de 0.32°F (0.18°F) por década desde 1981. Ⓒ Con esta información, puede llegarse a la conclusión de que el aumento del dióxido de carbono en la atmósfera, debido en parte a la quema de combustibles fósiles, hizo que la Tierra tenga más capacidad para retener energía térmica y sea un planeta más cálido.
Ⓐ La primera oración es una interpretación de que la gráfica aporta pruebas del aumento de la cantidad de dióxido de carbono en la atmósfera.
Ⓑ Las dos oraciones siguientes usan información del pasaje para relacionar el dióxido de carbono con datos sobre la temperatura en la Tierra.
Ⓒ La última oración identifica la conclusión que puede sacarse a partir de la información del pasaje y de la gráfica, y de inferencias relacionadas.

1. **D; Nivel de conocimiento:** 2; **Temas:** P.c.1, P.c.3;
Prácticas: SP.2.c, SP.3.b, SP.7.a
Si bien todos los aspectos del diseño de una investigación son significativos, el análisis de los resultados es el factor que respalda o no una hipótesis. En la investigación de Lavoisier, él produjo una reacción química en la que el hidrógeno y el oxígeno fueron los reactantes, y el producto fue el agua. El hecho de que el peso del agua fuera casi igual al peso combinado del hidrógeno y el oxígeno respaldó la idea de que el agua es un compuesto formado por hidrógeno y oxígeno. El hecho de que fue capaz de quemar gas de oxígeno no prueba por si solo la hipótesis. Las cantidades de hidrógeno y oxígeno y las herramientas usadas fueron parte importante del diseño de la investigación de Lavoisier, pero no son los factores que respaldaron la hipótesis.

2. **D; Nivel de conocimiento:** 2; **Tema:** P.a.4;
Prácticas: SP.3.d, SP.8.a, SP.8.b
El valor medio, o promedio, se determina sumando los valores de un conjunto de datos y dividiendo la suma entre el número de valores que forman el conjunto de datos. El valor 381 μR/h es el valor medio de todos los datos, redondeado al número entero más cercano. Las opciones de respuesta incorrectas se pueden obtener si hay errores de cálculo o una interpretación errónea del concepto de valor medio.

3. **C; Nivel de conocimiento:** 2; **Temas:** P.a.4;
Prácticas: SP.3.d, SP.8.a, SP.8.b
Al ordenar los datos de menor a mayor y elegir el dato que está en el medio (420 μR/h), se halla la mediana. Las otras respuestas se obtienen a través de cálculos incorrectos o por medio de comprensión incorrecta del concepto de mediana.

4. **C; Nivel de conocimiento:** 3; **Tema:** P.a.4;
Prácticas: SP.3.b, SP.3.d, SP.5.a, SP.8.a
El valor de la muestra 4 es un valor atípico; entonces, es apropiado concluir que se cometió un error al tomar las muestras o al ponerlas a prueba, o al registrar los datos de la muestra. No es probable que todas las masas de agua, excepto una, estén contaminadas; todas estuvieron expuestas a niveles aproximadamente iguales de radiación. Como el valor de la muestra 4 es un valor atípico extremo, no se lo debe incluir en los resultados. Los valores de las otras muestras son lo suficientemente cercanos entre sí como para que no queden dudas acerca del proceso de toma de las muestras.

5. **A; Nivel de conocimiento:** 2; **Tema:** P.a.1;
Prácticas: SP.2.e, SP.7.a
La variable a observar es la variable afectada por el cambio de la forma del recipiente, es decir, la tasa de enfriamiento. Por lo tanto, la tasa de enfriamiento es la variable dependiente. La forma del recipiente es la variable independiente, es decir, la que se modifica a propósito. El volumen del agua y la temperatura del ambiente deben mantenerse constantes.

6. **B**; **Nivel de conocimiento:** 2; **Tema:** P.a.1;
Prácticas: SP.2.e, SP.7.a

Para determinar si la forma del recipiente afecta la tasa de enfriamiento, Mick debe usar recipientes de diferentes formas en la investigación. Entonces, la variable a modificar, o variable independiente, es la forma del recipiente. La tasa de enfriamiento es la variable dependiente, es decir, la que se verá afectada por los cambios de la variable independiente. El volumen del agua y la temperatura del ambiente deben mantenerse constantes.

7. **A**; **Nivel de conocimiento:** 2; **Tema:** P.a.1;
Prácticas: SP.2.d, SP.7.a

Diferentes volúmenes de agua se enfriarán a tasas diferentes, entonces, se debe mantener constante el volumen del agua. Si se mantiene constante la temperatura del ambiente, la hora del día es un factor irrelevante en esta investigación. La tasa de enfriamiento es la variable dependiente y no puede mantenerse constante. El punto de ebullición del agua ya está determinado científicamente y será el mismo para todas las muestras.

8. **C**; **Nivel de conocimiento:** 1; **Tema:** P.c.2;
Prácticas: SP.2.d, SP.7.a

Las propiedades de una sustancia pueden cambiar de manera sutil pero significativa en determinadas condiciones. Para una investigación de los cambios en determinadas propiedades de una sustancia, registrar la investigación con una cámara de video y una narración permite al investigador dejar registro de todas las partes de la investigación, entre ellas los cambios que se producen en las propiedades estudiadas, de forma exacta. La práctica de anotar las observaciones después de producidos los sucesos (ya sea inmediatamente después de terminar una prueba o al día siguiente) depende de la memoria humana y, por eso, no es tan efectiva como anotar o registrar los comentarios y observaciones a medida que ocurren los sucesos. Repetir el proceso al día siguiente no tiene nada que ver con registrar o captar información sobre los sucesos de la investigación original.

9. **D**; **Nivel de conocimiento:** 1; **Tema:** P.b.1;
Prácticas: SP.2.d, SP.7.a

Una vez realizada la investigación, se deben analizar e interpretar los datos antes de sacar conclusiones o hacer predicciones. El diseño de una investigación depende de la hipótesis, entonces, pensar una hipótesis es algo que se hace antes de la investigación. Las teorías se desarrollan solo después de validar una hipótesis a partir de múltiples investigaciones. Un investigador no puede hacer una predicción a partir de una investigación si primero no analiza los resultados y saca una conclusión.

10. **B**; **Nivel de conocimiento:** 3; **Tema:** P.c.4;
Prácticas: SP.3.b, SP.3.c, SP.7.a

Los resultados de la investigación indican que la solubilidad del CO_2 disminuye a medida que aumenta la temperatura del agua. Entonces, la investigadora puede predecir que, a medida que aumente la temperatura de los océanos, se disolverá menos CO_2 en ellos. Los resultados de la investigación no respaldan las ideas de que agregar sal al agua afecta la solubilidad del CO_2, de que la solubilidad del CO_2 sería diferente en agua del océano o en agua destilada, y de que agregar agua destilada al agua del océano afectaría la solubilidad del CO_2.

11. **Nivel de conocimiento:** 3; **Tema:** P.c.4;
Prácticas: SP.2.d, SP.2.e, SP.6.c, SP.7.a
Respuesta posible:

Ⓐ Se establecen las temperaturas inicial y final del agua (por ejemplo, 20°C y 90°C) y se controla la cantidad de agua a usar; es decir, el volumen de agua se mantiene constante durante la investigación. Luego, se agrega sal al agua lentamente a la menor temperatura, para determinar el punto de saturación de la solución. Se anota la cifra de la cantidad de sal agregada que se obtuvo y la temperatura del agua. Luego se aumenta la temperatura del agua una cantidad de grados predeterminada, se agrega la misma cantidad de sal al agua más caliente y se observa si se disuelve toda la sal. Se continúa el proceso hasta alcanzar una temperatura a la que queda sal sin diluir. En ese punto, se cuela el precipitado del agua y se lo mide para determinar qué porcentaje de la sal no se disolvió. La variable dependiente es la cantidad de sal que se disuelve antes de alcanzar el punto de saturación; la variable independiente es el aumento de la temperatura del agua. Ⓑ Después de la investigación, se trazan los datos en una gráfica lineal para representar la relación entre el punto de saturación y la temperatura del agua. Ⓒ Si los resultados de la investigación demuestran que en el agua más caliente se disuelve menos sal, queda validada la hipótesis.
Ⓐ La respuesta incluye una descripción completa de la investigación, incluidas la identificación de las variables dependiente e independiente y del factor controlado (el volumen del agua).
Ⓑ También incluye un método bien formulado de recolección de datos (anotar los valores de las cantidades de sal y la temperatura del agua en una tabla, y luego representar los datos gráficamente).
Ⓒ Para terminar, explica por qué los resultados pueden o no validar la hipótesis.

12. **B**; **Nivel de conocimiento:** 2; **Tema:** P.c.1;
Prácticas: SP.3.b, SP.5.a, SP.7.a

A finales del siglo XIX, el químico J. J. Thomson realizó investigaciones que respaldaron la hipótesis de que los átomos contenían partículas más pequeñas, con carga eléctrica negativa, es decir, electrones. Tiene sentido concluir que este descubrimiento de una partícula más pequeña dentro del átomo hiciera que la comunidad científica rechazara la afirmación de Dalton de que un átomo es una sola partícula sólida. Una teoría propuesta por John Jacob Berzelius en 1826 afirmaba que los átomos tienen cargas eléctricas, y que los átomos se unen en proporciones fijas para formar diferentes compuestos; sin embargo, esas aseveraciones no refutaron la idea de que un átomo es una sola partícula sólida y entonces no fueron la causa de que los científicos rechazaran la idea anterior de Dalton. El modelo de la estructura del átomo propuesto por Niels Bohr en 1922 indicó que los electrones están organizados según niveles de energía alrededor del núcleo atómico, pero el descubrimiento de Bohr es posterior al descubrimiento de los electrones de los átomos, entonces, para ese entonces, los científicos ya habían rechazado la idea de Dalton de que el átomo era una sola partícula sólida.

UNIDAD 2 *(continuación)*

LECCIÓN DE ALTO IMPACTO: IDENTIFICAR Y PERFECCIONAR HIPÓTESIS, *págs. 124–125*

1. **A**; **Nivel de conocimiento:** 3; **Tema:** P.b.2;
Prácticas: SP.1.a, SP.1.b, SP.1.c, SP.2.b, SP.3.b, SP.3.c, SP.6.c, SP.7.a.
La mayoría de las calles urbanas están pavimentadas con asfalto o cemento. Cuando estas superficies se mojan, el coeficiente de fricción disminuye, por lo cual resulta apropiado proponer la hipótesis de que ocurrirán más accidentes cuanto más bajo sea el coeficiente de fricción, ya que causa un aumento de la distancia de frenado. El coeficiente de fricción es mayor en calles pavimentadas secas que en calles pavimentadas húmedas; por lo tanto, las calles pavimentadas secas tendrán una distancia de frenado más corta, lo que resultará en menos accidentes. Como el coeficiente de fricción difiere entre condiciones secas y húmedas, la distancia de frenado y por lo tanto el riesgo de accidentes, es diferente en días secos y húmedos. La influencia del coeficiente de fricción y la distancia de frenado es solo una de las variables que contribuye a los índices de accidentes, por lo tanto es probable que la lluvia no sea la única causa de los accidentes.

2. **C**; **Nivel de conocimiento:** 3; **Tema:** P.b.2;
Prácticas: SP.1.a, SP.1.b, SP.1.c, SP.2.b, SP.3.b, SP.3.c, SP.6.c, SP.7.a
Según la tabla de datos, el coeficiente de fricción más bajo ocurre cuando un carro circula a menos de 30 mph sobre un camino de grava seca. Por lo tanto, en esta situación tanto la distancia de frenado como el riesgo de accidente son mayores. Según la tabla de datos, un carro que circula a menos de 30 mph por un camino de cemento seco tendrá el coeficiente de fricción más alto, lo que lleva a la distancia de frenado más corta. Un carro que circula a más de 30 mph sobre un camino húmedo tanto de cemento como de asfalto tendrá un valor intermedio en el coeficiente de fricción, lo que lleva a una distancia de frenado intermedia.

3. **D**; **Nivel de conocimiento:** 2; **Tema:** P.a.4;
Prácticas: SP.1.a, SP.1.b, SP.1.c, SP.2.b, SP.3.b, SP.3.c, SP.6.c, SP.7.a.
Como la luminosidad es una indicación de qué tan rápidamente quema su combustible una estrella y dado que la gráfica muestra una correlación entre mayor luminosidad y mayor masa, es lógico formular la hipótesis de que una mayor masa causará que la estrella tenga mayor luminosidad. Una estrella con mayor masa quemará su combustible más rápidamente, no más lentamente. Quemar combustible más rápido incrementa la producción de energía de la estrella, lo que da como resultado una luminosidad más alta, no más baja.

4. **A**; **Nivel de conocimiento:** 3; **Tema:** P.a.4;
Prácticas: SP.1.a, SP.1.b, SP.1.c, SP.2.b, SP.3.b, SP.3.c, SP.6.c, SP.7.a.
Como el brillo aparente de una estrella depende de la distancia y de la luminosidad, deben considerarse ambos factores al formular una hipótesis acerca de por qué algunas estrellas son más tenues. La composición de una estrella no es el foco de la hipótesis de Elena. La velocidad de las estrellas no es el centro de la hipótesis de Elena. Las estrellas que queman su combustible más rápidamente liberan más energía por unidad de tiempo, por lo que son más brillantes, no más tenues.

5. **B**; **Nivel de conocimiento:** 2; **Tema:** P.c.2;
Prácticas: SP.1.a, SP.1.b, SP.1.c, SP.2.b, SP.3.b, SP.3.c, SP.6.c, SP.7.a.
Como los minerales ricos en hierro como el olivino, el piroxeno y la biotita tienen puntos de fusión más elevados, serán los primeros minerales en solidificar cuando el magma se enfría. Como los minerales ricos en sílice como el feldespato y el cuarzo tienen puntos de fusión más bajos, serán los últimos minerales en formarse cuando el magma se enfría. Por lo tanto, es apropiado formular la hipótesis de que la primera roca que se forma debe ser rica en hierro y la última en formarse debe ser rica en sílice. Según la tabla, las rocas ricas en sílice deben formarse últimas, no primeras. Según la investigación, el centro tiene una mayor cantidad de minerales ricos en sílice, no ricos en hierro y la parte externa tiene una mayor cantidad de minerales ricos en hierro, no ricos en sílice. Los minerales ricos en hierro cristalizan primero desde el magma, no en último lugar y los minerales ricos en sílice cristalizan en último lugar, y no primero, desde el magma.

LECCIÓN 15, *págs. 126–129*

1. **C**; **Nivel de conocimiento:** 2; **Temas:** P.a.1, P.c.2;
Prácticas: SP.1.a, SP.1.b, SP.2.b, SP.4.a, SP.7.a
La investigación mostró que el cobre es mejor conductor de la energía térmica que el vidrio. Esta conclusión no puede extenderse a todos los metales y no metales. El único metal que se puso a prueba en la investigación fue el cobre, entonces, no hay manera de saber si es mejor conductor de la energía térmica que otros metales o no lo es. El único no metal puesto a prueba fue el vidrio, entonces, es posible que exista otro no metal que sea incluso peor conductor de energía térmica.

2. **A**; **Nivel de conocimiento:** 2; **Temas:** P.a.1, P.c.2;
Prácticas: SP.1.a, SP.1.b, SP.2.a, SP.2.c, SP.4.a, SP.7.a
Sería prácticamente imposible poner a prueba todos los metales y no metales para determinar si son buenos o malos conductores de energía térmica, entonces, la hipótesis era demasiado confusa como para investigarla con legitimidad. La investigación demostró que al menos un metal, el cobre, es un buen conductor de energía térmica. La investigación sí incluyó una variable dependiente y una independiente; la tasa de cambio de la temperatura era la variable dependiente y el material puesto a calentar era la variable independiente. El pasaje no hace ninguna referencia al registro de los resultados, entonces, es posible que esta tarea se haya realizado de manera apropiada.

3. **D**; **Nivel de conocimiento:** 2; **Tema:** P.c.2;
Prácticas: SP.1.a, SP.1.b, SP.1.c, SP.2.c, SP.7.a
La hipótesis puede ponerse a prueba porque es posible observar si una disminución de la presión causa que el hielo se sublime en lugar de derretirse. Toda la materia, y no solo el CO_2, tiene diferentes estados. Un libro de texto de química generalmente es una fuente confiable de información. Determinar si un gas (vapor de agua) sometido una baja presión se transformaría directamente en hielo no es una manera de poner a prueba la hipótesis.

4. **B**; **Nivel de conocimiento:** 2; **Tema:** P.c.2;
Prácticas: SP.1.a, SP.1.b, SP.1.c, SP.2.a, SP.3.b, SP.7.a
Realizar múltiples pruebas tiende a eliminar o al menos a reducir errores aleatorios en las mediciones, las observaciones, los cálculos, etc. Una hipótesis no puede validarse o refutarse a partir de una única prueba. Es prematuro corregir la hipótesis, suponer que la hipótesis es incorrecta o consultar con otros investigadores si solo se realizó una prueba.

5. **B**; **Nivel de conocimiento:** 3; **Temas:** P.a.3, P.b.1, P.b.2;
Prácticas: SP.1.a, SP.1.b, SP.2.a, SP.2.c, SP.5.a, SP.7.a
La diferencia en las velocidades puede explicarse fácilmente como consecuencia de la fuerza de la resistencia del aire que actuó contra las balas. Si bien la prueba podría mejorarse midiendo y anotando la masa de cada bala, la diferencia entre las masas probablemente tendría un efecto menor en la prueba. El diseño de la prueba indicaba que las balas se debían disparar hacia arriba, entonces, el ángulo es irrelevante. Además, el tipo de balas usadas probablemente no afectaría los resultados de la prueba.

6. **C**; **Nivel de conocimiento:** 3; **Tema:** P.b.1;
Prácticas: SP.1.a, SP.1.b, SP.2.ac SP.3.b, SP.7.a
El hecho de que la hipótesis fuera refutada no significa que el experimento haya sido un fracaso. Produjo información que demostró que una bala en caída libre viajaría con suficiente velocidad para lastimar a alguien al regresar a la tierra. Una hipótesis refutada no significa que un experimento sea un fracaso.

7. **D**; **Nivel de conocimiento:** 2; **Tema:** P.b.2;
Prácticas: SP.1.a, SP.1.b, SP.2.e, SP.7.a
La profundidad del hoyo en la plastilina es la variable dependiente, porque es la variable que se observa. La altura inicial es una variable controlada, porque Inés usa la misma altura en todas las pruebas. Inés usa, a propósito, esferas de diferentes masas; por lo tanto, la masa es la variable independiente. Inés no tuvo en cuenta el tamaño (o el volumen) de las esferas, ni lo consideró una posible variable en ningún caso.

8. **B**; **Nivel de conocimiento:** 2; **Tema:** P.b.2;
Prácticas: SP.1.a, SP.1.b, SP.2.e, SP.7.a
Inés varía la masa de las esferas; por lo tanto, la masa es la variable independiente. La altura inicial es un factor controlado porque Inés usa la misma altura para todas las pruebas. Inés no tuvo en cuenta el tamaño (o el volumen) de las esferas, ni lo consideró una posible variable en ningún caso. La profundidad del hoyo en la plastilina es la variable dependiente.

9. **C**; **Nivel de conocimiento:** 3; **Tema:** P.b.2;
Prácticas: SP.1.a, SP.1.b, SP.2.a, SP.2.c, SP.3.b, SP.7.a
Inés no tuvo en cuenta el tamaño (o el volumen) de las esferas, un factor que puede afectar la profundidad de los hoyos, es decir, la variable dependiente. Midió la masa de cada una de las esferas, pero es de suponer que una esfera más grande hará un hoyo más ancho, lo que alterará los resultados de la prueba. La altura inicial es un factor controlado de la investigación. La masa de las esferas es la variable independiente y la profundidad del hoyo es la variable dependiente.

10. **A**; **Nivel de conocimiento:** 2; **Tema:** P.c.3;
Prácticas: SP.1.a, SP.4.a, SP.5.a, SP.7.a
Nueva información obtenida de una investigación sólida puede invalidar una teoría científica o una hipótesis. Entonces, si los científicos realizaran investigaciones controladas y repetidas que demostrasen que la cantidad de materia en ciertos reactantes no es igual a la cantidad de materia en sus productos, la nueva información obtenida en esas investigaciones serviría para cuestionar la validez de la teoría de la conservación de la masa. Por otra parte, las circunstancias que no pueden invalidar una teoría científica incluyen las creencias que no cuentan con respaldo de la investigación científica y la incapacidad de quienes no son científicos de entender una teoría. Además, la posibilidad de que futuros descubrimientos científicos puedan sugerir que una teoría es incorrecta no refuta la teoría en este momento; de hecho, por su propia naturaleza, las teorías científicas están sujetas a refutaciones y cambios a medida que se descubren nuevas evidencias.

11. **C**; **Nivel de conocimiento:** 2; **Temas:** P.c.2, P.c.3;
Prácticas: SP.1.a, SP.7.a
Una teoría explica una gama más amplia de observaciones que una hipótesis, por ejemplo, todas las observaciones relacionadas con la conservación de la masa. Tanto las hipótesis como las teorías intentan explicar una o más observaciones, y ambas pueden cuestionarse y refutarse. Ninguna de las dos depende de datos, pero ambas pueden validarse únicamente con datos obtenidos de una prueba sólida y que pueda repetirse.

12. **D**; **Nivel de conocimiento:** 2; **Tema:** P.a.5;
Prácticas: SP.1.a, SP.1.b, SP.3.b, SP.7.a
La conjetura de que hay un área de energía invisible y más caliente junto al área de la luz roja es una hipótesis que puede ponerse a prueba y que coincide con la observación. De hecho, la hipótesis fue puesta a prueba y validada en el siglo XIX por William Herschel. La experiencia cotidiana parece indicar que las áreas más oscuras no siempre son más calientes que las áreas más claras. Se pudo medir la temperatura de los diferentes colores de la luz con termómetros, lo que indica que no se necesita un equipo especial. Si bien todas las partes del espectro de la luz visible tienen temperaturas que pueden medirse, la lectura de temperatura en cuestión estaba fuera del espectro visible.

13. **A**; **Nivel de conocimiento:** 2; **Tema:** P.b.2;
Prácticas: SP.1.a, SP.1.b, SP.2.b, SP.2.c, SP.3.b, SP.7.a
Gracias al uso de equipos como los telescopios y a la observación de patrones de movimiento de los cuerpos celestes, los científicos pudieron demostrar que la Tierra es un planeta que gira alrededor del Sol y, así, se anuló la hipótesis nula. Las opciones de respuesta incorrectas son enunciados válidos, pero que no anulan la hipótesis nula.

14. **C**; **Nivel de conocimiento:** 2; **Tema:** P.c.3;
Prácticas: SP.1.a, SP.1.b, SP.2.c, SP.3.b, SP.4.a, SP.5.a, SP.7.a
Lavoisier realizó una investigación controlada y repetible con la que obtuvo evidencia que entró en conflicto con la teoría del flogisto e hizo que se rechazara esa teoría. La teoría del flogisto tuvo apoyo popular porque parecía explicar todas las observaciones. Quienes estaban a favor de esa teoría incluso desarrollaron ecuaciones químicas que parecían respaldar la teoría. La mayoría de los científicos de esa época aceptaban la teoría, tuvieran ellos influencia o no.

LECCIÓN DE ALTO IMPACTO: IDENTIFICAR VARIABLES DEPENDIENTES E INDEPENDIENTES, *págs. 130–131*

1. **C. Nivel de conocimiento**: 2; **Tema**: P.c.2; **Prácticas**: SP.1.a, SP.1.b, SP.2.e, SP.6.c, SP.7.a.
La hipótesis indica que una disminución en la densidad del aire causa la disminución del oxígeno disponible, de modo que la densidad del aire es la variable independiente. Aunque la altitud está relacionada con la densidad del aire, no es una variable en esta investigación. Como la cantidad de oxígeno disponible depende de la densidad del aire, la cantidad de oxígeno es la variable dependiente. Según la hipótesis, el volumen del aire debe permanecer constante en esta investigación.

2. **A; Nivel de conocimiento**: 2; **Tema**: P.c.2; **Prácticas**: SP.1.a, SP.1.b, SP.2.e, SP.6.c, SP.7.a.
Como la cantidad de oxígeno disponible depende de la densidad del aire, la cantidad de oxígeno disponible es la variable dependiente. Aunque la elevación y la densidad del aire están relacionadas, la elevación no es una variable en esta investigación. Como una disminución en la densidad del aire da como resultado una disminución en la cantidad de oxígeno disponible, la densidad del aire es la variable independiente. Según la hipótesis, el volumen del aire (la cantidad promedio de aire que un montañista inhala durante la respiración) debe permanecer constante en esta investigación.

3. **D; Nivel de conocimiento**: 2; **Tema**: P.c.2; **Prácticas**: SP.1.a, SP.1.b, SP.2.e, SP.6.c, SP.7.a.
La hipótesis enuncia que para un volumen dado de aire, la cantidad de oxígeno disponible disminuye cuando disminuye la densidad del aire, de modo que el volumen debe permanecer constante, lo que lo hace una variable controlada. La cantidad de oxígeno disponible y la densidad del aire cambian, de modo que no pueden ser variables controladas. El índice de altura ascendente no es una variable en esta investigación.

4. **B; Nivel de conocimiento**. 3; **Tema**: P.b.3; **Prácticas**: SP.1.a, SP.1.b, SP.2.e, SP.6.c, SP.7.a, SP.7.b.
En la investigación del Equipo 1, la fuerza aplicada por el motor es la variable independiente porque cambiarla provoca el cambio de la potencia del sistema, la variable dependiente. Aunque ocurra esto, el desplazamiento y el tiempo deben mantenerse constantes, así que estos son las variables controladas.

5. **D; Nivel de conocimiento**: 3 **Tema**: P.b.3; **Prácticas**: SP.1.a, SP.1.b, SP.2.e, SP.6.c, SP.7.a, SP.7.b.
En la investigación del Equipo 2, la potencia del sistema es la variable independiente porque cambiarla provoca el cambio de la fuerza aplicada por el motor, la variable dependiente. Aunque ocurra esto, el desplazamiento y el tiempo deben mantenerse constantes, así que estos son las variables controladas.

6. **A; Nivel de conocimiento**: 3 **Tema**: P.b.3; **Prácticas**: SP.1.a, SP.1.b, SP.2.e, SP.6.c, SP.7.a, SP.7.b.
En la investigación del Equipo 3, la fuerza aplicada por el motor es la variable independiente porque cambiarla provoca el cambio de la cantidad de tiempo necesaria para levantar un objeto, la variable dependiente. Aunque ocurra esto, la potencia del sistema y el desplazamiento deben mantenerse constantes, así que estos son las variables controladas.

7. **B; Nivel de conocimiento**: 2; **Tema**: P.c.2; **Prácticas**: SP.1.a, SP.1.b, SP.2.e, SP.6.c, SP.7.a.
Dado que todos los tanques se llenan a la misma altura, la densidad de cada líquido determina la presión en el fondo de cada tanque, de modo que la densidad es la variable independiente y la presión es la variable dependiente. Aunque la altura del líquido podría ser una variable independiente, se ha mantenido constante en esta investigación. La altura del líquido no determina la densidad del líquido.

8. **C; Nivel de conocimiento**: 2; **Tema**: P.c.2; **Prácticas**: SP.1.a, SP.1.b, SP.2.e, SP.6.c, SP.7.a, SP.7.b.
Como la densidad es la variable independiente y la presión es la variable dependiente, un cambio en la densidad provocará un cambio en la presión. Según la ecuación $P = h\rho g$, si la altura de un líquido y la aceleración debida a la gravedad permanecen constantes, un aumento en la densidad dará como resultado un aumento en la presión. La presión es la variable dependiente, de modo que no causa cambio alguno en la altura del líquido. Si la densidad del líquido disminuye, la presión disminuye, no aumenta.

9. **A; Nivel de conocimiento**: 2; **Tema**: P.c.2; **Prácticas**: SP.1.a, SP.1.b, SP.2.e, SP.6.c, SP.7.a, SP.7.b.
Como el etanol es el que tiene menor densidad de todos los líquidos, causará la menor cantidad de presión en el fondo del tanque. Por lo tanto, el tanque de etanol podría llenarse a la altura más elevada con la menor cantidad de presión en el fondo del tanque. El crudo, el aceite de aguacate y el agua de mar tienen densidades más elevadas que el etanol, de modo que la presión en los fondos de esos tanques sería mayor que en el tanque de etanol si todos se llenaran al mismo nivel.

CIENCIAS FÍSICAS EN ACCIÓN, *págs. 132–133*

CIENCIAS, TECNOLOGÍA, INGENIERÍA Y MATEMÁTICAS

1. **C. Nivel de conocimiento**: 2; **Temas**: P.b.1, P.b.2; **Prácticas**: SP.1.a, SP.1.c, SP.3.b, SP.6.b, SP.7.a, SP.7.b.
La gráfica muestra cómo la velocidad del paracaidista cambia en el tiempo, lo que constituye la definición de aceleración, o $a = \Delta v/\Delta t$. La ecuación $F = ma$ enuncia que *Fuerza = masa × aceleración*, lo que explica cómo el peso equivale a la masa del paracaidista multiplicada por la aceleración descendente de la gravedad. La ecuación $p = mv$ enuncia que *momento = masa × velocidad*. La gráfica muestra velocidad y tiempo, pero no masa, de modo que la curva no muestra momento. La ecuación $v = \Delta d/\Delta t$ enuncia que *velocidad = cambio en distancia + cambio en tiempo*. Velocidad se marca contra tiempo en esta gráfica para mostrar aceleración.

2. **B. Nivel de conocimiento**: 1; **Temas**: P.b.1, P.b.2; **Prácticas**: SP.1.a, SP.1.c.
Antes de que el paracaidista salga del avión, la fuerza ascendente del piso del avión está equilibrada con la fuerza descendente del peso del paracaidista, así que la velocidad descendente del paracaidista es de 0 m/s. Una velocidad de −50 m/s significaría que el paracaidista está ascendiendo rápidamente y alejándose de la superficie terrestre. El paracaidista está cayendo a aproximadamente 5 m/s por 1 segundo del salto. El paracaidista alcanza una velocidad máxima de 50 m/s aproximadamente a 15 segundos de haber saltado.

3. **C. Nivel de conocimiento**: 2; **Temas**: P.b.1, P.b.2; **Prácticas**: SP.1.a, SP.1.c, SP.3.b, SP.7.a.
Cuando la línea de la gráfica es horizontal y plana, indica que la velocidad del paracaidista no cambia en el tiempo durante ese lapso, lo que significa que la velocidad del paracaidista es constante. Entre los 15 y los 20 segundos, las fuerzas ascendente y descendente sobre el paracaidista son equivalentes y el paracaidista está en su primera velocidad terminal de 50 m/s. Después de que se despliega el paracaídas y que el paracaidista desacelera, o disminuye la velocidad, alcanza una nueva velocidad terminal más lenta de alrededor de 5 m/s. Después del aterrizaje del paracaidista a los 55 segundos, la velocidad descendente se vuelve constante a 0 m/s.

4. **C. Nivel de conocimiento**: 3; **Temas**: P.b.1, P.b.2; **Prácticas**: SP.1.a, SP.1.c, SP.3.b, SP.7.a.
A los 20 segundos, el paracaidista abre el paracaídas, lo que causa que la fuerza de resistencia del aire suba significativamente y que el ritmo de descenso del paracaidista se ralentice rápidamente. Este repentino desequilibrio en las fuerzas ascendente y descendente está indicado por medio de los tamaños relativos de las flechas que indican las magnitudes de las fuerzas ascendente y descendente y por medio de la línea vertical sobre la gráfica que muestra la caída de velocidad del paracaidista de 50 m/s a 10 m/s en un segundo. El paracaidista alcanzó su velocidad máxima de 50 m/s a aproximadamente 15 segundos. Cuando se despliega el paracaídas a los 20 segundos, el paracaidista desacelera rápidamente mientras el paracaídas incrementa la fuerza de rozamiento de modo tal que resulta más elevada que la fuerza descendente.

5. **A. Nivel de conocimiento**: 3; **Temas**: P.b.1, P.b.2; **Prácticas**: SP.1.a, SP.3.b, SP.3.c, SP.6.c, SP.7.a.
En general, cuanto más pesado es un paracaidista, más rápido acelera y más alta será su velocidad máxima. Por lo tanto, los paracaidistas más livianos tardan más tiempo en alcanzar una velocidad específica que los paracaidistas más pesados. Si quieres que tus estudiantes estén cayendo a la misma velocidad apenas unos segundos después de saltar del avión, querrías que los estudiantes saltaran en orden del más liviano al más pesado.

CIENCIAS DE LA SALUD

6. **A. Nivel de conocimiento**: 2; **Temas**: P.b.1, P.b.2, P.b.3; **Prácticas**: SP.1.c, SP.7.a.
Para que la masa que se está levantando permanezca a una altura constante por encima del suelo, la fuerza ascendente aplicada por el músculo y la fuerza de resistencia descendente causada por el peso del objeto deben ser equivalentes. Si la fuerza muscular es mayor que la fuerza de resistencia, la mano se acercará al hombro. Si la fuerza muscular es menor que la fuerza de resistencia, la mano caerá hacia el piso. Si la fuerza muscular cambia mientras la fuerza de resistencia permanece constante, la mano se moverá hacia el suelo o hacia el hombro.

7. **A. Nivel de conocimiento**: 2; **Temas**: P.b.1, P.b.2, P.b.3; **Prácticas**: SP.1.c, SP.3.b, SP.7.a.
La articulación del codo es el fulcro de la palanca, ya que es el punto de apoyo alrededor del cual se produce la rotación. Los huesos del antebrazo actúan como el brazo de la palanca. El músculo bíceps genera el esfuerzo. El objeto sostenido por la mano es la carga.

8. **C. Nivel de conocimiento**: 3; **Temas**: P.b.1, P.b.2, P.b.3; **Prácticas**: SP.1.c, SP.3.b, SP.6.c, SP.7.a.
El codo es una palanca de tercera clase porque el esfuerzo está entre la carga y el fulcro. La articulación del codo es el fulcro de la palanca. El bíceps genera el esfuerzo. El objeto sostenido por la mano es la carga. El bíceps está unido a los huesos del antebrazo entre el codo y la mano, así que el esfuerzo está entre el fulcro y la carga.

9. **B. Nivel de conocimiento**: 2; **Temas**: P.b.1, P.b.2, P.b.3; **Prácticas**: SP.1.a, SP.1.c, SP.3.b, SP.3.c, SP.7.a.
Si se incrementa la carga, la fuerza actuante requerida para mover la carga se incrementará también. Para que el objeto permanezca en reposo, la fuerza actuante y la fuerza del peso deben ser equivalentes. Para que la carga caiga hacia el piso, la fuerza actuante sería menor que la fuerza del peso. La fuerza actuante es el esfuerzo; no es lo mismo que la carga.

10. **D. Nivel de conocimiento**: 3; **Temas**: P.b.1, P.b.2, P.b.3; **Prácticas**: SP.1.a, SP.1.c, SP.3.b, SP.3.c, SP.7.a.
La carga es el peso de la mancuerna y el esfuerzo es la fuerza ejercida por el músculo. Cuando se incrementa la carga, se incrementa el esfuerzo. Levantar pesos más pesados requiere que el músculo aplique más esfuerzo. Si se entrena el músculo para que ejerza una fuerza mayor, o más esfuerzo, con el tiempo, se fortalece el brazo. La carga es una función del peso de la mancuerna y la fuerza de gravedad y no la cambia el esfuerzo o la fuerza ejercida por el músculo.

UNIDAD 3 CIENCIAS DE LA TIERRA Y DEL ESPACIO

LECCIÓN 1, *págs. 134–137*

1. **B; Nivel de conocimiento**: 1; **Tema**: ES.b.4; **Prácticas**: SP.1.a, SP.1.b, SP.7.a
La hipótesis de Wegener estaba vinculada a su pregunta sobre por qué parecía que algunos continentes habían estado unidos en algún momento, por lo tanto, su hipótesis sugería que los continentes se separaron y se desplazaron. Los continentes tienen muchas formas diferentes, pero ese hecho aislado no constituye la hipótesis de Wegener. No hay indicios en el texto que indiquen que los continentes actuales formarán otra masa continental como Pangea ni que los continentes actuales son más grandes que los del pasado.

2. **B; Nivel de conocimiento**: 2; **Tema**: ES.b.4; **Prácticas**: SP.1.a, SP.1.b, SP.7.a
Para presentar la teoría de que las masas continentales actuales de la Tierra son diferentes de como eran en el pasado por el desplazamiento de los continentes, Wegener tuvo que presentar evidencia de que los continentes se habían desplazado, aunque no necesariamente tuvo que dar una explicación de cómo había sucedido esto. El respaldo de otros científicos no sería suficiente sin evidencia. El desarrollo de una nueva teoría a partir de una teoría antigua no triunfaría a menos que se pudiera encontrar nueva evidencia.

3.1 **C**; 3.2 **B**; 3.3 **D**; 3.4 **A**; **Nivel de conocimiento:** 2; **Tema:** ES.b.4; **Prácticas:** SP.1.a, SP.1.b, SP.1.c, SP.3.a, SP.7.a

3.1 El diagrama indica que el estímulo para la investigación de Wegener sobre la deriva continental fue el hecho de que América del Sur y África parecen encajar. No tienen la misma forma. Wegener estaba mirando un mapa, de modo que estaba observando las formas de los continentes, no sus composiciones ni sus climas.

3.2 Dado que las masas continentales parecían encajar, Wegener propuso una hipótesis que sugería que en algún momento estuvieron unidas. Las opciones de respuesta incorrectas no están relacionadas con su observación de que encajaban.

3.3 En la actualidad, los continentes están separados por un océano. Si en algún momento estuvieron unidos, es lógica la hipótesis de que de algún modo se desplazaron desde donde estaban hasta sus ubicaciones actuales. No es lógico suponer que cambiaron de forma, surgieron en diferentes momentos o fueron la única masa de tierra en el planeta.

3.4 Una teoría depende de la evidencia. Para proponer una teoría, Wegener tenía que conseguir evidencia para respaldar su hipótesis mediante la investigación científica, no refutar otras leyes científicas. Wegener solo tenía que mostrar que el desplazamiento se había producido, no que había continuado. La aceptación de una idea por parte de otros se logra obteniendo evidencia; por sí sola no respalda una teoría.

4. **B**; **Nivel de conocimiento:** 2; **Tema:** ES.c.1; **Prácticas:** SP.1.a, SP.1.b, SP.3.b, SP.4.a, SP.7.a

El pasaje afirma que la explosión que propone la teoría del Big Bang habría generado radiación que se puede detectar en el presente en forma de microondas. No se presentó evidencia que sostuviera que la radiación pudiera detectarse solo desde la Tierra. Si se encuentra radiación en todo el universo, esa situación sería poco probable. La existencia de radiación cósmica de fondo no ofrece información acerca de la edad exacta del universo. En el pasaje se afirma que la longitud de onda de radiación producida por el Big Bang habría aumentado hacia la región de microondas, no que el Big Bang haya provocado solo radiación de microondas.

5. **B**; **Nivel de conocimiento:** 2; **Tema:** ES.b.4; **Prácticas:** SP.1.a, SP.1.b, SP.1.c, SP.3.b, SP.4.a, SP.5.a, SP.7.a

Si el mesosaurio, una criatura acuática, no podía nadar grandes distancias, no puede haber cruzado el océano. Esta línea de razonamiento respalda la teoría de que el animal se desarrolló cuando las dos masas continentales estaban unidas y sobrevivió en ambos continentes cuando se separaron. Si los fósiles fueran comunes en todas partes del mundo, encontrarlos en esas áreas específicas de América del Sur y África no tendría nada de extraordinario. La afirmación que sostiene que en la actualidad hay una especie que desciende del mesosaurio no indica dónde vive y, por lo tanto, no ayudaría a respaldar la teoría de Wegener. Si los fósiles de los dos continentes provinieran de dos especies diferentes, sería probable que se hubieran desarrollado de manera independiente en los dos continentes.

6. **C**; **Nivel de conocimiento:** 2; **Tema:** ES.b.4; **Prácticas:** SP.1.a, SP.1.b, SP.1.c, SP.4.a, SP.5.a, SP.7.a

Los restos de un istmo antiguo en el suelo oceánico hallados en la actualidad proporcionarían evidencia de que los animales podrían haber cruzado de un continente a otro hace mucho tiempo, cuando el nivel del mar era más bajo. Un mapa que mostrara cómo podría haber sido el istmo sería simplemente otra hipótesis, no evidencia. Las declaraciones firmadas por otros científicos no son válidas como evidencia. La presencia de istmos, aun por todas partes del mundo en la actualidad, no prueba que haya existido un istmo entre África y América del Sur hace millones de años.

7. **A**; **Nivel de conocimiento:** 3; **Tema:** ES.b.4; **Prácticas:** SP.1.a, SP.1.b, SP.1.c, SP.3.b, SP.5.a, SP.7.a

Para respaldar la teoría, los fósiles tienen que haber sido encontrados en dos masas continentales que no están unidas en la actualidad pero pueden haberlo estado en algún momento. El sur de África y la Antártida son dos masas continentales que están enfrentadas pero ahora están separadas por un océano. Las otras opciones no cuadran con esta descripción.

8. **C**; **Nivel de conocimiento:** 2; **Tema:** ES.b.4; **Prácticas:** SP.1.a, SP.1.b, SP.1.c, SP.4.a, SP.7.a

Las líneas de evidencia E1, E2 y E3 (no solo E1 y E2 o E1 y E3) respaldan la idea de que los continentes se desplazaron. La línea de evidencia E4 no es relevante porque los terremotos en ciertas áreas de la superficie de la Tierra no prueban que los continentes se han desplazado.

9. **C**; **Nivel de conocimiento:** 2; **Tema:** ES.b.4; **Prácticas:** SP.1.a, SP.1.b, SP.1.c, SP.3.b, SP.4.a, SP.5.a, SP.7.a

Si el suelo oceánico se expande de manera pareja a ambos lados de una dorsal, la edad de las rocas del suelo oceánico es mayor cuanto más lejos están de la dorsal. Las rocas más jóvenes están más cerca de la dorsal porque allí es donde continuamente se forma nuevo suelo oceánico. Si el suelo oceánico se expande, los continentes que están a ambos lados de la dorsal centro-oceánica se separan, no se acercan. Además, si el suelo oceánico se expande de manera pareja, las rocas que están a igual distancia de la dorsal tienen la misma edad. La presencia o ausencia de fósiles no afecta la expansión del suelo oceánico.

10. **A**; **Nivel de conocimiento:** 3; **Tema:** ES.b.4; **Prácticas:** SP.1.a, SP.1.b, SP.1.c, SP.4.a, SP.5.a, SP.7.a

La idea de que se expande el suelo oceánico que se encuentra bajo los océanos que separan los continentes respalda la teoría que afirma que los continentes se alejan lentamente. La expansión del suelo oceánico no indica que los continentes flotan. Tampoco prueba la existencia de la Pangea hace millones de años. No se ha presentado evidencia de que los océanos se mueven pero los continentes permanecen inmóviles.

11. **D**; **Nivel de conocimiento:** 2; **Tema:** ES.b.4; **Prácticas:** SP.1.a, SP.1.b, SP.1.c, SP.3.b, SP.4.a, SP.7.a

A partir de los elementos del mapa identificados en la leyenda, el mapa muestra que la mayoría de los terremotos ocurren en los límites de las placas. El mapa muestra claramente que algunos terremotos ocurren lejos de los bordes continentales. También queda claro, a partir del mapa, que los límites de las placas y los límites continentales no son lo mismo. La información no explica dónde son más peligrosos los terremotos.

12. **A**; **Nivel de conocimiento:** 2; **Tema:** ES.b.4;
Prácticas: SP.1.a, SP.1.b, SP.1.c, SP.3.b, SP.4.a, SP.5.a,
SP.7.a
La ubicación de muchos terremotos a lo largo de los límites
de las placas respalda la idea de que el movimiento de
las placas tiene efectos significativos en los límites de las
placas. Por sí sola, la ubicación de los terremotos no prueba
que la superficie terrestre está formada por placas. Se
necesitaría más información para probar esta sugerencia.
La ubicación de los terremotos no prueba nada acerca del
contenido de las placas. Las placas están compuestas por
roca sólida, pero la ubicación de los terremotos no prueba
este hecho.

LECCIÓN 2, *págs. 138–141*

1. **D**; **Nivel de conocimiento:** 2; **Tema:** ES.c.1;
Prácticas: SP.1.a, SP.1.b, SP.1.c, SP.7.a
Un detalle importante del pasaje es que la fusión nuclear se
produce en el núcleo del Sol; por lo tanto, el resumen podría
incluir este detalle. Las opciones de respuesta incorrectas
representan interpretaciones inapropiadas de la información
del pasaje.

2. **B**; **Nivel de conocimiento:** 2; **Tema:** ES.c.1;
Prácticas: SP.1.a, SP.1.b, SP.1.c, SP.7.a
La idea principal del pasaje y el modelo es que los átomos
se fusionan durante la fusión y producen energía. Por lo
tanto, esa información debe incluirse en el resumen. La
información sobre los elementos que contiene el Sol, los
tipos de elementos que produce la fusión y la comparación
entre fusión y fisión como procesos que producen energía
son detalles interesantes, pero no son esenciales para un
resumen.

3. **C**; **Nivel de conocimiento:** 2; **Tema:** ES.c.1;
Prácticas: SP.1.a, SP.1.b, SP.1.c, SP.7.a
El dato de que las estrellas más masivas que el Sol
explotan representa una parte muy importante de la idea
principal de la información, de modo que debe incluirse en
un resumen de la información. Las opciones de respuesta
incorrectas presentan datos que no son lo suficientemente
importantes para merecer estar incluidos en un resumen de
la información.

4. **A**; **Nivel de conocimiento:** 2; **Tema:** ES.c.1;
Prácticas: SP.1.a, SP.1.b, SP.1.c, SP.7.a
El tema principal del diagrama y del pasaje es cómo
mueren las estrellas masivas, de modo que una breve
explicación de este proceso es un resumen adecuado de
la información. La fusión nuclear se menciona, pero no
es la idea principal del pasaje. Las estrellas masivas se
convierten en cuerpos muy densos, pero esta información
representa solo un detalle de apoyo. El detalle de que todas
las estrellas nacen de la misma manera no es relevante
para el tema de cómo mueren las estrellas.

5. **C**; **Nivel de conocimiento:** 2; **Tema:** ES.c.1;
Prácticas: SP.1.a, SP.1.b, SP.7.a
El resumen del estudiante copia el lenguaje del pasaje; un
resumen debe estar escrito con las palabras del escritor.
El resumen del estudiante da detalles sobre la Vía Láctea,
aunque estos detalles son demasiado específicos y no
están lo suficientemente relacionados con la idea principal
del pasaje como para estar en el resumen. Los resúmenes
deben ser más cortos que los pasajes que resumen, de
modo que la longitud del resumen del estudiante no es un
problema. Además, no es necesario que los resúmenes den
definiciones de términos.

6. **Nivel de conocimiento:** 3; **Tema:** ES.c.1;
Prácticas: SP.1.a, SP.1.b, SP.1.c, SP.6.c, SP.7.a
Respuesta posible:
Ⓐ Las relaciones sobre las características del color,
la temperatura y la luminosidad varían según el tipo de
estrella.
Ⓑ Por ejemplo, las estrellas de secuencia principal van
de estrellas frías y tenues (representadas en el extremo
inferior derecho del diagrama) a estrellas brillantes y
calientes (representadas en el extremo superior izquierdo
del diagrama). Las gigantes azules son grandes, calientes y
brillantes. Las gigantes rojas son grandes, frías y brillantes.
Las enanas blancas son pequeñas, calientes y tenues.
Ⓐ El resumen comienza con una afirmación de la idea
principal que expresa el diagrama.
Ⓑ El resumen incluye los detalles más importantes que
respaldan la idea principal.

7. **D**; **Nivel de conocimiento:** 2; **Tema:** ES.c.1;
Prácticas: SP.1.a, SP.1.b, SP.7.a
El pasaje explica que tanto las estrellas de neutrones como
los agujeros negros se forman al final del ciclo de vida de
las estrellas masivas. Las estrellas de neutrones se forman
después de una supernova, y no antes. Solo los agujeros
negros son tan densos que la luz no puede escapar
de ellos. El pasaje no dice ni sugiere que las estrellas
de neutrones y los agujeros negros están compuestos
solamente por neutrones.

8. **A**; **Nivel de conocimiento:** 2; **Tema:** ES.c.1;
Prácticas: SP.1.a, SP.1.b, SP.7.a
El pasaje explica que tanto las estrellas de neutrones como
los agujeros negros son extremadamente densos. No afirma
que las estrellas de neutrones sean más densas que los
agujeros negros. Los agujeros negros atraen la luz debido
a su gravedad extrema, pero no emiten luz. El pasaje no
afirma que el Sol vaya a convertirse en una estrella de
neutrones porque nuestro Sol no es una estrella masiva.

9. **A**; **Nivel de conocimiento:** 2; **Tema:** ES.c.1;
Prácticas: SP.1.a, SP.1.b, SP.1.c, SP.7.a
La línea cronológica y el pasaje dan información acerca de
qué sucederá al final del ciclo de vida del Sol, de modo que
un resumen debe identificar las etapas principales del Sol
al final de su ciclo de vida. La información sobre cuándo se
formó el Sol y la manera en que crecerá es importante, pero
se omiten los detalles significativos sobre qué le pasará al
Sol al final de su ciclo de vida. Las afirmaciones sobre la
eliminación de las formas de vida actuales de la Tierra y la
fusión nuclear en el núcleo del Sol son verdaderas pero no
expresan las ideas más importantes del pasaje.

LECCIÓN 3, *págs. 142–145*

1. **D**; **Nivel de conocimiento:** 1; **Tema:** ES.c.2;
Prácticas: SP.1.a, SP.1.b, SP.1.c, SP.7.a
Cualquier ubicación del hemisferio norte recibe más energía
durante el verano, no durante otra estación, porque es
cuando el hemisferio está inclinado hacia el Sol y la energía
solar es más directa.

2. **D**; **Nivel de conocimiento:** 3; **Tema:** ES.c.2;
Prácticas: SP.1.a, SP.1.b, SP.1.c, SP.3.b, SP.7.a
Como el diagrama lo indica, el eje de rotación de la Tierra
es el factor más importante que produce las estaciones en
el planeta. Por sí sola, la órbita de la Tierra no produciría
estaciones si no fuera por la inclinación del eje de la Tierra.
La idea de que las estaciones serían las mismas pero más
cortas y la de que habría verano o invierno perpetuo no
están respaldadas por la información que se da.

UNIDAD 3 *(continuación)*

3. **C**; **Nivel de conocimiento:** 2; **Tema:** ES.c.1;
Prácticas: SP.1.a, SP.1.b, SP.1.c, SP.7.a
El pasaje indica que el patrón de las constelaciones visibles cambia a lo largo del año, a medida que la Tierra gira alrededor del Sol. Aunque es cierto que las constelaciones cambian de forma, estos cambios ocurren a lo largo de períodos de tiempo muy largos. Las constelaciones se han observado desde la antigüedad, de modo que duran períodos largos. El pasaje no brinda evidencia de que la ubicación de la Tierra durante el verano afecte nuestra capacidad para ver las constelaciones.

4. **A**; **Nivel de conocimiento:** 3; **Tema:** ES.c.1;
Prácticas: SP.1.a, SP.1.b, SP.1.c, SP.3.c, SP.7.a
Como las estrellas se desplazan a lo largo del tiempo, una constelación no se verá en el futuro igual que como se ve ahora. Por lo tanto, en 100,000 años las constelaciones que vemos ahora dejarán de ser reconocibles porque no tendrán el mismo aspecto. Por lo tanto, no tendrán la misma forma que tienen en la actualidad. No hay información en el pasaje que permita sugerir qué estrellas podrían ser más tenues de aquí a 100,000 años.

5. **C**; **Nivel de conocimiento:** 1; **Tema:** ES.c.2;
Prácticas: SP.1.a, SP.1.b, SP.1.c, SP.7.a
A partir de la información del pasaje, se puede deducir que las flechas punteadas del diagrama representan la dirección del viento si el efecto Coriolis no existiera. Las flechas continuas representan la dirección del viento con el efecto Coriolis. Ninguna parte del mapa representa la rotación de la Tierra. Las flechas punteadas están presentes en todo el mapa, de modo que no representan solo los vientos en el ecuador y los polos.

6. **C**; **Nivel de conocimiento:** 3; **Tema:** ES.c.2;
Prácticas: SP.1.a, SP.1.b, SP.1.c, SP.7.a
El pasaje explica que la desviación de los fluidos—incluidos el viento, el agua y las corrientes oceánicas superficiales—se debe al efecto Coriolis. El efecto Coriolis impide que los vientos soplen en línea recta. No genera áreas de alta presión en el planeta ni hace que la Tierra rote.

7. **Nivel de conocimiento:** 1; **Tema:** ES.c.2;
Prácticas: SP.1.a, SP.1.b, SP.1.c, SP.6.c, SP.7.a
El pasaje explica que vemos partes distintas de la cara iluminada de la Luna debido a su **órbita** alrededor de la Tierra. Si la Luna no girara alrededor de la Tierra, no habría fases de la Luna.

8. **Nivel de conocimiento:** 2; **Tema:** ES.c.2;
Prácticas: SP.1.a, SP.1.b, SP.1.c, SP.6.c, SP.7.a
El diagrama muestra que la fase que ocurre cuando la Luna está entre la Tierra y el Sol se llama **luna nueva**. Cuando hay luna nueva, la cara iluminada de la Luna mira al Sol y el lado oscuro da a la Tierra, es por eso que en algunas noches de luna nueva parece que no hubiera luna.

9. **Nivel de conocimiento:** 3; **Tema:** ES.c.2;
Prácticas: SP.1.a, SP.1.b, SP.1.c, SP.6.c, SP.7.a
El círculo de flechas del diagrama muestra la dirección de los cambios en la apariencia de la Luna. Durante las fases crecientes, la cara iluminada de la Luna que vemos parece **agrandarse** cada noche. Durante las fases menguantes, la cara iluminada de la Luna parece **achicarse** cada noche.

10. **C**; **Nivel de conocimiento:** 2; **Tema:** ES.c.2;
Prácticas: SP.1.a, SP.1.b, SP.7.a
El pasaje dice que el cometa Halley completa su órbita cada 76 años. Todos los cometas siguen una órbita elíptica alrededor del Sol, no de la Tierra, y forman una cola cuando se acercan al Sol, no cuando están lejos del Sol. El pasaje no respalda la idea de que el cometa Halley siga la misma trayectoria que todos los demás cometas.

11. **B**; **Nivel de conocimiento:** 2; **Tema:** ES.c.2;
Prácticas: SP.1.a, SP.1.b, SP.1.c, SP.3.b, SP.7.a
El pasaje y el diagrama indican que durante un eclipse solar, la Luna se desplaza frente al Sol. Por lo tanto, la causa de este suceso es la órbita de la Luna, o su giro alrededor de la Tierra. Ni los fenómenos de rotación de la Tierra y la Luna ni la producción de energía en el Sol provocan eclipses.

12. **C**; **Nivel de conocimiento:** 2; **Temas:** ES.c.1, ES.c.2;
Práctica: SP.1.a, SP.1.b, SP.1.c, SP.7.a
El pasaje dice que Kepler identificó información acerca de los patrones de movimiento de los objetos en nuestro sistema solar. Por lo tanto, sus leyes tratan el movimiento planetario y el movimiento de otros cuerpos en el universo. No están vinculados con las distancias entre los planetas y las estrellas ni explican cómo se forman los planetas. Tampoco se refieren a la relación entre la masa y el movimiento.

13. **B**; **Nivel de conocimiento:** 2; **Tema:** ES.c.2;
Prácticas: SP.1.a, SP.1.b, SP.1.c, SP.7.a
El pasaje y el diagrama muestran que los planetas viajan más rápido en su órbita cuando se acerca más al Sol y más lento cuando se alejan de él. La velocidad varía a lo largo de la órbita del planeta y no se mantiene igual. El pasaje no indica que la velocidad del movimiento dependa del tamaño del planeta.

LECCIÓN 4, *págs. 146–149*

1. **D**; **Nivel de conocimiento:** 2; **Tema:** ES.b.4;
Prácticas: SP.1.a, SP.1.b, SP.1.c, SP.3.b
El diagrama muestra que la corteza es la capa exterior de la Tierra y que es, en proporción, mucho más delgada que las otras capas. El manto no puede verse desde la superficie de la Tierra porque está debajo de la corteza. El diagrama no se refiere a la densidad ni a la temperatura.

2. **C**; **Nivel de conocimiento:** 2; **Tema:** ES.b.4;
Prácticas: SP.1.a, SP.1.b, SP.1.c, SP.3.b
El diagrama indica que la corteza es la capa exterior de la Tierra y que las otras capas de la Tierra están conformadas por roca fluida o líquida. A partir de esta información, se puede arribar a la conclusión de que los accidentes geográficos de la Tierra son parte de la corteza terrestre. Las opciones de respuesta incorrectas representan áreas donde no podría haber accidentes geográficos de la Tierra.

3. **D**; **Nivel de conocimiento:** 2; **Tema:** ES.b.4;
Prácticas: SP.1.a, SP.1.b, SP.1.c, SP.7.a
El diagrama muestra que el epicentro está ubicado en la superficie terrestre, directamente sobre el foco, el cual está debajo de la superficie terrestre. Las opciones de respuesta incorrectas son descripciones inapropiadas de la ubicación del epicentro y el foco.

4. A; **Nivel de conocimiento:** 2; **Tema:** ES.b.4;
Prácticas: SP.1.a, SP.1.b, SP.1.c, SP.7.a
El diagrama muestra que las ondas producidas por el movimiento de la roca se propagan en todas las direcciones desde el foco, o la ubicación del movimiento de la roca, y el pasaje dice que se alejan de la falla. No se desplazan solo a lo largo de la falla, desde el epicentro hasta la falla, ni hacia el interior desde la superficie.

5. B; **Nivel de conocimiento:** 2; **Tema:** ES.b.4;
Prácticas: SP.1.a, SP.1.b, SP.1.c, SP.3.c, SP.7.a
El pasaje explica que los terremotos generan ondas que llevan energía y que se sienten como temblores en la superficie de la Tierra. El diagrama muestra que el epicentro está ubicado directamente arriba del foco, por lo tanto el epicentro es lo más cercano al origen de la energía. Entonces, el temblor y el daño a los edificios sería más grave en el epicentro. El temblor y el daño sería menor a 10 km del epicentro. El foco y la falla están bajo tierra, donde no hay temblor.

6. A; **Nivel de conocimiento:** 2; **Tema:** ES.b.4;
Prácticas: SP.1.a, SP.1.b, SP.1.c, SP.3.b, SP.7.a
El texto del diagrama explica que el material que sale del volcán se asienta y forma capas. El pasaje dice que los volcanes arrojan lava y liberan gases, ceniza y fragmentos de rocas. De estas sustancias, solo la lava que se enfrió, los fragmentos de roca y la ceniza pueden formar las capas de material sólido que se necesita para formar un volcán. Los gases no componen ninguna de las partes de la superficie de un volcán. La roca es una parte del material depositado en la superficie del volcán, pero no todo. El magma es roca derretida que está debajo de la superficie, no material que compone las capas del volcán.

7. C; **Nivel de conocimiento:** 2; **Tema:** ES.b.4;
Prácticas: SP.1.a, SP.1.b, SP.1.c, SP.3.b, SP.7.a
La idea de que los volcanes crecen con el tiempo está respaldado por el texto del diagrama, que explica que el material que hace erupción en los volcanes se acumula con el tiempo y forma las capas del volcán. La presencia de fumarolas laterales indica que la lava no siempre sale por la fumarola principal ubicada en el centro del volcán. Al explicar que los volcanes entran en erupción cuando la cámara magmática se llena, el texto del diagrama indica que los volcanes no están constantemente en erupción. El pasaje dice que los volcanes arrojan lava, fragmentos de roca, gases y ceniza. No dice que estas sustancias no puedan salir del volcán al mismo tiempo.

8. B; **Nivel de conocimiento:** 2; **Tema:** ES.b.4;
Prácticas: SP.1.a, SP.1.b, SP.1.c, SP.7.a
El diagrama muestra que el monte quedó más bajo después de la erupción. No hay nada en el diagrama que indique que el volcán haya quedado más angosto. El volcán todavía existe, de modo que no se destruyó. El diagrama indica que el volcán quedó más bajo, no que haya aumentado su tamaño.

9. B; **Nivel de conocimiento:** 2; **Tema:** ES.b.4;
Prácticas: SP.1.a, SP.1.b, SP.1.c, SP.7.a
El volcán lanzó roca que estaba debajo de la superficie. El diagrama indica que la erupción también provocó que se soltaran partes del monte y volaran por el aire, de modo que durante la erupción, el monte lanzó roca que estaba debajo de la superficie y roca del monte. Las opciones de respuesta incorrectas son limitadas y no identifican todos los materiales involucrados en la erupción.

10. D; **Nivel de conocimiento:** 2; **Tema:** ES.b.4;
Prácticas: SP.1.a, SP.1.b, SP.1.c, SP.3.b, SP.7.a
El texto y las flechas del diagrama indican que los movimientos de la roca en el manto generan corrientes que hacen que las placas se muevan. Los terremotos son el resultado del movimiento de las placas, no la causa. La fricción entre las placas no genera movimiento; tendería a reducir la velocidad del movimiento o detenerlo. La roca que se mueve y afecta el movimiento de las placas no proviene del núcleo.

11. A; **Nivel de conocimiento:** 2; **Tema:** ES.b.4;
Prácticas: SP.1.a, SP.1.b, SP.1.c, SP.7.a
Al estudiar el diagrama, se ve que las placas se ubican en la litosfera, no en el manto inferior, en la astenosfera ni en el núcleo externo.

12. C; **Nivel de conocimiento:** 2 **Tema:** ES.b.4;
Prácticas: SP.1.a, SP.1.b, SP.1.c, SP.3.b, SP.7.a
El diagrama muestra que las fosas se forman donde dos placas se mueven juntas, y una es empujada debajo de la otra. Una fosa puede estar en el borde de una placa, pero no es el borde. Tampoco es la superficie de la placa. Las dorsales, no las fosas, se forman donde se separan dos placas.

13. Nivel de conocimiento: 2; **Tema:** ES.c.3;
Prácticas: SP.1.a, SP.1.b, SP.1.c, SP.3.d, SP.7.a
Según los principios, en una secuencia de capas de roca, la capa que está más abajo es la más antigua y la capa que está más arriba es la más joven. Además, si una característica está atravesada por otra, la característica atravesada es la que se formó antes. En el diagrama, las características B y C son capas que están más arriba que la característica D y la característica A atraviesa la característica D. Entonces, las características **A**, **B** y **C** son más jóvenes que la característica D.

14. D; **Nivel de conocimiento:** 2; **Tema:** ES.b.4;
Prácticas: SP.1.b, SP.1.c, SP.3.b, SP.7.a
El texto del diagrama indica que la roca que se convierte en corteza nueva se origina como magma caliente que proviene del manto. No se origina en el núcleo, en la corteza ni en el sedimento de la superficie.

15. B; **Nivel de conocimiento:** 3; **Tema:** ES.b.4;
Prácticas: SP.1.b, SP.1.c, SP.3.a, SP.7.a
El diagrama muestra y explica que la roca del manto se derrite y luego sube a la superficie, donde se enfría, de modo que se puede llegar a la conclusión de que las partículas de la roca líquida se mueven desde el manto, que está más caliente, a la superficie terrestre, que está más fría. El diagrama indica que la corteza es más fría que el manto porque la roca se enfría allí, de modo que la energía térmica no puede transferirse desde la corteza, una zona más fría, hacia el manto, una zona más caliente. El diagrama no da evidencia de que se produzca una transferencia de energía térmica entre placas tectónicas ni de que se produzca la trasferencia de energía térmica desde las aguas del océano hacia el aire que está sobre ellas, porque dicha transferencia de energía térmica, si es que ocurre, no está directamente relacionada con la formación de la corteza.

LECCIÓN 5, *págs. 150–153*

1. C; **Nivel de conocimiento:** 2; **Temas:** ES.b.1, ES.b.2;
Prácticas: SP.1.a, SP.1.b, SP.1.c, SP.3.b, SP.7.a
Has aprendido que la energía solar calienta la Tierra, incluyendo el suelo, el aire y el agua. Por lo tanto, el Sol proporciona la energía que calienta las aguas del océano. La atmósfera, las costas cercanas y las precipitaciones no son fuentes de energía.

UNIDAD 3 *(continuación)*

2. **A**; **Nivel de conocimiento:** 2; **Temas:** ES.b.1, ES.b.2, ES.b.3; **Prácticas:** SP.1.a, SP.1.b, SP.1.c, SP.3.b, SP.7.a
Has aprendido que la energía térmica fluye desde la materia más cálida a la materia más fría, de modo que puedes concluir que la Corriente del Golfo calienta el aire de la atmósfera que está sobre ella porque las aguas de la Corriente del Golfo son más cálidas que el aire de la atmósfera. Aunque las reacciones químicas exotérmicas pueden producir energía térmica, la Corriente del Golfo calienta la atmósfera debido a la transferencia de energía térmica, o un incremento en el movimiento de las partículas de la atmósfera, no debido a una reacción química. Cuando las partículas del aire entran en contacto con las aguas de la Corriente del Golfo, su movimiento se acelera y aumenta la temperatura del aire; si las partículas bajaran la velocidad de su movimiento, la temperatura del aire bajaría. Toda la materia, incluso las aguas oceánicas y la atmósfera de la Tierra, tiene energía cinética interna provocada por el movimiento de las moléculas, los átomos y las partículas subatómicas.

3.1 **D**; 3.2 **D**; 3.3 **C**; 3.4 **A**; 3.5 **B**; **Nivel de conocimiento:** 2; **Temas:** ES.a.1, ES.b.1; **Prácticas:** SP.1.a, SP.1.b, SP.1.c, SP.3.b, SP.7.a
3.1 A partir de los conceptos relacionados con la energía, sabes que el Sol es una fuente de energía que calienta las aguas de la Tierra. Las nubes son el resultado del vapor de agua del aire que libera energía y que cambia del estado gaseoso al líquido. El viento es provocado por la presión desigual sobre la superficie terrestre, debido al calentamiento desparejo de la superficie por parte del Sol. El ozono es una forma de oxígeno que es más abundante en la estratósfera.
3.2 A partir del concepto de los estados de la materia, sabes que el agua líquida sobre la superficie terrestre que absorbe energía del Sol se transforma en vapor de agua gaseoso durante la evaporación. En la condensación, pasa lo contrario. El agua pierde energía y cambia del estado gaseoso al líquido. La deposición es el proceso mediante el cual la materia cambia de estado gaseoso a estado sólido sin pasar antes por el estado líquido. La sublimación es el proceso mediante el cual la materia cambia de estado sólido a estado gaseoso sin pasar primero por el estado líquido.
3.3 A partir del concepto de los cambios de estado de la materia, sabes que cuando el vapor de agua de la atmósfera se enfría, cambia de estado gaseoso a líquido. Para convertirse en un sólido, el vapor de agua tendría que enfriarse aún más y congelarse. Ya es un gas, de modo que no puede cambiar de estado para convertirse en un gas. El plasma es el cuarto estado de la materia, formado por partículas cargadas que se comportan como un gas. El Sol es plasma. Ninguna sustancia se transforma en plasma en ninguna parte del ciclo del agua.
3.4 A partir del concepto de los cambios de estado de la materia, sabes que la precipitación que cae en forma de hielo y nieve está congelada. El agua líquida se congela cuando se enfría hasta llegar a su punto de congelamiento. La condensación es el cambio de estado gaseoso a líquido;

la fusión es el cambio de estado sólido a líquido; y la evaporación es el cambio de estado líquido a gaseoso. La nieve y el hielo son sólidos (no líquidos ni gases), de modo que la precipitación en las nubes no se condensa, se derrite ni se evapora para transformarse en nieve y hielo.
3.5 A partir del concepto de los cambios de estado de la materia, sabes que la nieve y el hielo son agua en estado sólido. La nieve y el hielo no están en estado de plasma o en estado gaseoso. *Semiderretido* describe la nieve o el hielo parcialmente derretidos, pero no es un estado de la materia.

4. **C**; **Nivel de conocimiento:** 2; **Tema:** ES.b.2; **Prácticas:** SP.1.a, SP.1.b, SP.1.c, SP.3.b, SP.7.a
La solubilidad es la cantidad de soluto que se puede disolver en una cantidad dada de solvente a una temperatura específica, por lo tanto, cuando la temperatura de una solución cambia, su solubilidad cambia. El pasaje explica que la sal permanece donde está (o sale de la solución) cuando el agua del océano se congela, e indica que a medida que la temperatura del agua del océano disminuye, su solubilidad disminuye. Como el agua del océano es una solución, o mezcla homogénea, las moléculas de las sustancias que la componen están distribuidas en las mismas proporciones, de modo que la sal está distribuida en el agua del océano en los polos antes de que el agua se congele. Si la solubilidad aumentara a medida que disminuye la temperatura del agua del océano, la sal permanecería en la solución, no saldría de ella, cuando el agua del océano se congela. Si el agua del océano se saturara a una temperatura más alta que la de su punto de congelamiento, la sal saldría de la solución antes de que el agua del océano se congelara, no cuando se congela.

5. **A**; **Nivel de conocimiento:** 2; **Tema:** ES.b.2; **Prácticas:** SP.1.a, SP.1.b, SP.1.c, SP.7.a
La densidad es la razón de masa a volumen, por lo tanto, el agua oceánica con mayor salinidad tiene una razón de masa a volumen mayor que el agua oceánica con menor salinidad. El agua oceánica con una razón de masa a volumen mayor tendría menor salinidad. Las características de masa y volumen dependen del tamaño de la muestra; por lo tanto, una cantidad mayor de agua oceánica tendría más masa y volumen que una cantidad más pequeña de agua oceánica, independientemente de los niveles de salinidad de las dos muestras.

6. **B**; **Nivel de conocimiento:** 2; **Tema:** ES.b.2; **Prácticas:** SP.1.a, SP.1.b, SP.3.b
El pasaje determina que los océanos se están volviendo más ácidos, por lo que un cambio en el pH de 8.2 a 8.1 coincidiría con estos criterios. Un cambio de 8.1 a 8.2 indicaría que el agua se está volviendo más básica. Todos los valores de pH en el rango entre 6 y 7 son ácidos, y por lo tanto serían incorrectos ya que el pasaje afirma que el océano es ligeramente básico.

7. **A**; **Nivel de conocimiento:** 2; **Tema:** ES.b.2; **Prácticas:** SP.1.a, SP.1.b, SP.3.b, SP.3.c, SP.7.a
Debido a que quemar combustibles fósiles genera dióxido de carbono que vuelve ácidos a los océanos, tiene sentido predecir que los océanos se volverán más ácidos siempre y cuando los combustibles fósiles sigan siendo ampliamente usados.

8. **D**; **Nivel de conocimiento:** 2; **Temas:** ES.b.1, ES.b.2; **Prácticas:** SP.1.a, SP.1.b, SP.1.c, SP.3.b, SP.7.a
A partir del concepto de la transferencia de energía, sabes que la conducción es la transferencia de energía térmica entre moléculas adyacentes, de modo que puedes deducir que el calor la energía térmica se transfiere por conducción entre la superficie cálida del océano y el aire adyacente a esta. La radiación es la transferencia de energía a través del espacio por ondas electromagnéticas. En la convección, el aire cálido sube, luego se enfría y se hunde para volver a subir. La convección calentaría el aire que está más arriba en la troposfera, no el aire adyacente a la superficie del océano. La saturación no es un tipo de transferencia de energía; es el punto en el cual no se puede disolver más soluto en una solución a su temperatura actual.

9. **A**; **Nivel de conocimiento:** 2; **Temas:** ES.b.1, ES.b.2;
Prácticas: SP.1.a, SP.1.b, SP.1.c, SP.3.b, SP.7.a
Recuerda que la convección es la transferencia de energía
térmica a través de fluidos, como el aire y el agua. El aire
cálido sube de la superficie terrestre a la atmósfera. Luego
se enfría y desciende para volver a subir. La condensación
es un cambio de estado que ocurre cuando un gas pierde
energía, lo que hace que se convierta en un líquido; no
es un tipo de transferencia de energía. La radiación y la
conducción no son el tipo de transferencias de energía que
se describe. La radiación es la transferencia de energía
a través del espacio por ondas electromagnéticas. La
conducción es la transferencia de energía térmica entre
objetos que están en contacto entre sí.

10. **C**; **Nivel de conocimiento:** 3; **Temas:** ES.b.1, ES.b.2;
Prácticas: SP.1.a, SP.1.b, SP.1.c, SP.3.b, SP.7.a
El pasaje explica que durante un huracán, el calor
transferido desde las aguas del océano calienta el aire,
haciendo que suba. El diagrama también muestra cómo
se eleva el aire cálido durante un huracán. Por lo tanto,
la formación de un huracán demuestra el concepto de
convección, o de que el aire cálido se torna menos denso
que el aire más frío que lo rodea y se eleva. Los vientos
preponderantes del oeste en las latitudes medias no
tienen ninguna relación con la formación de los huracanes.
Además, tal como afirma el pasaje, los huracanes no se
forman en las latitudes medias. Se forman en los trópicos.
La densidad del agua del océano tampoco tiene relación
con la formación de los huracanes. La ley de conservación
de la energía no es un principio importante para explicar la
formación de los huracanes.

11. **C**; **Nivel de conocimiento:** 3; **Tema:** ES.b.2;
Prácticas: SP.1.a, SP.1.b, SP.1.c, SP.3.a, SP.7.a
El concepto subyacente del efecto Coriolis (que provoca
que se desvíen el aire y el agua hacia la izquierda o la
derecha debido a la rotación de la Tierra) explica cómo
ayuda a determinar el recorrido de las corrientes oceánicas.
El recorrido de las corrientes oceánicas no es provocado
por el giro de la Tierra alrededor del Sol, la atracción
gravitacional del Sol sobre la Tierra ni los cambios en las
condiciones meteorológicas.

LECCIÓN 6, *págs. 154–157*

1. **C**; **Nivel de conocimiento:** 2; **Tema:** ES.b.1;
Prácticas: SP.1.a, SP.1.b, SP.1.c
La gráfica circular de la izquierda muestra que el dióxido
de carbono representaba 81 por ciento del total de las
emisiones de efecto invernadero de los EE. UU. en
2018. Las opciones de respuesta incorrectas no están
respaldadas por la gráfica.

2. **D**; **Nivel de conocimiento:** 2; **Tema:** ES.b.1;
Prácticas: SP.1.a, SP.1.b, SP.1.c
La gráfica circular de la derecha muestra que la producción
de electricidad provocó el 27 por ciento de las emisiones
de gases invernadero de 2018, el transporte provocó el 28
por ciento y la industria, el 22 por ciento. Por lo tanto, estas
tres fuentes combinadas causaron el 77 por ciento de las
emisiones de gases de efecto invernadero de 2018. Cada
una de las opciones de respuesta incorrectas expresa el
porcentaje aportado por una sola de estas fuentes.

3. **D**; **Nivel de conocimiento:** 2; **Tema:** ES.b.1;
Prácticas: SP.1.a, SP.1.b, SP.1.c
El diagrama indica que todas las personas de la Tierra
viven dentro de la troposfera y que los aviones comerciales
vuelan en la parte baja de la estratosfera, por lo tanto, las
personas pueden encontrarse en estas capas pero no en
las otras capas de la atmósfera.

4. **B**; **Nivel de conocimiento:** 1; **Tema:** ES.b.1;
Prácticas: SP.1.a, SP.1.b, SP.1.c
El diagrama indica que la mayor parte de las condiciones
meteorológicas y las nubes se encuentran en la troposfera.
La mesosfera, no la troposfera, es la parte más fría de la
atmósfera. Los aviones vuelan en la estratosfera y en la
troposfera. La exosfera, no la troposfera, contiene partículas
que están a millas de distancia entre sí.

5. **B**; **Nivel de conocimiento:** 2; **Tema:** ES.b.1;
Prácticas: SP.1.a, SP.1.b, SP.1.c
Como en el pasaje se explica que las señales de radio AM
permanecen más cerca del transmisor durante el día que
por la noche y las flechas negras son más cortas en la
parte del diagrama del "día" que en la parte del diagrama
de la "noche", puedes inferir que las flechas representan las
señales de radio. La ionosfera contiene partículas cargadas,
moléculas de nitrógeno y átomos de oxígeno, pero estos
objetos no son lo que representan las flechas. Si las flechas
que representan la radiación del Sol estuvieran incluidas en
el diagrama, irían desde el Sol hacia la Tierra.

6. **C**; **Nivel de conocimiento:** 2; **Tema:** ES.b.1;
Prácticas: SP.1.a, SP.1.b, SP.1.c
A partir de la información del pasaje y del diagrama, las
ondas de radio que rebotan en la capa F de la ionosfera
por la noche contribuyen a que las transmisiones lleguen
más lejos que lo que lo hacen durante el día, cuando las
capas más bajas de la ionosfera las absorben. Ninguna
información suministrada respalda la afirmación de que los
transmisores envíen señales más fuertes por la noche, de
que la ionosfera proporcione más energía a las señales
de radio ni de que durante el día, la luz solar bloquee las
señales de radio.

7. **Nivel de conocimiento:** 1; **Temas:** ES.b.1; ES.b.3;
Prácticas: SP.1.a, SP.1.b, SP.1.c, SP.6.a, SP.6.c
A partir de la información del pasaje, el diagrama debería
tener los siguientes rótulos: **precipitación ácida muy
fuerte** en pH 3.0, **la mayoría de la lluvia ácida** en pH 4.3,
agua de lluvia en pH 5.6, **agua del océano** en pH 8.0,
extremo superior del rango del agua dulce en pH 9.0.

8. **C**; **Nivel de conocimiento:** 2; **Tema:** ES.b.3;
Prácticas: SP.1.a, SP.1.b, SP.5.a
Los datos del pasaje indican que el uso del viento como
fuente de energía aumenta, no disminuye. El pasaje afirma
que el viento es la fuente de energía renovable de los
Estados Unidos (junto con la energía hidroeléctrica), de
modo que es una fuente de energía importante. Si bien
el pasaje identifica desventajas de la energía eólica, la
existencia de controversias sobre la energía eólica no
tendría impacto en su efectividad.

UNIDAD 3 (continuación)

9. **D; Nivel de conocimiento:** 2; **Tema:** ES.b.1;
Prácticas: SP.1.a, SP.1.b, SP.1.c
La curva de la gráfica comienza en un punto de gran altitud y baja presión. La pendiente de la línea indica que a medida que disminuye la altitud, la presión aumenta, levemente al principio y de manera más abrupta después. El pasaje dice que la presión del aire es mayor al nivel del mar. La presión del aire es una fuerza hacia abajo, mientras que la distancia desde una montaña es una medida horizontal, de modo que la presión del aire no se relaciona con la distancia desde las montañas. Si la presión del aire aumentara a medida aumenta la altitud, la curva de la gráfica comenzaría en el extremo inferior izquierdo y se extendería hasta el extremo superior derecho.

10. **B; Nivel de conocimiento:** 3; **Tema:** ES.b.1;
Prácticas: SP.1.a, SP.1.b, SP.1.c, SP.7.a
El modelo muestra las reacciones químicas mediante las cuales el cloro de la atmósfera descompone el ozono. Los átomos de cloro descomponen las moléculas de ozono al unirse a ellas para producir monóxido de cloro y moléculas de oxígeno (ClO). Además, las moléculas de monóxido de cloro se unen a átomos de oxígeno, lo que hace que no estén disponibles para la producción de ozono. Las respuestas incorrectas dan información acerca del ozono, pero no exponen la información expresada en el modelo.

LECCIÓN DE ALTO IMPACTO: EXPRESAR VISUALMENTE INFORMACIÓN CIENTÍFICA, *págs. 158–159*

1. **A; Nivel de conocimiento:** 1; **Tema:** ES.b.1;
Prácticas: SP.1.c, SP.3.b, SP.6.a.
Agregar una clave o nomenclatura al elemento visual para explicar lo que indican las diferentes barras de colores o la línea gris podría facilitar el análisis de la información. Añadir un párrafo largo y descriptivo convierte la información visual en información verbal que debe leerse y analizarse. Una tabla de datos numéricos convierte la información visual de una gráfica en listas de datos que deben analizarse antes do que la tendencia resulte evidente. Un segundo eje de *x* haría confusa la gráfica que habitualmente muestra cambios tanto en la temperatura como en la concentración de dióxido de carbono sobre la variable de tiempo compartida. Podría agregarse una tercera variable al elemento visual, como el dióxido de carbono emitido cada año, pero estos datos estarían mejor graficados como un tercer eje de *y*, con el eje de *x* de tiempo compartido que sirve para conectar esta tercera variable con las otras dos ya expuestas en la gráfica.

2. **B; Nivel de conocimiento:** 2; **Tema:** ES.c.3;
Prácticas: SP.1.c, SP.3.b, SP.6.a, SP.6.c.
La ventaja de incluir tanto una gráfica como un diagrama es que ilustra el efecto del decaimiento radiactivo sobre el porcentaje de isótopos padre restantes y también las relaciones numéricas entre la cantidad de vidas media transcurridas y el porcentaje de isótopos padres restantes en la muestra. La gráfica tiene sentido sin los diagramas, pero la inclusión de las ilustraciones permite que la imagen exponga más información de manera que resulta más informativa. Aunque la gráfica puede parecer aburrida sin la ilustración, los científicos usan gráficas porque son sencillas. La adición de ilustraciones es una opción destinada a enriquecer la experiencia visual y a mejorar el aprendizaje. La imagen presenta el diagrama de un proceso generalizado y una gráfica que presenta los conceptos generalizados de vida media y decaimiento radiactivo; la imagen no incluye datos reales de una investigación específica.

3. **A; Nivel de conocimiento:** 2; **Tema:** ES.c.3;
Prácticas: SP.1.a, SP.1.c, SP.3.b, SP.6.a.
Los datos presentados incluyen información verbal y numérica. Los datos no presentan información que varía sobre un área geográfica, lo que se presentaría mejor con un mapa. Los datos no incluyen información sobre procesos o estructuras que podrían trasmitirse en forma de ilustración o diagrama. Los datos numéricos presentados en la tabla incluyen rangos y las relaciones entre isótopo; vida media y rango de datación efectivo no crearían patrones claros, lo que se adaptaría mejor a la representación mediante una gráfica.

4. **D; Nivel de conocimiento:** 3; **Tema:** ES.c.3;
Prácticas: SP.1.a, SP.1.c, SP.3.b, SP.6.a.
El método de datación rubidio-87 a estroncio-87 se colocaría en la última fila de la tabla, debajo de potasio-40. La tabla está organizada en períodos crecientes de vida media, con la vida media más breve en la parte superior y la vida media más larga en la parte inferior. Como el estroncio-87 tiene una vida media más larga que el potasio-40, la nueva hilera de datos corresponde al final de la tabla.

5. **B; Nivel de conocimiento:** 2; **Tema:** ES.c.3;
Prácticas: SP.1.a, SP.1.b, SP.1.c, SP.2.d, SP.3.b, SP.6.a, SP7.a.
Los isótopos que podrían usarse para datar una roca de entre 1 y 5 millones de años de antigüedad son potasio-40 a argón-40. Carbono-14 a nitrógeno-14 no pueden usarse para datar materiales de más de 30,000 años. Ni rubidio-87 a estroncio-87 ni uranio-235 a plomo-207 pueden usarse para datar materiales de menor edad que 10 millones de años. El único método que puede usarse para datar rocas de entre 100,000 y 10 millones de años es potasio-40 a argón-40.

LECCIÓN 7, *págs. 160–163*

1. **B; Nivel de conocimiento:** 2; **Temas:** ES.a.1, ES.a.3;
Prácticas: SP.1.a, SP.1.b, SP.3.a, SP.3.b
La idea principal del primer párrafo del pasaje es que la falta de agua potable es un problema. Los otros problemas identificados en el pasaje (los conflictos armados y proyectos fallidos) son detalles que respaldan la idea principal. Que la OMS y UNICEF informen sobre la falta de agua potable no es un problema.

2. **D; Nivel de conocimiento:** 1; **Temas:** ES.a.1, ES.a.3; **Prácticas:** SP.1.a, SP.1.b, SP.3.a
El pasaje dice que el acceso creciente al agua transportada por cañerías ha resuelto el problema del acceso al agua potable para las personas de muchas partes del mundo. La conservación del agua no es una solución al problema del acceso al agua potable. Aunque podría ser útil mejorar los proyectos y reducir los conflictos armados, estas ideas no se mencionan en el pasaje como posibles soluciones.

3. **A; Nivel de conocimiento:** 3; **Tema:** ES.a.2; **Prácticas:** SP.1.a, SP.1.b, SP.1.c, SP.3.b
A partir de la información que se brinda, la idea de construir paredones de contención y elevar las estructuras podría proteger mejor las casas y las empresas. Construir edificios más grandes no los hace más resistentes contra los huracanes; los huracanes derriban estructuras muy grandes. Construir más puentes permitiría a las personas escapar más rápidamente pero no ayudaría a que los edificios soportaran las tormentas. Hacer que el área esté menos densamente poblada evitaría que las tormentas afectaran a tantas personas pero no ayudaría a que los edificios soportaran las tormentas.

4. **C; Nivel de conocimiento:** 2; **Tema:** ES.a.2; **Prácticas:** SP.1.a, SP.1.b, SP.1.c, SP.3.a, SP.3.b
El pasaje dice que es probable que en algún momento, otras tormentas azoten esta zona nuevamente, por lo que las casas reconstruidas allí podrían volver a ser destruidas. Aunque las casas en zonas costeras suelen ser caras, la información presentada no está relacionada con el costo de la reconstrucción. No es lógico creer que la mayoría de los huracanes azotarán el mismo tramo de costa, y el pasaje no respalda esta idea. El pasaje indica de manera indirecta que algunas casas de la costa soportaron la tormenta.

5. **C; Nivel de conocimiento:** 1; **Tema:** ES.a.2; **Prácticas:** SP.1.a, SP.1.b, SP.1.c
El pasaje indica que un equipo de emergencia para huracanes soluciona el problema de la falta de provisiones vitales tras el paso de un huracán. Por lo tanto, el objetivo del equipo es abastecer de esas provisiones, no ayudar a las personas a abandonar la zona o decirles qué hacer cuando se acerca un huracán. Un equipo de emergencia para huracanes incluye agua y comida, pero su objetivo es más amplio que solo asegurarse de que las víctimas de los huracanes tengan lo imprescindible.

6. **D; Nivel de conocimiento:** 3; **Tema:** ES.a.2; **Prácticas:** SP.1.a, SP.1.b, SP.1.c, SP.3.b
Las linternas serían una fuente de luz útil si no hubiera suministro eléctrico. Si no hubiera electricidad, la leche fresca sería inútil sin refrigeración. Las sartenes y las cacerolas no serían los objetos más útiles, ya que sin las instalaciones para cocinar, serían de muy poca utilidad. Las mantas eléctricas no funcionarían sin electricidad.

7. **C; Nivel de conocimiento:** 1; **Temas:** ES.a.1, ES.b.1; **Prácticas:** SP.1.a, SP.1.b, SP.1.c, SP.3.a
El pasaje dice que los animales y las plantas tienen que usar nitrógeno, pero no en su forma elemental, tal como se encuentra en la atmósfera. El pasaje también indica que todas las plantas y los animales usan nitrógeno para formar las proteínas y que la mayor parte de la atmósfera de la Tierra es nitrógeno. No hay nada en el pasaje ni en el diagrama que sugiera que el nitrógeno descomponga las proteínas.

8. **D; Nivel de conocimiento:** 2; **Temas:** ES.a.1, ES.b.1; **Prácticas:** SP.1.a, SP.1.b, SP.1.c, SP.3.b
Sin nitrógeno, las plantas y los animales no tendrían proteínas porque, tal como lo indica el pasaje, el nitrógeno es necesario para producirlas. La falta de nitrógeno, por lo tanto, no podría hacer que hubiera demasiadas proteínas. Ni el pasaje ni el diagrama respaldan la idea de que la falta de nitrógeno pudiera provocar una infección por bacterias o pudiera eliminar las bacterias del suelo.

9. **C; Nivel de conocimiento:** 2; **Temas:** ES.a.1, ES.b.1; **Prácticas:** SP.1.a, SP.1.b, SP.1.c, SP.3.a
El diagrama indica que después de que el ácido nítrico penetra en el suelo, las bacterias descomponen el ácido nítrico en una forma de nitrógeno que las plantas pueden usar (nitratos). Las raíces de las plantas absorben compuestos de nitrógeno del suelo, no del aire. Ni el diagrama ni el pasaje indican que las bacterias se conviertan en nitrógeno ni que los animales herbívoros descompongan los compuestos de nitrógeno.

10. **B; Nivel de conocimiento:** 2; **Tema:** ES.a.2; **Prácticas:** SP.1.a, SP.1.b, SP.3.b
El pasaje explica que los científicos monitorean volcanes para identificar las señales de una erupción inminente, por lo que, el monitoreo de volcanes ayuda a abordar la necesidad de anticipar las erupciones. El monitoreo de volcanes no puede evitar que los volcanes entren en erupción ni reducir el número de erupciones. Aunque el monitoreo de volcanes ayuda a los científicos a comprender los volcanes, la falta de conocimiento sobre los volcanes no es el problema principal que el monitoreo ayuda a resolver.

11. **C; Nivel de conocimiento:** 1; **Tema:** ES.a.2; **Prácticas:** SP.1.a, SP.1.b, SP.1.c, SP.3.a
El pasaje explica que el diseño resistente a los terremotos permite que las estructuras resistan las fuerzas que causan derrumbes, o destrucción. El diseño resistente a los terremotos no tiene ningún efecto sobre los terremotos en sí mismos. El pasaje no da información sobre el costo del diseño resistente a los terremotos. El atractivo de los edificios depende de la opinión del observador.

12. **C; Nivel de conocimiento:** 2; **Tema:** ES.a.2; **Prácticas:** SP.1.a, SP.1.b, SP.1.c, SP.3.b
El pasaje sugiere que saber dónde y cuándo se formará un tornado es importante para reducir las muertes provocadas por los tornados, por lo tanto, se puede inferir que el Servicio Meteorológico Nacional creó alertas de tornados para ayudar a las personas a saber cuándo un tornado está en su zona. El desarrollo del sistema de alertas y alarmas no sirvió para explicar cómo se forman los tornados ni ayudó a las personas a tener servicios después de un tornado. Si bien el sistema de alertas está relacionado con el pronóstico y el rastreo de los tornados, su propósito es advertir a las personas sobre un tornado que se acerca o sobre condiciones que llevan a la formación de un tornado.

13. **B**; **Nivel de conocimiento:** 2; **Tema:** ES.a.2;
Prácticas: SP.1.a, SP.1.b, SP.1.c, SP.3.b
Se puede deducir a partir de la información presentada que saber cómo responder cuando se presentan condiciones de tornado es vital para la seguridad de las personas, por lo tanto, lo mejor que puede hacer el dueño de un negocio es asegurarse de que todos los empleados sepan qué hacer y adónde ir si hay alarma de tornado. Leer un libro sobre tornados no necesariamente ayudará a alguien a prepararse para la temporada de tornados. No sería razonable cerrar un negocio siempre que haya una tormenta severa porque los tornados no siempre se producen durante una tormenta. Ninguna parte del sistema de alertas y alarmas le dice al público que llame al Servicio Meteorológico Nacional. Las alertas y alarmas son información suficiente para permitir que las personas se refugien.

LECCIÓN 8, *págs. 164–167*

1. **D**; **Nivel de conocimiento:** 2; **Temas:** ES.a.1, ES.a.3;
Prácticas: SP.1.a, SP.1.c, SP.3.a, SP.3.b, SP.4.a
El pasaje y la gráfica se podrían usar para argumentar a favor del diseño de vehículos con mejor rendimiento por milla. Dado que una cantidad tan grande del petróleo importado se usa para el transporte, una reducción en la necesidad de petróleo para el transporte tendría un gran impacto en la reducción de la dependencia del petróleo. Al afirmar que los Estados Unidos *deben* importar petróleo, el pasaje infiere que esta situación no es ideal, de modo que el pasaje no respalda el aumento de las importaciones de petróleo. La información que se presenta está relacionada con la conservación de la energía, no con la contaminación provocada por las fuentes de energía. La información tampoco está relacionada con los precios de la energía; además, los importadores no pueden fijar los precios de los bienes importados.

2. **C**; **Nivel de conocimiento:** 2; **Temas:** ES.a.1, ES.a.3;
Prácticas: SP.1.a, SP.1.c, SP.3.a, SP.3.b, SP.4.a
El hecho de que el consumo de energía sigue aumentando constantemente es el mejor argumento para respaldar el desarrollo y el uso de las fuentes de energía renovables porque en algún momento, las fuentes de energía no renovables se agotarán. La afirmación de que hay provisiones adecuadas de fuentes no renovables no es un argumento sólido para respaldar el uso de fuentes de energía renovables porque contradice la urgencia de la idea de que las provisiones se agotarán. El uso que se le da a la energía no es relevante para respaldar el argumento a favor de las fuentes de energía renovables. El hecho de que la producción de energía está aumentando no es el argumento más convincente para respaldar el uso de las fuentes de energía renovables porque el aumento de la producción de energía simplemente refleja la ley de oferta y demanda en relación con el consumo de energía.

3. **D**; **Nivel de conocimiento:** 2; **Temas:** ES.a.1, ES.a.3;
Prácticas: SP.1.a, SP.3.a, SP.3.b, SP.4.a
La fuente menos parcial sería el Departamento de Energía de los Estados Unidos. Si bien los organismos del gobierno pueden introducir su propia parcialidad en la información, los organismos del gobierno federal suelen ser reconocidos por brindar información confiable y basada en los hechos. Los nombres de las otras organizaciones que se enumeran muestran que cada una tiene una evidente relación con una causa que está conectada con el tema del oleoducto.

4. **C**; **Nivel de conocimiento:** 2; **Temas:** ES.a.1, ES.a.3;
Prácticas: SP.1.a, SP.3.a, SP.3.b, SP.4.a
Dada la enorme cantidad de petróleo que se necesita para abastecer a los Estados Unidos a diario, el hecho de que el oleoducto podría traer grandes cantidades de petróleo desde un país vecino y amigo es un argumento sólido a su favor. El hecho de que se puede obtener petróleo de las arenas de alquitrán explica el objetivo del oleoducto, pero no ofrece una razón persuasiva para construirlo en lugar de satisfacer las necesidades energéticas de otra manera. La afirmación de que es probable que las precauciones que se tomaron eviten que haya pérdidas contribuye al argumento a favor del oleoducto, pero es más una predicción que un dato de la realidad; por lo tanto, no es el enunciado de apoyo más sólido. El hecho de que en los Estados Unidos se usan 20 millones de barriles de petróleo por día puede ser una explicación de por qué los Estados Unidos necesitan importar tanto petróleo, pero no respalda a ninguna fuente de importación de petróleo en particular, incluido este oleoducto.

5. **A**; **Nivel de conocimiento:** 2; **Temas:** ES.a.1, ES.a.3;
Prácticas: SP.1.a, SP.3.a, SP.3.b, SP.4.a
El hecho de que una pérdida en el oleoducto podría contaminar el acuífero es el argumento más sólido en contra del oleoducto. La composición de las arenas de alquitrán no es relevante en un argumento en contra del oleoducto. El hecho de que el acuífero es una fuente de agua importante es significativo solo si la provisión de agua se contamina. La afirmación de que los Estados Unidos importan una cantidad tan grande de petróleo ayuda a argumentar a favor del oleoducto, no en contra de él.

6. **B**; **Nivel de conocimiento:** 2; **Tema:** ES.a.1;
Prácticas: SP.1.a, SP.1.c, SP.3.a, SP.3.b, SP.4.a
El contraste entre las dos fotos muestra que el glaciar disminuyó su tamaño entre 1913 y 2005, por lo tanto, respalda el argumento sobre el calentamiento global. Las fotos no dan indicios sobre el tamaño del glaciar en 1913. Sin embargo, es claro que era más grande en 1913 que en 2005. El hecho de que el glaciar esté en una zona rocosa no está relacionado con el calentamiento global. Las fotografías no dan evidencia de que el glaciar se desplaza cuesta abajo. Sin embargo, los glaciares se desplazan lentamente cuesta abajo por la influencia de la gravedad, y dicho desplazamiento se produciría independientemente de cualquier calentamiento de la Tierra.

7. **C**; **Nivel de conocimiento:** 2; **Tema:** ES.a.1;
Prácticas: SP.1.a, SP.1.c, SP.3.a, SP.3.b, SP.4.a
La ausencia del glaciar en 2030 indicaría que el glaciar ha seguido reduciendo su tamaño hasta derretirse por completo. Este cambio respaldaría el argumento de que se está produciendo un cambio climático en forma de calentamiento de la Tierra. El desmoronamiento de las montañas no puede atribuirse al cambio climático. La presencia de dunas de arena sugeriría que hay erosión, pero no necesariamente un cambio climático. El hecho de que el glaciar mantenga su tamaño hasta el año 2030 respaldaría un argumento en contra de la idea de que se está produciendo el cambio climático, no a favor.

8. **A**; **Nivel de conocimiento:** 2; **Temas:** ES.a.1, ES.a.3; **Prácticas:** SP.1.a, SP.1.c, SP.3.a
Una entrada en la fila "En contra" de la tabla dice que algunas personas creen que el problema real no está relacionado con las perforaciones en el ANWR y es, en su lugar, el hecho de que el consumo de petróleo en los Estados Unidos es demasiado alto. Nadie podría argumentar de manera lógica que en la actualidad, el petróleo tenga pocos usos en los Estados Unidos, porque el petróleo se usa de numerosas maneras, como la calefacción de edificios, la producción de combustible para los vehículos a motor y la fabricación de productos como los plásticos. Los Estados Unidos dependen en gran medida del petróleo extranjero, y su extracción puede alterar el medio ambiente, pero estos factores son los resultados del problema básico: el alto nivel de consumo de petróleo en los Estados Unidos.

9. **B**; **Nivel de conocimiento:** 2; **Temas:** ES.a.1, ES.a.3; **Prácticas:** SP.1.a, SP.1.c, SP.3.b
La tabla indica que la perforación en ANWR creará fuentes de trabajo y solo una parte pequeña del refugio se verá afectada, por lo tanto, es probable que las personas que priorizan la creación de fuentes de trabajo por sobre la protección del medio ambiente respalden la perforación a pesar del impacto que podría tener en el medio ambiente. Es probable que los productores extranjeros de petróleo prefieran que los Estados Unidos tengan menos, no más, fuentes de petróleo nacionales. Es probable que los ambientalistas estén preocupados por cualquier impacto en el medio ambiente, sin importar cuán pequeño sea. Las personas que se preocupan por el precio del petróleo no necesariamente considerarían beneficiosa la perforación en ANWR porque según la información presentada, es poco probable que hacer la perforación provoque una reducción del precio del petróleo.

10. **A**; **Nivel de conocimiento:** 2; **Tema:** ES.a.3; **Prácticas:** SP.1.a, SP.1.c, SP.3.b, SP.4.a
El pasaje afirma que la construcción de una represa hidroeléctrica afecta a la vida silvestre, incluyendo al salmón, y cambia las condiciones ambientales de los ríos corriente abajo, por lo tanto, un argumento válido contra la construcción de represas hidroeléctricas es que implica una amenaza para los medio ambientes acuáticos que se encuentran corriente abajo. El pasaje dice que la energía hidroeléctrica no provoca contaminación del aire ni del agua. El combustible para operar una central hidroeléctrica es agua, que es, básicamente, gratuito. Las represas hidroeléctricas pueden construirse solo donde hay una fuente de agua que corre o cae, generalmente, un río donde se puede construir una represa para crear un reservorio o un lago.

11. **C**; **Nivel de conocimiento:** 2; **Tema:** ES.a.3; **Prácticas:** SP.1.a, SP.1.c, SP.3.a, SP.4.a
El pasaje afirma que la energía hidroeléctrica no produce contaminación del aire ni del agua, un hecho que sería un argumento válido a favor de la construcción de represas hidroeléctricas. Las represas hidroeléctricas pueden construirse solo donde hay una fuente de agua que corre o cae, no en cualquier sitio. La información suministrada no aborda el costo de mantenimiento de las represas hidroeléctricas, pero un mantenimiento costoso sería un argumento en contra, no a favor, de la construcción de estas represas. Las represas hidroeléctricas plantean una amenaza a la vida silvestre, un factor que ayuda a respaldar un argumento en contra de su construcción, no a favor de ella.

12. **A**; **Nivel de conocimiento:** 2; **Temas:** ES.a.1, ES.a.3; **Prácticas:** SP.1.a, SP.1.c, SP.3.a, SP.3.b, SP.4.a
El gran tamaño de las reservas de carbón de los Estados Unidos respalda la idea de que los Estados Unidos deben seguir dependiendo del carbón como principal fuente fósil de energía. Aumentar el consumo de petróleo no tendría sentido, porque los Estados Unidos tienen reservas de petróleo muy pequeñas. China tiene reservas de carbón más pequeñas que los Estados Unidos y es probable que esté bajando sus propias reservas; por lo tanto, es poco probable que los Estados Unidos dependan de China para obtener carbón. Si solo se tienen en cuenta las reservas, y no las preocupaciones relacionadas con el medio ambiente, las reservas de carbón de los Estados Unidos son mucho más grandes que las de gas natural. Por lo tanto, en términos de suministro, el uso del carbón sería más sustentable.

13. **B**; **Nivel de conocimiento:** 2; **Temas:** ES.a.1, ES.a.3; **Prácticas:** SP.1.a, SP.1.c, SP.3.a, SP.3.b, SP.4.a
En la gráfica se muestra que la Unión Europea es la zona con las reservas de combustibles fósiles más pequeñas del mundo, lo que le da un mayor incentivo para promover el desarrollo de fuentes de energía renovables.

14. **A**; **Nivel de conocimiento:** 3; **Tema:** ES.a.3; **Prácticas:** SP.1.a, SP.1.c, SP.3.a, SP.3.b, SP.4.a
Según la gráfica de la derecha, la mayor parte del agua dulce se utiliza para el riego. Sembrar cultivos en zonas donde pueden sobrevivir solamente con agua de lluvia eliminaría la necesidad de riego y, por lo tanto, se ahorraría agua. Beber agua es un uso doméstico del agua, y según la misma gráfica, el consumo doméstico representa el uso menos significativo del agua dulce. En consecuencia, el impacto de la producción de más agua potable sería mucho menor que el de la reducción del riego. El uso de agua para la industria también es considerablemente menor que el uso de agua para el riego, de modo que restringir el consumo en las fábricas también tendría un efecto menor que cambiar los métodos agrícolas para usar menos agua. Expandir las tierras que se riegan aumentaría el consumo de agua, y no hay razón para pensar que esta expansión obligaría a las personas y las empresas a conservar el agua.

CIENCIAS DE LA TIERRA Y DEL ESPACIO EN ACCIÓN, *págs. 168–169*

AGRICULTURA, ALIMENTOS Y CIENCIAS NATURALES

1. **C**; **Nivel de conocimiento:** 1; **Temas:** ES.a.1, ES.b.2; **Prácticas:** SP.1.b, SP.1.c, SP.3.b.
La cantidad de atrazina medida en el agua iguala el límite permitido; ambos números son 0.003 mg/L. Una medida por encima del límite permitido de atrazina sería 0.004 mg/L o más. Una medida por debajo del límite permitido de atrazina sería 0.002 mg/L o menos. La atrazina no estaba ausente en la muestra, porque la cantidad medida era superior a 0.000 mg/L.

2. **D**; **Nivel de conocimiento:** 3; **Temas:** ES.a.1, ES.b.2; **Prácticas:** SP.1.a, SP.1.c, SP.3.b, SP.4.a, SP.5.a.
Los niveles altos de glifosato se podrían explicar por la ubicación del pozo en un área agrícola, ya que el glifosato es un herbicida que los granjeros utilizan en sus cultivos. Los niveles de bacteria coliforme también son habitualmente altos en áreas rurales y agrícolas debido a los excrementos producidos por los animales domésticos y el ganado. Los procesos agrícolas no suelen ser fuentes de cobre o plomo.

UNIDAD 3 *(continuación)*

3. **A; Nivel de conocimiento:** 2; **Temas:** ES.a.1, ES.b.2; **Prácticas:** SP.1.a, SP.1.c, SP.3.b, SP.4.a, SP.5.a.
La explicación más probable acerca de los elevados niveles de nitrato y nitrito en la muestra de agua es que esas sustancias ingresan en las aguas subterráneas por la escorrentía de fertilizantes de las granjas cercanas. Las refinerías de petróleo y las minas son fuentes de selenio y el arsénico es un contaminante de las fábricas. Es más probable que las tuberías corroídas causen contaminación de plomo y cobre. La atrazina y el glifosato suelen contaminar el agua tras el uso de herbicidas.

4. **A; Nivel de conocimiento:** 2; **Temas:** ES.a.1, ES.b.2; **Prácticas:** SP.1.a, SP.1.c, SP.3.b, SP.4.a, SP.5.a.
La cantidad de plomo presente en la muestra de agua medida del pozo fue de 0.005 mg/L y el nivel máximo de contaminación para el plomo en agua potable es de 0.015 mg/L. Por lo tanto, los niveles de plomo están por debajo de los límites aceptables y el propietario no tiene que preocuparse por la contaminación por plomo del agua.

5. **D; Nivel de conocimiento:** 2; **Temas:** ES.a.1, ES.b.2; **Prácticas:** SP.1.a, SP.1.c, SP.3.b, SP.3.c, SP.4.a, SP.5.a, SP.6.c, SP.7.a.
No, el agua no es segura para beber porque el nitrato y el glifosato estaban por encima de los niveles permitidos para el agua potable y el nitrato y la atrazina igualaban los límites permitidos. Nadie debe beber agua de ese pozo sin tratar hasta que lo hayan filtrado o hasta que una prueba indique que todos los niveles están por debajo de los niveles máximos de contaminación para el agua potable segura.

6. **B; Nivel de conocimiento:** 3; **Temas:** ES.a.1, ES.b.2; **Prácticas:** SP.1.a, SP.1.c, SP.3.b, SP.3.c, SP.4.a, SP.5.a, SP.6.c.
Las bacterias coliformes se producen por escorrentía a partir de las operaciones con ganado, de modo que si se arma un gran centro de operaciones lechero que dependa de la cría de muchas vacas, se incrementará la cantidad de excremento de ganado. Los niveles de atrazina probablemente también aumentarían si los granjeros comenzaran a usar más herbicidas. Los niveles de cobre probablemente aumentarían si los caños de las tuberías se corroyeran. Es probable que aumentaran los niveles de selenio si se desarrollara en la zona una refinería de petróleo o una mina.

CIENCIAS, TECNOLOGÍA, INGENIERÍA Y MATEMÁTICAS

7. **A; Nivel de conocimiento:** 1; **Temas:** ES.a.2, ES.b.4, ES.b.3; **Prácticas:** SP.1.a, SP.1.c, SP.3.b, SP.6.b, SP.7.a.
El texto indica (y la gráfica muestra) que las ondas P llegan a los sismógrafos primero, seguidas por las ondas S y luego las ondas de superficie, u ondas L. Por lo tanto, si todas las ondas se generan al mismo tiempo en el momento en el que ocurre el terremoto, las ondas P deben viajar más rápidamente; las ondas L deben viajar más lentamente; y las ondas S deben viajar a una velocidad intermedia entre las de los otros dos tipos de ondas. Así, el orden correcto de las más rápidas a las más lentas es ondas P, ondas S, ondas L.

8. **B; Nivel de conocimiento:** 2; **Temas:** ES.a.2, ES.b.4, ES.b.3; **Prácticas:** SP.1.a, SP.1.c, SP.3.b, SP.4.a, SP.6.b, SP.7.a.
A medida que disminuye la distancia del epicentro, menor es la diferencia en los tiempos de llegada de las diferentes ondas sísmicas. La gráfica ubica la distancia de 0 millas en el extremo superior del eje de y, y la distancia del epicentro al sismógrafo aumenta a medida que bajas por el eje. En el eje de x, el tiempo se incrementa desde cero a la izquierda hasta 60 minutos a la derecha. Por lo tanto, una línea que va hacia abajo de izquierda a derecha en la gráfica indica que a medida que se incrementa la distancia del epicentro, también aumenta la diferencia en los tiempos de llegada.

9. **C; Nivel de conocimiento:** 1; **Temas:** ES.a.2, ES.b.4, ES.b.3; **Prácticas:** SP.1.a, SP.1.c, SP.3.b, SP.6.b, SP.7.a.
Las ondas P tardaron alrededor de 15 minutos en llegar a la estación sismográfica de Bogotá, Colombia. Este tiempo se mide mediante la identificación del punto de llegada de las ondas P en el registro del sismógrafo y mediante la lectura del tiempo del eje horizontal, o eje de x. En la estación sismográfica de Palmer, Alaska, las ondas P llegaron aproximadamente 5 minutos después del terremoto. En la estación de Golden, Colorado, las ondas P tardaron alrededor de 10 minutos en alcanzar el sismógrafo.

10. **A; Nivel de conocimiento:** 2; **Temas:** ES.a.2, ES.b.4, ES.b.3; **Prácticas:** SP.1.c, SP.3.b, SP.6.b, SP.7.a.
Según la gráfica, las ondas P de un terremoto que se produce a 4,000 millas del sismógrafo llegarían 7 minutos antes que las ondas S. Este tiempo se mide mediante la identificación del punto de llegada de las ondas P y del punto de llegada de las ondas S en el registro del sismógrafo, y luego se resta el tiempo de llegada de las ondas P del tiempo de llegada de las ondas S. En el caso de un terremoto que se produce a 4,000 millas del epicentro, el tiempo de llegada de las ondas P es de 10 minutos, el de las ondas S es de 17 minutos y el de las ondas de superficie (ondas L) es de 27 minutos.

11. **C; Nivel de conocimiento:** 3; **Temas:** ES.a.2, ES.b.4, ES.b.3; **Prácticas:** SP.1.a, SP.1.c, SP.3.b, SP.6.b, SP.7.a.
El sismógrafo ubicado más lejos del epicentro del terremoto registró la mayor diferencia entre los tiempos de llegada de las ondas P y las ondas L, que en la gráfica es de 30 minutos. Un sismógrafo que registre una diferencia de 30 minutos entre los tiempos de llegada de las ondas P y las ondas L está a más de 7,000 millas del epicentro. Un sismógrafo que registre una diferencia de solo 1 minuto entre los tiempos de llegada de las ondas P y las ondas S estaría muy cerca del epicentro, probablemente a unas pocas millas. Un sismógrafo que registre una diferencia en los tiempos de llegada de 5 minutos entre las ondas P y las ondas S estaría ubicado a aproximadamente 3,000 millas del epicentro. Aunque los sismógrafos puedan registrar múltiples eventos de ondas P durante un terremoto, lo importante es la medición entre la llegada de la primera onda P y la llegada de la primera onda S.

12. **C; Nivel de conocimiento:** 2; **Temas:** ES.a.2, ES.b.4, ES.b.3; **Prácticas:** SP.1.a, SP.1.c, SP.3.b, SP.6.b, SP.7.a.
Las ondas S de un terremoto que ocurrió a aproximadamente 5,000 millas llegarían alrededor de 9 minutos después de las ondas P. Esta distancia se determina al hallar el lugar en la curva donde la diferencia entre las curvas de llegada de las ondas P y S es de 9 minutos y, luego, mediante la lectura de la distancia para ese punto sobre el eje de y. A 1,000 millas, la primera onda P llegaría aproximadamente 3 minutos antes que la primera onda S. A 3,000 millas, la primera onda S llegaría aproximadamente 6 minutos después de la primera onda P y, a 7,000 millas, la primera onda S llegaría alrededor de 12 minutos después de la primera onda P.

13. **A; Nivel de conocimiento:** 3; **Temas:** ES.a.2, ES.b.4, ES.b.3; **Prácticas:** SP.1.a, SP.1.c, SP.3.b, SP.6.b, SP.7.a, SP.8.c.
Los tiempos de llegada de las ondas sísmicas indican que la estación sísmica de Palmer, Alaska era la más cercana al epicentro del terremoto; la estación de Golden, Colorado estaba más lejos que la de Palmer; la estación de Bogotá, Colombia, era la más lejana. Por lo tanto, es razonable suponer que la ubicación más cercana a Palmer estaría más cerca del epicentro del terremoto que las demás ciudades nombradas.

Índice

ÍNDICE

ÍNDICE

ÍNDICE

ÍNDICE